Ungedruckte Anglo-Normannische Geschichtsquellen. Herausgegeben von F. L.

Felix Liebermann

Ungedruckte Anglo-Normannische Geschichtsquellen. Herausgegeben von F. L.
Liebermann, Felix
British Library, Historical Print Editions
British Library
1879
vi, 359 p. ; 8°.
9505.e.1.

The BiblioLife Network

This project was made possible in part by the BiblioLife Network (BLN), a project aimed at addressing some of the huge challenges facing book preservationists around the world. The BLN includes libraries, library networks, archives, subject matter experts, online communities and library service providers. We believe every book ever published should be available as a high-quality print reproduction; printed on- demand anywhere in the world. This insures the ongoing accessibility of the content and helps generate sustainable revenue for the libraries and organizations that work to preserve these important materials.

The following book is in the "public domain" and represents an authentic reproduction of the text as printed by the original publisher. While we have attempted to accurately maintain the integrity of the original work, there are sometimes problems with the original book or micro-film from which the books were digitized. This can result in minor errors in reproduction. Possible imperfections include missing and blurred pages, poor pictures, markings and other reproduction issues beyond our control. Because this work is culturally important, we have made it available as part of our commitment to protecting, preserving, and promoting the world's literature.

GUIDE TO FOLD-OUTS, MAPS and OVERSIZED IMAGES

In an online database, page images do not need to conform to the size restrictions found in a printed book. When converting these images back into a printed bound book, the page sizes are standardized in ways that maintain the detail of the original. For large images, such as fold-out maps, the original page image is split into two or more pages.

Guidelines used to determine the split of oversize pages:

• Some images are split vertically; large images require vertical and horizontal splits.
• For horizontal splits, the content is split left to right.
• For vertical splits, the content is split from top to bottom.
• For both vertical and horizontal splits, the image is processed from top left to bottom right.

Ungedruckte

ANGLO - NORMANNISCHE

GESCHICHTSQUELLEN

HERAUSGEGEBEN

VON

F. LIEBERMANN.

STRASSBURG.

VERLAG VON KARL J. TRÜBNER.

LONDON: TRÜBNER & Co.

1879.

MEINEM VEREHRTEN LEHRER

REINHOLD PAULI

ZUGEEIGNET.

Venator vester sum, feras vobis affero,
fercula faciatis!
Walter Map, Nug Cur. II, 82.

Vorwort.

Vorarbeiten für die Sammlung der das Deutsche Mittelalter betreffenden Theile Englischer Chroniken veranlassten den Herausgeber, im Sommer 1877 und 78 sich in Englischen Bibliotheken mit einigen ungedruckten Jahrbüchern zu beschäftigen, z. Th. um neue Thatsachen aus ihnen zu lernen, z. Th. bloss um die Kritik anderer längst bekannter Denkmäler zu fördern, so besonders den vielverschlungenen Knoten der Beziehungen zwischen den Südenglischen Annalisten des XIII. Jahrhunderts zu lösen. Zur Darlegung abweichender Ansichten, die sich dabei ergaben, war eine theilweise Veröffentlichung unumgänglich.

Der zweite Abschnitt dieses Buches (XV—XVII) entsprang anderweitigen Forschungen in Anglo-Normannischer Geschichte.

Den Character solcher zufälligen Entstehung verleugnet die Sammlung nicht: eine — übrigens zweifellos Erfolg versprechende — systematische Auswahl kleinerer, des Druckes würdiger Chroniken aus jener Periode lag nicht in der Absicht und auch nicht in den Kräften des Herausgebers. Er meinte gerade nur von den Schriften einige an's Licht ziehen zu sollen, deren Vorführung von den Chronicles and Memorials, published under the . . Master of the Rolls so bald nicht zu erwarten stand. Eine druckfertige Abschrift der Inedita des Heinrich von Huntingdon ward deshalb zurückgelegt, sobald die Hoffnung Gestalt gewann, diesen Schriftsteller dort publicirt zu sehen. Denn freilich mit jenem Unternehmen, das, meist in mustergültiger Weise, die Historien der eigenen Vorzeit darbietet, zu wetteifern, wäre für den Fremden vermessen gewesen: nur durch Ergänzungen dazu möchte er sich für die Freundlichkeit Englischer Bibliotheken erkenntlich erweisen.

Sollte ein glücklicherer Nachfolger, hoffentlich mit mehr handschriftlichem Materiale, die im ersten Abschnitte (Annales) gestellte Aufgabe lösen oder sich zur Publication ähnlicher kleiner Local- und Heiligengeschichten durch die folgenden Historiae angeregt fühlen, so möge er die Fehler d i e s e r Arbeit mit der Milde beurtheilen, die einer E r s t e n Ausgabe gebührt! Zu beträchtlichen inneren Schwierigkeiten kam die Ausarbeitung fern von London und der Mangel namentlich localgeschichtlicher Litteratur.

Manche Klippen zu vermeiden gelang nur durch die aufopfernde Gefälligkeit des Herrn Edmund Bishop in London. Nach mühevoller Fahrt diesem treuen Lootsen warmen Dank zuzurufen hält für seine angenehmste Pflicht

d e r H e r a u s g e b e r.

Berlin, October 1878.

Inhalt.

Seite

I. Annales Anglosaxonici breves auctt. monachis ecclesiae Christi Cantuariensis; cum continuatione Latina a. 925—1202 1

II. Annales Radingenses a. 1066—1189 9

III. Annales Petroburgenses brevissimi a. 1087—1177 . . . 13

IV. Annales de ecclesiis et regnis Anglorum a. 162—c. 1125 15

V. Annales Plymptonienses a. 1066—1170 25

VI— Annales Rotomagenses Wigorniae Roffae Belli adaucti et continuati — a. 1184 31

VIII. Annales monasterii de Bello a. 1000—1206 50

IX. Annales Wintonienses cum continuatione S. Augustini Cantuariensis — a. 1179 56

X. Annales Cicestrenses — a. 1164 84

XI. Annales S. Edmundi a. 1—1212 97

XII. Annales Colecestrenses — a. 1193 156

XIII Annales Sancti Albani a. 1200 - 1214 166

XIV. Annales Wintonienses in monasterio de Waverley adaucti a. 1201—60 173

XV. Heremanni archidiaconi Miracula sancti Eadmundi . . 203

XVI. Eadmeri Miracula sancti Anselmi 282

XVII. Matthaei Parisiensis Vita sancti Stephani archiepiscopi Cantuariensis 318

Verzeichniss erwähnter Handschriften 330

Literarisches Register zu Einleitungen und Anmerkungen 331

Index 332

Nachträge 358

I. Annales Anglosaxonici breves
auctt. monachis ecclesiae Christi Cantuariensis;
cum continuatione Latina

a. 925—1202.

Was neuere Forschung für die Geschichte des Englischen Staates nachgewiesen hat, dass erst mit den Anjou-Königen Reste Alt-Englands verschwanden, die man früher vom Sturme der Eroberung plötzlich hinweggefegt gewähnt hatte, das gilt auch von der Sprache der historischen Litteratur.

Schon Earle [1]) betont, wie erst nach Lanfranc's Erhebung zum Erzbisthum in der Canterbury'schen Parker-Handschrift der Angelsächsischen Annalen eine dürftige Fortsetzung von a. 1005—70 angefügt wurde. Doch auch noch nicht mit Anselm's Nachfolge begannen die Mönche der Cathedrale ihre Muttersprache zu verachten. Als man kurz vor dem Ende des eilften Jahrhunderts eine Ostertafel für die Jahre 988—1193 anlegte, liess man die halbe rechte Seite für historische Notizen frei. Ein Mönch schrieb dann die Eintragungen bis 1058 in Einem Zuge und später bis 1076, ein zweiter 1085 und 1087, ein dritter, aber nicht mit Einem Male, 1089—1109. Auch das spätere Stück rührt von verschiedenen Händen gleichzeitigen Schriftcharacters her. Die erste Lateinische Notiz begegnet 1110, die letzte Angelsächsische 1130. So hört auch hier die Englische Annalistik erst mit demselben ersten nicht-normannischen Könige auf, unter welchem auch der weit bedeutendere Fortsetzer in Peterborough (Hds. Land E) verstummte.

---

[1]) *Two of the Saxon Chronicles parallel, p. XXIII.*

*Die Ostertabelle beginnt mit der Rückseite von Blatt 132
des Cotton'schen Bandes Caligula AXV. Sie war mit den
übrigen angelsächsischen Stücken zur Astronomie und Chronologie nicht ursprünglich vereinigt. Im Anfange des XIII. Jh.
hat auf fol. 138 v. und 139 r. Eine Hand die Jahreszahlen
bis 1267 und auf fol. 138 v. auch die Osterdaten angefügt,
während Indictionen, Epacten u. s. w. von 1194 an und Osterdaten von 1231 an erst nach etwa a. 1300 hinzugesetzt wurden. Die zuletzt citirte Fortsetzung findet sich in dem MS.
nicht.*

*Nachfolgend sind von der Tabelle nur d i e Jahreszahlen,
zu denen sich historische Bemerkungen finden, gedruckt. Für
den Angelsächsischen Theil sind die Typen für g und w dem
Lateinischen Alphabet entnommen und für sämmtliche ergänzten
Buchstaben, wo die Hds. abkürzt, cursiv. Diese Ergänzung
befolgt überall die Schreibart der Hds. für dasselbe Wort an
anderer Stelle. Der Uebelstand, dass so im Drucke Conse-
quenz in Orthographie und Vocalismus erscheint, wo Handschriften jener Zeit Zerrüttung zu zeigen pflegen, liess sich
nicht vermeiden.*

*Der Inhalt [2]) dieser Annalen ist zum Theil wörtlich aus
der Fortsetzung der Parker-Handschrift copirt, zum Theil
sind die erzählten Facten auch sonst bekannt. — Doch begegnet 1028 ein Decan von Christ Church, der in der Aufzählung dieser Beamten zweifelhafter Stellung bei Stubbs [3]) fehlt.
Für Christ Church ist das Datum der Weihe 1073, für Lanfranc's Gregorius-Hospital die Ueberführung der Eadburg interessant. Und die Untersuchung der Reliquien des Märtyrers Aelfeah 1105, also in Anselm's Abwesenheit ist ein Nach-
spiel zu Lanfranc's, von Anselm beschwichtigten Zweifeln an
der Heiligkeit des Englischen Erzbischofs. Genauere Daten*

---

[2]) *Stücke zur Deutschen Geschichte druckt Pertz, Mon. Germaniae
XVI p. 480.* [3]) *Memorials of S. Dunstan p. XV. (Dass Aegelnoth
Decan gewesen, sagt nicht bloss erst eine Autorität des XII Jh. Es
steht wie in der ags. Chronik, so auch hier a. 1020). Möglicher Weise
kannte Wharton, Anglia Sacra I, 135 unsere Stelle. Er nennt einen Decan Aegelwin unter Erzbischof Ceolnot; letzteres vielleicht ein Irrthum
für Ethelnot. S. auch unten Stück IX a. 830.*

zu bekannten Thatsachen bieten die Jahre 1122, 1173, 1194, 1202. — Das Jahr wird hier mit Ostern begonnen.

---

925 [a]) On þison geare wæs sancte Dunstan geboren. [1]) *and* he leofode. LXIII. geare. *and* on þam LXIIII. geare he forðferde. XIIII. kl. Jun.

988 Her forðferde sancte Dunstan arcebiscop [2]).

990 Her Siric biscop [3]) for to Rome [3a]).

996 Her [4]) Siric arcebiscop [3]) forðferde.

997 Her Ælfric biscop [3]) for to Rome [5]).

1005 Her forðferde Ælfric biscop [3]) [6]).

1006 Her Ælfeh biscop [3]) for to Rome [7]).

1011 Her wæs Cantwarabyrig gewunnan [7a]).

1012 Her wæs sancte Ælfeh [3]) gemartyrod.

1016 Her forðferde Ægelred kyng [8]).

1017 Her wæs Cnut gecoran to kynge [9]).

1020 Her forðferde Lyfing arcebiscop [3]) *and* Ægelnoð decanus [3]) feng to þan biscoprice [10]).

1022 Her for Ægelnoþ biscop to Rome [11]).

1023 Her wæs sancte Ælfeh gefered of Lundene to Cristes [b]) cyrcian [12]).

1028 Her forðferde Ægelwine decanus [13]).

1035 Her forðferde Cnut [c]) kyng [14]).

1038 Her forðferde Ægelnoð arcebiscop. *and* Eadsige biscop feng to biscoprice [3]) [15]).

[*ann. gs. is. ur- rr.*] 1040 Her Eadsige biscop for to Rome. *and* Harold kyng forðferde.

1042 Her forðferde Harðacnut kyng.

---

a) *Diese Eintragung steht über dem Schema.* b) Xpes *cod.* c) Cunt *cod.*

[1]) *Diese Stelle benutzt Stubbs, Memorials of St. Dunstan p. LXXIV.* [2]) *Saxon Chronicles ed. Earle p. 131.* [3]) *von Cunterbury.* [3a]) *cf. MS. F. (Domitian) bei Thorpe, The Anglo-Saxon Chronicle s. a.* [4]) 994 *Earle p. 134.* [5]) *ib. p. 134.* [6]) *ib. p. 138.* [7]) *ib. p. 141, N. 1.* [7a]) *durch die Dänen ib. p. 145.* [8]) *ib. p. 155.* [9]) *ib. p. 160 fast wörtlich.* [10]) *ib. p. 161.* [11]) *ib. p. 160.* [12]) *ib. p. 162.* [13]) *Vermuthlich von Christ Church.* [14]) *ib. p. 164.* [15]) *ib. p. 167.*

Ags.
Par-
ker.
"
"

1043 Her wæs Eaweard gehalgod to kynge.

1050 Her forðferde Eadsige arcebiscop and Rodbert feng to biscoprice [3]).

1053 Her forðferde Godwine eorl.

1058 Her Benedictus papa sende Stigande þone pallium [16]).

1061 Her [19]) forðferde Godwine biscop [17]) and Wulfric abbod. [18])

1066 Her forðferde Eadward kyng [d]). and her com Willelm [19])

1067 Her on þison geare barn Cristes [b]) cyrce [20]).

1070 On þison geare com Landfranc abbod [21]) and hine man halgode to bisceope to Cristes [b]) cyrcian [23]).

1073 Her Landfranc arcebiscop staðolede Cristes [b]) cyrcian V. id. Apl.

1076 On þison geare man sloh Wælþeof. IIe. k. Jun. [24]).

1085 On ðisan gære. Landfranc arcebiscop let niman sancte Eadburgan on Liminge. and bryngan æt sancte Gregor' [25]).

1087 On þisan gære forðferde Willelm cing. and his sunu Willelm fing to rice.

1089 On þison gære forðferde Landfranc arcebiscop.

1094 On ðison gære me bletsede Anscalme to biscope II. n̄. Decemb. [26]) and on ðisan ilcan gære me scloch Malculm cing [27]).

1096 Her ferde þæt Cristene [e]) folc. to gewinnene þæt hæðene [28]).

1097 On þyson gære ferde Anselm to Roma. VIII. kl. Novemb. [29]).

---

d) *Die folgenden vier Worte von etwas späterer Hand.*   e) Xpene. *cod.*

[16]) *ib. p. 193.* [17]) *von St. Martin's, Canterbury.* [18]) *von St. Austin's Canterbury.* [19]) *ib. p. 193.* [20]) *Ms. Parker a. 1066.* [21]) *von Caen.* [23]) *ib. p. 206.* [24]) *Richtiges Datum nach Freeman, nicht 1075.* [25]) *Ueber Liming, Kent s. Monasticon Anglicanum I, 452. — Gregor dem Gr. weihte Lanfranc 1084 eine Canoniker-Priorei zu Canterbury, ib. VI, 614. — Diese h. Eadburg ist die Tochter Aethelbert's von Kent; ihre hier erwähnte Uebertragung scheint auch dem Verf. der Hardy, Descr. Catal. of Materials I, 475 erwähnten Vita bekannt zu sein.* [26]) *4 Dec. 1093.* [27]) *von Schottland durch Mowbray, Nov. 1093.* [28]) *wie Ags. Peterborough Ann. ib. p. 233.* [29]) *Wol das Datum des Fortganges aus Canterbury: nach Eadmer, Hist. Novorum fuhr Anselm quindecim diebus später über den Canal (Ed. Migne CLIX, 401), Anfang Novemb.*

1100 On þyson gære wearð Willelm cyng ofslagen. IIII. n. Aug. *and* Henri his broþer fing to þan rice. *and* Ansælm ærcebiscop com fram peregrinatione.

1105 On þison gære man sceawede *sancte* Ælfch *and* me hine funde his lichamen eall ansund *) *and* þæt geseagen ægðer gehadede *and*)

1109 Her forþferde Anselm ærcebiscop.

1110 Hoc anno Henricus rex Anglorum dedit filiam suam Henrico imperatori in conjugem.

1114 Hic Radulfus Rofensis episcopus suscepit archiepiscopatum Cantuarię. VI. kal. Mai [30]).

1115 Pascalis papa, susceptis legatis Radulfi, misit ei pallium per legatum suum [30 a]).

1122 Hic Radulfus archiepiscopus obiit 13 kl. Nov.

[1123] Willelmus suscepit; et consecratus est 12 kl. Mar. et Romam vadit 3 Jd. Mar. [31])

1123 Willelmus archiepiscopus redit a Roma cum pallio.

1130 On ðisan gære me halgode Cri*stes* [g]) circian. IIII. non Mai [32]).

1133 4 N. Aug. sol fere defecit meridie.

1135 Hic obiit Henricus rex Anglorum k. Decemb. Cui successit Stephanus nepos ejus et unctus est in regem 10 kal. Januarii [33]).

1136 Hic obiit Willelmus archiepiscopus 11 k. Decemb.

1138 Hic Theodbaldus suscepit archiepiscopatum Cantuariensem et sacratus est 6 idus Jan. ab Alberico Ostiensi episcopo apostolicę sedis legato.

1139 Hoc anno venit filia Henrici regis, que fuit imperatrix in Anglia[m] et Robertus frater ejus. Eodem anno facta est eclipsis solis 13 kal. Aprilis hora nona.

---

e) *Der letzte Buchstabe am Rande verwischt.* f) *Hier scheint nichts weiter gestanden zu haben.* g) Xpes *cod.*

[30]) *Datum der Wahl. Eadmer Hist. Novorum ib.* 490. [30]a) *Anselm, Neffe des Erzbischofs Anselm.* [31]) in þe lenten *Saxon Chr. ed. Earle p.* 250. [32]) *ib. p.* 258. [33]) *Der Tag der Krönung Stephan's schwankt — von ungenauen Autoren abgesehen — zwischen dem* 21. *und* 22 Dec. *Der hier gegebene* 23. *begegnet sonst nicht.*

1140 Hoc anno factum est prelium inter Stephanum regem [*1141*] et Robertum comitem et captus est rex 4 No. Feb.

1141 Aug. combusta est civitas Wintonie et pene omnes ecclesie infra et extra civitatem, et magna et famosa crux [34]) Sancti Petri de Hida combusta est, in cujus ruina [b]) tonitruum auditum est, et combusta est ecclesia Werwellensis [34b]) ab exercitu episcopi. Et Stephanus rex, qui tenebatur a comite Rodberto, liberatus est alter pro altero in festivitate Omnium Sanctorum.

1144 Hoc anno kal. Oct. horrida tempestas, et e vestigio subsecuta terribilis aquarum inundatio e[o]tenus inaudita habitantes in terra conturbavit et eodem anno ventus seculis inau[ditus] f[uit].

1147 Hoc anno imperator Alemannie et rex Francie duxerunt innumerabilem exercitum Jerosol[i]mis contra paganos. Obiit Rodbertus comes Gloecestrie.

1154 Hic obiit Stephanus rex. Cui continuo successit Henricus II Matildis imperatricis filius.

1160 [35]) Obiit Theobaldus archiepiscopus 14 kl. Maji.

1162 Consecratus est beatus Thomas 3 Non. Junii.

1166 Terremotus fuit in Anglia media nocte Conversionis sancti Pauli.

1170 4 kl. Jan. feria quarta [36]) sanctus Thomas archiepiscopus in ecclesia sua martirio consummatus est.

1173 Ricardus electus 17 kal. Julii [37]) Romam profectus est ibique consecratus.

1174 Non. Sept. [38]), feria quinta ecclesia Christi Cantuariensis incendio succubuit jam secundo.

1178 Id. Septembris, luna 28, apparuit sol bicornis hora tercia ad quantitatem lune prime ab oriente accense, et post fere duarum horarum spacium totum orbem exhibuit.

---

b) ruine *cod.*, *später in* ruina *geändert.*

[34]) *cf. Edwards zum Liber de Hyda (Rolls Series) p. XLVIII sqq.* [34b]) *Wherwell, Hampshire, Nonnenkloster verbrannt von Wilhelm von Ypern, s. Malmesbury ed. Hardy p. 752.* [35]) *18. April 1161.* [36]) *Vielmehr Dinstag.* [37]) *Zu diesem Datum cf. Diceto ed. Stubbs I, 368.* [38]) *Diceto I, 391 und Gervasius' besonderes Werk über Brand und Neubau (ed. Twysden c. 1289).*

1179 14 kal. Septemb. luna incipiens esse.14, eclipsim passa est generalem. — 11 kal. ejusdem mensis venit serenissimus rex Frantie Lodowicus Cantuariam ad sanctum Thomam orandi gratia [38aa]).

1184 14 kal. Martii obiit Ricardus archiepiscopus; electus est Baldewinus 17 kal. Januarii. Obiit Henricus III[us] rex [*1183*] junior 3 idus Junii.

1185 14 kl. Junii [38a]) Baldewinus Cisterciensis monachus, Wigorniensis episcopus, suscepto pallio, Cantuarie intronizatus est. Kl. Maji sol passus est eclipsim non tamen totalem, a meridie usque ultra horam nonam.

1186 [i]) In nocte dominice diei Ramis Palmarum, que fuit 8 Idus Aprilis, eclipsis lune visa est fere totalis.

1187 [i]) Hoc anno optinuerunt pagani Jerusalem 4 nonas Julii [38b]).

1189 Obiit rex H[enricus] II apud Chinun et coronatus est filius ejus R[icardus] 3 N. Sept.

1190 Ricardus rex profectus est Jerosolimam.

1191 12 kal. Novemb. [39]) B[aldewinus] archiepiscopus decessit Acone.

1193 Electus est Hubertus in capitulo [40]) Cantuariensi 4 kal. Junii, et 7 Idus Novemb., suscepto pallio, incathedratus.

1194 Reversus ab Alemannia rex Ricardus 3 Idus Marcii apud Rutupinum [41]) litus aplicuit et in crastino venit Cantuariam [42]).

1197 Obiit Willelmus Elyensis episcopus, Ricardi regis cancellarius.

1199 Percussus est balista Ricardus rex 7 kal. Aprilis; 8 idus ejusdem obiit. Johannes frater ejus coronatus est die Ascensionis sequente.

---

i) *Auf der linken Seite links.*

[38aa]) *Genauer Stück IX s. a.* [38a]) *Diceto II, 36.* [38b]) *Datum der Schlacht von Tiberias. Jerusalem ward erst im October genommen.* [39]) *Vielmehr Decemb. Baldwin starb 19. oder 20. November 1190.* [40]) *Datum der Wahl der Mönche. Die der Bischöfe fällt einen Tag später, 30. Mai; Diceto II, 108.* [41]) *Richborough, Kent.* [42]) *Ebenso Gervasius 1582. Abweichende Daten nach Ort und Zeit s. Stubbs zu Hoveden III, 235.*

1200 obiit Hugo Lincolniensis episcopus, 16 kal. [43]) Decembris.

1201 Johannes rex coronatus est Cantuarie, in die pasche cum uxore sua.

1202 Captus est Arturus, comes Britannie, et cum eo milites 355 apud castrum Mirabel kal. Augusti.

1268 [k]) Quere residuum istius operis in 28.° folio et 29.° folio [sequente] [l]).

---

k) *Nach 1300 am unteren Rande von fol. 139 geschr.*   l) *Dieses Wort um 1400 hinzugefügt.*

43) *Nach anderen Quellen einen Tag später, 17. Novemb.*

II. Annales Radingenses

a. 1066—1189.

Etwa ein Jahrzehnt, nachdem Heinrich I. Reading mit Benedictinern der Cluniacenser-Observanz besetzt hatte, schrieb ein dortiger Mönch seinem jungen Stifte des Smaragdus Diadema monachorum ab und hängte fol. 94 eine Ostertabelle an. An deren Rand hat er dann selbst, zuletzt zum Jahre 1130, einige geschichtliche Bemerkungen [1] hingeschrieben und ein jüngerer Zeitgenoss die nur localgeschichtlich interessante Gründungsnotiz a. 1121/3 und Fortsetzung bis 1180 angefügt. Die Tabelle endet — zugleich mit dem Bande — erst 1233, aber die letzte geschichtliche Notiz begegnet 1189.

Vor der Tabelle steht in einer Hand des XVI. Jh. in bibliotheca domus S. Petri Cant. *Damals war also der Band nach S. Peter's College in Cambridge [2] gekommen; heute gehört er der Alten Königlichen Sammlung des Brittischen Museums als Reg. 8 E. XVIII.*

Einige Auszüge daraus hat Pertz, Monumenta Germaniae XVI p. 480 gedruckt.

1066 Obiit Edwardus rex non. Januar. [a]) et Willelmus Angliam adquisivit.
1068 Bellum fuit in Bleoduna [1]).
1076 Weltheof dux decollatur.
1080 Ventus validissimus fuit.

---

a) n. J. *über der Linie von derselben Hand.*

[1]) *Gleichzeitige geschichtliche Aufzeichnungen in Reading, die Matthäus Paris benutzte, s. Luard's Ausgabe der Chronica Majora II, 29. — Ueber die mit Normannischen Ann. zusammenhängenden Ann. von Reading cf. Neues Archiv d. Ges. f. ältere dtsche Gsch. IV. p. 27.* [2]) *wenn Canterbury, wie Pertz liest, gemeint ist, vielleicht St. Austin's?*

[1]) *Blaydon am Tyne, cf. Ann. de Margan und Tewkesbury, in Ann. monastici ed. Luard I, p. 3 resp. 43.*

1083 Bellum fuit in Turstani [b]) abbatia [2]).

1087 Obiit Willelmus rex senior VII id. Sept. [c]) et Willelmus filius ejus regnavit.

1089 Obiit Landfrancus archiepiscopus; et terra mota est.

1093 Anselmus ad archipresulatum eligitur.

1095 Obiit Wulstanus episcopus [3]) 14 k. Feb.

1096 Iter Jerosolimitarum cępit.

1098 Obiit Walchelinus episcopus [4]).

1099 Obiit Osmundus episcopus [5]).

1100 Henricus rex regnavit.

1107 Obiit Rodbertus filius Hamonis [6]).

1108 Sivurdus rex [7]) venit.

1109 Obiit Anselmus archiepiscopus.

1111 Paschalis apostolicus ab imperatore solutus.

1113 Civitas Wigornię prorsus igne consumitur [8]).

1119 Terra mota est.

[1121 [d]) Petrus prior et VII cum eo fratres rogatu regis Henrici a Pontio abbate Cluniacensi missi in Angliam, associatis sibi nonnullis fratribus de monasterio Sancti Pancratii [9]) Cluniacensis ordinis observantiam in monasterio Radingensi [10]) noviter tunc a rege fundato [11]) inchoaverunt 14 kl. Julii.

1123 Hugo ex priore Latisaquensi [12]) primus abbas Radingensibus ordinatur. Petrus prior Cluniacum redit.]

1126 Imperatrix [13]) venit ad Angliam [de Alemannia] [e]).

---

b) *Trrstan' cod.*   c) *VII. i. S. über der Linie von derselben Hand.*
d) *Diese Gründungs-Nachricht 1121—3 von einer zweiten, eine Generation späteren Hand.*   e) *Zweite Hand.*

[2]) *Glastonbury.*   [3]) *von Worcester. Anderswo wird ein Tag früher, 18. Januar, angegeben.*   [4]) *von Winchester.*   [5]) *von Salisbury.*   [6]) *Vater der Gemahlin des Robert von Gloucester, des Bastards Heinrich's I.* [7]) *von Norwegen, auf der Fahrt in's Heilige Land.*   [8]) *cf. Florenz von Worcester ed. Thorpe II. 66.*   [9]) *Cluniacenserpriorei Lewes, in Sussex.* [10]) *Reading, Berkshire.*   [11]) *cf. Monasticon Anglicanum IV, 30.*   [12]) *Ueber diesen Namen für Lewes s. Horsfield, History of Lewes 1824. 4. p. 13.*   [13]) *Mathilde bringt den Arm des h. Jacob mit und schenkt ihn an Reading.*

1130 Hugo archiepiscopus Rotomagensis eligitur. ᶠ) Cui successit Anscherius in regimine cenobii Radingensis.

1133 Ultimus transitus regis Henrici in Normanniam. Eclipsis solis et terremotus factus est.

1135 Obiit gloriosus rex Anglorum Henricus 4 [14]) non. Decembris [Successit Stephanus nepos ejus] ᵍ) et ante ipsum eodem anno obiit VI kl. Febroarii abbas Radingensis Anscherius.

1136 Corpus regis Henrici transvectum de Normannia sepelitur Radingie no. Januarii. Edwardus factus est abbas Radingensis.

1138 Albericus Hostiensis episcopus legatione sedis apostolice functus est in Anglia; Teodbaldus in archiepiscopum Cantuariensem eligitur.

1139 Concilium celeberrimum tenetur in urbe Roma presidente papa Innocentio. Imperatrix venit in Angliam ab Andegavi ʰ). Et eodem anno missus Leom[inster] [15]) prior Joseph a domino Edwardo abbate ordinis observantiam strenuo ibidem inchoavit.

1140 Eclipsis solis facta est.

1141 Stephanus rex captus est apud Lincolniam in prelio campestri. Imperatrix favore archiepiscoporum, episcoporum, cleri ac primatum et populi in urbibus Londonie Wintonie ⁱ) et per loca diversa sollenniter et regaliter excepta post menses aliquot proditione Londoniensium cum suis fugatur de Londonia, deinde arte Henrici Wintoniensis episcopi ibidem obsessa aufugit, capto fratre suo Roberto comite Gloecestrie. Propter quod Stephanus rex de captione liberatus est post menses VII [16]).

1142 Imperatrix a rege Stephano obsessa est Oxinefordie et inde mirabiliter evasit.

---

f) *Alles Folgende von der zweiten Hand, s. XII ex.* g) *über der Linie.* h) a. A.; *über der Linie.* i) Londonia Wintonia, *Pertz.*

[14]) *Am Abend des 1. December.*   [15]) *Herefordshire cf. Monasticon Anglicanum IV, 51.*   [16]) *Richtiger 9: Gefangennahme 2. Febr., Auswechselung 1. Novemb.*

1178 Hic factus [ii]) est eclipsis solis idus Septembris inter tertiam et sextam, luna secundum naturalem compotum
30ᵃ, secundum ecclesiasticum 28ᵃ, sole et luna in hora
eclipsis vectis in Virginem circiter 28 gradum.

1180 Hic factus [ii]) est eclipsis solis V kl. Feb. in occidente
luna 30ᵃ in natura, in ecclesia 28ᵃ, sole et luna vectis
sub Aquario in hora eclipsis circiter octavam partem
XIIᵐⁱ gradus ejusdem signi [k]).

1189 [l]) Obiit gloriosus rex Henricus Matildis imperatricis
filius.

---

ii) *sic cod.* k) *Hier endet die zweite Hand.* l) *Rubrik in dritter
Hand s. XII. ex.*

III. Annales Petroburgenses brevissimi

a. 1087—1177.

Unter den Harley'schen MSS. enthält No. 3667 nur Bruchstücke Einer astronomisch - chronologisch-geographischen Sammlung, grossentheils aus Dionysius Exiguus. Denn auf dem letzten, zehnten Blatte ist als Quaternio XXI vermerkt. — Auf fol. 1 und 2 stehen Ostertafeln von 1074—81, denen, zuerst Anfang des 12. Jahrh., die folgenden Notizen beigesetzt wurden, die von der Localgeschichte bestätigt sind.

1087 Obiit Willelmus rex.

1089 Obiit Landfrancus archiepiscopus.

1096 Iter incepit Jerosolimitanum.

1098 Obiit Turoldus abbas [1]).

1099 Jerusalem capta est idibus Julii.

1100 Obiit Willelmus rex junior.

1103 Obiit Mathias abbas [1]).

1107 Ernulfus prior [2]) eligitur abbas [1]).

1108 Obiit [a])

1109 Obiit Anselmus archiepiscopus.

1116 Hoc anno monasterium nostrum cum magna parte villę adjacentis validis ignium flammis accensum totum consumptum est 2 No. Augusti, die quoque Veneris.

1117 Hoc anno novi monasterii nostri fundamentum jactum est 4 Idus Marcii.

1118 Obiit Mahtilda regina.

1120 Hoc anno rex Henricus de Normannia prospero maris navigio rediit Angliam. Filii vero ejus Willelmus et

---

a) *freier Raum.*

[1]) *von Peterborough.*   [2]) *von Christ Church, Canterbury.*

Ricardus cum Ricardo comite de Cestra et multo baronum matronarumque comitatu ipsum malo omine secuti perierunt, in mare mersi.

1121 Hoc anno rex Henricus filiam ³) ducis Lovanię in uxorem sibi desponsavit.

1122 Obiit Radulfus archiepiscopus.

1135 ᵇ) Obiit Henricus rex.

1177 Hoc anno fuit electus Benedictus abbas Burgi apud Wintoniam.

[1170] ᶜ) Henricus IIIᵘˢ inunctus est in regem, vivente patre per manus archiepiscopi Eboracensis Rogeri. Nam Thomas archiepiscopus Cantuariensis fuit trans mare propter discordiam, que fuit inter ipsum [et] regem Henricum secundum.

---

b) *Von hier an verschiedene Hände.*   c) *Am unteren Rande ohne Jahr.*

³) *Adelheid von Löwen.*

IV. Annales de ecclesiis et regnis Anglorum

a. 162 — c. 1125.

In der Diöcese Worcester und vielleicht im Kathedralkloster, dessen Bibliothek wenigstens benutzt ist, wurden im
dritten oder vierten Jahrzehnt des XII. Jh. Geschichte und
Tabellen des Florenz sammt Fortsetzung des Johann von Worcester, verbunden mit Stücken aus des Wilhelm von Malmesbury Reges und mehr noch Pontifices, excerpirt und hier und
da aus Beda, der allein citirt wird, und Klosternachrichten,
besonders aus der Nachbarschaft, ergänzt. Von letzteren lassen sich nicht auf jene drei Quellen zurückführen: die über
Gloucester a. 681, Pershore 683 und 968, Winchcombe 787,
Bath 908, Montacute hinter a. 1121, Tewkesbury zu Ende;
doch auch die über Westminster a. 615, St. Edmunds 1032,
Newminster 1110, Sherburn zu Ende.

Der Compilator erstrebte chrononologische Ordnung, wusste
aber bei der Verschmelzung der verschiedenen Quellen Wie-
derholungen und Widersprüche nicht zu vermeiden. Er lässt
diesen Annalen einen Auszug aus dem Dares Phrygius vor-
aufgehen und liebt es offenbar, über das höchste Alterthum zu
berichten, Ortsnamen durch alte Heroen zu erklären: so Wight,
Akemannes ceastre, Tewkesbury. Um so auffallender und für
den Galfrid von Monmouth bedenklicher, dass er, dessen Lande
und Zeit so nahe stehend, nichts von der Walliser Urge-
schichte weiss. — Er spricht über die Normannische Eroberung als Engländer, über die Vertreibung des Weltclerus als
Mönch.

Dass unser Werk mit der „Chronik" des Wilhelm von
Malmesbury Nichts zu thun hat, erhellt aus dem Widerspruche der ganzen Anlage des ersteren gegen die Beschreibung
von der letzteren und aus dem Widerspruche vieler Einzelheiten gegen Wilhelm's Nachrichten. — Auch an den Rand des

*Originalcodex (Corp. Chr. Oxford. 157) des Johann von Worcester machte man damals Nachträge aus den „Pontifices".
Hier sind beide* [1]) *Werke genau gleichzeitig benutzt, das erstere* [2]) *noch unvollendet, der Malmesbury in der ersten volleren Ausgabe, s. z. B. a. 908, 1075.*

Hardy [3]) *setzt unter a. 1100 die Handschrift, Cotton Vitellius C. VIII early in the twelfth century. Doch ist noch die Nachfolge im Bisthum Worcester von a. 1125 erwähnt. Nach dem vierten Jahrzehnt kann die Abfassung wegen des Characters der Handschrift nicht fallen, auch wäre sonst die Genealogie der Könige wol über Heinrich I. fortgeführt, und nicht mehr aus Malmesbury mit abgeschrieben worden, dass Wilhelm von Exeter († 1137) „nunc" blind sei.*

Im Folgenden findet man etwa drei Viertel des Werkes durch Verweisung auf die Quellen ersetzt. Dagegen sind sämmtliche Rubriken gesperrt, *ferner zur Probe einige kürzere Absätze* klein, *endlich alle die Stellen* gross *gedruckt, wo der Compilator irgendwie mehr als jene drei obengenannten Autoren bringt: darunter sind allgemein interessante Nachrichten die über das Domesdaybook, die Anführung des Wido von Pershore wider die Rebellen von 1088, die Krönung Heinrich I. und die Veränderung der Bischofsitze.*

Incipiunt quedam cronica de Anglia: quando Britanni, qui primum Britanniam incolebant, fidem Christi susceperunt et quamdiu tenuerunt; de adventu et fide Anglorum; de constitutione episcopatuum, et constructione abbaciarum; de mutatione episcoporum et abbatum et sedium ipsorum; de quibusdam regibus et regnis Anglorum.

De fide Britonum. Anno Dominice Incarnationis 162 Eleutherius . . . *aus Beda, Historia Ecclesiastica 5. 24.*

De adventu Anglorum ... Anno .. 449 ... *aus Florent. Wigorn.*

De Augustino . . . A. 597 . . .

De episcopatu Lundoniensi et Rofensi, Anno Domini 604.

---

[1]) *Aehnlich vielleicht Bodley 297, Hardy Descr. Catalogue II, 181?*
[2]) *z. B. a. 626, 633, das Ende stimmen nur zur Lesart des Codex A (Thorpe's C).* [3]) *Descr. Cat. II, 88.*

De Westmonasterio [1]). Anno Domini 615, pontificante Mellito, prędives quidam civis Lundonię civitatis, commonitione regis Aethelberti construxit ęcclesiam beato Petro in insula, quę primum Thorneye, id est Spinę Insula, nunc autem, mutato nomine, Latine Occidentale Monasterium, Anglice vero Westmenstre vocatur.

De Paulino Eboracensi. A. D. 626 . . . *aus Florenz mit der Hinzufügung bei Thorpe p. 16.*[2]

Paulinus Eboracum relinquit. A. D. 633 . . . *Florenz mit p. 16.*[4]

De Birino episcopo. A. D. 634 . . .

De Aidano et Lindisfarne . . . *aus Beda Hist. Eccl. III, 3 und Malmesbury Pontif. § 126.*

De Deira et Bernicia . . . *aus Beda III, 1.*

De episcopatu Estanglorum. A. D. 636 . . .

De ecclesia Wintoniensi. A. D. 643 . . .

Beda III,24
"
"
De tribus episcopatibus. A. D. 656. Rex Northanhymbrorum Oswius pro collata sibi a Deo victoria gentem Merciorum ad fidem Christi convertit, constituto episcopo Diuma in provincia Merciorum Lindisfarorum ac Mediterraneorum Anglorum.

Westsaxonia in duos episcopatus dividitur . . .

De reparatione archiepiscopatus Eboracensis. A. D. 664 . . . *aus Malm. Pontif. § 100.*

Malm Pont. § 88.
De Abbandonia. A. D. 667. Cissa [2]) pater Ynę, regis postmodum Westsaxonum, Abbandoniam construxit.

De Ely. A. D. 673 . . . *aus Malm. Pontif. §. 183.*

De Certeseia et Berkinga . . . *ib. § 73.*

Beda IV,13
"
De secunda expulsione Wilfridi, A. D. 677 . . . . Wilfridus in Saelesey, quod dicitur Latine insula vituli marini, primus episcopus factus gentem illam Christo credere fecit.

Flor. p. 622 B.
"
"
Merciorum provincia in 5 episcopatus divitur. A. D. 680 . . . Sexulfus . . . Quia civitas Wigorna tempore, quo regnabant Britones vel Romani in Britannia, totius Wiccię vel Massaegetanię metropolis extitit famosa, cathedram erexit pontificalem in ea . . .

De Herefordensi episcopatu . . .

Nomina quatuor locorum. Victia dicta est a quodam rege Britonum, qui Wicht nominabatur, ab opaca silva quę Wire dicitur nomen sumpsit . . . Lichesfeld . . . *aus Pontif. § 172. Leogrecestra . . . ib. § 176. Dorcestra . . . § 177.*

---

[1]) *Diese Erzählung steht am Nächsten dem Sulcardus, cf. Monasticon Anglicanum I, 265.* [2]) *Der hier gegebene Name des Vaters Ine's widerspricht den sonstigen Nachrichten ausser Malmesbury.*

De Glaorna[3]) A. D. 681 rex Merciorum Aedelredus ministro suo Osrico qui provincię Wictiorum tunc praefuit, dedit terram trecentorum tributariorum in urbe Glaorna, ubi constructa et dedicata est ęcclesia in honore Sancti Petri.

De Persora[4]) A. D. 683 terram 300 tributariorum idem rex Aedelredus concessit alteri ministro suo Oswaldo, pręadicti Osrici germano, in Persora, ubi etiam constructa ęcclesia in honore Sanctę Marię dedicatur.

Episcopatus Orientalium Anglorum dividitur A.D. 684 ... *Pontif. § 74.*

De Johanne Haugustaldensi A. D. 686 . . .

De Wilfrido A. D. 691 . . .

Flor.   De Hevesham[5]) A. D. 692. S. Egwinus tercius in ordine Wic-
„   tiorum episcoporum monasterium, quod Eovesham dicitur, construxit.

Duo episcopatus dividuntur A. D. 705 . . . *Pontif. § 223.*

Flor.   . . . Sexwlphus decessit *ib. § 172.*
p.623
D.   Headda . . et post eum Alwinus qui et Wor.

De statu episcopatuum tocius Britannię secundum Be-
Flor.   dam . . . *nämlich § 450.*

Item de statu episcopatuum. Anno D. 734, quo anno san-
Malm ctus Beda migravit ad Dominum, defuncto jam Aldwino, qui et Wor,
Pont.
§ 172 tres facti sunt episcopi in Leogrensi diocesi: Hwita Lichesfeld, Totha
„   Leogrecestre, Eatta de quo supra diximus in Dorcacestra remanente. Hujus episcopi solius nomen, qui Dorcacestrensis extitit episcopus reperitur. Presulatus vero sedem post illum in Dorcestra Lindissę pręsules habuerunt 354 annis, quousque Remigius genere Normannus, Lindisfarorum episcopus 17[us] licentia regis Willelmi senioris[6]) sedem pręsulatus mutaret de
1095. Dorcacestra ad Lincolniam.

Flor.   Eodem quoque anno Tatwinus, nonus Dorobernię archiepiscopus,
„   vita decessit, cui Nothelmus Lundoniensis ęcclesię presbyter successit. Hic Aedbertum, qui abbas monasterii sancti Wilfridi, quod dicitur
Flor. Saelesey, fuerat, provincię Australium Saxonum ordinavit episcopum.
p. 618
D. Qui secundus post Wilfridum Saeleseiensis episcopus extitit. Pontificalis sedes apud Saelesey usque ad tempora Willelmi regis senioris 333 annis, episcopis 19 pontificantibus, duravit.

---

[3]) *Die Gloucester Annalen, MS. Cotton Domitian VIII, cf. Monasticon I, 540 geben diese und die folgende Nachricht.* [4]) *in Worcestershire.* [5]) *benutzt in Annales Wigornienses, ed. Luard (Ann. monastici) IV, 366.* [6]) *Die Uebertragung fand erst 1095 statt.*

1075. Postmodum a Stigando Saeleseiensi episcopo 20mo mutata est sedes episcopalis de Saelesey ad Cicestram.

De Winchelcumbe et Sancto Albano A. D. 787 rex Merciorum Offa in Glaornensi pago, in loco qui Winchelcumbe [7]) dicitur, monasterium construxit in quo sanctimoniales constituit.

Pagus Bedefordensis . . . *s. Pontif. § 179* . . A. D. 798 rex Merciorum Kenulfus . . . *ib. § 156.*

De Haugustaldensibus episcopis . . . *ib. § 117.*

De Candida Casa . . . *ib. § 181.* Post hunc (*sc.* Eadredum) [8]) episcopatus deficit.

Alfredi regis opera. A. D. 880 . . . *ib. § 86.* Wintonie . . . *ib. § 78.* A. D. 887 . . . Aethelingeie . . . *Florent. Wig. p. 563 A.* Sceaftesberie . . . *ib.* Construxit et aliud monasterium Wintonie sanctimonialium quibus Alfridam virginem abbatissare preposuit. Ethelingeie est non maris insula . . .

Pont. § 92. " "

Duo episcopatus Westsaxonum in 5 dividuntur. A. D. 908 . . . *Florent p. 620 A.*

De episcopatu Salesberiensi Ethelstanus in Wiltuniensi pago primus factus episcopus sedem pontificalem in Ramesberia habuit, similiter et successores illius per 352 annos, quousque Heremannus . . . *Florent p. 620 B.* Ab a. D. 707, quo s. Aldelmus primus Scireburnensem presulatum suscepit; usque in annum 1069, quo Heremannus Ramesberiensis episcopus mutavit, ut diximus, sedem episcopalem Seresberiam, computantur 362 anni, presulibus 24 in ordine pontificantibus.

Flor. 20 B

De episcopatu de Welles. Ab a. D. 908, in quo Aedelmus factus est primus Wellensis episcopus, usque in a. D. 1091 numerantur anni 182, presulibus interim 14 in ordine presulantibus. Johannes . . . non tam arte quam usu [9]) medicus . . . sedem de Wellis transtulit Bathoniam. Hujus loci fundator, ut ab antiquis accepimus, extitit olim quidam Akemannus [10]) nomine, unde vulgo Akemannescestre, id est civitas Akemanni dicitur.

Malm. Pont. § 90

De Cridiatunensi episcopatu. Ab a. D. 908 . . usque . . 1031 . . episcopi 8 . . . Livingus . . *Pontif. § 94.* Huic successit

---

[7]) *Dies scheint aus den Annalen von Winchcombe zu stammen, cf. Monasticon II, 297.*   [8]) *Dieser wird nicht bei Malmesbury, aber in Florenz erwähnt.*   [9]) professione *Will. Malm.*   [10]) *Etymologie s. Earle, Saxon Chron. p. 329.*

Lefricus Brito [10]) . . . Successit Willelmus de Wirewast cognatione, oculorum nunc visu, non tamen senio sed quolibet infortunio omnino privatus *(Pontif. ib. nur in der volleren [früheren] Edition)*. Cridiatun est villa . . . *ib. § 94.* Cornubiensium . . . ordinem . . . *ib. § 95 i. f.*

De Glaorna. A. D. 920 . . . *Pontif. § 155.*

De Odone Wiltuniensi episcopo. A. D. 920 . . . *ib. § 14.*

De Brinstano episcopo. A. D. 932 . . . *Pontif. p. 163.*

Odo fit archiepiscopus. A. D. 933 . . . *ib. §. 14.*

Mideltune et Michielnei construuntur. A. D. 934 . . . *ib. § 85 und 93.*

De Sceaftuna. A. D. 944. Elviva . . . *ib. § 86.*

Duo episcopatus junguntur. A. D. 957 . . . *ib. § 74.*

Duo episcopatus junguntur Legrecestriẹ et Lincolniẹ. A. D. 959. Aedgarus . . . *ib. § 176.*

De Oswaldo Wigornensi episcopo. A. D. 960 b. Oswaldus fratruelis s. Odonis Dorobernensis archiepiscopi suscepit Wigornensis ẹcclesiẹ presulatum; *aus Florenz.*

Thavestoca construitur. A. D. 961 . . . *Pont. § 95.*

Wintoniẹ et Mideltuniẹ monachi ponuntur. A. D. 963 . . . *s. Florenz a. 964.*

Rumeseie sanctimoniales et in Exacestra monachi constituuntur. A. D. 967 . . . *s. Florenz a. 967 et 968.*

Rex Edgarus in majoribus monasteriis monachos institui fecit. Precẹpit etiam s. Dunstano . . . *s. Florenz a. 969 und Pontif. p. 248.* A. D. 968 S. Oswaldus . . . *Florenz 969 i. f.* In mo-

Flor. a. 991 nasterio etiam, quod Rameseia dicitur, quod ipse et Dei amicus dux Orientalium Anglorum Aedelwinus a fundamentis construxerunt, mo-

,, nachos collocavit, quibus virum prudentem Ednothum nomine prẹposuit [11]). Persorẹ etiam monachis coadunatis quidam

Pont. abbas Forthbrichtus [12]) a b. Oswaldo prẹficitur. Sanctum Ger-
§ 156 manum, quem idem vir Dei Oswaldus de Floriaco adduxerat, Winchel-

,, cumbensibus cenobitis abbatis jure prẹfecit. A. D. 970 S. Ethelwoldus . . . *ib. § 183, 185.*

Oswaldus fit archiepiscopus. A. D. 972 . . . *Florenz s. a.*

Rex Edgarus 13 anno regni sui in regem consecratur. A. D. 972 . . . *Florenz a. 973.*

De Wiltunia . . . *Pontif. § 87.*

Elfthrida Edwardum occidit et duo monasteria construxit. A. D. 988 . . . *s. Florenz s. a. 978 et 979.* A. D. 979 Elfthrida . . . *Pontif. § 87.*

---

[10]) Brito *aus Florent. p. 602 B.* [11]) *cf. Monasticon Anglicanum II,* 547. [12]) *Vielleicht benutzt in Ann. Wigorn. IV, p. 369.*

De peste post mortem regis Edwardi. A. D. 987 . . . *s. Florenz s. a.*

Alfricus archiepiscopus monachos in Cancia posuit.
Pont.
§ 2o. A. D. 994 Alfricus . . . clericis a Cantia perturbatis monachos induxit [13]).

Episcopatus Lindisfarnensis mutatur et Dani Angliam vastant. A. D. 995 . . . *Florenz s. a.*

De passione Sancti Aelfegi. A. D. 1011 . . . *Florenz s. a. 1011 et 1012.*

Eadmundus et Cnutus in reges eliguntur. A. D. 1016 . . .

Apud Sanctum Edmundum monachi ponuntur. A. D. 1032 [14]). Cnutus rex Anglorum communi consilio archiepiscoporum episcoporum et optimatum suorum ab ecclesia Sancti Eadmundi regis et martyris presbyteros, qui inibi inordinate vivebant, ejecit et monachos posuit. Ipsam vero ęcclesiam jussu regis ejusdem Eyelnothus Dorobernensis archiepiscopus dedicavit et abbatem constituit, quem Faldwinus [15]) Lundoniensis episcopus consecravit.

De sancto Wlfstano Wigornensi episcopo . . . *Florenz s. a. 1062.*

Rex Eduardus obiit, cui succedit Haroldus et paulo post Willelmus. A. D. 1065 . . . *Florenz 1065 i. f. und 1066 in. und Pontif. § 97.*

De concilio Wintonię in quo quidam episcopi degradantur, quidam fiunt. A. D. 1070 . . . *Florenz ed. Thorpe II. p. 5—7.*

De primatu Dorobernie et subjectione Eboraci. A. D. 1072 . . . *Malmesbury Gesta Regum § 298.*

De concilio Lundonensi. A. D. 1075 regnante . . . *Gesta Pontific. p. 66 Ann. aus B. C.* Wentanus ad sinistram *p. 67 Z. 10 v. u.*

cf.
Ann.
Anglo
Saxon
ed.
Thor-
pe
I, 353 Qualiter rex Willelmus primus totam Angliam describi fecit. [16]) A. D. 1086 Willelmus rex Anglorum misit per omnes provincias Anglię et fecit inquiri quot haberentur hidę in

---

[13]) *Malmesbury's spätere Ausgaben bezeichnen diese Nachricht als irrig. Das Jahr aber scheint aus Florenz zu stammen.* [14]) *Diese Nachricht auch bei Simeo Dunelm. und Chron. Melros., aber nicht aus Florenz von Worcester oder Wilhelm v. Malmesbury; cf. Monasticon Anglicanum 3, 135.* [15]) *Aelfwig.* [16]) *Die Uebersetzung der angelsächsischen Annalen ist fast wörtlich. Jedoch die Erwähnung des Ertrages unter Edward und des möglichen, sowie die Redigirung in Einen Band zu Winchester sind neu.*

cf. tota Anglia a), et quantum rex haberet in terris et jumentis
Ann. et bestiis, et quas consuetudines ipse haberet in unaquaque
Ags.
„ provincia et quos redditus per annum. Hoc idem fecit fieri
„ de terris et redditibus omnium ęcclesiarum et omnium ba-
„ ronum suorum, et cujus precii essent et quantum tunc red-
didissent et quantum tempore regis Edwardi [17]) reddere pos-
ib. sent. Et hoc ita strictim peractum est, ut non remaneret in
„ tota Anglia vel una hida nec una virgata terrę nec bos nec
„ vacca nec porcus unus, qui non esset scriptus in breviatione
„ illa, omnesque scripturę omnium harum rerum repraesentatę
  sunt regi. Qui precepit ut omnes scriberentur in uno volu-
mine et poneretur volumen illud in thesauro suo Wintonię
Flor. et servaretur ibi. Anno vero sequente, quinto Iduum Septem-
II. 10
brium in Normannia vita decessit annis XX mensibus 10 et 28 diebus completis, quibus genti Anglorum prefuit.

De rege Willelmo secundo *aus Florenz II. p. 22 bis* Mox post
Pascha cępit quisque circa se vastari, rapere, depredari omnia,
castella munire fosso et victu. Gosfridus episcopus Constantiensis
Flor. et Robertus de Mumbrai iverunt Brigstowe, ubi habebant castrum
24.
fortissimum et omnia devastabant usque ad Bathum. Bernardus ... *etc. Z. 13 v. u. bis p. 25 Z. 20* si tantum annueret episcopus [18]). Intererat quidam consilio providus Wido Persorensis
abbas. Hunc ultro se offerentem jus pontificale creans ad
tempus militem, statuit belli ducem totum in Deo et in ora-
Flor. tionibus episcopi confidentem. Parati igitur ... *bis p. 26 Z. 14.*
25
Z. 19 Cęteris debilis fuga presidium, episcopo et suis divina victoria
v. u. fert tripudium. Ubi ut ferunt numero quingenti de hostibus
ceciderunt. Rex deinde Willelmus maxime Anglorum auxilio
potitur de inimicis victoria.

De occisione regis Willelmi. = *Florenz p. 44, 45.* Henricus
... a Mauricio Lundoniensi in regem consecratur, sed a Thoma Eboracensi archiepiscopo quoniam quidem Anselmus Cantuariensis archiepiscopus Anglia exulans deerat, coronatur.

---

a) Anglię *cod.*

[17]) *Vertausche die Stellung von* tunc *und* temp. r. Edwardi.   [18]) *S.*
Wulfstan.

De incendio Wigornię. A. D. 1113 . . . *Florenz p. 66 Mitte.*

Flor.
II. 60 De Heliensi episcopatu. Anno regni sui 9 rex Henricus
1109 abbatiam Heliensem in sedem episcopalem mutavit. Eodem etiam
1110 tempore Novum Monasterium quod infra muros Wintonię erat,
Flor. extra murum construi jussit. Matildis regina Anglorum apud
II. 71 Westmonasterium kal. Maji obiit, ubi et sepulta est.
1118
1.Mai De morte filii regis . . . *Florenz p. 74 Z. 10 bis* concussit
vorletzte Z.

De consecratione ęcclesię Theokesberię. A. D. 1121 . . .
cf.
Flor. *ib. p. 77 Z. 4—8.* Theoulfus Wigornensis episcopus vita deces-
p. 80 sit, cui Symon succedens a Willelmo Cantuariensi archiepiscopo Cantuarię consecratus est.

Incipit de quibusdam principalibus cenobiis.

In Sumersetensi pago est episcopatus antiquitus abbatia Bathonię
aus Pontif. p. 197. [Est] in . . . pago Sumersetensi . . . apud
Montem Acutum [19]) cenobium, ubi honestę religionis et Cluniacensis professionis cogregatio monachorum habetur.

De Dorsatensi pago . . . *Pontif. § 84.* Sircburnensis [20])
dudum episcopatus nunc per Rogerum episcopum Seresberien-
sem consensu Henrici regis [facta abbatia monachorum, et
Sceaftoniensis sanctimonialium. In quo pago olim colebatur
deus Helit, sed . . . Augustinus vidit *etc. ib. p. 185 Z. 8.*

De Wiltunensi pago et Bercacensi . . . *ib. § 87 Anfang, §*
88 Anfang, § 89 Anfang.

De Oxinefordensi pago . . . *ib. § 178.*

De Bedefordensi pago et Huntedunicnsi . . . *§ 179 An-*
fang, § 180, 181, 182 bis zu Ende.

De Wigornensi pago et Glavecestrensi . . . *§ 156. 157.*
Monasterium etiam quod Theodekesberia vocatur ipsa conti-
net provincia, quod [21]) Theodokus quidam quondam construxit, a quo et nomen accepit . . . ubi consilio domini
Wulstani Wigornensis episcopi, Wintoniensis monachus Ge-
roldus [22]) . . . monachos locavit.

De Herefordensi pago . . . *ib. § 305.* Cestrense cenobium
Hugo comes Cestrensis [23]) construxit.

De progenitoribus et filiis Woden.

---

[19]) *Montacute, cf. Monasticon Anglicanum V, 163.* [20]) *cf. Monasti-*
con I, 333. [21]) *cf. Monasticon Anglicanum II, 59.* [22]) *cf. ib. 60 und*
Annales de Teokesb. ed. Luard s. a. 1102. [23]) *Mon. Angl. II, 371.*

De regibus Cantuariorum.

De regibus Orientalium Anglorum.

De regibus Orientalium Saxonum.

Flor.
p. 642
C.　　De regibus Merciorum . . . Cnutus . . . filios regis Edmundi
,,　in exilium misit, quorum unus, scilicet Edmundus in adolescentia mor-
,,　tuus est in Hungeria; Edwardus vero Agatham filiam germani impe-
,,　ratoris Henrici tercii in conjugem accepit, ex qua Margaretam regi-
,,　nam Scotie et Cristinam virginem et clitonem Eadgarum habuit. No-
,,　nodecimo anno rex Cnutus filio suo Hardecnuto, quem ei peperit regina
,,　Emma, rege constituto in Danubio, decessit. Cui filius ejus Haroldus,
,,　quem ex Hamtoniensi Elfgiva habuit, in Anglia successit et quinto
,,　anno post obitum patris decessit. Cui frater ejus Hardecnutus suc-
Flor.　cessit et tercio anno regni decessit. Cui frater suus ex parte matris
IV. 8.　Edwardus b) filius Egelredi regis successit. Anno regni sui vicesimo
,,　tercio rex Anglorum Edwardus Lundonię decessit. Cui ex ipsius
,,　electione et concessione comes Haraldus filius Godwini Westsaxonum
,,　ducis et Gythę sororis regis Danorum Svani patris sancti Cnuti marti-
,,　ris successit. Qui de regina Aldgetha [filia] c) comitis Algari habuit
,,　filium Haroldum. Qui eodem anno a Normannorum comite Willelmo
,,　Bastard peremptus est in bello. Cui et ipse Willelmus in regnum
,,　successit. Hic de regina Mathilda quatuor 24) filios habuit: Robertum
,,　Curtehosa, Willelmum Rufum, Ricardum, Henricum regem. Et
,,　postquam 20 annis mensibus 10 diebus 28 genti Anglorum
,,　pręfuit regnum cum vita perdidit. Cui filius ejus Willelmus Ru-
,,　fus successit et postquam 13 annos minus 38 diebus regnaverat,
,,　in provincia Jutharum in Nova Foresta sagitta percussus sine filiis oc-
,,　cubuit. Cui frater ejus junior Henricus successit in regnum 25) d)

---

b) *Spätere Hand schreibt* sanctus *über den Namen.*　　c) *Lücke im
Text, ergänzt aus Florenz.*　d) *Die zwei letzten Worte in Capitalschrift;
dann ³/₄ Columnen leer; folgt ein ursprünglich nicht hiermit zusammen-
gebundenes Stück.*

24) *Florenz kennt nur drei.*　25) *Im Florenz-Texte der Monum. Hist.
Britann. p. 642 A folgt noch eine Erwähnung von Heinrich's I. Kin-
dern; diese fehlt aber nach Thorpe's Ausgabe I, 276 im originalen Codex von Worcester.*

V. Annales Plymptonienses

a. 1066—1170

Im Jahre 1121 wurden die Augustiner Chorherren von Plymton in der Diöcese Exeter und der Grafschaft Devon vom Bischofe Wilhelm Warelwast regulirt. Die Bibliothek wurde im nächsten Jahrzehnt durch eine damals geschriebene Copie der Beda'schen Kirchengeschichte vermehrt. Sie ist als Liber domus Plympton. bezeichnet und trägt heute die No. 14250 des Brittischen Museums. Auf ihrem letzten Blatte, fol. 148 v. fügte ein Chorherr kurze Annalen seit Christus an, von denen heute nur die — hier fortgelassene — erwähnte Seite, bis a. 81 reichend, und das Stück hinter a. 1066 erhalten sind. Er selbst führte das Werk bis 1140, auch zuletzt, wie die unchronologische Folge von 1136/8 zeigt, nicht genau gleichzeitig, wusste aber über das eilfte Jh. so wenig, dass ein anderer Stiftsbruder, bald nach ihm, die freien Zeilen zum Theil auszufüllen für gut fand. Dazu brauchte dieser nicht eine heimische, sondern eine Normannische Handschrift: die Annalen von Caen. (Diese sind bisher nicht vollständig gedruckt; vermuthlich gehören ihnen auch die im Nachfolgenden aus Rouen citirten Stücke). Ein dritter schrieb gleichzeitig die Jahre 1141/2 und füllte den Rand der folgenden, letzten Seite des Bandes mit Jahreszahlen bis 1177, zu welchen dann verschiedene Chorherren, zuletzt zu 1170, einige Bemerkungen gesetzt haben.

Werthvoll sind für die Fasten dieser Priorei die Jahre 1121, 8, 32, 37, 42, 60; für die anderer Canonikerhäuser a. 1117, 49, 50; für die der Diöcese 1121, 37, 50, 5, 60, 2; für die der Grafen 1142, 55, 62. — Allgemeine Beachtung verdient das Jahr 1141. — 1153 begegnet eine Nachricht aus Spanien.

Anno Incarnationis Dominicę 1066. Obiit Edwardus rex [1])

Ann. feria V[a] et Willelmus Normannus Angliam intravit et Aral-
Cado- dum regnantem [40 ebdomadas] [a]) interfecit; [pro hoc Willelmus
mens.
Bou- elevatur in regem die Natalis Domini apud Lundoniam].
quet.
XII. 1067 [Obiit Maurilius archiepiscopus Rotomagensis. Successit Johan-
779   nes qui prius Abrincensem **rexit** ecclesiam annis 7 [2]) et mensi-
„   bus tribus].

„   1073 [Gregorius papa prius Hildebrandus dictus].

..   1077 [Dedicatio Sancti Stephani Cadomi].

„   1079 [Obiit Johannes archiepiscopus Rotomagensis; successit Willel-
„   mus **primus** [3]) abbas Cadomi].

Ann. 1080 **Ventus validissimus fuit in Natale Domini.**
Roto-
mag., 1084[3a]) [Obiit Malthildis regina, **mater Henrici regis** [b])].
Lubbe 1087 **Obiit Willelmus rex senior et Willelmus filius ejus suc-**
Nov.   **cessit in regnum.**
Bibl.
I, 367
„   1089 **Obiit Lanfrancus archiepiscopus; et terra mota est.**

1095 [Urbanus papa concilium apud Clarum Montem tenuit].

1096 **Kalendas Augusti Christiani super paganos motum fe-**
        cerunt.

1097 **Pridie nonas Octobr. cometa apparuit.**

1098 **Antiochia capta est.**

1099 **Jerusalem capta est.**

Ann. 1100 **Willelmus rex sagittatus obiit.**
Cado.   [Quod antequam evenisset cucurrit sanguis in Anglia de quo-
..   dam fonte].

        Et Henricus regnum suscepit.

Ann. 1106 [Hoc anno **cepit Henricus** rex in bello apud Tenerchebrai Ro-
Roto.   bertum comitem Normannie].

Cado. 1107 [4]) [Obiit Henricus Alemannie imperator; successit **junior** Henri-
„   cus filius ejus].

„   1108 [Obiit Philippus rex Francorum; successit filius ejus Lodovicus].

1109 **Obiit Anselmus archiepiscopus.**

1111 **Obiit Beomundus** [5]).

---

a) *über der Linie in zweiter Hand, ebenso alles* [Eingeklammerte].   b)
m. H. r. *von dritter Hand hineingefügt.*

[1]) *5. Januar.*   [2]) *7 ist falsch.*   [3]) **Primus** *ist des Compilators eigener*
Fehler.   [3a]) *Mathilde, Gemahlin Wilhelm's I., † 2. Nov. 1083.*   [4]) *Hein-*
rich IV. † 1106.   [5]) *B. I. von Antiochia.*

1117 Canonici Meretoniae [6]) cohabitare ceperunt.

1118 Obiit nobilis regina Anglorum Mathildis.

1120 Obiit Willelmus filius Henrici regis, cum multis sub-
mersus.

1121 Epacta nulla, ciclo lunari 1°, paschali termino nonas
Aprilis, B tenente dominicam, concurrente quinque,
anno concurrentium X°, indictione quarta [7]), 9 kl. Sept.
Willelmus Dei gratia Exoniensis episcopus constituit
canonicos regulares in ecclesia Sancti Petri Plimtonie.
Qui tamen antea eodem anno III° nonas Febru. ceperunt cohabitare.

1122 Obiit Radulfus archiepiscopus Cantuarię.

1125 Extitit fames valida.

1128 Gaufridus prioratum Plimtoniensem suscepit coactus
XV° kl. Febr. feria Vᵃ.

1130 Dedicata est ecclesia Christi Cantuarię.

1132 Obiit Radulfus primus prior Plimtonie VIᵗᵒ kl. Aug. feria IIIIᵃ.

1133 [IIIIᵒ n. Aug. sol obs[c]uratus est et sequenti VIᵃ feria terre motus factus est.]

1135 Obiit Henricus rex Anglię et successit Stephanus nepos
ejus.

1136 Luna sanguineo rubore perfusa, dein nigredine subsequente ad lucem propriam reversa est.

1137 Obiit Willelmus episcopus Exoniensis VIᵗᵒ kl. Oct. Qui
in infirmitate extrema positus et anulum et baculum
episcopo Wintoniensi Henrico reddidit, sicque ab episcopo Roberto Bathonie crismatus, canonicorum habitum
petiit et accepit a Gaufrido priore Plimtoniensi. Cujus
etiam corpus in capitulo nostro Plimtonie quiescit se-
pultum. In episcopatu electus est et consecratus [8])
Robertus nepos ejus. [Obiit [9]) archiepiscopus Willelmus
Cantuariensis] [c]).

---

c) Ob.—Cant. *am Rande in späterer Hand.*

[6]) *Regulirte Chorherren, Surrey; Tod des ersten Priors s. a. 1150.*
[7]) *Falsch: Ostern war 1121 am 10. April, Indiction 14.* [8]) *1138 Dec.
18.* [9]) *21. Nov. 1136.*

1138 II non. Oct. cęlum suffusum est sanguineo rubore in aquilone.

1139 VI idus Sept. apparuit prescriptus rubor. Et comes Robertus cum imperatrice [10]) sorore sua intravit Angliam. Et Rogerus obiit episcopus Sareberiensis.

1140 Eclipsis solis facta est XIII kl. Aprilis et stellę apparuerunt post horam nonam fere dimidiam horam.

2. Feb. 1141 d) IV non. Febr. captus est rex Stephanus in territorio Linconię a comite Roberto et ejus complices omnes per fugam dispersi. Statum vero regni obtinuit soror ejusdem comitis, quondam imperatrix. Cujus dicioni se commiserunt omnes principes, exceptis quibusdam ex regis collateralibus instanter eam obpugnantibus. Post *1141* *7. Apr.* peractum pascha [11]) congregatum est concilium in civitate Wentana, cui interfuit Thotbaldus Cantuarie archiepiscopus et Henricus ejusdem civitatis episcopus, qui et Romanę ęcclesię legatus, communi assensu et fidei sacramento confirmantes imperatrici regni successionem. *Jun.* In mense Junio facta est sedicio in civitate Londoniensi a civibus; sed tamen pars sanior vices imperatricis agebat, pars vero quedam eam obpugnabat. Post hoc alienavit se Henricus predictus legatus ab imperatrice et *Aug.* obsedit eam in civitate Wintoniensi, mense Augusto jam mediante, cum episcopis et comitibus nonnullis dans civitatem incendio et mortis periculo inhabitantes. *14.* *Sept.* 18 kl. Oct., relicta civitate [12]), tutiora municipia adire compulsa cum comitibus suis disposuit; nec distulit disposita peragere sub kalendis predictis e). Circumfusus namque exercitus fugę fama excitatus, cominus fugientes insequitur insecutosque aut fugere compulit aut, conflictu facto, prostravit, prostratosque mancipavit et man-

---

d) *Dieses und das folgende Jahr in einer dritten gleichzeitigen Hand, die auch die Jahreszahlen von 1143—77, welche die letzte Seite füllen, geschrieben hat.* e) *Folgt eine halbe Zeile Rasur, unter der Heinrich's Ueberfall erwähnt gewesen sein wird.*

[10]) *Mathilde, Wittwe Heinrich's V.*   [11]) *Ostern war am 30. März.* [12]) *nämlich Mathilde.*

cipatos vinculis alligavit. Alligatus est etiam inter ceteros dux ille Robertus, qui regem catenatum tenuit; sed ea solutus est gratia, ut solveret alligatum. Uterque vero solutus et rex et dux, non catena criminis set catena compedum, pristinas cęperunt inimicitias exercere.

'.
Nov.

1142 Obiit Adelis Balduini [13]) vicecomitis filia IX kl. Septemb. Hoc eodem anno obitus sui dedit ęcclesię de Plimtone capellam de castello Exoniensi et fecit eam fundare extra muros civitatis in loco qui dicitur ad Mareis [14]). Confirmata est hec donatio et cimiterium consecratum 14 k. Junii, concedente et testante comite Balduino cum aliis compluribus, episcopo quoque [Ro]berto [15]) presente et testante cum clero non minimo.

1145 [f]) Cometa apparuit.

1147 Paschali tempore mota facta est super paganos. Eclipsis facta est circa horam 1ᵃᵐ, VI° k. Nov. Obiit Robertus comes [16]).

1149 Obiit Reinaldus prior de Sancto Petroco [17]) et 8 k. Julii Robertus prior de Sancto Stephano [18]).

1150 Obiit Robertus prior de Mertone [19]) 2 non. Januar. et Willelmus de Augo [20]).

1153 Comes Normannie Angliam intravit, et obiit Eustachius filius regis Stephani. Inde pax facta est inter regem et comitem. Capta est Scalona [21]).

1154 Obiit rex Stephanus. Cui successit Henricus comes Andegavensis.

1155 Obiit Robertus episcopus Exoniensis V k. Aprilis, comes Balduinus [22]), Rogerus comes de Hereforde.

---

f) *Das folgende ist von verschiedenen gleichzeitigen Handschriften.*

[13]) *von Redvers. Ueber die Schenkungen vgl. Monasticon Anglicanum VI. 53.* [14]) *Marsh Barton, cf. Oliver Monasticon dioecesis Exoniensis 1846 p. 133.* [15]) *von Exeter.* [16]) *von Gloucester, Bruder der Kaiserin.* [17]) *Bodmin in Cornwall erhielt regulirte Chorherren unter Wilhelm Warelwast.* [18]) *Launceston, ebenso.* [19]) *s. oben 1117.* [20]) *Le Neve-Hardy, Fasti eccl. Anglicanae, nennt William de Auco als Archidiacon von Barnstaple, Diöc. Exeter zwischen 1151—60 und einen William als Erzdiacon von Cornwall um 1143.* [21]) *Spanien* [22]) *von Devon.*

1160 Obiit Robertus II Saresberiensis [23]), episcopus Exoniensis et Gaufridus prior Plimtone VIII kl. Septembr.,
hora VI.

1161 Luna sanguineo rubore perfusa quasi hora integra nonas Febru., dehinc, nigredine subsequente, ad lucem
reversa est [24]).

1162 Obiit Ricardus comes Devonie et Hugo de Augo archidiaconus [25]).

1168 Eclipsis lune in nocte Sancti Mathei Apostoli, primo
sanguinea, deinde nigra, postea clara [26]).

1170 „Anglorum primas corruit ense Thomas" [27]).

---

[23]) *Warelwast, Decan von Salisbury.* [24]) *Fast wörtlich wie a. 1136.*
[25]) *Hugo de Avigo, von Totnes, Diöc. Exeter 1143, oder Hugo de Auco
von Cornwall, um 1135. Le Neve-Hardy.* [26]) *Aehnlich wie a. 1161.* [27])
Dieser Vers steht in vielen gleichzeitigen Chroniken.

VI—VIII. Annales Rotomagenses
Wigorniae Roffae Belli
adaucti et continuati.

Im Gefolge der Normannischen Eroberung wurden die höchsten Kirchenämter mit Geistlichen französischer Schule besetzt und Klöster nach festländischem Muster gegründet und umgebildet. Zu einer solchen Reform war die Einführung theologischer Litteratur über den Canal nothwendig: so verschreibt sich Lanfranc Bücher aus Bec und Caen. Und wie fortan die Englische Kirche überhaupt die insulare Abgeschlossenheit aufgab, so begann sie nach der Geschichte von Kaiser und Papst umzuschauen, die ja in Süd-England bisher fast unbeachtet geblieben war. Im XII. Jh. wurden Marian, Sigebert, Hugo von Fleury, im XIII. Robert von Auxerre, später Martin von Troppau benutzt. Kein Werk dieser Art aber ward in Süd-England früher und weiter verbreitet als die Annalen von Rouen [1]).

Alle die Englischen Ableitungen aus dem Normannischen Jahrbuche, deren Verwandtschaft mit den Normannischen schon von Hardy theilweise bemerkt war, scheinen doch auf Rouen zurückzugehen. Ihr Stammbaum im Neuen Archiv der

---

[1]) *Ueber ihren Ursprung: Pauli in Nachrichten v. d. k. Gesellschaft d. Wiss. zu Göttingen 1878, 1. Wenn die Annalen von Dijon ein Bindeglied sind, ist vielleicht an Wilhelm's Wirken in Fécamp zu erinnern? Denn sicherlich ist der Catalog der Erzbischöfe von Rouen nur eine spätere Hinzufügung; und die Nachrichten über Fécamp bieten die gedruckten Excerpte des Jahrbuches von Rouen zu 1001, seine Battle'sche Ableitung zu 1028, 1107. — Die Annales Fiscannenses, Labbe, Nova Bibliotheca libr. ms. I, 325 gehören jedenfalls [so gut wie die Ebroacenses Bouquet XII, 776 und die Gemmeticenses XII, 775] in den Kreis der Normannischen Ableitungen aus jenem Annalenwerk. Einige andere nennt Delisle in Orderici Vitalis Hist. ed. Le Prévost V p. LXVIII. Die von Pertz, Monumenta Germ. XVI p. 482 ausgezogenen Fiscannenses sind mit den Labbe'schen mindestens verwandt.*

*Ges. f. ä. Deutsche Gesch. IV p. 27 kann schon jetzt durch
die hier folgende Untersuchung berichtigt werden und durfte
die Annalen von Hales* [2]) *nicht übersehen.*

Wir betrachten von ihnen zunächst drei Ableitungen:

*1) C. — MS. Cotton Claudius C. IX beginnt mit Tabellen
zur biblischen und classischen Geschichte und Geographie, die
mitten auf fol. 8 v. mit* Expliciunt cronica Veteris Testamenti
*enden; fol. 9 r. füllt eine Papstreihe —640 nicht ganz; auf der
Rückseite fangen* Cronica Novi Testamenti *an, d. h. Annalen
seit Christus. Bis zu Ende, 1171, ist das ganze Stück
von Einer Hand s. XIII. in. in Einem Zuge geschrieben. Die
Initialen sind auf den ersten Seiten offen geblieben. Das Stück
von 438—629 ist ausgerissen. Nicht ursprünglich sind diese
Annalen u. A. mit der Chronik von Abingdon (ed. Stevenson
in Rolls Series) zusammengebunden und im 17. Jh. daher als
Abingdoner Annalen grundlos bezeichnet worden. Sie gehörten
Worcester.*

*2) R. — MS. Regius 4 B VII, s. XIII med. geschrieben
und s. XIV als* Liber de claustro Roffensi *bezeichnet, enthält
fol. 194 dieselben Tabellen und Annalen bis 1171. Fine Fortsetzung, in anderer Tinte, aber nicht späterer Handschrift,
bricht 1184 zugleich mit dem Blatte ab, so dass das Ende
verloren scheint. Es wäre vielleicht zu reconstruiren aus der
späten Compilation von Rochester, MS. Cott. Vespasian B
XXII, die bis 1380 reicht.*

*3) B. — Aus Battle stammt Cott. Nero D II fol. 234—7;
in Einem Zuge bis 1119 geführt, wo der Name des neuen
Papstes erst später hineingefügt ward. Die erste Hand, s.
XII ex., schreibt noch 1124/5 und nachträglich die Fasten der
Aebte 1102, 1107. Etwa fünf verschiedene Hände haben je
ungefähr gleichzeitig den Rest bis 1206 geschrieben, die letzte,
s. XIII in., begegnet zuerst 1185.*

*Da B früheren Ursprungs ist als C und R und der Süd-
englischen Fortsetzung jener entbehrt, so hätten wir B zur
Grundlage genommen, wenn es nicht gegenüber jenen die Rouen-*

---

[2]) *Ausgezogen von Pertz, ib. Einiges Andere über dieses Werk bei
Hardy, Descriptive Catalogue III No. 580 (und 442?).*

Annalen allzu lückenhaft excerpirt hätte. So aber schien es empfehlenswerther, umgekehrt die wenigen in B, aber nicht in C und R befindlichen Eintragungen zwischen a. 700 und 1000 [eckig] einzuklammern.

Der folgende Abdruck, mehr einem literarischen als historischen Interesse dienend, gibt aus den früheren Jahren bis a. 700 nur die auf England bezüglichen Eintragungen, folgt dann genau C [3]) *mit vollständiger Angabe der Varianten in R und bis a. 1000 in B. Von a. 1000 an sind die Annalen von Battle selbständig gedruckt.*

I. Wären die Annalen von Rouen vollständig veröffentlicht, so hätte eine einfache Verweisung auf sie genügt. Da Labbe [4]), *Nova Bibliotheca libr. ms. I. 364, nur Stücke daraus druckt, so konnte nur an wenigen Stellen der nachfolgende Text durch die Randbemerkung „Rot[omagenses Annales]" auf seine directe Quelle zurückgeführt werden. Meist bot die in Ouches gefertigte, von Ordericus benutzte und als Anhang zu dessen Werke herausgegebene Ableitung erwünschte Aushülfe. Die Randbemerkung U oder Utic[enses] bedeutet aber nicht, dass die Textstelle aus den Annalen von St. Évroul stammt* [5]), *sondern mit ihnen stimmt, folglich aus der gemeinsamen Quelle von Rouen geschöpft ist. Dasselbe gilt für die Eintragung von 992, die nur in Duchesne's (Scriptores Normann. p. 1016) Excerpten aus der Caen'schen Ableitung und für die von 1076, die nur in Bouquet's (Rer. Gall. SS. XII, 771) Auszug aus der Chronik von St. Wandrille edirt ist.*

Alles im Texte, was sich in einer dieser vier Chroniken, folglich in den Annalen von Rouen fand, ist in kleinen Typen gedruckt; weiter aber nichts; obwohl es aus inneren Gründen unzweifelhaft ist, dass auch die grossgedruckten Eintragungen zu 706, 912, 922 aus Rouen stammen; möglich auch, dass die Südenglische Fortsetzung in C und R an mehren

---

[3]) *weil C meist besser als R: so 746, 766, 771, 1047, 1049. In C unausgefüllte Initialen sind aus R in [ ] abgedruckt.* [4]) *Seine Lesarten sind manchmal schlechter als die der Normannischen und Englischen Ableitungen. Delisle kennt ib. p. LXIX nur ein MS. s. XVI: Paris anc. lat. 5530.* [5]) *Dies ist unmöglich, s. a. 911, 992, 1076, 1096, 1108, 1116. — Zu a. 117, 234, 445, 448, 454, 475, 654 bringen R und Bury St. Edmunds Nachrichten aus Rouen, die in den Uticenses fehlen.*

*Stellen als nachweisbar ist, sich auf Rouen stützt; so wahr-
scheinlich zu 1105, 1106, 1111. Wie aus a. 1116 hervorgeht,
ist sie den Rotomagenses eine Generation länger gefolgt als der
Annalist von Ouches.*

*II. In fast alle in England benutzte Exemplare der An-
nalen von Rouen scheint eine Anzahl von Notizen über Aebte
von Clugny bereits hineingearbeitet gewesen zu sein. Von den
hier betrachteten Hdss. finden sie sich am Vollständigsten, aber
auch am Wunderlichsten verschoben in B: zu 780, 804, 810,
906 (?), 918, 994, 1048/51.*

*III. Nur diese Bestandtheile I und II sind den drei
Hdss. C, R, B gemeinsam. C und R aber (so eng mit einander verwandt, dass im N. Archiv irrig [6]) R aus C abgeleitet
gehalten wurde) folgen Einem Zweig aus Rouen (er heisse cr),
der um die Mitte des XII. Jh. aus Südenglischer Quelle erstens einige werthlose Hinzufügungen (zu a. 45, 148, 454, 597
und hinter 957 die Fasten der Englischen Könige und einiger
Heiligen von Winchester und Canterbury) und zweitens eine
Fortsetzung bis 1171 erhielt. Mit diesen zwei Vermehrungen
wurden die Rouen-Annalen auch in Bury St. Edmunds s. No.
XI und Southwark, MS. Cott. Faustina A VIII [7]) benutzt.
Alles, was auch in Bury oder Southwark steht, durfte
am Rande als Ag. Mr. (aus Anglia Meridionalis) bezeichnet
werden. Aber auch die anderen, ohne Marginalie gebliebenen
Stellen cr's tragen so sehr denselben Character, dass cr eine
blosse Abschrift des Süd-Engländers zu sein scheint, von dem
die anderen Annalen nur darum weniger bieten, weil ihnen
bessere Quellen vorlagen. Und er verdiente nicht mehr. Nach-
lässig im Copiren der Daten und Namen, wirft er 1015 z. B.
die Zeilen unsinnig durch einander; seine einzige Combination,
958, ist unglücklich. In der Fortsetzung bringt er ausser
Natur-Ereignissen in und nahe London [8]) nur die allgemein-
sten Nachrichten über die Päpste, königliche Familie, Erzbi-*

---

[6]) *Denn R mehrfach besser als C: 700, 710, 792, 799, 908, 942,
1093, 1109, 1168, 1170.* [7]) *Diese zwei Hdss. sind weder von einander
noch von cr, noch auch cr von ihnen direct abhängig.* [8]) *1135 Brand
der Kathedrale.*

schöfe von Canterbury, Kreuzzüge. Die Justicia de monetariis *1125 und 1158 und die Walliserkriege 1164/5 verdienen
allein Beachtung.*

*IV. Die von C zu cr gemachten Hinzufügungen sind Stücke
aus des Wilhelm von Malmesbury* Gesta Regum *über die Könige des 9. Jh. Erst spätere Hände haben einige Bischöfe
von Worcester des 7ten und 11ten Jh. notirt.*

*V. R hat zu cr nur eine dürftige Fortsetzung hinzugethan.
Ausser dem Brande von Rochester 1179 und dem Todesdatum
Erzbischof Richard's 1184 bringt sie nur Bekanntes.*

Auszug der auf England bezüglichen Eintragungen.

Beda. 43 a) Claudius Cesar totam Britanniam et Orcadas insulas
Romano subjugavit imperio b).

*Ann.
Uti-
:ens.*[1]*)* 45 c) Cathedra sancti Petri Rome 5 kal. Feb.

*Ang.
Mer.* Obiit Gajus Cesar, successit Claudius, qui acquisivit d)
Britanniam . . .

Utic. 148 e) [P]ius papa, sub quo Hermes librum Pastoris scripsit.

*Ag.
Mr.* Successit Eleutherius papa. Eodem tempore misit rex
Britannie nomine Lucius ad papam Eleutherium, dicens
se Christianum velle fieri, quod et factum est . . .

188 f) [E]leutherius papa.

Utic. Lucius Britannie rex, missa ad eum epistola, se Christianum fieri
impetravit . . .

Beda. 430 [Palladius ad Scotos a Roma mittitur] g).

Utic. 437 [T]ertius Francorum rex h) Moroveus.

438 *leer* i) . . .

Beda. [449 Hic Angli et Saxones in Britanniam venerunt] k).

*Ag.
Mr.* [454 Angli venerunt in Angliam] l) . . .

---

a) *fehlt B, R.* b) *In B nur* 42 Gajo s. Cl. c) *fehlt B.* d) adquisivit *R.* e) *fehlt B, wo* 166 Luc. Br. r., missa ad E. Rome episcopum
epistola, ut Christianus efficiatur, impetrat. f) *fehlt B: aber s. a.* 166.
g) *B, man s.* XII med. h) r. Fr. *R.* 436 M. r. t. *B.* i) *Ende von fol.*
11; *fol.* 12 *beginnt mit* 629, *so dass Ein Blatt ausgerissen zu sein
scheint in C. Wir ergänzen die englischen Nachrichten dieses Stückes
aus R und B.* k) *B, Hand s.* XIII in. l) *fehlt B.*

1) *Was die Marginalie „Uticenses" hier bedeutet, erklärt die Einleitung.*

Ag.
Mr. [597 Sanctus Augustinus venit in Angliam ᵐ)]. . . .

Utic. 641 ⁿ) [D]efuncto Constantino, successit Constantinus frater ejus. Martinus papa.

Beda ᵒ) Sanctus Oswaldus occisus est.

Utic. ᵖ) Hoc tempore Paulus Constantinopolitanus episcopus heresim condidit . . .

„ 649 ᵉ) [V]italianus papa q).

Beda. Hic destinavit a Roma Dorvernensi ecclesie, que Cantuariorum dicitur, Theodericum, quem ordinavit Anglorum archiepiscopum et cum eo Adrianum abbatem Campanie, ut ei doctrine salutaris cooperator existeret . . .

Flo-
ren- 680 ʳ) [Tempore Athelrege regis Merciorum et Theodori ar-
tius. chiepiscopi episcopalis Wigorniensis ecclesie Boselus episcopus primus. Et vixit ann. ˢ) . . .] . . .

„ 689 ʳ) [Bosel Wygorniensis episcopus primus obiit, cui successit Ostforus] . . .

„ 693 ʳ) [Sanctus Egwynus IIIᵘˢ episcopus Wygorniensis (²) Eoresham) ᵗ) construxit] . . .

Von hier an ist der Abdruck vollständig.

———

Utic. 700 [De]functo Clodoveo successit Childebertus ᵘ) frater rex ᵛ) Francorum ʷ).

„ 704 [D]efuncto Thyberio successit Justinianus ʷᵃ).

706 [Johannes papa] ˣ).

„ 708 [J]ohannes papa.

„ 710 [S]isinnius ʸ) papa. [D]efuncto Justino ᶻ) successit Philippicus ᵃ).

———

m) A. cum sociis A. intravit *B man. s. XII med.* n) *ad a.* 640 *U.; fehlt B.* o) S. O. o. e. *fehlt R, B.* p) *Das Folg.* 642 *U.* q) *Das Folgende von der gleichen Hand, aber nachträglich hineingeschoben. Es fehlt R, B.* r) *Die hier* [eingeklammerten] *drei Eintragungen sind Ende s. XIV hineingefügt. Sie fehlen B und R.* s) *Rasur C.* t) *Rasur, auf die später:* consecratur *hingeschrieben ist. C.* u) Childericus *C.* v) regis *R.* w) *B gibt nur:* Childebertus rex. wa) D. T. s. *fehlt;* Just. imperator. *B.* x) *aus B.* y) isinsuus *C.* z) Justin' *R.* a) Philippus *C, R.* Sis. p. Ph. imper. *B.*

²) *aus Florenz ed. Thorpe I. 44.*

Jιic. 711 [C]onstantinus papa. Defuncto Philippo successit Anastasius b).

Roto. 713 [S]anctus Wlfrannus c).

Jιic. 714 [D]efuncto Anastasio successit Theodosius d).

,, 715 [D]efuncto Theodosio successit Leo e).

,, 716 [D]efuncto Childeberto successit Dagobertus rex Francorum.

,, 717 [K]arolus filius Pipini major domus f) fit g). Pugna in Vinciaco h).

,, 718 [G]regorius papa.

,, 720 c) [M]ortuo Dagoberto successit Daniel clericus, quem Franci levaverunt in regem.

loto. 722 c) [H]ugo archiepiscopus Rotomagensis i) prefuit etiam ecclesiis Parisiacum, Bajocensi, abbatiis etiam Gimeticensi et Fontinellensi.

Jιic. 724 [D]efuncto Leone successit Cnnstantinus imperator k).

,, 729 l) [B]eda claruit.

loto. 730 c) [O]biit Hugo Rotomagensis archiepiscopus. Successit Robertus.

Jιic. 734 [G]regorius papa.

loto. 740 m) [Defuncto Karolo, Karolo magnus et Pipinus majoratum domus adipiscuntur n).

Jιic. 743 [Z]acharias papa.

,, 746 [K]arolo magnus o) Romam perrexit p) et monachus factus est in monte Sarepte, ubi in honorem sancti Silvestri ecclesiam construxit, et inde ad Montem Cassinum ad monasterium sancti Benedicti transiit.

,, 752 [S]tephanus papa.

oto. Pipinus rex efficitur q).

,, 755 c) [H]ic domnus Remigius adeptus est sedem ecclesie Rotomagensis r), ejecto ab episcopatu Raimfrido.

Jιic. 756 c) [H]ic benedictus est Pipinus rex a sancto Remigio s) papa Parisius et filii t) ejus Karolus et Karolo magnus et filia ejus Sigila inter u) sacra missarum sollennia, precipiente sancto Petro et v) Paulo et sancto Dionisio.

Et w) Constantinus imperator donaria mittit.

---

b) Const. p. An. imper. *B.* c) *fehlt B.* d) 714 T. imper: succ. Leo *B.* e) 715 Hild. Dag. succ.; 716 *leer B.* f) *Das Folgende fehlt B.* g) *Das Folgende in U.* a. 718. h) miciaco *C.* iniciato *R.* i) Rothom. *R.* k) impera *R; nur:* Const. imp. *B.* l) *unter* 730 *B.* m) 741 *Rot.*, *U.* n) 741 Karlomannus et P. in majoratu d succedunt *B.* o) Karlomannus *B.*; Karolus magnus *R.* p) *Das Folg. fehlt B.* q) Pip. r. S. p. *B.* r) Rothom. *R.* s) Stephano *U.* t) filius *U.*; filius *aber corr. R.* u) intra *R.* v) sancto *ins. U. R.* w) 761 *U.*

Utic. 759 ^x) [P]aulus ^y) papa.

„ 763 ^o) [H]yemps maxima.

„ 766 ^o) [O]biit Paulus ^z) papa.

„ 767 [Constantinus papa] ^a) [O]biit Pipinus rex Francorum 7 kal. Oct. ^b).

Successit Karolo magnus filius ejus.

„ 768 [S]tephanus papa ^{bb}).

„ 769 ^c) [I]nitium regni Karoli regis.

„ 771 [A]drianus papa. Obiit Karolo magnus ^d) 2 No. Dec.

Successit Karolus ^e).

Roto. 772 [M]einardus ^f) Rotomagensis archiepiscopus.

Utic. 774 [K]arolus Romam vadit, inde reversus Papiam cepit cum rege Desiderio, captis civitatibus et direptis universis Italie.

„ 776 [C]onversio Saxonum.

„ 777 [Karolus Hispaniam intravit] ^g).

„ 778 ⁱ) [K]arolus Pampiloniam destruxit urbem ^h), apud Cesaraugustam exercitum suum conjunxit et acceptis obsidibus rediit in Franciam.

„ 779 ^k) [K]arolus venit in Saxoniam.

„ 780 ^l) [S]axonia capta est.

Roto.   Gilebertus Rotomagensis archiepiscopus ^l).

Cluni.   [Oddo abbas Cluniacensis primus natus est ^m)].

Utic. 781 ⁿ) [K]arolus Romam vadit.

„ 783 ^o) [W]itikingis cum suis sociis [in] Atinia[co] ^o) combaptizati partem regioni contulerunt.

„ 786 [S]ignum crucis in vestibus.

„ 787 ^p) [I]terum ^q) Karolus ^r) Romam perrexit ^s), inde ad Sanctum Benedictum et Capuam.

„ 788 [K]arolus per Alemanniam venit ad fines Bajuarie ^t) ^u).

„ 790 ^v) [T]assilo dux venit in Franciam ^w), et Bajuaria capta est.

---

x) 758 *U. B.*   y) Paulinus *C. R.*   z) Paulinus *R.*   a) *nur B, wo weiter Nichts.*   b) 768 P. r. o. 8 k. O. *U.*   bb) Pipinus obiit *add. B.*   c) *fehlt B.*   d) Karolus m. *R.*   e) A. p. Karlomannus ob. *B.*   f) Reinardus *R.*   g) *aus B.*   h) Pamp. urb. destr. *R, U.*   i) 778 *nur:* K. Sax. venit *B.*   k) 778 *U; B.*   l) 779 *B;* Gil. R. arch. *fehlt R, B.*   m) *aus B.*   n) 780 *B.*   o) soc. Matinia *C, R.*   p) 786 *U.*   q) Item *C, R.*   r) ad *ins. R.*   s) *Das Folg. fehlt B.*   t) K. v. ad Bawariam *B.*   u) Baviarie? *R.*   v) 789 *B.*   w) in F. v. *B.*

tic. 791 **x**) [Karolus pergit in Sclavos.]

„ 792 **c**) [S]ynodus facta est Franconovurt **y**), precedentibus apostolice sedis legatis Theophilato et Stephano episcopis, et auctoritate sanctorum Felix episcopus, qui dogmatizabat, dominum Jesum non pro[p]rium, sed adoptivum Dei filium esse, damnatus **z**) est et perpetuo relegatus exilio,

„ 797 **a**) [Leo papa.]

„ 799 **b**) Terremotus magnus factus est, qui pene totam Italiam concussit, et tectum Beati Pauli cum suis trabibus **c**) ex **maxima** parte dejecit.

„ 800 [H]ic Karolus imperator factus est et a Romanis Augustus appellatus **d**) est, qui illos, qui Leonem papam_ dehonestaverant, morte damnavit **e**), sed papa[e] precibus **f**) morte indulta, exilio retrusit. Ipse enim Leo papa imperatorem eum **consecraverat**.

„ 804 **g**) [L]eo papa venit in Franciam et in Karisiaco **natalem** Domini cum Karolo imperatore celebravit.

tuni. 804 [Berno abbas ante Cluniaci instaurationem habetur] **h**).

oto. 808 **g**) [T]ransitus sancti Liuodgeri **i**) episcopi et c[onfessoris], capellani ipsius Karoli.

tic. 810 **g**) [K]arolus cum Niceforo imperatore Constantinopolitano pacem fecit.

tuni. [Sanctus Odo monachus factus est.] **k**)

tic. 812 **l**) [N]iceforus obiit, successit Michael gener ejus, qui Karolo imperatori legatos suos cum pace mittit.

„ 813 **g**) [K]arolus apud Aquisgrani palacium **m**) Lodovico **n**) filio suo imperii sui diadema imposuit.

„ 814 [O]biit Karolus imperator. Inicium regni Lodovici filii **ejus o**).

„ 815 **g**) [B]ernardus **p**) rex Longobardorum excecatus et mortuus est. *****) Qui pro utilitate christianitatis concilia celebrari fecit.

„ 819 Imperator Lodovicus perrexit in Britanniam interfecto Mormanno **q**).

---

x) *fehlt R. C.* 792 *U.* y) Franconomirt *C.* z) dampnatus *R, U.* a) *fehlt C, R.* 796 *U.* b) *fehlt B.* c) turribus *C.* d) *Nur* K. i. f. e. et A. vocatus, *das Folg. fehlt B.* e) dampnavit *R.* f) precibus papę *U;* papa *C, R.* g) *fehlt B.* h) *aus B.* i) Liuoggeri, *vom Schreiber selbst corrigirt, C.* k) *aus B.* l) 811 *U, fehlt B.* m) palascium *C.* n) Ludovico *U, R und so stets.* o) K. ob. L. filius successit *B.* p) Benardus *R.* q) Morianno *C, R;* Lud. B. per. int. Norm. *B*.

*) *Die folgenden Worte richtiger in U. zu* 813 Karolus.

Ulic.   820   [S]tephanus papa.

„   822   s) [F]ames valida.

„   823   s) [N]atus est Karolus filius Lodovici in Franconofur', in quo palacio novo illo anno imperator hyemavit r), et in die pasche coronatus est et imperator appellatus.

„   825   s) [A]lia vice Lodovicus perrexit in Britanniam.

„   827   [P]aschalis s) papa.

Roto.   828   s) [R]aignoardus episcopatum accepit Rotomagensem t).

Ulic.   831   u) [H]ic dereliquerunt Lodovicum et elegerunt Lotharium.
v) Redditum est item Lodovico regnum.

„   832   w) [Eugenius papa.]

„   834   x) [G]regorius papa.

„   836   s) [H]erio insula. Translatio suncti Philiberti 7 idus Jan., quando Normanni vastaverunt Britanniam.

Will.
Malm   y) Elwulfus quem quidam Athulfum vocant, filius Eg-
brithci regnavit annos 20 mensibus 5.

Roto.   837   z) [H]ic accepit Gunboldus episcopatum Rotomagensem.

Ulic.   840   a) [O]biit Lodovicus imperator 12 kal. Julii.   b) Bellum inter fratres, scilicet Ludovicum, Lotharium et Karolum filios Lodovici
imperatoris.

Roto.   842   [T]ranslatio sancti Audoeni c), quando Normanni vastaverunt Rotomagum et succenderunt monasterium.

Ulic.   848   d) [S]ergius papa.

Roto.   849   [P]aulus archiepiscopus Rotomagi ordinatus fuit.

Will.
Malm
Reg.
§ 117   850   e) *) [O]biit Aelthulfus, successerunt ei duo filii sui regnum paternum partientes: Aedthelbaldus in Westaxasonia,
Aedthelbrictus in Cantia regnaverunt; sed Aethelbaldo
post quinquennium defuncto, totum regnum ad alterum
derivatum est. Hujus tempore manus piratarum ap-
pulsa Hamtonam et Wintoniam urbem populosam di-
reptioni dedit. Qui dulciter regnum moderatus obiit
post regni quinquennium.

---

r) hiemavit *U, R.*   s) Pascalis *B*; 821 *U.*   t) Rothom. *R.*   u) *fehlt,
doch zu* 832: Lotharius eligitur *B.*   v) *Das Folg. zu* 833 *U.*   w) *aus*
B; 827 *U.*   x) 835 *B.*   y) *fehlt R, B.*   z) 838 *Rot., U, R; fehlt B.*
a) *Nur:* Luodowicus ob. *B.*   b) *Das Folg. zu* 841 *U; fehlt, aber zu*
842: Lotharius et Karolus pugnaverunt *B.*   c) *Das Folg. fehlt B.*   d)
850 *B.*   e) 840 *C, fehlt R, B.*

*) *Malmesbury gibt* 857.

Roto. 851 f) [H]ic venerunt Normanni in Secanam.
„ 852 ff) [H]ic iterum venerunt alii Normanni.
Utic. 853 g) [L]eo papa.
„ 855 [O]biit Lotharius impera[tor] filius Ludovici. Obiit Paulus archiepiscopus Rotomagensis; eodem anno ordinatus est Wa[n]ilo h) archiepiscopus Rotomagensis.
Utic. 859 [H]ic cepit gelare 2 kal. Dec. et desiit No. Aprilis.
„ 861 i) [B]enedictus papa.
„ 862 [Nicholaus papa] k).
Roto. 865 f) [V]enerunt Normanni in medio Julii.
„ 866 f) [O]biit Wa[n]ilo h) archiepiscopus Rotomagensis, successit Adalardus.
Utic. Fames valida.
Will. Malm. l) Aethelredus filius Ethelwulfi regnum paternum optinuit, eodem numero annorum quo fratres.
Utic. 868 f) [N]icholaus papa.
Et fames valida.
„ 869 f) [O]biit Adalardus archiepiscopus Rotomagensis, successit m) Riculfus. Item fames maxima et mortalitas hominum et animalium [Adrianus papa.] n)
„ 871 f) [V]entus validus.
„ 872 f) [O]biit Riculfus archiepiscopus Rotomagensis; successit Johannes.
Will. Malm. § 121 o) Aelfredus filius Ethelwulfi junior, qui unctionem regiam et coronam primus a papa Leone IIII[to] [5]) olim Rome susceperat, regnum accepit et 28 p) et semis annos laboriosissime, sed fortissime tenuit.
Utic. 873 q) [O]biit Johannes archiepiscopus Rotomagensis, successit Witthar).
„ 874 f) Obiit Witha archiepiscopus Rotomagensis successit Franco. [Johannes papa] s).

---

f) *fehlt B.* ff) *fehlt B.* 851 *Rot.* g) 852 *U.* h) Wailo *C, R.* i) 860 *U, B.* k) *fehlt C, R, s. u.* 868. l) *Das Folg. fehlt R, B.* m) Rot. *fügt C ein, aber interpungirt.* n) *aus B; zu* 871 *U; fehlt C, R.* o) *Das Folg. fehlt B, R.* p) annis, *aber interpungirt; C.* q) 874 *U, fehlt B.* r) Witta *R.* s) 876 *U; fehlt C, R.*

5) *Die Worte* primus *und* quarto *geben nur die codd. d, e, m des Malmesbury.*

Roto. 876 [H]ic ᵗ) Rollo cum suis Normanniam penetravit ᵘ) 15 kal. Dec.

Utic.   ᵛ) Obiit Ludovicus rex. Iterum Karolus [*Italiam*].ingreditur, et eandem terram Karlemannus per aliam viam intravit. Inde Karolus territus fugit et in eodem itinere mortuus est.

„ 878 [A]drianus papa ᵛᵛ).

„ 879 ᵗ) [L]udovicus rex Saxonum adhuc fratre suo Karlemanno vivente, Baviariam ʷ) ingreditur.

„ 881 ˣ) [I]nicium belli Francorum contra paganos: Lodovico filio Lodovici regis primum exeunte ad pugnam, Deo donante potiti sunt victoria; et pars eorum maxima cecidit.

„ 884 ᶠ) [S]edes Normannorum in Duisburg' [Marinus papa] ʸ).

„ 885 [Adrianus papa] ᶻ).

„ 886 [S]tephanus papa] ᵃ).

„ 888 [K]arolus imperator obiit. Arnulfus rex efficitur imperator ᵇ).

„ 893 ᶜ) [Hic] initium Karoli pueri. Hujus miles Agano ᵈ).

Roto.   Hoc tempore ᵈᵈ) capta est civitas Ebroacensis ᵉ), sed episco-

„   pus Sabar nomine, Deo annuente, evasit.

Utic. 899 ᶠ) Obiit Arnulfus impera[tor]. Successit Ludovicus filius ejus.

Roto.   Hic Rollo cum exercitu suo Carnotensem civitatem obsedit, sed episcopus ejusdem urbis, Walterno mine, vir religiosissimus Ricardum Burgundie ducem et Ebalum Pictavensium comitem in suo auxilio provocans, tunicam sancte Virginis in manibus ferens, Rollonem ducem divino nutu fugavit et civitatem liberavit.

Utic. 904 ᵉ) [B]ellum contra Conradum et Adalbertum ᵍ) in quo Cunradus cecidit.

    906 [Ainardus abbas] ᵉ) ʰ).

„ 908 Hungari ⁱ) Saxoniam et Thuringiam vastant.

Roto. 911 ᵏ) [O]biit Lodovicus. Burchardus dux ˡ) occiditur. Conradus filius Cunradi rex efficitur.

„ 912ᵐ) [H]ic baptizavit Franco Rollonem et vocavit Robertum.

---

t) Hoc anno *U, B.* u) venit *B.* v) *Das Folg. fehlt B.* vv) *fehlt U, B, s. a.* 885. w) Bajuariam *R*: Baiuaria *oder* Bauiaria *ununterscheidbar C.* x) 879 *U; fehlt B.* y) So *B; fehlt C, R;* 886 *U.* z) 888 *U; fehlt C, R; s. a.* 878. a) *So B; fehlt C. R.* 889 *U.* b) K. o. A. imp. *B.* c) *fehlt B.* d) Agono *R.* dd) 873 *Rot. Druckfehler.* e) Eboracensis *C, R.* f) 898 *U.* 898 *nur:* A. o. L. succ. *B.* g) Abbatum *C, R.* h) *Nur in B.* i) Lungari *C.* k) *Nur:* L. ob. *B.* l) rex *U;* dux *Rotom.* m) 911 *U; fehlt B.*

ᵉ) *Nachfolger Odo's von Cluny a.* 942?

Ag. 912 [Factum est bellum de p*aganis* sub Rodberto et Ri-
Mr. cardo] ⁿ).

Roto. 914 ᵒ) [F]acta est pax inter Karolum et Rollonem, deditque Karolus
„ ei filiam suam Gisia, de qua nullum filium habuit.

Utic. 917 Obiit Rollo primus dux Normannorum cui successit Willelmus
filius ejus ᵖ).

Cluni. 918 [Hoc tempore beatus Majolus claruit] �q).

Roto. 919 [O]biit Cunradus rex. Successit Henricus. **Hic** obiit Franco,
archiepiscopus Rotomagensis. Successit Gunhardus ʳ).

Utic. 921 ˢ) Hoc tempore firmata est amicitia inter regem Francie Lodovicum et Henricum regem Theu[toni]**corum**, in quo placito fuit
Willelmus dux Normannorum et Ricardus dux Burgundionum.
Sed et de placito rediens filium Lodovici Lotharium de sacro
fonte levavit.

922 [Karolus pugnavit cum Rodberto rege] ᵗ).

Roto. 933 ᵘ) [O]biit Henricus successit Otho ᵛ). **Hic** factum est prelium
inter comitem Willelmum et Riculfum fraudulentum ceterosque
infideles Willelmi comitis in loco qui dicitur Pratum Belli.

942 ʷ) Occiditur Willelmus ˣ) Normannie [dux] ʸ) filius Rollonis 16
kal. Jan. Successit Ricardus filius ejus qui Vetus dicitur ᶻ).

951 ᵃ) ⁷) [A]edmundus ᵇ) rex occiditur. Successit A[ed]re-
dus ᶜ) frater ejus.

Roto. Et ᵃ) Otho rex Italiam ingressus eam sibi subjugavit.

Ag. 957 ᵃ) ⁸) Obiit Eadwi rex; Aedgarus frater ejus.
Mr.

Roto. Luidulfus, Othonis filius, subjugata sibi Italia, ibidem obiit ᵈ).

Ag. 958 ᵃ) ⁹) Hic sacratus est rex Edgarus ᵉ) apud Bathoniam.
Mr.

Roto. 961 [O]tho puerulus in regem elevatur in Aquisgrani palatio.

---

n) *Nur in B, die Mitte ergänzt aus Bury S. Edmunds.* o) 912 *Rot.*
F. e. P. i. Francos et Normannos *B.* p) R. ob. s. Will. f. *B.* q) *aus B.*
r) Cunhardus *C; nur* 920 Conr. o. s. H. rex *B.* s) 922 *R,* 927 *U;*
fehlt B. t) *aus B.* u) 934 *U;* 936 *Rot.;* 934 *nur:* H. o. O. s. impera
B. v) *Das Folg. fehlt B.* w) Obiit Rollo *ins. C.* 943 *Rot.* x) Ob.
W. *im Texte, über* Ob. *ein Zeichen, zu dem am Rande* Occiditur *steht,*
in anderer Tinte, R. y) *fehlt C.* z) Will. f. R. occ. succ. R. q. Vet.
B. a) *fehlt B.* b) *Im Text* eadm; *am Rande als Initiale* A *angege-*
ben: der Illuminator setzt aber E *davor. R.* c) Aeredus *R.* d) *Nur:*
Liud. O. f. s. It. *B.* e) Aedgarus *R.*

⁷) *Vielmehr 946.* ⁸) *Vielmehr 959.* ⁹) *Erst 973.*

Ag. 963 [a]) Sanctus Aedelwoldus consecratus est episcopus [10]) 3
Mr.   kal. Oct. [11])

Roto. 972 [f]) [O]biit Otho impera[tor].

Utic.   Hic venit Aigroldus rex Danorum consilio Normanorum [g]) fidelium cum Ricardo puero in Normanniam et pugnavit contra Lo-
do[vi]cum regem, in quo prelio occisus est Herlewinus comes
Musterioli, et rex Lodovicus captus est. Sed regina Gerberga [h])
consilio Hugonis Magni filium suum Lotharium et duos episcopos
Hildericum Belvacensem et Widonem Suessionensem pro obser-
vanda fide obsides dedit, et rex a captione liberatus est. Ricardus comes in patriam firmiter roboratus est.

Ag. 975 [a]) [O]biit Aeadgarus [i]) rex, successit Edwardus [k]) filius
Mr.   ejus.

979 [a]) [12]) Sanctus Eadwardus [l]) martirizatus est consilio no-
verce sue Elfride [m]). Successit Aedeldredus frater ejus
filius Aelfride.

Roto. 983 [O]biit Otho junior imperator, successit infans Otho filius ejus [n]).

984 [a]) Obiit sanctus Aedelwoldus [o]) episcopus Wintonie.

Utic. 986 Obiit Lodovicus rex Francie.

989 [p]) [13]) [O]biit sanctus Dunstanus archiepiscopus.

Roto.   Robertus archiepiscopus Rotomagensis.

Ann. 992 [pp]) Obiit Lotharius rex Francorum, in quo progenies Karoli
Cado-   Magni funditus destruitur, et Hugo Magnus filius Hugonis filii
mens.   Roberti ducis in regem elevatur.

Cluni. 994 [q]) [O]biit Majolus abbas Cluniaci. Successit Odilo.

Roto. 996 [r]) Obiit primus Ricardux dux Normannie filius Willielmi. Successit Ricardus secundus filius ejus.

„ 999 [G]erbertus papa [s]).

„ 1002 Obiit Otho imperator, successit Henricus,

Utic. 1003 [J]ohannes papa.

Roto. 1006 Obiit Hildebertus abbas, qui restauravit monasterium Sancti
Audoeni.

---

f) *Nur:* Ob. O; *alles Folg. fehlt B.* g) consilium Romanorum *C, R.*
h) Getberga *U.* i) Eadg. *R.* k) Eadw. *R.* l) Aedw. *R.* m) Aelfr. *R.*
n) O. j. o. O. f. s. *B.* o) Aeldwoldus *R.* p) *fehlt B; wo* 988 *Dunstanus archiepiscopus obiit.* pp) 991 *Caen, fehlt B.* q) 995 Beatus M. o.
S. O. *B.* r) R. p. o. s. R. sec. *B.* s) Girb. p. *B. B's Fortsetzung
ist weiter unten ganz gedruckt, s. No. VIII.*

[10]) *von Winchester, am 29. Nov.* [11]) *Lies Dec.* [12]) *Vielmehr 978.*
[13]) *Vielmehr 988.*

1012 [S]anctus Aelfegus [t]) archiepiscopus martirizatus est.

1015 [14]) Obiit Chunt rex [u]) Aeldredus rex 9 kal. Maji et
Edmundus [v]) filius ejus 6 [15]) kal. Dec.

toto. 1017 [O]biit Juditha comitissa.

  „ 1024 Obiit Henricus impera[tor]. Successit Cono imperator augustus.

Tic.   Obiit Benedictus papa.

toto. 1026 [O]biit Ricardus II[us] dux Normannorum. Successit Ricardus
III[us] qui eodem anno mortuus est, **cui successit Robertus** [w]) frater ejus.

tic. 1031 Obiit Robertus rex **Francorum,** successit Henricus filius ejus.

  „ 1034 Johannes frater Benedicti papa.

1035 [O]biit Chnut [x]) rex, successit Haroldus filius ejus.

toto.   Obiit Robertus dux Normannie, successit Willelmus filius ejus
in puerili etate.

tic. 1036 Benedictus papa, nepos Benedicti et Johannis.

toto. 1037 [xx]) Obiit Robertus Rotomagensis archiepiscopus, successit Malgerus.

tic. 1039 Clemens papa.

*Ag.
Mr.* 1040 [O]biit Haroldus rex, successit Hardecnut [y]).

  „ 1042 Obiit Hardecnuti rex, successit Edwardus [z]) frater ejus.

tic.   Et mortalitas hominum.

toto. 1047 [B]ellum apud Vallium [a]) Dunas.

tic. 1048 [D]amasus papa.

Iuni.   Obiit [16]) sanctus Odilo [b]) abbas Cluniacensis, successit
Hugo.

tic. 1049 [c]) Hic Leo papa concilium Remis habuit.

  „ 1054 [O]biit Leo papa qui et Bruno.

oto.   Bellum apud Mare Mortuum.

  „ 1055 [D]eposito Malgero successit Maurilius Rotomagensis archie
piscopus.

  „ 1056 Obiit Henricus imperator, successit Henricus filius ejus.

tic. 1057 [O]biit Victor papa.

  „ 1058 Obiit Stephanus papa.

---

t) Aelphegus R.   u) Chunt rex *gehört an's Ende des Satzes.*   v) Aedm.
R.   w) Rodbertus R.   x) Chut R.   xx) 1036 *Rot.*   y) Hardechunt R.
z) Eadw. R.   a) Vellum R.   b) Obilo, *aber corrigirt C.*   c) *fehlt R.*

[14]) *Vielmehr 1016.*   [15]) *Schreibfehler für 2? Edmund's Tod sons*
4 *Tage später, 30. Nov. datirt.*   [16]) *Richtiger 1049.*

Roto. 1060 [O]biit Henricus rex Francorum, successit Philippus filius ejus.

Utic. Nicolaus papa.

„ 1062 Alexander papa.

[Wlstanus d) vir venerabilis Wigorniensis episcopus consecratur.]

Roto. 1063 [H]ic subjugata est Cenomannis comiti Normannie Willelmo.

Utic. 1065 e) Hic apparuit cometa.

Roto. 1066 ee) [O]biit Eadwardus rex.

Capta est Anglia a f) Normannis 6 17) idus Oct. Willelmus dux Normannorum, perempto Haroldo, factus est rex Anglorum in natali Domini apud Lundonias.

Ag.
Mr.

„ 1069 18) Lanfrancus g) archiepiscopus Cantuarie.

Roto. 1073 [O]biit Alexander papa. Successit Hildebrannus qui Gregorius vocatus est. Eodem anno invaserunt monachi Sancti Audoeni Johannem archiepiscopum Rotomagensem h) 4) in festo ejusdem sancti cum armata manu virorum. Unde judicatum est monachos hujus criminis reos per abbatias in carceribus retrudi.

„ 1074 Hic congregatum est concilium [in] urbe Rotomagensi presidente Willelmo rege Anglorum.

Font. 1076 [T]erremotus 10 kal. Maji 18b).

Roto. 1079 Obiit Johannes archiepiscopus Rotomagensis. Successit Willelmus abbas Codomi 19).

„ 1083 1) Obiit Matildis regina Anglorum prima.

„ 1087 Obiit rex Willelmus primus 6 idus Septemb. Successit Willelmus filius ejus.

Translatio sancti Nicolai ad Barum.

Ag.
Mr. 1089 Obiit Lanfrancus archiepiscopus.

„ 1091 Ventus vehemens percussit Lundonias 6 20) kal. Novem. feria sexta.

„ 1093 Anselmus k) archiepiscopus factus est.

---

d) *Das Folgende s. XIII ex. eingefügt C. Es fehlt R.*   e) 1066 *U.*
ee) 1065 *Rot.* f) A. c. e. a. *R.* g) Lamfranchus *R.* h) Rotom. arch.
R. 4) *Das Folgende in U. ausradirt, steht in den Annalen von Rouen,
Caen und Bury S. Edmunds.* i) 1084 *Rot, U.* k) Inselmus *C.*

17) *VI wol verschrieben aus II: Schlacht bei Senlac 14. Octob. S.
Anm. 15.* 18) *Richtiger 1070.* 18b) *Auch in zwei anderen Ableitungen aus
Rouen, nämlich S. Wandrille (Bouquet XII, 771 u. Bury S. Edmunds.
19) Hier oder 1089 hört die Uebereinstimmung mit den Uticenses auf.
20) Vielleicht 2 zu lesen s. o. N. 17. Freitag war 1091 am 31. October.*

Ag. 1095 Motio euntium capere Jerusalem. [Obiit Wlstanus epi-
Mr.   scopus] [1]).

Rotⱱ. 1096 Hic ivit comes Robertus Jerusalem. Eodem anno interfectio
        Judeorum apud Rotomagum.

Ag. 1098 [21]) Capta est Jerusalem a Christianis. In Berruchsira
Mr.   lacus fluxus sanguine.

„ 1099 Mare erupit et tot mala fecit, quot nullus antea vidit.

„ 1100 Willelmus rex occiditur 3 [22]) N. Aug. Successit Hen-
        ricus frater ejus.

„ 1102 Rogerus episcopus Saresbirie factus est.

„ 1103 Sanguis de terra manavit apud Hamstede [23]) m). Morta-
        litas animalium nimia.

„ 1105 Henricus rex Bajocas incendit.

„ 1106 Henricus rex cepit Normanniam et Robertum fratrem
        suum. Et due lune vise sunt.

Rotⱱ. 1108 Obiit Philippus rex Francorum. Successit Ludovicus filius ejus.

1109 Anselmus k) archiepiscopus [24]).

1110 Henricus dedit filiam suam imperatori. Luna extincta.
        Cometa mense Junii apparuit.

Ag. 1111 Mortalitas animalium et fames valida in Normannia.
Mr. 1112 Mortalitas hominum maxima.

1113 [25]) Eodem anno Radulfus archiepiscopus factus est.

„ 1114 Tamisia exsiccatur n) et mare 10 miliaria 2 diebus.

Rotⱱ. 1116 Hic tota urbs Rotomagi pene combusta est.

Ag. 1118 Obiit Paschalis papa. Successit Gelasius. Obiit Matil-
Mr.   dis 2ᵃ regina Anglie.

1119 Obiit Gelasius papa apud Cluniacum. Successit Ka-
        lixtus.

„ 1120 Hic submersi sunt in Mari Willelmus filius Henrici re-
        gis et Ricardus frater ejus.

1121 Henricus rex duxit Adelizam o) in reginam.

1122 Obiit Radulfus archiepiscopus. Successit Willelmus.

---

1) *Eine Generation später hinzugefügt C, s. o. a. 1062; fehlt R.*   m)
Heamstede *R.*   n) exiccatur *R.*   o) Adeliciam *R.*

[21]) *Vielmehr 1099.*   [22]) *Sonst 1 Tag früher, 2. August, datirt.*   [23])
Hampstead bei London,   [24]) *von Canterbury †.*   [25]) *Vielmehr 1114.*

1124 [p]) Obiit Kalixtus papa. Successit Honorius. Sol similis nove lune. *Ag. Mr.*

1125 Fames valida. Justicia de monetariis.

1129 Henricus factus est episcopus Wintonie.

1133 Hic natus est Henricus filius imperatricis et comitis [q]) Andegavie.

1135 Obiit Henricus. Successit Stephanus nepos ejus. Ecclesia Sancti Pauli combusta est.

1136 Obiit Willelmus archiepiscopus.

1137 Obiit Lodovicus rex Francorum. Successit Lodovicus filius ejus.

1138 Factum est concilium apud Westmonasterium presente legato Albrico Hostiensi episcopo, in quo electus est Theobaldus archiepiscopus.

1139 Venit imperatrix in Angliam.

1141 Stephanus rex captus est in bello apud Lincolniam 4 No. Febr.

1142 Comes Robertus captus est et pro eo rex Stephanus redditus est [26]).

Ag. Mr. 1144 Fames maxima. Puer Willelmus crucifixus est a Judeis apud Norvich [r]).

1145 Cometa apparuit.

1147 Mocio regis Gallie ad Jerusalem.

1149 Reversio regis Gallie.

1152 Obiit Matildis regina Anglorum III.

Ag. Mr. 1153 Obiit Eustachius filius regis Stephani, et concordia facta est inter regem et ducem apud Wintoniam.

1154 Obiit rex Stephanus. Successit Henricus dux Normannie. Et Adrianus papa.

Ag. Mr. 1157 Hic duxit rex Henricus exercitum in Walliam [s]).

1158 Obiit Gaufridus frater regis. Justicia de monetariis.

Ag. Mr. 1159 Rex duxit exercitum Tolosam [t]). Obiit Adrianus. Successit Alexander papa. Scisma factum est per Octovianum.

---

p) *Ursprünglich zu* 1123, *aber corrigirt C.* q) comes *C, R.* r) Norwich *R.* s) Waliam *R.* t) Tolosiam *R.*

26) *Nov. 1141.*

1160 Henricus filius regis Anglie desponsavit filiam regis Francie.

Ag. Mr. 1161 Teobaldus archiepiscopus obiit.

1162 Consecratus est Tomas archiepiscopus 3 No. Jan. [27]).

1164 Justicia de obsidibus Wallensium [u]) et Thomas archiepiscopus exivit de Anglia.

Ag. Mr. 1165 Rex tercio duxit exercitum in Walliam [28]) et perdidit obsides Audoeni.

.. 1167 Obiit Matildis imperatrix.

1168 Matildis [v]) filia regis duci Saxonum datur.

1170 Henricus seipsum deposuit et filio suo diadema imposuit. Eodem anno Thomas archiepiscopus rediit in Angliam et martirizatus est eodem anno 4 kal. [w]) Jan.

1171 Henricus rex ivit in Yberniam [x]) et in nocte natalis Domini tempestas maxima tonitrui [y]).

1173 [z]) [R]icardus in archiepiscopum eligitur.

1174 [R]icardus Rome consecratur a papa Alexandro. [E]cclesia Cantuariensis comburitur.

1177 [H]oc anno confusi sunt pagani Jerosolimis per crucem Christi 6 [29]) kal. Decemb. feria 6[ta].

1179 [A]lexander papa celebrat concilium Rome. [R]offensis ecclesia comburitur 3 idus Aprilis.

1181 Obiit Alexander papa. Successit Lucius.

1182 [G]ualterius Roffensis episcopus obiit.

1183 [H]enricus rex filius Henrici II regis obiit.

1184 [R]icardus archiepiscopus obiit idus [30]) Febr. [a]) et Gerardus Cestrensis.

---

u) Walensium *R.*   v) Batildis *C.*   w) no *C.*   x) Hiberniam *R.*   y) *Folgen Jahrzahlen mit leeren Zeilen bis 1178, womit das Stück endet,* C. z) *Alles Folgende aus* R, *wo von hier an die Tinte deutlich wechselt; auch sind von hier an die Initialen nur klein am Rande; aber nicht vom Illuminator ausgefüllt.*   a) Frebr. *R.*

[27]) *Lies Jun.*   [28]) *cf. Hoveden I, 240 und Stubbs' Anmerkung dazu.* [29]) *lies 7: Freitag 25 Nov. bei Rama.*   [30]) *Andere Quellen geben ein 3 oder 4 Tage späteres Datum.*

VIII. *Annales monasterii de Bello*

a. 1000—1206.

*Der letzte Theil der Annalen von Battle enthält werth-
volle Fasten der dortigen Aebte, für welche unser MS. auch* [1])
*schon benutzt ist. 1206 wird König Johann's Besuch und
Schenkung im Kloster erwähnt. 1204 opfert er ein von Richard Löwenherz mit anderen Reliquien heimgebrachtes Stück
vom Heiligen Grabe. 1095 deutet die Erwähnung eines Abtes
von Pontoise auf sonst unbekannte Beziehungen. Die Nachrichten über Lewes 1078, 1107 erklären sich durch die Nähe
des Ortes, die über Canterbury u. A. durch die Herkunft mehrerer Aebte von dort. Auch wollten die Mönche von Christ
Church 1184 den Odo von Battle zum Erzbischofe haben.
Verbindung mit Fécamp (s. a. 1028, 1107) ward vielleicht durch
Remigius, der dorther stammte und dem Eroberer zur Gründung Battle's rieth* [2]), *angesponnen und erhalten durch eine
von Wilhelm von Braose gestiftete Rente in Fécamper Wein* [3])·
*Die sonstigen Nachrichten sind allgemein bekannt, auffallend
ist darunter nur die Vollständigkeit der Papstsuccession. Auf
Heinrich V. lässt Vf. Friedrich folgen, irre gemacht durch die
Candidatur des Herzogs von Schwaben oder Friedrich I. Nach-
folge 1152. Ueber den früheren Theil s. die vorige Einleitung.*

Theile aus dem Stücke a. 1—700 s. oben ad a. 42, 166, 430,
436, 449, 597.
Das Stück 700—999 vollständig s. oben ad a. 700, 4, 6, 8, 10,
11, 14, 15, 17, 18, 24, 30, 34, 41, 43, 46, 52, 58, 67—
69, 71, 76—80, 86—9, 91, 97; 800, 04, 10, 14, 19, 20,
27, 32, 35, 40, 42, 50, 53, 60, 62, 69, 74, 76, 84—6,
88, 98; 906, 11, 12, 14, 17, 18, 20, 22, 24, 43, 44,
51, 57, 61, 72, 83, 88, 95, 96, 99.

---

[1]) *Zuletzt Walcott, Battle Abbey. s. a. 8°, der das Chronicon de Bello
Lond. 1846. 8° (Anglia Christiana) bereits verwerthet.* [2]) *Leland, Col-
lectanea (1770) II, 390. Er sah die Bibliothek von Battle IV, 68.
Unsere Hds. ist aber unerwähnt.* [3]) *Chrn.o de Bello p. 36.*

Ann.
Roto- 999 Girbertus papa.
mag.
„ 1001 Willelmus primus abbas Fiscanni **obiit** [1]).
Utic. 1003 Johannes papa.
Roto. a) Otto obiit, Henricus successit.
„ 1017 Juditta comitissa obiit.
Utic. 1024 Benedictus papa.
Roto. Henricus obiit, Cono successit.
„ 1026 Ricardus secundus obiit, successit Ricardus tertius, **deinde** Rot-
„ bertus eodem anno.
1028 Johannes secundus abbas Fiscanni.
„ 1031 Rotbertus rex Francorum obiit, **successit Henricus.**
Utic. 1035 [? Johannes papa, frater Benedicti?] b).
Roto. Obiit Rotbertus **comes**, Willelmus successit.
„ 1039 Conradus impera[tor] obiit, successit Henricus.
Utic. Clemens papa.
Roto. 1047 Bellum apud Vallesdune.
Utic. 1048 Damasus **obiit, successit Leo.**
Cluni. 1051 Odilo [2]) abbas obiit; Hugo successit Cathedra sancti
„ Petri.
Roto. 1054 Factum bellum apud Mortuum Mare.
Utic. 1055 Obiit Leo papa, **successit Victor.**
Roto. 1056 Henricus imperator obiit successit Henricus.
Utic. 1057 Obiit Victor papa. **Successit Stephanus.**
„ 1059 Nicolaus papa.
Roto. 1060 Obiit Henricus rex. **Successit Philippus.**
Utic. 1062 Alexander papa secundus.
Roto. 1065 Ewardus rex obiit. **Successit Haroldus.**
1066 Sexagenus erat sextus millesimus annus,
Cum pereunt Angli, stella monstrante cometa.
1067 Willelmus [3]) Angliam cepit, interfecto Haroldo.
1070 Lanfrancus in Angliam venit c) et archiepiscopus est
factus.
1071 Rotbertus Frisensis Flandriam cepit.
1073 Alexander papa obiit, successit Hildebrandus.

---

a) 1002 *Rot.* b) *Die erste halbe Zeile durch Ueberklebung unlesbar.*
c) *Die folg. Worte eine Generation später geschrieben.*

[1]) sumpsit regimen *Rot.* [2]) *Odilo † 1049, 1. Januar; Hugo in cath.*
Antiochena, 22. Febr. geweiht. [3]) *Krönung Weihnachten 1066.*

1076 Terremotus factus est 10 kal. Mai [4]). Eclipsis lune rubens.

1078 Lanzo [5]) Angliam venit cum 3 sociis.

1083 Mathildis regina obiit.

1085 Gregorius obiit. Successit Victor [6]), Victori:

1086 [7]) Urbanus.

1087 Willelmus rex obiit. Successit Willelmus filius ejus in Anglia, Rotbertus in Normannia. Translatio sancti Nicholai.

1089 Lanfrancus obiit.

1094 [d]) Urbanus papa.

1095 Gausbertus primus abbas Belli obiit [e]) et Walter primus abbas Pontesie [7a]) obiit.

1096 Facta est motio euntium in Jerusalem.

1101 [8]) Willelmus junior obiit. Successit Henricus frater ejus. Obiit [9]) Urbanus, successit Paschalis.

1102 Henricus abbas Belli obiit.

1106 Factum est bellum inter fratres Henricum et Rotbertum; capto Rotberto.

1107 Lanzo obiit et Willelmus Fiscannensis abbas. Radulfus abbas Belli factus est.

1109 Hugo abbas [10]) obiit et Anselmus archiepiscopus.

1111 Pascalis papa Rome captus est ab Henrico imperatore.

1118 Pascalis papa obiit. Gelasius successit. Mathildis regina obiit. Baldwinus rex obiit.

1119 Gelasius papa obiit. Successit [f]) Calixtus. Henricus rex et Ludovicus [11]) pugnant; fugato Ludovico.

1120 [g]) Willelmus et Ricardus filii regis mersi sunt, et pater eorum duxit uxorem.

---

d) *Die nächsten 3 Jahre in anderer Tinte.*   e) *Das Folg. in etwas später Hand.* f) *Das Folg. von wenig späterer Hand,* g) *Erste Eintragung in der zweiten Hand.*

[4]) *Vielleicht aus Rouen. Die Nachricht steht in den Ann. Fontanell. s. das vor. Stück.* [5]) *Prior von Lewes bei Battle.* [6]) *Victor III. 1086—7.* [7]) *Erst 1088.* [7a]) *Seine Biographie in Mabillon Acta SS. Benedict. saec. VI p. 2 p. 817.* [8]) *Vielmehr 1100.* [9]) *Vielmehr 1099.* [10]) *von Cluny.* [11]) *cf. Freeman, Norman Conquest V. 188.*

1122 Radulfus archiepiscopus obiit, cui successit Willelmus.
1124 Calixtus papa obiit. Successit Honorius. Radulfus abbas Belli obiit. Successit Warnerus.
1125 Henricus imperator obiit. Successit Fredericus [12]).
1133 Eclipsis solis facta est 4 non. Augusti hora 6.
1134 Rotbertus comes Normannię obiit.
1135 Henricus rex Anglię obiit. Successit Stephanus.
1138 Tetbaldus archiepiscopus factus est. Recessit Warnerius [12a]).
1139 Successit Walter.
1140 Hic signum factum est in sole 13 kal. Aprilis, inter nonam et vesperam. Stephanus rex capitur [13]) in bello a Rod[berto] comite.
1153 Eugenius III papa obiit. Successit Anastasius papa.
1154 Stefanus rex obiit, successit Henricus rex II 14 kal. Jan. Obiit Anastasius papa. Successit Adrianus papa.
1159 Rex Anglorum Henricus obsedit Tolosam.
1160 Adrianus Anglus papa obiit [14]) et factum est scisma in ecclesia Romana, Alexandro et Victore creatis.
1161 Theodbaldus archiepiscopus obiit.
1162 Successit Thomas archiepiscopus.
1166 Henricus rex obsedit Radulfum de Fulgeriis [15]).
1170 Henricus rex fecit filium suum Henricum coronari.
1171 [16]) Sanctus Thomas archiepiscopus martirizatus est. Et Walterus quintus abbas Belli obiit.
1173 Ricardus archiepiscopus electus est, orta prius dissensione inter duos reges patrem et filium. Et signum apparuit in sole 8 kal. Aprilis.
1174 Idem Rome a domno papa consecratus est et duo reges pater scilicet et filius pacificati sunt.
1175 Odo abbas de Bello successit Walterio.
1177 Solutum est scisma Romane ęcclesię, facta concordia inter Alexandrum papam et Fredericum imperatorem.

---

[12]) *Vielmehr Lothar.* [12a]) cf. *Walcott, Battle Abbey 33.* [13]) *1141, 2. Febr.* [14]) *1159.* [15]) cf. *Pauli, Gesch. von England III, 61.* [16]) *1170, 29 Dec.*

1178 Hic contigit ęclipsis solis idus Septembris circa meridiem.

1179 Ludovicus rex Francię Cantuariam venit ad Sanctum Thomam. Concilium generale Alexandri III pape.

1180 Ludovicus rex Francię obiit, filio ejus Philippo succedente ante patris obitum coronato.

1181 Alexander papa obiit. Successit Lucius.

1183 Orta est discordia inter regem Henricum et filium ejus Henricum regem et Henricus junior obiit.

1184 Ricardus archiepiscopus Cantuariensis obiit.

1185 Successit Baldewinus. Et patriarcha Jerosolimitanus venit in Angliam. Lucius papa obiit. Succedit Urbanus.

1186 Orta est dissensio inter Baldewinum archiepiscopum et conventum Cantuariensem [17]).

1187 Crux Christi et terra Jerosolimitana a paganis capta est. Urbanus papa obiit. Successit Gregorius. Cui defuncto successit Clemens.

1188 Rex Anglie Henricus et majores regni sui crucem acceperunt, crucem et Jerusalem liberaturi. Orta est discordia inter Henricum regem Anglie et regem Francie.

1189 Henricus rex Anglie obiit. Successit Ricardus filius ejus 3 nonas Septembris.

1190 Soluta est discordia inter Baldewinum archiepiscopum et conventum ecclesie Christi Cantuariensis [18]). Ricardus rex Anglie et Philippus rex Francie transfretant Jerusalem ituri. Obiit Baldewinus archiepiscopus.

1192 Philippus rex Francie rediit a Terra Promissionis, rege Anglorum Ricardo illic remanente et victoriose agente, quousque Saladinum ad triennii pacem compulit.

1193 Ricardus rex Anglie a Terra Promissionis rediens in Alemannia detentus est. Ad cujus liberationem collecta est per omnes terras juris sui infinita pecunia. Hubertus archiepiscopus successit Baldewino.

1195 [19]) Rex Ricardus ab Alemannis pecunia redemptus, datis obsidibus, rediit in Angliam 3 non. [20]) Mart. et co-

---

[17]) *cf. Stubbs, Epistolae Cantuarienses (Rolls Ser.) p. XXXIX.* [18]) *Ende November 1189; cf. Stubbs ib. p. LXXVI.* [19]) *Lies 1194.* [20]) *Lies id., 13 Maerz.*

ronatus est apud Wintoniam in octavis Pasce et post modicum transfretavit nec rediit.

1198 Celestinus papa obiit. Successit Innocentius.

1199 Rex Ricardus balista percussus obiit. Cui successit frater ejus Johannes 6 kal. Junii in die Ascensionis coronatus.

1200 Odo abbas de Bello obiit [20b]). Cui successit Johannes kal. Maji. Rex Johannes dedit quandam particulam de sepulchro Domini ecclesie de Bello a fratre suo rege Ricardo cum aliis relliquiis delatam.

1204 Seimfridus Cicestrensis obiit, cui successit Symon. Philippus rex Francie subjugavit sibi Normanniam.

1206 Rex Johannes 4 feria Pasche [21]) ad Bellum veniens in curia monachorum hospitatus est et casulam decentem super magnum altare obtulit [h]).

---

h) *Folgt zu 1207 eine ausradirte Eintragung, dann nur Jahrzahlen bis 1220.*

[20b]) *cf. Hardy, Descr. Catal. of Mss. II, 552.*   [21]) *5. April. Am 6ten in Battle laut Hardy's Itinerar.*

IX. *Annales Wintonienses*
cum continuatione S. Augustini Cantuariensis
—1179.

Wie das kleine Königreich Wessex für die Herrschaft über England, die Brittischen Inseln und heute die halbe Erde den Ausgangspunkt bildete, so erwuchs in seiner alten Hauptstadt Winchester [1]) *der Keim für Englands historische Literatur in der Zeit nach Beda. Jene ältesten Aufzeichnungen aus Winchester sind uns aber nicht in der ursprünglichen, Lateinischen Form, sondern, verbunden mit kirchlichen Nachrichten aus Canterbury, in den älteren Hdss. der Angelsächsischen Chronik erhalten.*

Nicht verwandt mit diesen älteren codd. A, B, C, D sind andere historische Notizen aus Winchester, von denen

1) eine Spur in E sich findet: a. 964 Hic expulsi sunt canonici de veteri monasterio d. i. St. Swithun's Kathedrale. [Alle anderen Lateinischen Eintragungen in E ausser 890, 892 entstammen den Normannischen [2]) *Annalen, nämlich a. 114, 124, 134, 202, 254, 311, 379, 403, 425, 431, 433, 439, 449, 490, 528, 591, 596, 625, 769, 778, 788, 800, 810, 812, 876 (928, 942, 994, 1024?), 1031, 1045, 1054, 1056, 1060, 1062.]*

2) Die jüngste Ags. Hds., F., enthält mehrere Stellen, welche nicht in den übrigen Codd. stehen und deutliches Interesse für Winchester verrathen: 884 ist S. Aethelwold ein Jahrhundert zu früh, 903 die Weihe von Newminster zu Winchester und die Ueberführung von S. Jodocus dorthin erwähnt; 931 erzählt sie den Tod des „Fridestanus b. Wentanus and Byrnstanus wearð gebletsod" offenbar nach einer Lateinischen Bischofsfolge, während die ihr sonst als Vorlage dienende Ags. Recension in abweichenden Worten richtig den Tod des ersteren (der nämlich abdankte) zu einem späteren Jahre als den

---

[1]) cf. *Geffrei Gaimar (ed. Monum. Hist. Britann.) V. 2334.* [2]) *Dies, schon theilweise bemerkt in Monum. Brit. Pref. p. 76, entging Earle. Thorpe druckt nur sehr wenig von dem Lateinischen.*

Amtsantritt des letzteren setzt. Der Ursprung von F.'s Fassung darf also nicht nach Canterbury gesetzt werden. Dass die Handschrift F. aus Canterbury stammt, soll nicht geleugnet werden.

3) F ist begleitet von einem Lateinischen Text, der in den weitaus meisten Fällen nichts ist als eine Uebersetzung des Englischen. Wol deshalb ist nur sehr wenig von ihm gedruckt: bei Thorpe fast Nichts, bei Earle nur Theile von dem in Monum. Brit. gebotenen. Und doch bemerkten schon letztere, Pref. p.77 : but it has occasional insertions which apparently are not translations. *Z. B. — als Beweis der frühen Entstehung der Latein. Quelle — berichtet F a.806 von einem Kreuze, das man im Monde sah, nach Ags. F 2 no.* [3]) Jun. anes Wodnesdaeges. *Der Lateinische Text fügt hinzu* luna 14 *und sagt richtiger* feria quinta*: denn der 4. Juni war Donnerstag. Es folgt in Ags. F ein Sonnenphänomen, bei dem der Lateinische Text ausser richtigem Wochentag und Luna auch* hora 4 *hinzusetzt. Dies beweist, dass er nicht Uebersetzung, sondern das Original des Ags. ist. Bei der (gleich folgenden) Sonnenfinsterniss von 809 bewahrt letzteres denn auch aus dem Lateinischen :* II[a] feria, luna 29.

4) Genau mit dem F Lat. resp. Ags. stimmt nun s. a. 806 das nachfolgend gedruckte Werkchen: doch fügt es eine Abbildung des Kreuzes und eine genau datirte Sonnenfinsterniss bei, ist folglich nur aus derselben Quelle mit 1—3 geschöpft und nicht von ihnen abhängig.

5) Dieselben Winchester'schen Notizen gelangten nach Burton, vielleicht durch Abt Gottfried 1114, der Prior von Winchester gewesen war. S. Ann. monast. I, 184 die Jahre 1006, 11, 2, 5—8, 1023, 8, 9, 31 und 1035.

6) S. unten Stück X aus Chichester.

Diesem Drucke sind zwei Handschriften aus der Nero-Abtheilung der Cotton'schen Sammlung zu Grunde gelegt:

A. — A VIII, s. XII. med. bis 1133 von einer Hand geschrieben, die für th und w öfters Runen gebraucht, wurde von verschiedenen Schreibern s. XII bis 1157 geführt; zuletzt

---

[3]) *So Mon. Brit. u. Earle. Thorpe* kl. *wol falsch gelesen.*

sind zu 1171 und 1179 Bemerkungen angehängt. Die Herkunft nach Rochester zu setzen, ist grundlos; die Jahre 980,
1146, 1148, 1151, 1157 verrathen locales Interesse für St. Austin's zu Canterbury. — Zwei bis drei Generationen später
füllte ein Mönch, oft mit Rücksicht auf sein Kloster, durch
Stücke des von Florenz von Worcester interpolirten Marianus
Scotus die leergebliebenen Zeilen aus; meist schaffte er sich
erst durch Rasuren Raum, die nur hier und da Spuren der
ursprünglichen Eintragung noch erkennen lassen. Wo nun
das Messer des Mönches im XII. Jh. schärfer war als das
Auge des Herausgebers im XIX, da kann manchmal eine Ergänzung geliefert werden durch zwei andere Handschriften,
nämlich das eben erwähnte Stück aus Chichester und:

C. — Cott. Nero C. VII fol. 215, s. XII. ex. [4]) Das ist
ein dürftiger sklavischer [5]) Auszug höchst wahrscheinlich aus
A. selbst, bevor es durch Rasuren entstellt und über 1140 fort-
gesetzt war — oder [6]) aus einer fast mit A gleichlautenden
gemeinschaftlichen Quelle — und hat folglich nur als Lücken-
büsser für A Bedeutung. Für die Herkunft der Hds. aus
Winchester dürfen die Localnotizen 932, 964—6, 984 nicht an-
geführt werden. Denn die begegnen wörtlich in A. und entstammen der hier zuerst besprochenen Winchester'schen Quelle.

Im folgenden Drucke sind die Jahreszahlen ohne historie-
sche Bemerkung und das Stück bis a. 740 als werthlos fortgelassen. C findet man in der zweiten Columne gedruckt und
zwar abgekürzt, wo seine Lesart genau mit A. stimmt. Die
in A. heute nicht mehr erhaltenen, und deshalb in C gross
gedruckten Stellen geben, addirt zu den ursprünglichen Eintragungen des jetzigen A in Columne 1, ein theilweises Bild
von dem einstigen A. Dagegen erhält man eine vollkom-
mene Vorstellung von dem heutigen Zustande A's, wenn man
zur ersten Columne die dritte hinzunimmt, welche [die nach-
träglichen Einschaltungen in A enthält. Was unter der Rasur

---

[4]) Auf den ersten drei Seiten ist im XIV. Jh. der offene Raum mit
Auszügen aus Gratian, Dist. II, Causa XII bis XV bekritzelt.   [5]) S.
die Verlesung 1115, die Abschrift eines abgebrochenen Satzes 1136 u.
s. w.   [6]) Nirgends steht eine Eintragung in C, wo nicht dasselbe oder
eine Rasur in A erscheint, ausgenommen Anm. 24.

*in A deutlich lesbar war, findet man in der ersten Columne
(rund) eingeklammert; was — natürlich nur auf einige erhaltene Spuren hin — aus C ergänzt ist, in [eckigen] Klam-
mern. Zu einer ferneren Wiederherstellung des einstigen A wäre
das Chichester MS. heranzuziehen; jedoch ist hiernur für a.
903, 908, 1013 eine Ergänzung dorther entnommen worden.*

*Der historische Werth der dritten Columne ist gering.
Fast alles — das* klein *Gedruckte — entstammt dem Marian-
Florenz in einer ungedruckten Hds., die, wie es s. a. 1013
scheint, dem Original von Worcester '(MS. Corp. Oxf.) nahe
stand und vielleicht nur bis 1135 [7]) reichte — denn spätestens
zu 1133 ist sie von Nero benutzt —, aber den sonst nicht [8])
berichteten Todestag Marian's enthielt. Er steht hier zu 1069,
eine wunderliche Verschiebung, zu der vielleicht (wie jedenfalls zu der von 890 statt 912) \die Marian'sche Aera Anlass
gab. — Daneben sind ausser einem Papstcatalog, welchem wol
auch die Bemerkungen über Leo III. a. 796, 816 entstammen,
alte Nachrichten über Erzbischöfe von Canterbury benutzt, aus
denen mehrfach die heutigen Tabellen zu verbessern wären;
manche waren bisher nur aus Ags. F oder Gervasius bekannt.
Letzterer scheint ähnliche, aber vollere Fasten vor sich gehabt
zu haben. Man sehe a. 758, 762, 829, 30, 70, 924, 1053,
89. — Möglich, dass einige dieser Bemerkungen schon von
der ursprünglichen Hand herrührten, aber vom späteren
Schreiber, um Platz zu gewinnen, fortradirt und an anderer
Stelle wiederholt wurden. Wenigstens bei den Normannischen
Notizen a. 890, 992 ist dies wahrscheinlich.*

*Denn ähnliche, auf die Annalen von Rouen zurückge-
hende Bemerkungen bilden fast ganz allein die Quelle des älteren Theiles im ursprünglichen A, soweit er nicht von
dem Lateinischen Winchester-'Werk abhängt. Ganz wie bei
Stück VI—VIII ist auch hier aus den Rotomagenses das,
was Labbe's Druck bot, dagegen das Uebrige aus den Utieen-
ses nachgewiesen und* klein *gedruckt worden. In keiner Ab-*

---

[7]) *Einen solchen citirt Gervasius (Twysden, X SS.) c. 1337.*   [8])
*Fehlt er wirklich allen erhaltenen Hdss. des Florenz? Thorpe's man-
gelhafte Ausgabe lässt dem Zweifel Raum!*

leitung der Rotomagenses gedruckt sind Nero's — an sich werthlose — Nachrichten zu a. 767, 841, 880, 883, 922, 962, die sicherlich aus Rouen stammen. Zuletzt sind diese Normannischen Annalen für 1063 benutzt. — Ferner hatte wol schon A. einen Papstcatalog vor sich. — Als wichtig und wol aus Winchester herrührend beachte man 938 den Ort der Schlacht Bruningafelda, 1016 das Datum der Schlacht von Assandun, 965/6 Reform von Newminster, 806 und 1023 Sonnenfinsternisse.

Reicher an neuen Thatsachen ist die Fortsetzung aus Canterbury. Wie schon 980 die Weihe der Abteikirche, so ist 1146 eine dort vollzogene Bischofsweihe, 1151 eine Abtsfolge in S. Austin's erwähnt. Ueber den Streit zwischen Kloster und Erzbischof steht jetzt unter a. 1148, 1157 nur wenig, das Wichtigste ist fortradirt. 1179 wird ausführlich Ludwig's VII. Pilgerfahrt erzählt. Kenter Localnachrichten sind ferner: 1137 die über den Brand in Rochester — wo jedoch auch der in York erwähnt ist — und 1148, 52 über das nahe Kloster Faversham. Vielleicht dort, wo Stephan's Familiengruft sich befand, rühren die z. Th. neuen Daten 1152—4 her für den Tod des Königs, des Bruders, der Gemahlin und des Sohnes desselben. 1086 und 1150 sind für die Bischofsfasten interessant. Während 1141 auch sonst Bekanntes berichtet wird, geben die Jahre 1147/8 neue Aufschlüsse über Stephan's Verhältniss zu Primas und Papst. Wibert erscheint 1084 als rechtmässiger Papst. Unter 1152 beachte man die genauen Daten der Huldigung für Eustach, welcher 1153 Graf von Boulogne genannt wird, und der Ankunft Heinrich's II.

Durch den fast gänzlichen Mangel an gleichzeitigen Nachrichten über Stephan's spätere Zeit erhält unsere Quelle einigen Werth.

Pertz, Mon. Germ. hist. XVI p. 480 druckte einige Stücke zur Deutschen Geschichte daraus, doch ohne Handschriften und Bestandtheile zu scheiden.

	Nero A VIII Urspr. Eintrag.	*Nero C VII.*	*Nero A VIII Spät. Eintr.* [1])
741	. . . .	. . . .	Obiit Leo imperator. **Imperat** Constantinus ejus filius.
742	. . . .	. . . .	Pipinus imperat annis 27.
743	. . . .	. . . .	Obiit Gregorius papa 4 kal. Decembris. **Succedit** Zacharias papa.
745	[2])(Obiit [Daniel [3])] papa [4])	O. D. p.	
746	Karolomannus Romam perrexit et monachus **effectus** in monte Sarepte, ubi ecclesiam in honore sancti Silvestri struxit, et inde **ad Montem** Cassinum, monasterium Scti Benedicti transiit. **Et** Stephanus papa [a]). **Et** [b]) Pippinus rex efficitur. **Et** [c]) ibi benedictus est Pippinus rex a sancto Stephano papa Parisius et filius ejus Karolus et Karolomannus et filia Sigilla inter sacra missarum sollemnia precipiente sancto Petro et sancto Paulo et beato Dionisio. **Et** [d]) Paulus papa **claruit.**		
752	. . . .	. . . .	Obiit Zacharias papa idus Marcii, **successit** Stephanus
754	Obiit Cuthred et regnavit Sigebriht.	O. — Sig.	
755	Cynewlf regnum abstulit Sigeberto preter Hantestram [e]).		
757	Offa regnat.	O. r.	
758	. . . .	. . . .	[f]) Obiit Stephanus papa 5 kal. Maji. Successit Paulus germanus ejus. **Obit** et Cuthbertus archiepiscopus 7 kal. Novembris et in ecclesia sua sepultus est primus et omnes successores sui preter Jambertum [5]).

a) 752 St. p. *U.*   b) 752 *Rot.*   c) 756 *U.*   d) 758 *U.*   e) Hamtunscire *Ags.*
f) 757 *Mar.*

[1]) *Alles Kleingedruckte ist aus Marianus Scotus mit der Interpolation von Worcester.*   [2]) *(Rund Eingeklammertes) ist noch unter der Rasur lesbar.*   [3]) *[Eckig Eingeklammertes] ist aus Nero C VII ergänzt, wo A Rasur zeigt.*   [4]) *papa Fehler des Uebs.; vielmehr Bischof von Winchester.*   [5]) *Bis zu Cuthbert's gegentheiliger Verordnung war S. Austin's die Grabstätte der Erzbischöfe. Später wurde allerdings nur Jaenberht, † 790, dort, wo er früher Abt gewesen,*

	Nero A VIII. Urspr. Eintr.	*Nero C VII.*	*Nero A VIII. Spät. Eintr.*[1]
759	. . . .	. . . .	.**Consecratur** Bregewinus archiepiscopus **in** die sancti Michaelis.
762	. . . .	. . . .	.**Obiit** Bregewinus 8[5b]) kal. Septembris.
763	. . . .	. . . .	.Jambertus **in** die purificationis sancte Marie **consecratur** archiepiscopus.
764	. . . .	. . . .	.Jambertus a Paulo papa pallium suscipit.
766	(Paulus papa obiit).	Ob. P. p.	
767	**Obiit**[5c]) **Karlemannus rex** et Constantinus papa et h) Pippinus.	Ob. — papa.	
768	. . . .	. . . .	.Obiit Paulus papa. Karolus Magnus Pipini filius 46 annis **et 6** i) mensibus **imperat** k).
769	. . . .	. . . .	.Stephanus papa.
770	l)(Inicium regni Karoli Magni).	In. r. K.M. regis	
772	. . . .	. . . .	.**Obiit Stephanus papa. Succedit** Adrianus.
	m) Karolus Romam vadit.		
775	n) Inde reversus Papiam cepit cum rege Desiderio, captis civitatibus et direptis universis Italie. **Et** n) conversio Saxonum. **Et** o) Karolus **in** Ispanias intravit. **Et** Karolus Saxoniam venit. Karolus Pampiloniam urbem destruxit **atque** Cesaraugustam exercitum suum conjunxit et acceptis obsidibus subjugatisque Sarracenis per Narbonam et Wasconiam Franciam rediit. **Et** p) Witikingis cum sociis in Atiniaco q) baptizati partem **regionem** contulerunt.		

---

h) 768 *U.* i) quatuor *Mar.* k) *Der letzte Satz zu 769, aber meist ausradirt A.* l) 769 *U.* m) 774 *U.* n) 776 *U.* o) 778 *U.* p) 783 *U.* q) mamatico *A.*

beigesetzt, *cf. Gervasius (in Twysden X SS.) c. 1641 und Thorne (ib.) c. 1773. Doch ist unsere Nachricht ungenau: Alfsin † 959 in den Alpen, ibidem sepultus Gerv. c. 1645.* [5b]) *Vielleicht nur verschrieben aus 9, wie nach Florenz Le Neve-Hardy, Fasti eccl. Angl. So auch Obituar bei Dart, Canterbury Cathedral App. p. XLI. Dagegen Stubbs, Registr. sacr. Angl., wie Gerv. und hier: 25 August. Eadmer, V. Bregwini, gibt als Gedächtnisstag noch einen Tag später: 7 kal. Sept.* [5c]) *Vielmehr 771: die Nachricht steht in den Brüsseler codd. der Fontanellenses 773, 2 non. Dec.*

	Nero A VIII. Urspr. Eintr.	Nero C VII.	Nero A VIII. Spät. Eintr.[1]
Ags. 786	[r]) Occisus est Cynewlf et Brihtrih regnat.		
790	. . . .	. . . . .	Obiit Jambertus archiepiscopus 2 idus Augusti, successit Adelardus **abbas** [6]).
793	. . . .	. . . . .	Ordinatur Adelardus archiepiscopus 12 kal. Augusti. **Inventio sancti Albani martyris** [7a]).
„ 794	(A[drianus papa]).	A. p.	
795	*Rasur*		Adrianus papa obiit.
796	. . . .	. . . . .	[7b]) Sanctus Leo natione
„ 797	*Rasur*	[7 b]) Romani Leoni pape oculos eruerunt et linguam preciderunt.	Romanus, ad expellendos demones potens, papa efficitur. Hic deinceps oculis et lingua a Romanis privatus, usum loquendi divinitus accepit.
799	. . . .	. . . . .	Adelardus archiepiscopus Romam **proficiscitur.**
803	. . . .	. . . . .	Obiit Adelardus archiepiscopus. Succedit Wlfredus.
Utic. 804	Leo papa in Franciam venit,	Leo—ven.	
	. . . .	. . . . .	**et ab ipso Wlfredus pallium** suscipit.
Ags. F. 806	Hoc anno, 2 non. Junii, luna 14, signum crucis mirabili modo in luna apparuit, feria quinta [8]), prima aurora incipiente, quasi hoc modo ⌗○⌗ . [9]) Eodem anno 3 kal. Septembris, luna 12, die dominica, hora 4, corona mirabilis in circuitu so-		

---

r) 784 *ags.*

[6]) abbas *in ags. Ann., fehlt Florenz.*   [7a]) *cf. Ags. F, nur in Monum. Hist. Britann. p. 338, N. 24.*   [7b]) *Vgl. Stubbs, Pref. zu Hoveden I, XCIII.*   [8]) *Ags. F liest ebenfalls* 2 no. Jun., *aber falsch* Wodnesdaeg. *Der 4. Juni 806 war Donnerstag. Die Abbildung fehlt F.*   [9]) *Der folgende Satz in F Ags. und dann zum Theil Lateinisch wiederholt; das Datum nur Lateinisch.*

	Nero A VIII. Urspr. Eintr.	*Nero C VII.*	*Nero A VIII. Spät. Eintr.*¹)
	lis apparuit. ¹⁰) Et eclipsis solis facta est 4 feria ante ascensionem Domini hora diei nona, 2 no. Maji.		
809	Hoc anno 17 kal. Augusti, 2 feria, incipiente hora diei 5, eclipsis solis apparuit, luna 29.		
812	. . . .	. . . . .	Wlfredus archiepiscopus Romam proficiscitur.
813	. . . .	. . . . .	Obiit Karolus **Magnus** 5 kal.
814	*Rasur* . . . . . . [O(biit) Leo] (papa).	Obiit Karolus **Magnus** imperator. Obiit Leo papa.	Feb. Revertitur Wlfredus archiepiscopus. Ludovicus **filius Karoli** annis 26 mensibus 10 ˢ) **imperat.**
816	[Stephanus] (papa) [obiit].	ᵗ) Steph.—ob.	Obiit Leo papa 4 **kal. Julii**¹¹)
817	. . . .	. . . . .	Stephanus papa.
819	Kenulf Merciorum rex obiit et regnat Eadbriht ¹²). Imperator Ludovicus perrexit in Britanniam, interfecto Normanno.	ᵗ) Imperator—Normanno.	
	. . . .	. . . . .	ᵘ) Obiit Stephanus papa.
820	. . . .	. . . . .	Paschalis papa.
824	. . . .	. . . . .	Obiit Paschalis papa. Succedit Eugenius.
827	. . . .	. . . . .	Obiit Eugenius papa. Succedit Valentinus.
829	. . . .	. . . . .	**Obiit** Wlfredus archiepiscopus ¹³) cui Feologildus succedit, 5 idus Jun. ordinatus. 3 ¹³ₐ) kal. Septemb. obiit.
830	ᵛ) [Valentinus papa] (obiit).	. . . . .	Chelnothus decanus ¹⁴ₐ) 3 kal. Julii electus, 6

s) 11 *Mar.*   t) *In Nero C VII sind hinter 815 die Jahreszahlen 806—815 durch irrige Auslassung einer X wiederholt; daher steht diese Nachricht zu 806 statt 816, und die folgende 809 statt 819.* u) 818 *Mar.* v) 831 *U.*

¹⁰) *Diese Sonnenfinsterniss Mittwoch 6. Mai 806 nicht in Ags.* ¹¹) *Das falsche Datum fehlt Marian—Florenz; es geht vielleicht auf Einhard's Annalen zurück.* ¹²) *Ċeolwulf Ags., wo in der folgenden Zeile ein Eadbryht erwähnt. Daher wol der Irrthum in A.* ¹³) *Ebenso Gervas. c. 1642. Diese Succession fehlt Ags. (ausser cod. F) und Florenz.* ¹³ₐ) *Ebenso Obituar bei Dart. Canterbury Cathedral, App. p. XLI: in (wol aus III verdruckt) Gervas. ib.* ¹⁴ₐ) *Gerv. 1643: fehlt Ags., Flor.*

	Nero A VIII. Urspr. Eintr.	Nero C VII.	Nero A VIII. Spät. Eintr.¹)
			kal. Sept.¹⁴) consecratur. Valentinus ʷ) papa.
831	. . . .	Ob. Val. p.	Gregorius papa declaratur.
840	Hic obiit Ludovicus.	Ob. Lud. imp.	et Lotharius filius ejus 15 annis imperat.
841	[Lot(h)ari(us) filius ejus im(per)at annis 15].	Loth.—XV.	Sanctus Edmundus rex et martir nascitur.
843	*Rasur*	. . . .	Obiit Gregorius papa.
844	. . . .	. . . .	Sergius papa declaratur.
845	ˣ) (Sergius papa).	Serg. p.	
851	Hic venerunt Normanni in Sequaniam.	Hoc anno ven.—Seq.	
852	. . . .	. . . .	Obiit Sergius papa.
853	. . . .	. . . .	Leo papa.
854	ʸ)(Lotharius imperator) [obiit]	Loth.—ob.	
855	. . . .	. . . .	Sanctus Edmundus in die Natalis Domini ¹⁶) in regem consecratur
856	. . . .	. . . .	ᶻ) Lodovicus qui et Lotharius dicitur 15 annis imperat.
857	. . . .	. . . .	Obiit Leo papa.
858	. . . .	. . . .	ᵃ)Benedictus papa succedit.
859	ᵇ) (Benedictus papa). In isto anno cepit gelare 2 kal. Decemb. et finivit Nonis Aprilis.	Bened. — — Aprilis.	
. 862	ᶜ)Hic obiit sanctus Swithunus episcopus.	Ob. s. Swuithus ep.	
863	. . . .	. . . .	Obiit Benedictus papa, succedit Nicholaus papa.
. 864	ᵈ) (Sanctus [Nicolaus] papa.)	Obiit s. N. p.	
866	Obiit Aethelbertus rex.	Ob. Eth. rex.	
869	ᵉ) Obiit Nicholaus papa. ᶠ) (Adrianus papa). Facta est ᵍ) fames valida.	Adr. p.	
. 870	*Rasur*	Sanctus Eadmundus martirio coronatur.	ᵇ) Martirizatur Edmundus. **Obiit** Chelnothus archiepiscopus; succedit Adelredus archiepiscopus ejusdem ecclesie ⁱ) ante monachus.

---

w) 827 *Mar.* x) 848 *U.* y) 855 *U.* z) 855 *Mar.* a) 857 *Mar.* b) 860 *B. p. U.* c) 861 *Ags. F.* d) 862 *U.* e) *Eine spätere Hand zieht diese Eintragung zu 870.* f) 871 *U.* g) 868 *U.* h) *Zu 871 gezogen, s. Anm. e.* i) *Dies nur Ags. F.*

¹¹) *Gerv. ib. Daten fehlen Ags. (ausser F) und Florenz.* ¹⁶) *Datum fehlt Florenz ed. Thorpe I, 78.*

	Nero A VIII. Urspr. Eintr.	*Nero C VII.*	*Nero A VIII. Spät. Eintr.* [1]
871	k) Obiit Aethelred rex. [¹] Succedit Aeluredus.]	. . . . .	m) Adrianus papa declaratur, Obiit Lotharius imperator. Succedit Lodovicus ejus filius annis 4.
872	*Rasur*	. . . . .	Obiit Adrianus papa. Succedit Johannes.
874	n) (Johannes papa.)	Joh. p.	Lodovicus imperator obiit. Karolus imperat 2 annis.
875	n) (? Karolus ... Italiam ... et ... terram ...?) in imperatorem ... o) Hoc anno Rollo cum suis Normanniam penetravit 15 kal. Decemb.	Hoc a. R. — — Decemb.	
876	. . . .	. . . .	Obiit Karolus imperator 2 No. Octob. Lodovicus imperat.
878	. . . .	. . . .	Obiit Lodovicus imperator. Karolus filius ejus imperat [annis IX p)] q).
880	¹⁷)(Carolus ingreditur Italiam). *Rasur.*	Car. It. intrat.	
883	*Rasur.*		
884	. . . .	. . . .	Obiit Karolus ¹⁸). Frater ejus Karolomannus imperat. Obiit Johannes papa. Succedit Marinus r).
885	. . . .	. . . . .	Obiit Marinus papa. Succedit Agapitus t).
886	s) Obiit Karol *Rasur* (divisum est).	. . . .	omannus ¹⁹). Scinditur imperium.
887	u) Arnulfus imperat.	. . . . .	Obiit Agapitus papa; succedit Adrianus v).
889	u) Adrianus papa	Adr. p.	obiit. Succedit Basilius w). Obiit Edelredus archiepiscopus. Succedit Pleimundus.
890	. . . .	. . . . .	Obiit Basilius papa. Succedit z) Stephanus. Baptizatur Rollo ²⁰).

---

k) *Zu 872 gezogen, s. Anm. e.* l) *S. Ae. in einer Hand s. XV.* m) 870 *Mar.* n) 876 *U.* o) 876 *Ro.* p) 10 *Mar.* q) *a. 9 spätere Hand.* r) 885 *Mar.* s) 887 *Ags.* t) 887 *Mar.* u) 888 *U.* v) 888 *Mar.* w) 890 *Mar.* x) 893 *Mar.*

¹⁷) *s. o. 875.* ¹⁸) *Irrig für Mar:* Ludowicus filius Balbi. ¹⁹) *Der spätere Verbesserer in A machte hier, dem Marian folgend, aus dem Karl der Ags. Ann. richtig* Karlmann. ²⁰) *cf. 912 Ann. Rotom. Die Subtraction von 22, welche richtig bei Marian's Jahren anzuwenden war, scheint hier irrig auf ein Datum nach Dionysius ausgedehnt.*

		Nero A VIII. Urspr. Eintr.	Nero C VII.	Nero A VIII. Spät. Eintr. [1])
	891	(Basilius papa).	a) Bas. p.	
Utic.	892	b) (Stephanus papa).	St. p.	
Ags.	893	(Adventus Hengisti c) in? Britanniam?)	Adv. H. i. B.	
	894	. . . .	. . . . .	Obiit Stephanus papa. Formosus d) succedit.
	896	(Formosus papa).	Form. p.	
	898	Formosus papa	. . . . .	obiit et e) sedit Bonefacius 15 diebus et obiit. Succedit Stephanus.
	899	. . . .	. . . . .	Ernulfus imperator obiit et Stephanus papa. Sedit Romanus papa mensibus 4. Et Lodovicus imperat.
	900	[Bonefacius] (papa).	Bon. p.	Theodorus papa 20 dies sedit. Succedit f) Johannes.
„	901	Alfredus rex obiit. Et Aedwardus filius ejus succedit ei in regnum (Stephanus papa).	St. p.	
	902	*Rasur.* (filius ejus?)		
Ags. F.	903	. . . . *Rasur.* ff) (Romanus papa. Theodorus papa)	Obitus sancti Grimbaldi sacerdotis.	Benedictus papa sedet annis 3 et mensibus 5.
	904	(Johannes papa).	Joh. p.	
	905	. . . .	. . . . .	Leo sedit dies LXII g).
	906	(Benedictus papa).	Obiit Ben. p.	
	907	. . . .	. . . . .	Sergius papa.
	908	(Leo [Christofor]us ff)papa)	Leo p.	
	909	(Sergius papa).	Serg. p.	
	911	. . . .	. . . . .	Lodovicus obiit. Conredus imperat.
	913	b) Obiit Gilla. Accepit Rollo Popam uxorem, filiam comitis Silvanectensis i) de qua genuit Guillelmum.	Hoc anno acc. R. Popam ux. de q. g. Will.	
	914	*Rasur.*		
	915	*Rasur.*	. . . . .	k) Anastasius papa.
	916	. . . .	. . . . .	Lando papa.
	917	(Anastasius?) papa.		Johannes.

---

a) *Durch Auslassung des C vor dem letzten X lauten die Jahreszahlen hinter* 889: 810—819; *von DCCCC an wieder richtig.* b) 889 *U.* c) Haesten *Ags.* d) 896 *Mar.* e) 897 *Mar.* f) 901 *Mar.* ff) *Aus Vitell. A XVII.* g) *Verlesen aus Mar.* LVII. h) 912 *Ro.* i) filiianectensis *cod.* k) 914 *Mar.*

	Nero A VIII. Urspr. Eintr.	*Nero C VII.*	*Nero A VIII. Spät. Eintr.*[1]
	Obiit Rollo primus dux Normannię. Cui successit filius Guillelmus.	Ob. R. p. d. Normannie C. s. Will. f. ejus.	
918	*Rasur.*		Obiit Conradus imperator. Henricus imperat.
921	l) (Conradus obiit).	Ob. Conr.	
922	(Henricus) 20b). . .		
924	*Rasur.*	· · · ·	·Dunstanus archiepiscopus nascitur. 21) Adelmo archiepiscopo succedit Wlfhelmus.
925	Eadward rex obiit et filius ejus Aethelstan regnum suscepit.	Ob. Eadwardus r. et f. e. Ethelstan r. s.	
928	. . . .	· · · · ·	·m) Leo papa.
932	n) Brinstan episcopus ordinatur. Leo papa.	Br. e. o.	
933	. . . .	Steph. p.	o) Stephanus papa. p) Defuncto Wlfhelmo archiepiscopo succedit Odo.
934	(Stephanus papa).		
935	. . . .	· · · ·	·Johannes papa.
936	. . . .	· · · ·	·Leo papa. Henricus imperator obiit, succedit Oto
938	Hoc anno factum est illud magnum et famosum bellum in Bruningafelda, cum rex Aethelstan contra Anlaf pugnavit et, auxiliante Christo, victoriam suscepit. *Rasur.*		
939	*Rasur.*	· · · ·	·Stephanus papa.
941	Aethelstan rex obiit et frater ejus Eadmundus regnum suscepit.	Ob. Eth. r. — succepit.	
942	Eadmundus Anlafam in baptismate suscepit. (Stephanus papa).	Steph. p.	pa) Marinus papa.
946	. . . .	· · · ·	·Agapitus papa.
949	(Agapitus papa).	Ag. p.	
955	Eadred rex obiit.	O. r. Eadredus	
957	. . . .	s. · · ·	·q) Johannes papa.

l) 919 *Ro.* m) 931 *Mar.* n) 931 *Ags.* o) 932 *Mar.* p) 934 *Flor.* pa) 941 *Mar.* q) 956 *Mar.*

20b) *Die aus Rouen abgeleiteten Ann. Fontanell. Ms. Brüssel erwähnen hier Heinrich I.* 21) *Das Folgende fehlt Flor.*

	Nero A VIII. Urspr. Eintr.	*Nero C VII.*	*Nero A VIII. Spät. Eintr.* [1]
958	*Rasur*	Obiit rex Eadwig et Eadgar frater ejus totius Britannie regnum succepit.	**Migrat** sanctus Odo archiepiscopus. Successit Alfsinus.
959	. . . .	. . . . .	Alfsinus Romam **proficiscens** in Alpinis **frigore interit** et **Brihtwaldus** eligitur, **eoque repulso**, beatus Dunstanus **consecratur.** Dunstanus **r)** Romam profectus a Johanne papa pallium suscipit.
961	. . . .	. . . . .	Oto imperator a Johanne papa unguitur.
962	Obiit Guillelmus dux Normannorum filius Rollonis cui successit Guillelmus Longospeðe [22]).	Ob. Will. — Longospeðe.	
964	Hic expulsi sunt canonici de veteri monasterio [22b]).	Hic—mon.	
965	Hic expulsi sunt de novo [23])	Hic—novo.	Johannes papa.
966	Hic Eadgar rex privilegium [23b]) quoddam totum aureis litteris scriptum in novum contulit monasterium.	Hic— aureum litt. —monasterium.	
973	. . . .	. . . . .	Stephanus papa. Obiit Otho imperator **et** Oto **filius ejus** imperat.
975	Hic cometes stella apparuit et rex Eadgarus obiit.	Hic c. app. st. — ob.	
976	Hic fuit fames in Anglia. (Oto [24a]) obiit et **regnat** Oto **filius ejus.**)	Hic f. **magna** [24]) f. in A.	
978	Hic interfectus est Edwardus rex et regnat frater ejus Aethelredus pro eo.	Hic—Eadw. et regn. — Ethelr. p. eo.	

r) 960 *Flor.*

[22]) *Rollo's Sohne Wilhelm I. Langdegen folgt 943 Richard I.* [22b]) *St. Swithun's, Winchester.* [23]) *Newminster, Winchester; cf. Liber de Hyda ed. Edwards (Rolls Ser.), p. XXXI.* [23b]) *Beschreibung ib. p. XC.* [24]) *micla hungor Ags. C, so dass hier Nero C eine bessere Lesart zu bieten scheint als A, cf. Ags. D, E, F zu 975.* [24a]) *972 Rot.*

	Nero A VIII. Urspr. Eintr	*Nero C VII.*	*Nero A VIII. Spät. Eintr.* [1]
980	Hic dedicata est ecclesia beatorum apostolorum Petri et Pauli [25]). Et rex Aethelred in regem consecratus est.		
981	. . . .	. . . . .	Item Stephanus papa.
984	Obiit Aethelwoldus episcopus et ordinatio sancti Aelfegi episcopi.	Ob. sanctus Ethelwodus ep.	Oto imperator secundus obiit. Oto filius ejus **imperat.**
986	Hic Aethelred rex devastavit Rovecestre. **s)** Otto obiit. Otto filius ejus **regnat.**		
988	Obiit *Rasur*	Ob. sanctus Dunstanus archiepiscopus.	Dunstanus archiepiscopus 14 kal. Junii; successit Adelgarus Selesigensis episcopus unoque anno et 3 mensibus tenuit [26]).
989	Obiit Aethelgar archiepiscopus.	Ob. E. a.	Marinus papa t).
990	. . . .	. . . . .	**u)** Siricus archiepiscopus Cantuariensis consecratur [26]).
992	Obiit Oswaldus archiepiscopus.	. . . .	Lotharius Francorum rex obiit ultimus de genere Karolorum [27]).
995	. . . .	. . . .	Obiit Siricus archiepiscopus; succedit Elfricus Wiltuniensis **ua)** episcopus.
997	**v)** Obiit Ricardus dux Normannorum, **cui** successit Ricardus filius ejus.	Ob. R.—fil. ej.	
998	. . . .	. . . .	Agapitus papa.
1002	[Adventus Imme et occisio Dacorum die festivitatis] (S. Bricii).	Adv.—Bricii.	Otto tercius imperator obiit X kal. Februarii. **Succedit** Henricus.
1003	. . . .	. . . .	Octovianus papa.
1005	**w)** (Oto obiit).	ob. Oto	

---

s) 983 *R.*   t) 990 *Mar.*   u) 989 *Ags E, Flor.*   ua) *Witam cod.*   v) 996 *Ro.* w) 1002 *Ro.*

[25]) *St. Austin's, Canterbury; nach Thorne col. 1780: 978.*   [26]) *Die letzten Worte, nicht in Florenz, sondern aus Ags., standen vielleicht in der ursprünglichen Hand unter der Rasur.* [27]) *cf. Ann. Cadomenses ed. Duchesne, SS. Normann. p. 1016 a. 991.*

Nero A VIII Urspr. Eintrag.	*Nero C VII.*	*Nero A VIII Spät. Eintr.* [1])
1006 x) *Rasur*	Hoc anno sus-cepit sanctus Eltfegus pallium suum.	Obiit Aelfricus archiepiscopus; succedit **sanctus** Aelfegus Wentanus episcopus.
1009		Leo papa.
1011 Hic Cantia vastata est.	H. C. v. e.	
1012 Hic martirizatus est Aelfegus archiepiscopus	H. m. e. sanctus Elf. arch.	XIII kal. Ma.
1013 [*Hic Ethelredus rex regnum*] y) reliquit Anglorum et Sweg usurpavit.	. . . . .	Livingus qui et Aedelstanus Wellensis episcopus [28]) archiepiscopatum suscipit.
1015 Hic venit Cnuth ad Anglos.	Hoc anno v. C. a. A.	
1016 Hic obiit Acthelredus rex et occisio Anglorum in monte Assand[*une*] 14 kal. Novembris [29]) et Eadmund obiit.		
1017 (Occ[isio Ead]rici ducis et sociorum ejus).	Oc. E. d. e. s. e.	Benedictus papa.
1018 [30]) Translatio sancti Aelfegi archiepiscopi.	T. s. Elf. a.	
1020	. . . . .	Livingus archiepiscopus **obiit,** succedit Athelnothus.
1022 z) [Benedictus] (papa).	Ben. p.	Aeth[el]nothus Romam **profectus** a Benedicto papa pallium **suscipit.**
1023 Hic obscuratus est sol 9 kal. Februarii [30a]). Et Wlstanus episcopus obiit	Ob. Wlst. e.	
1024		Obiit Benedictus papa. Johannes **successit.** Henricus imperator obiit.
1025 (Johannes papa).	Joh. p.	
. . . .	. . . . .	a) Conredus **imperat.**
1026 Obiit Ricardus secundus dux Normannorum cui successit Ricardus III, qui eodem anno mortuus est et Rodbertus frater ejus successit.	Ob. Ric. — fr. ei. succ.	

x) 1007 *Ags. D.* y) *ergänzt aus Vitellius MS. s. Stück X.* z) 1024 *U.* a) 1024 *Mar.*

[28]) *Dies steht nur im Originalcodex des Florenz laut Thorpe's Ed. I, 166 N. 2.* [29]) *Datum fehlt Ags. Sonst ein Tag früher, 18. Oct. angegeben.* [30]) 1023 *Ags.* [30a]) *Nicht Ags.*

	Nero A VIII. Urspr. Eintr.	*Nero C VII.*	*Nero A VIII. Spät. Eintr.* [1]
1028	Hic Cnuth pergit ad Norhwegon cum L navibus.	Hic C. p. a. N. c. L n.	b) Nascitur Marianus Scotus cronicarum scriptor egregius.
1029	Hic revertitur.		
1031	Hic Cnut Romam petiit. Et cęlum [31a]) in Cantia [bb]) renovatum est. Et obiit Gunnordis comitissa.	Hic Rom. Cnuth p. et celum Cantia renov. e.	
1032	Obitus Alfini [31]) episcopi. Ignis ostenditur et pestis hominum fuit [32]).		
1035	Hic obiit Cnut rex. Et Rodbertus dux et Guillelmus filius ejus successit.	H. o. Cnuth r. et R. d. Normanie et Will. f. e. suc.	
1036	Occisio Aelfredi. Ymma [33]) ejecta est ultra mare.		
1038	. . . .	. . . .	Obiit Aethelnothus Cantuariensis archiepiscopus; successit capellanus regis Haroldi Edsius.
1039	. . . .	. . . .	Conradus imperator obiit. Henricus imperat.
1040	Obitus Haroldi regis.	Obiit Haroldus rex.	Hardecanutus venit in Angliam.
1042	Hic obiit Hardacnut rex. Rasur.	H. o. H. r.	
1043	Rasur.	c) Mortalitas hominum.	Sanctus Edwardus in regem ungitur in die pasce Wentonie.
1044	. . . .	. . . .	Benedictus papa sed simoniacus.
1046	. . . .	. . . .	Clemens papa.
1047	Rasur. (Benedictus papa)	Ben. p.	Obiit Clemens papa; successit Damasus.
1049	[Clemens] (papa).	Cl. p.	d) Leo papa.
1050	e) [Damasus] (papa).	D. p.	
1052	Hic obiit Emma regina. f) (Leo papa.)	O. E. r.	Edsius archiepiscopus obiit et succedit Robertus.
1053	Obiit Godvinus dux.	O. Godwin. d.	
1054	. . . .	. . . .	Robertus archiepiscopus [34] ab Anglia expellitur et

---

b) *Ueber der Linie von gleicher Hand.* bb) bellum in C. *Ann. Burton.* c) 1042 *U.* d) 1048 *Mar.* e) 1048 *U.* f) 1054 *U.*

[31a]) *Verderbt. Vielleicht* teloneum? *cf. Ags. F.* [31]) *Ags. richtig* Aelfsige; *ihm folgt* Aelfwine. [32]) *Ags. wörtlich:* es schadete überall. [33]) 1037 *Ags.* [34]) 1052 *Florenz, wo jedoch das Folgende fehlt. Es ist auch sonst bestätigt, s. Malmesbury, Pontiff. § 23; Gervas. c. 1051.*

	Nero A VIII. Urspr. Eintr.	*Nero C VII.*	*Nero A VIII. Spät. Eintr.* [1]
			apud Gemmeticum obiit. **Succeditque Stigandus.** Obiit Leo papa.
1055	. . . .	. . . . .	Victor papa.
1056	. . . .	. . . . .	Imperator Henricus obiit IIII [35]) Non. Octobris g). Henricus imperat annis h) **50** i).
1057	. . . .	. . . . .	Obiit Victor papa 5 kal. Augusti.
1058	*Rasur.*	k) Victor papa.	Stephanus papa sedit **mensibus 7** l). **Hic 3** m) **kal.** Aprilis obiit n). Benedictus successit et Stigando pallium mittit.
1059	. . . .	. . . . .	**Expulso** Benedicto, **Nicholaus papa efficitur.**
1060	*Rasur.*	. . . . .	Marianus **cronographus** presbyteratum **suscipit in** Wirzeburh.
1061	*Rasur.*	o) Stephanus papa.	p) Nicholaus papa obiit. Alexander successit.
1062	q) (Nicholaus papa).	N. p.	
1063	r) (Alexander papa).	A. p.	
1066	Obitus Eadwardi regis (Hic cometa apparuit). *Rasur.*	O. E. r. Hic c. app. VIII kl. Maji. Et hic occisus est rex de Norwegan. Et hic occisus est Haroldus rex, et adventus Normannorum in Britanniam.	in vigilia Epiphanie. **Succedit** Haroldus. Hunc Willelmus dux Normannorum 2 idus Octobris [36]) prelio conficit et sic die natalis Domini Londonie ab Aluredo Eboracensi **in regem ungitur,** eo quod Stigandus **diceretur** ab apostolico papa pallium non suscepisse.
1068	. . . .	. . . . .	Duo pape Rome **creantur:** Parmensis episcopus qui expulsus est et episcopus de Luca, qui **permansit.**
1069	. . . .	. . . . .	Marianus cronographus

g) IIII N. O. *über d. Lin.* h) annos *Pertz*, XVI, 480. i) 10 *Mar. Druckfehler?* k) 10 57 U. l) *Fehlt Mar.* m) *So Flor.* 4 *Mar.* n) Hic—obiit *über d. Lin.* o) 1058 U. p) 1060 *Mar.* q) 1060 U. r) 1062 U.

[35]) III *Mar. richtiger.* [36]) *Richtiger als Flor.* 11 kal. Nov.

	Nero A VIII Urspr. Eintr.	*Nero C VII.*	*Nero A VIII. Spät. Eintr.*[1])
			VI idus Julii [37]) Mogontie obiit [38]).
1070	(Ord[inatio Walchelini episcopi]) [38 b]).	O. W. e.	
	. . . .	. . . . .	Connivente papa Alexandro degradatur Stigandus, instituitur Lanfrancus.
1071	. . . .	. . . . .	Lanfranchus Romam profectus ab Alexandro papa pallium suscipit.
1072	Obitus Stigandi episcopi [38 c]).	O. St. e.	
1074	. . . .	. . . . .	[39]) Hildebrandus qui et Gregorius papa efficitur.
1075	[39]) (Hildebrandus papa).	H. p.	
1076	Hic Waldeif occisus est.	H. o. e. W. comes.	
1080	*Rasur.*	Nimius ventus nocte Natalis Domini.	[40]) Degradatur papa Hildebrandus in Pentecoste, et Wigbertus fit papa in nativitate Johannis Baptiste. [41]) a) Tribus de causis degradatus est Stigandus: quia episcopatum Wentonie simul cum archiepiscopatu injuste tenuit; et quia vivente archiepiscopo Roberto non solum episcopatum sumsit sed etiam ejus pallio quod, ipso expulso, Cantuarie remansit in missarum celebratione usus est aliquandiu; preterea a Benedicto, quem sancta Romana ecclesia excommunicavit, eo quod pecuniis sedem apostolicam invasit, pallium suum suscepit.
1084	[Wibertus papa ordinatur, expulso Hilde](brando).	Wib. — Hild.	
1085	Obiit [42]) Matildis regina. Urbanus [43]) ordinatur papa, expulso Guiberto.		

a) *Das Folgende auf angeklebtem Zettel von gleicher Hand.*

[37]) *Dieses Datum scheint sonst nicht bekannt zu sein.* [38]) *1082 oder 1083 nach Waitz, Monum. Germ. SS. V p. 484.* [38b]) *Für Winchester.* [38c]) *Ebenso Ann. Wigorn. 372 aus Winchester-Quelle.* [39]) *Richtiger 1073 Mar.* [40]) *Richtiger als Mar. 1079.* [41]) *Florenz richtiger a. 1070.* [42]) *Vielmehr 1083.* [43]) *Vielmehr 1088.*

	Nero A VIII. Urspr. Eintr.	*Nero C VII.*	*Nero A VIII. Spät. Eintr.* [1]
1086	Obiit Arfast episcopus. [44]	Ob. A. e.	
1087	Obiit Guillelmus rex primus	. . . . .	.et successit filius ejus Willelmus.
1088	Obiit Gisa episcopus [45]. Hic corpus sancti antistitis Nicholai de Myrrea civitate in locum qui Barum dicitur 9 die in mense Majo [46] translatum est.		
1089	*Rasur.*	Obiit Lanfrancus archiepiscopus.	Obiit Lanfrancus V [47] kal. Junii. Sedit [48] autem annis 18, mensibus 9, diebus duobus.
1093	*Rasur.*	Malcholum Scottorum rex occiditur.	Eligitur Anselmus 2 no. Marcii [48] et consecratur 2 nonas Decembris [48].
1095	(Pereg)[rinatio in Jerusalem]. *Rasur.*	P. i. J.	Beatus Anselmus pallium suscipit ab Urbano papa secundo Willelmo regi missum.
1097	*Rasur.*	[49] Jerusalem capitur hoc anno.	Anselmus transfretat. Antiochia capitur a Christianis 3 Nonas Junii.
1098	*Rasur.*		
1099	Urbanus papa migravit et Pascalis papa ei successit.	Urb.—succ.	Et Jerusalem capitur a Christianis idus Julii.
1100	Hic occisus est Ricardus filius Rodberti comitis de Normannia et Guillelmus rex secundus occisus est	Hic occ. — Norm. et Will. r. s. occ. est.	3 [50] nonas Augusti.
	Et suscepit regnum Henricus frater ejus. Et obiit Thomas archiepiscopus.	Et succ.—ejus.	
1101	(Urb[anus obiit]). *Rasur.*	Urb. o. Comes Rodbertus	

[44] *von Thetford, nach Ann. Winton. (ed. Luard in Ann. Monast.) II, 34:* 1084. [45] *von Wells.* [46] *Vielmehr 1087.* [47] *Meist 9 kal., 24. Mai angegeben. Doch Gervas. col. 1655 und Obituar bei Dart p. XXIV wie hier: 28. Mai.* [48] *Wie die Latein. App. aus Canterbury zu Saxon Chron. ed. Earle p. 274 f.* [49] *Vielmehr 1099.* [50] *Richtiger 4 Flor.*

6*

	Nero A VIII. Urspr. Eintr.	*Nero C VII.*	*Nero A VIII. Spät. Eintr.*[1]
		Normannie venit cum suo exercitu in Angliam.	
1102	. . . .	. . . .	Celebratum est concilium apud Westmonasterium presidente beato Anselmo.
1103	Hic visi sunt 4 circuli in circuitu solis 7 Idus Junii, feria 3 in pentecosten [51] a sexta hora usque in nonam.		
1104	Obiit Serlo abbas de Gloecestre.		
1105	Hic visa est stella permodica in occidente emittens radium permaximum versus orientem continuis diebus 23 in quadragesima vespertinis horis, que cepit 14 kal. Martii [52]. ᵗ Obiit Henricus imperator Alemannię.		
1106	[53] Obiit Mauricius episcopus Lundonię.	. . . . .	Henricus imperator obiit, et filius ejus Henricus imperat.
1108	Hic obiit Gundulfus Roffensis episcopus et Radulfus consecratus est pro eo episcopus.	O. Gond. — p. e. e.	
1109	Obiit Anselmus archiepiscopus XI kal. Maji.	Ob. A. a.	
1113	Hic exarsit civitas Wigracestre et monachi et laici et mulieres combusti sunt in ea. [54]	Hic arsit — ea.	
1114	*Rasur.* . . . . . , .	Cometa [55] apparuit 2 kl. Junii usque ad nativitatem Scti Jo-	Radulfus Rofensis episcopus 6 kal. Maji ad archiepiscopatum electus. Matildis Henrici regis filia imperatori Romano nuptum datur.

---

t) *Das Folgende von der späteren Hand durchstrichen, s. statt dessen 1106.*

[51]) 7. *Juni 1104, Dinstag nach Pfingsten. Aehnlich Ags.* [52]) *16. Febr. 1106. Sehr ähnlich Ags.* [53]) *1107.* [54]) *cf. Florenz von Worcester II. 66.* [55]) *cf. Ags.*

Nero A VIII. Urspr. Eintr.	*Nero C VII.*	*Nero A VIII. Spät. Eintr.* [1]
	hannis Baptiste. Duo archiepiscopi efficiuntur Cantuariensis et Eboracens.	
Tamisia [56] siccatur Lundonie 6 idus Octobris. Ventus nimius [55] 14 kal. Decembris. Nives maxime in quibus multę perierunt oves.	Tam. s. Lund.	
1115 6 kal. Februarii, feria 4, circa horam 1 apparuerunt duo circuli circa solem, unus prope solem et alius longius positus, et in medio interioris circuli in duabus solis partibus apparebat claritas, quasi duo soles essent aliquantulum majore sole obscuriores, et in summitate duorum circulorum duo imperfecti circuli in similitudine navis ad plagam orientalem circa solsticium hyemale.	6 kal.— longe positus— arculorum duo — solst. hyem.	Radulfus archiepiscopus pallium suscipit Cantuarie ab Anselmo legato sedis apostolice.
1116 Hic Henricus rex jussit suos barones adjurare Angliam Guillelmo suo filio heredem [tt] post se.	Hic—Will.— post se.	
1117 Hoc anno apparuit luna tota sanguinea in nocte 16 kal. Julii, luna 13, mense 6, dies Egiptiacus. (Obiit [57] Pascalis papa), Baldewinus rex Jerusalem, Mattildis regina, Rodbertus comes. [58]	Hoc— Julii. Ob. Pasch. p. et Balduin r. et Matild. reg. [u]	

tt) *sic cod.* u) Mat. reg. *unterpunctirt.*

56) *cf. Flor.* 57) *Das Folgende gehört zu* 1118. 58) *Von Meulan u. Leicester.*

IX. Contin. S. Augustini Cantuar.

	Nero A VIII. Urspr. Eintr.	Nero C VII.	Nero A VIII. Spät. Eintr. [1]
1118	Hic obiit Mattildis bona regina, uxor Henrici regis Anglorum.	Hic o. Matildis —Anglorum.	Obiit Pascalis papa 4 [59] kal. Februarii; **successit** Gelasius.
1119	Hic obiit Herbertus episcopus de Norwic. Obiit Ricardus abbas de Sancto Albano.	Ob. H. e. d. N. et R. a. d. S. A.	Obiit Gelasius papa; successit Calixtus.
1120	Hic 7 kal. Decembris Henricus rex Anglorum a Normannia in Angliam cum magna classe suorum transmeando quamplurimos precipuos regni utriusque sexus et etatis cum filia et nepte necnon cum duobus filiis suis Guillelmo scilicet suo herede et Ricardo ac Ricardo Cestrensi comite per naufragium unius carine inter scopulos apud portum de Barbeoflet [60] cum nautis amisit.	Hic 7— et neptis — Will. —amisit.	
1122	Hic obiit Radulfus archiepiscopus	O. Rad. arch.	14 kal. Novemb.
1123	*Rasur.*	Obiit Ernulfus Rofensis episcopus.	Willelmus **prior** de Chich[61] eligitur in archiepiscopum **die** purificationis et XII [63] kal. Marcii consecratur et a Calixto papa **pallium** suscipit.
1124	Obiit Calixtus papa, successit Honorius.		
1125	. . . .	. . . .	Willelmus archiepiscopus in Angliam redit **iterumque** Romam vadit. **Lotharius** imperat.
1126	Hic Henricus rex jussit suos barones adjurare Angliam Matildi filię sue imperatrici heredi.	Hic H.—Matilde filie s. i. h·	

---

[59] *Wol versehen aus 14 Flor.: Paschal † 2 Tage später, 21. Jan.* [60] *Blanche-Nef, bei Barfleur.* [61] *1124.,* [62] *Chich S. Osyth, Essex.* [63] *18. Febr. Sonntag Ags., Gervas. Dagegen Contin. Flor., Diceto: XIV = 16. Febr.*

	Nero A VIII. Urspr. Eintr.	*Nero C VII.*	*Nero A VIII. Spät. Eintr.* [1]
1129	Hic Henricus rex episcopatum Wintoniẹ Henrico monacho nepoti suo dedit.	Hic H. — dedit.	Obiit [64] Honorius papa; successit Innocentius.
1130	. . . .	. . . . .	Ecclesia Christi Cantuariensis dedicatur 4 nonas Maji.
1133 *Aug.* 2	In hoc anno eclipsis solis facta est 4 nonas Augusti feria quarta ab hora fere 3 usque ad horam 6 et apparuerunt stelle plurime circa solem. Eodem [v] anno obiit Robertus comes Normanniẹ et apud Cloecestram sepultus. Eodem etiam anno et die transiit mare Henricus nobilis rex Anglorum vivens non rediturus in Angliam, quod ex suis tenebris cẹlesti indicio sol noscitur demonstrasse.	In hoc — Augusti et appar. — Rodb. c. Normannie et a. Gloec. — cel. i. s. n. dem.	
1135 *Dec.* 2	Obiit Henricus rex Anglorum 4 nonas Decembris apud sanctum Dionisium, qui locus est in Normannia, qui dicitur in Liuns. [65] Et inde translatum est corpus ejus in Angliam et sepultum apud Radingas. Cui successit in regnum nepos ejus Stephanus comes Bononiẹ et consecratus in regem eodem	Ob. — succ. nep. e. in regn. —	
Dec. 22	anno apud Westmonasterium XI [66] kal. Januarii.	Januarii.	
1136	Hic consecrata fuit Matildis in reginam Anglo-	Hic consecr. est	

v) *Von hier an beginnen verschiedene Hände.*

[64] 1130. [65] *Lions-la-Forét bei Rouen; zum Datum cf. Freeman in Girald Cambr. VII, 163 und o. p. 11.* [66] *S. o. p. 5, Anm. 33.*

	Nero A VIII. Urspr. Eintr.	*Nero C VII.*
März 22	rum uxor regis Stephani apud West-monasterium in die paschę XI kal. Aprilis et eodem anno [*Rasur*].	
Nov. 21	Obiit Willelmus archiepiscopus Cantuariensis XI kal. Decembris.	— anno.
1137 *Juni* 3	Hoc anno 3 nonas Junii combusta est ecclesia Rofensis et tota civitas cum omnibus officinis episcopi et monachorum, et in sequenti die [68] apud Eboracum combusta est ęcclesia beati Petri, ubi sedes est archiepiscopatus, et extra muros ęcclesia [69] beatę Marię, ubi est abbatia cum egregio hospitali quod fundavit venerabilis Turstinus archiepiscopus.	Hoc anno —
„ 20	Et eodem anno obiit Johannes Rofensis ęcclesię episcopus XII [70] kal. Julii.	XII kal. Julii.
1138 *Jan.*8	Hoc anno [71] ordinatus est Teobaldus archiepiscopus 6 Idus Januarii.	H. a. o. c. T. a.
1139	Hoc anno venit filia regis Henrici quę fuit imperatrix in Angliam et Robertus frater ejus comes de Gloecestria cum magna fortitudine militum.	H. a. — militum.
1140 *März* 20	Hoc anno facta est eclipsis solis 13 kal. Aprilis mediante hora nona et mansit fere per spatium unius horę et apparuerunt stellę plurimę circa solem. Obiit Turstinus Eboracensis archiepiscopus.	
1141 *Febr.* 2	Hoc anno factum est grave prelium 4 nonas Februarii inter regem Stephanum et Rodbertum comitem de Gloecestria non longe ab urbe Lindocolino et, accidente terribili eventu, captus est rex cum quibusdam nobilibus sui regni et multis aliis militibus, corruentibus etiam multis aliis per mortem in bello.	1140. H. a. f. — p. m. in bello. 1141. ▼

---

w) *Von hier an in C keine historischen Notizen mehr.*

[68]) *Nach Contin. Flor. Wig. 4 Tage später: 8. Juni.* [69]) *Ueber deren Brand Monast. Anglic. III, 544.* [70]) *So Gervas. c. 1343. Nach anderen 2 Tage später, 22. Juni.* [71]) *1139.*

Et rex in captivitatem apud castellum de Brixto ductus est et detentus. Rege vero in captivitate permanente, civitates nonnullę et oppida comiti Roberto se reddidere. Verum Lundonia sola in dolo, sicut postea late claruit, comitem et suos recepit, ita quod adversus eum armis consurgerent. Ipse vero premunitus fugę locum dedit. Eodem anno obsessa est civitas Wintonię ab exercitu regis, et comes R[obertus] cum aliis multis captus est, et eodem anno rex et comes a captivitate liberati.

1145 Obiit Lucius papa. Successit Eugenius papa.

1146 Hoc anno recepit Willelmus Turbe Cantuarie apud Sanctum Augustinum episcopatum de Norwic. Et Rotbertus comes Glocestrie [73] obiit.

1147 Peregrinatio imperatoris Alemannię [74] et Ludovici regis Francię cum multis nobilibus diversarum regionum in Jerusalem. Sed illa vice nullum laudis favorem adquisierunt. Hoc quoque anno expulit rex Stephanus ab Anglia legatos Eugenii pape, qui ad invitandum episcopos Anglię ad concilium Remis convenerant.

1148 Hic celebravit papa Eugenius circa mediam Quadrage-
März simam concilium permaximum Remis. Ad quod conci-
21 lium quia Teobaldus Cantuariensis archiepiscopus, eodem papa eum vocante, sine regis consensu perrexerat et denuo, rege nesciente, in Angliam redierat, ab Anglia expulsus [75] est; et iterum, invito rege in terra Hugonis Bigot [76] applicuit, partem terrę regis interdixit. Monachi autem beati Augustini Cantuariensis pro interdicto archiepiscopi [77] . . . . . . [x] verunt. Hoc anno obiit Alexander episcopus Lincolię et Rotbertus Herefordensis et Ascelinus Rofensis, cui successit Gal-

---

x) *8 Zeilen Rasur.*

[73]) *1147.* [74]) *Ueber diese in England seit dem 12ten Jh. gebräuchliche Bezeichnung des Königs der Deutschen cf. Waitz, Dtsch. Verfgesch. V, 130.* [75]) *Gervas. 1328.* [76]) *Apud Goseford Gervas. 1364 und 1666.* [77]) *Fortradirt scheint hier die Erzählung von Theobald's Bann gegen die Mönche wegen Verachtung seines Interdicts und die Appellation nach Rom, Gervas. ib. und Thorne c. 1808.*

[terus] frater Teobaldi archiepiscopi. Hoc quoque anno constructa est ęcclesia de Favresham. [79] Primus abbas ejusdem loci Clarembaldus.

1150 Obiit [80] Rotbertus episcopus Lundonie.

1151 Hic obiit Hugo. secundus, abbas Sancti Augustini 7 kal.
Juni Julii. Cui successit Silvester prior ejusdem loci. *Ra-*
25 *sur.*

1152 Obiit Teodbaldus comes Blesensis. [82] Hoc quoque anno adjurata [83] est Anglia Eustachio filio regis Stephani a nonnullis nobilibus regni apud Westmonasterium 8 idus
Apr. 6 Aprilis. Et eodem anno obiit Mathildis regina uxor
Mai 3 regis Stephani 5 nonas Maji et apud Favresham se-pulta. Hoc etiam anno venit Henricus dux Normanno-
Jan. 11 rum filius imperatricis in Angliam 3 idus Januarii. [85]

1153 Obiit Eustachius comes Bononie [86] filius regis Stephani
Aug. 17 16 kal. Septembris. Obiit Eugenius papa, successit Anastasius IV^us.

1154 Hoc anno obiit Stephanus rex Anglorum 7 [87] kal. No-
Oct. vembris apud Doveram et Rogerus archidiaconus Can-
26 tuariensis consecratur in archiepiscopum Eboracensem apud Westmonasterium. Successit Stephano eodem anno Henricus dux Normannorum Henrici primi regis Anglo-rum nepos ex filia ac regis Stephani consanguineus. Anglia namque genitrici ejus adjurata fuerat priusquam rex Stephanus eam injuste invaderet. Consecratus est
Dec. autem in regem 14 kal. Januarii a Teobaldo archiepi-
19 scopo Cantuariensi apud Westmonasterium cum regina sua Helianor.

---

[79] *cf. Monast. Angl. IV, 568 über diese Gründung der Königin Ma-thilde III, die damals im S. Augustin's-Kloster wohnte. Gerv. c. 1366. Clarembald ward am 11. Nov. 1147 geweiht ib. 1365. — S. Austin's be-sass in dem nahen Orte Feversham eine Kirche, Monast. I, 121.* [80] *Meist 1151 angegeben. Johann v. Hexham, ed. Surtees Soc. p. 160: 1150.* [82] *Bruder König Stephan's.* [83] *cf. Ann. de Waverley, ed. Luard II, 234.* [85] *1153. Infra oct. Epiph. Rob. Tor. Nach Gervas. c. 1372 6. Jan.* [86] *Dieser Titel wird ihm sonst nicht gegeben; sein Tod sonst nach Gervas. c. 1374 auf 10. Aug. gesetzt; aber Obit., Lincoln. in Girald Cambr. VII, 159: 17 k. Sept.* [87] *Sonst 1 Tag früher, 25. October gesetzt.*

1155 Hujus itaque primo regni anno Flandrenses expulsi sunt
ab Anglia. Hoc etiam anno [89] obiit Anastasius papa.
Successit Adrianus.

1157 ⁷ Hoc anno Silvester pro[fessionem] fecit Theobaldo
apud Norham[tonam]: [90]

[*1171*] In ecclesia sua martirio coronatus est 4 kal. Januarii
Thomas Cantuariensis archiepiscopus.

[*1179*] V idus [91] Marcii celebratum est Rome concilium gene-
März rale presidente bone memorie papa Alexandro. Eodem
11 anno idus Septembris luna 28, circa horam terciam sol
Sept. bicornis apparuit et post fere duarum horarum spa-
13 cium toto orbe illustratus est. Item proxima nocte
post XV kal. Septembris luna terciadecima quasi post
mediam noctem passa est eclipsim generalem aere se-
Aug. renissimo. Itemque XI [91b] kal. Septembris serenissimus
22· rex Francorum Lodovicus Doure applicuit. Exceptus-
que honorificentissime ab illustri rege Anglorum Henrico secundo in crastino venit Cantuariam orationis
causa. Obtulitque [92] beato Thome ciphum aureum deditque conventui ecclesie Christi in perpetuam elemosinam
annuatim C modios vini et ut perpetuari possit donatio
sue carte et sigilli roborata est munimine.

---

y) *am Rande das [Eingeklammerte] beim Binden verschnitten. Von
a. 1156 nur Jahreszahlen bis 1161. Dann mehrere Zeilen leer; der Rubricator sollte wol zu jeder je ein Jahr setzen. Im entsprechenden Ab-
stande folgen ohne Jahr die beiden letzten Eintragungen von der Hand,
welche die (oben in der dritten Columne gedruckten) späteren Hinzufügungen gemacht hat.*

[89]) 1154. [90]) *cf. Gervas. c. 1665 und 1330; Thorne X 1SS. Angl. c.
1811; Chron. de Bello p. 88 über den Streit zwischen Erzbischof und
Abt.* [91]) *Dieses Datum weicht von Jaffé, Regesta Pont. p. 783 ab.* [91b])
cf. supr. p. 7. [92]) *Gervasius c. 1457; Benedict ed. Stubbs I. 241; Diceto I, 433.*

X. Annales Cicestrenses

— a. 1164.

Zu den wenigen Geschichtswerken des Mittelalters, die aus Chichester erhalten sind, gehört MS. Cotton Vitellius A XVII. Um die Mitte des XII. Jh. sind die Jahreszahlen bis 1186, wo fol. 16 r. endet, geschrieben; zu jeder ist nur Eine Zeile freigelassen; Schaltjahr, Indiction, Mondcyclus werden bis zuletzt, Epacte und Concurrente nur auf Seite 1, bis a. 34, angegeben. — Gleichzeitig mit diesem Schema hat Eine Hand dürftige Stücke einer annalistischen Compilation von der Nativitas s. Johannis Baptiste an bis a. 1150 hinzugesetzt. Diese treten an Menge zurück hinter den vielen — hier in [] gedruckten — Einschaltungen, welche verschiedene Schreiber aus der zweiten Hälfte des XII. Jh. [1]), wo gerade freier Raum war und daher oft zu falschen Jahren, hineingefügt haben. — Die Fortsetzung von 1153—1164 scheint mit den Ereignissen etwa gleichzeitig entstanden zu sein; zuletzt kamen ein Jahrhundert später die Bemerkungen über a. 1170, 1220, 64, 5 hinzu.

Hardy, Descriptive Catalogue II, p. 453, erklärt das Vitellius-MS. historisch werthlos. Für den hier fortgelassenen Anfang bis a. 900 ist das völlig wahr. Dieser bietet nämlich fast nur allgemein bekannte Fasten der Kaiser und Päpste, der Englischen Reiche und Kirchen. Zum grösseren Theil sind das erst spätere Einschaltungen, excerpirt, wiewohl meist nicht wörtlich, aus Beda und des Wilhelm von Malmesbury Gesta Regum. Aus des letzteren 'Glastonbury' [2]) hat Ein Interpolator Nachrichten über die Keltische Kirche zum 5ten u. 6ten Jh. entnommen. Ein anderer, dessen Hand den meisten Raum bedeckt, zieht lediglich den Hugo von Fleury aus [3]).

---

[1]) Sie wenden für th und w häufig Runen an.   [2]) Abt Seffrid, der 1125 Bischof von Chichester ward, lieferte vielleicht eine Handschrift davon. [3]) Z. B. a. 589 über Columban aus Hugo ed. Rottendorf p. 142,

Vor dem nachfolgenden Texte findet man die Eintragungen Eines Interpolators, der dem Werke die Fasten der Diöcese von Sussex einzuverleiben strebte, zusammengestellt. Die
Bischofscataloge in Florenz von Worcester und des Wilhelm
von Malmesbury Gesta Pontificum standen ihm nicht zu Gebote. Er schöpfte aus einer uns verlorenen Quelle die Kunde
der Namen und Jahreszahlen von sechs Nachfolgern Eolla's.
Diese Chronologie widerspricht den Urkunden nicht; in anderen Chroniken wird sie überhaupt nirgends [4]) geboten. Und
von jenen Namen sind vier, z. Th. in abgeschliffener Form
auch anderwärts überliefert. Daher beachte man immerhin die
Erwähnung eines Beathfrid 764, an dessen Stelle meist Aluberht, in einem Register aus Chichester [5]) Selbright begegnet,
und eines Eadbert 774. Zuverlässig ist freilich das Verzeichniss in Vitellius jedenfalls nicht, denn es lässt mindestens
drei Bischöfe v o r Beornege (der 926—9 urkundet) aus und
bricht h i n t e r ihm überhaupt ab.

Die eigentliche Grundlage unseres Werkes ist aber jene
annalistische Compilation — sie heisse nv [5b] —, die auch dem
vorigen Stück IX vorlag und deren ältester Theil, wie p.57—9
gezeigt, in Winchester entsprang. Dorther sind so viele Localnachrichten im Vitellius-MS. beibehalten, dass dieses noch von
Hardy a. a. O. Annales Wintonienses betitelt wird. Alle die
Worte, welche im vorigen Stücke gedruckt sind, erscheinen im
folgenden Text unter der Randnotiz Nero. Sie bilden sichere
Bestandtheile von nv. Das Gleiche gilt von den Worten, die
zwar in Nero fehlen, aber entweder im MS. Domitian VIII
der Angelsächsischen Annalen, *Ags. r.*, [6]) oder in den Rotomagenses [7]) [8]) oder den Clumacenser-[7])Notizen (nur a. 1048) er-

---

Z. 11: 603 Siagrius *ib.* 145: 633 Muhamet *ib.* 150 o; —669 Floriacum
constructum *ib.* 154 u; 671 Karolus Tudides *ib.* 160, 6 v. u.; —796
Hyrene *ib.* 174; 825 Hylduinus ossa Sebast. in S. Dionys. *ib.* 180 b:
Theodulf *und* Rabban *ib.* 181; u. s. w. [4]) *Im Chichester-Abschnitt des
Monasticon Anglicanum findet sich eine Verschiebung der Bischofsdaten
um ein ganzes Jahrhundert.* [5]) *Ed. M. Walcott.* [5b]) *d. h. Nero-Vitell.* [6])
S. o. p.56. [7]) *S. o. p. 33, 34.* [8]) *Diese Marginalie begegnet zu so all-
gemeinen Nachrichten, dass der Leser ihre Richtigkeit bezweifeln könnte.
Aber das Stück vor a. 900 lässt über die mittelbare Benutzung der Rouen-*

scheinen; denn aus diesen drei Quellen hat ja nv geschöpft. Endlich gehören mit hoher Wahrscheinlichkeit jener Compilation nv die ohne Marginalie gelassenen Nachrichten aus Winchester an. Darunter sind die über a. 971, 96, 1107, 10 auch sonst bekannt; — zu 1116 ist die Waschung der Valentinus-Reliquie, 934 die Uebertragung des H. Grimbald notirt; letzteres eine interessante Spur von dem Eindrucke, den der Freund Älfreds, der Klosterreformator, der Nachwelt hinterliess. Noch das spätere Mittelalter nannte sein Neumünster S. Grimbald's.

Was die Schreiber von Chichester über ihr eigenes Jahrhundert bringen, ist dürftig genug. Vom Continent her ist die Kunde von der Schlacht bei Cassel 1071 und vielleicht ein Gerücht von den Wahlzwistigkeiten nach Calixt II. Tode 1124 zu ihnen gedrungen. Das Meiste betrifft ihren Sprengel, so die Fasten von Lewes 1078, 1107, 1120, oder die Nachbarschaft. Neu sind die Daten der Bischofsreihe 1088 (in Le Neve-Hardy's Fasten benutzt), 1091, 1123, 50. — Zu 1142 wird ein Burgcaplan von Chichester, unter 1114, 60 werden Brände ebendaselbst, 1137 solche in Winchester und Arundel erwähnt.

---

634 Hic natus est Wilfridus [1]).

Ags.   Hic Birinus predicavit fidem Christi . . .
F.

   648 Hic constructa est ecclesia Sancti Petri in Wintonia et
       dedicata [2]) 8 kal. Dec. . . .

   650 Obitus Birini . . .

   675 [3]) Aldelmus fit 1[us] abbas Malmesberie . . .

Beda   \[Sedit [a]) Wilfridus episcopus in episcopatu de Selesi
IV,13   5 annis, id est usque ad mortem Ecfridi regis Northanhim-
      brorum] . . .

   685 Hic celebravit Wilfridus missam in Suthsax[e] . . .

Annalen keinen Zweifel: vgl. z. B. 842 Translatio S. Audoeni, *quando* Norm. vast. mon. *und* 858 Gelu 2 kal. Dec. *bis* no. Apr. *mit S. 40, 41.*

  a) *Unter der* 682 *endenden Seite.*

   [1]) *cf. Florenz.* [2]) *ohne Datum Ags.* [3]) *cf. Malmesbury, Pont. § 199.*

Beda V, 18 695 [His temporibus Eadberth, qui erat abbas **apud** Selesi, **in** monasterio, **quod** Wilfridus **fecit ibi**, sinodali decreto **fit in** eodem loco episcopus; et post ipsum fit Eolla ibi episcopus] . . .

709 Obitus [4]) Wilfridi episcopi [primi de] Selesi . . .

747 [Hoc tempore Sigga fuit episcopus de Selesi] . . .

764 [Beathfridus [5]) fit episcopus apud Selesi] . . .

772 [Oswaldus [6]) fit episcopus de Selesi] . . .

774 [Eadbertus [7]) fit episcopus apud Selesi] . . .

780 [Wentunus [8]) fit episcopus apud Selesi] [9]) . . .

821 [Kinredus fit episcopus apud Selesi] [10]) . . .

Von a. 900 ist der Abdruck vollständig.

Nero. 900 Stephanus papa.

„ 901 Obitus Aelfredi regis **Anglie**. Successit Edwardus filius ejus.

Ags. F. 902 [b]) Obitus sancti Grimbaldi sacerdotis. **Adventus sancti Judoci** [12]).

Nero. Ags. F. Romanus papa. Teodorus papa. **Dedicatio Novi Monasterii Wintonie.**

Nero. 903 Johannes papa.

„ 905 Benedictus papa.

„ 907 Leo papa. Christoforus papa.

„ 908 Sergius papa.

Malm Reg. § 129 909—11 [His temporibus Plegemundus archiepiscopus Cantuarie ordinavit Australibus Saxonibus episcopum Bernegum, scilicet apud Selesei].

Roto. 912 XXI[ns] ciclus decennovenalis.

Hic Rollo baptizatur et vocatur Rotbertus [13]). [Hic finit genus regum Francorum a Karolo Magno] [14]).

---

b) 903 *Ags. F.*

[4]) *Ags.* [5]) *Bei Florenz p. 545, 618 und Malmesbury (Pont. § 96):* Aluberht; *nicht urkundlich belegt.* [6]) *Sonst* Osa *oder* Bosa *genannt.* [7]) *Sonst nicht bekannt. Es fehlen hier die Bischöfe* Gisleher *und* Tota. [8]) Wiohthun. [9]) *Ihm folgt* Ethelwulf; *aber* Berneg *darf nicht mit Malmesbury hier eingeschoben werden, s. u. a.* 909. [10]) *Sein Nachfolger* Gutheard *ist hier ausgelassen.* [12]) *aus Ponthieu nach* Newminster, Winchester. [13]) *et v. R. ebenso* Ann. S. Edmundi, s. folg. Stück. [14]) *cf. Will. Malm. Reg. § 128.*

Nero. 916 Anastasius papa. Obitus Rollonis primi ducis Normannie. Cui successit Guillelmus filius ejus, [dictus Longa Spata].

917 [15]) Johannes papa.

Ags.
F. 923 Rex Scotie et omnis populus sibi Edwardum dominum elegerunt.

Nero. 924 Obitus Edwardi regis. Aþelstan filius ejus regnum suscepit.

Malm
Reg.
§ 185 929 [His temporibus Henricus, imperator Alemannie, filius Conradi et imperator Rome, expostulavit Eþelgivam [16]), sororem Aeþelstan regis Anglie, Othoni filio suo in uxorem].

931 22[ua] ciclus decennovenalis.

934 Translatio Sancti Grimbaldi [17]).

Nero. 937 Hic factum est bellum in Bruningafelda, quo rex Aeþelstan Anlaf devicit [, Analavum Sihtrici filium].

„ 940 Obitus Aeþelstan regis totius Anglie; successit Eadmundus frater ejus.

Malm
145 943 Obitus Willelmi ducis II Normannorum filii Rollonis dolo in Francia.

Ags.
F. Successit Ricardus Vetus filius.

Ags. 944 Eadmundus rex dedit Malculini regi Scotie Cumbraland.

945 [18]) Marinus papa.

„ 946 Eadmundus obiit rex. Regnavit Eadredus frater ejus. [Hoc tempore Dunstanus erat abbas Glastonie et sepelivit corpus regis Eadmundi ibi] [19]).

949 Agapitus papa.

950 23[us] ciclus decennovenalis.

„ 955 Obitus Eadred regis. Edwi filius Eadmundi regis fratris Aeþelstani regis successit.

„
F. 959 Johannes papa. [Obitus Edwi regis Anglorum. Successit Edgar frater ejus, filius Eadmundi, rex tocius Anglie].

Malm
Reg.
§ 149 964 [His temporibus Oswaldus, nepos Odonis archiepiscopi, episcopus Wigo[r]nie postea archiepiscopus Eboracensis expulit inde clericos non vi c), subinferens monachos. Et his similiter temporibus Aeþelwoldus episcopus Wintonie expulit inde clericos regali jussione et subinstituit monachos].

---

c) m *mit Punkt darüber cod.*

[15]) *914—28; zu 917 auch Ann. S. Edm.* [16]) *Eadgyth.* [17]) *Scheint sonst nirgends berichtet.* [18]) *942—6.* [19]) *cf. Will. Malmesbur. De antiq. Glaston.*

969 24$_{us}$ eiclus decennovenalis.

971 Translatio sancti Swithuni episcopi idus Julii [20]).

Malm § 160 973 [Ante hunc annum Eadgar rex totius Anglie non passus est se coronari].

Nero. 975 Hic cometes apparuit et obiit rex Eadgar. [Regnavit Edwar-
Ags. F dus filius ejus].

Nero. 976 Ottho obiit; et regnavit Ottho filius ejus. Et magna fames fuit in Anglia.

Malm 162 979 [Edwardus rex occiditur sicca a noverca sua Alfrida. Successit Ethelredus frater ejus, qui desponsavit Emmam filiam Ricardi comitis Normannorum, quam postea habuit Cnut rex Anglorum].

Malm 164 981 [Hoc anno venerunt 7 naves piratarum Hamtonam et depopulaverunt provinciam illam et mox discesserunt].

Nero. 984 Hic obitus Aþelwoldi episcopi Wintonie. Ordinatio sancti Alfeagi episcopi.

„ 986 Hic Athelredus rex devastavit Rovecestram.

„ 988 Obitus Dunstani archiepiscopi. 25$_{us}$ ciclus decennovenalis.
Ags. [Successit Aeþelgarus [21]) archiepiscopus].

„ 989 [Obitus Aeþelgari archiepiscopi Cantuariensis; successit Siricus].

Malm Reg. § 165 991 [Amici facti sunt hoc anno Aeþelredus rex Anglorum et Ricardus comes Normannie, socer ejus per Johannem papam].

Ags. 995 Obitus Sirici archiepiscopi Cantuariensis. [Successit Ael-
Nero. fricus. Obitus Ricardi comitis Normannie; successit Ricardus filius ejus III$_{us}$ comes].

996 Translatio sancti Aþelwoldi episcopi [22]) 4 idus Septemb.

„ 1006 Hic suscepit Alfeagus archiepiscopus pallium d)[Cantuarie, obeunte Aelfrico].

1007 26$_{us}$ ciclus decennovenalis.

„ 1012 Hic martirizatur Alfeagus archiepiscopus. [Successit Livingus
Malm § 174 archiepiscopus. Hoc anno in Saxonia per totum annum cantaverunt homines 15 et 3 femine, in corea saltantes].

---

d) *Hier hat die erste Hand hinter Pallium einen Punkt gemacht, den das folgende C der zweiten nicht ganz verdeckt.*

[20]) *cf. Ann. Winton. II, 13 u. 971; Florenz a. 970.* [21]) *von Chichester.* [22]) *von Winchester.*

Nero. 1013 Hic Ethelredus rex [fugiens Normanniam] regnum reliquit Anglorum et Swean Dacus usurpavit, [pater Cnut].

Malm § 179 1014 [Revertitur a Normannia Aethelredus rex. **Fit Euripus magnus**, villas et hab[*itatores*] mergens].

Nero. 1015 Cnut venit ad Anglos [expugnandos].

" 1016 Obitus Ethelredi regis. [Successit Eadmundus filius ejus Ireneside dictus, qui mox occiditur]. Et occisio Anglorum in monte Assandune.

Malm 3 181 1017 [Hic incepit Cnut rex Dacorum in Anglia regnare].

1019 [Obitus Livingi archiepiscopi Cantuariensis. Successit Aegelnodus. Hoc tempore Johannes [23]) papa].

Ags. 1020 Dedicatio ecclesie ad Assandune.

Nero. 1023 Hic obscuratus est sol 9 kal. Feb. Et obitus Wlfstan[i] archiepiscopi.

" 1024 [Obitus Ricardi comitis Normannie. Successit Ricardus tercius filius ejus].

Malm Reg. 3 178 1025 [Obitus Ricardi comitis Normannie. Successit Rotbertus, frater ejus, filius Judithe filie Conani comitis Britonum].

1026 27[us] ciclus decennovenalis.

Nero. 1028 Hic pergit Cnut ad Norwegan cum 50 navibus.

" 1029 Hic revertitur **Cnut**.

Ags. 1030 Hic Olaf rex occisus est.

Nero. 1031 Cnut Romam petiit [et repatriavit. Obitus Rotberti regis
Malm 3 187 Francie, successit Henricus filius ejus].

Nero. 1032 Ignis ostenditur, et pestis hominum fuit.

Ags. 1035 Rotbertus comes Normannie Jherusalem petens reliquit filium suum parvulum Guillelmum heredem.

Nero. 1036 Obitus Cnut [regis Anglie. Successit Haroldus falso filius].

Ags. 1040 [Obitus Haroldi regis Anglie. Successit Hardecnut frater ejus et filius Emme matris Edwardi].

Nero. 1042 [Obitus Haroldi regis Successit in regnum Edwardus
Ags. filius Aeþelredi regis].

Nero. 1043 Mortalitas hominum.

1045 28[us] ciclus decennovenalis.

1047 Hic Henricus rex Francie devicit bellum apud Wales-

----

[23]) *Johann XIX. 1024—33.*

dunum et mox constituit Guillelmum Normannie comitem. Benedictus papa. [Hoc tempore missus est Aluredus filius Ethelredi regis a Guillelmo comite Normannie in Angliam, qui mox occiditur. Mittitur alius frater Edvardus et consecratur in regem] [24]).

Cluni. 1048 Obiit Odilo Cluniaci abbas, successit Hugo.

Nero. Clemens papa.

" 1050 Damasus papa.

" 1053 Obitus Godwini comitis. [Obitus [25]) Damasi pape. Suc-
Roto. cessit Leo papa, qui dicitur Brunus].

" 1054 Fit bellum apud Mortuum Mare inter Henricum regem Francie et Guillelmum comitem Normannie.

Nero. 1058 Victor papa [fit. Obitus [26]) Leonis pape].

Roto. 1060 Obitus Henrici regis Francorum. Regnavit Philippus filius ejus. [Obitus [27]) Victoris pape. Successit Stephanus].

Malm Reg. § 228 [His temporibus fertur Haroldus dapifer regis Edwardi, quod navim quibusdam causis ascenderit et, ventis adversantibus, Ponteium transvectus, a Guidone comite incarceratur, dehinc Guillelmo comiti Normannie mittitur.

1061 [Obitus [28]) Stephani pape. Successit Benedictus et mox Nicholaus].

Nero. 1062 Alexander fit papa, [obeunte Nicholao papa].

1064 29[us] ciclus decennovenalis.

" 1065 Obitus Edvardi regis. Regnavit Haroldus.

" 1066 Bellum apud Eboracum, ubi occiditur Haroldus rex de Norweia. Cometa apparuit. Et adventus Normannorum in Angliam, et fit bellum in quo rex Haroldus occiditur.

1067 Hic sublimatur Guillelmus in regem, Alexandro papa presidente.

" 1070 Ordinatio Gualchelini episcopi. [Lanfrancus fit archiepiscopus Cantuarie].

1071 Hic factum est bellum [29]) inter Philippum regem Francie et Rotbertum comitem Flandrie, et devictus est Philippus rex.

---

[24]) *Vielleicht nach Huntingdon Mon. Brit. p. 758 D, s. Anm. a.* [25]) *1048.* [26]) *1054.* [27]) *1057.* [28]) *1058.* [29]) *cf. Giesebrecht, Gesch. der dtsch. Kaiserzeit III p. 168. 1110 (ed. 1869.)*

Nero. 1072 Obitus Stigandi episcopi et Leofridi episcopi [30]). Hic ventilata est causa de primatu archiepiscopatus Cantua-
riensis super archiepiscopum Eboracensem et finita.

1073 [Obiit Alexander papa. Successit Gregorius, qui et
Hildebrandus].

1075 [Hic fit translatio sedis episcopatus de Selesi ad Cicestram per Stigandum episcopum].

„ 1076 Hic Waldeof dux occisus est.

1078 Adventus Lanzonis apud Lewias, presidente papa Gregorio [31]).

„ 1080 Nimius ventus nocte Natalis Domini.

„ 1083 Obitus Matildis prime regine. 30us ciclus decennovenalis.

1085 Obitus Gregorii septimi pape, qui et Hildebrannus dicitur. Successit [32]) Victor papa, qui et Desiderius. Et
mox [33]) Urbanus successit.

„ 1087 Obitus Guillelmi regis Angliae. Regnavit Guillelmus Ru-
fus filius ejus sub papa Urbano. [e]) Et translatio sancti
Nicholai de Mirrea civitate in locum qui dicitur Barim. Et
obitus Stigandi episcopi Cicestrie.

1088 Hic obsedit [34]) Guillelmus rex Penevesellum et urbem
Rofensem.
[f]) Et hic [35]) factus est Godefridus episcopus Cicestrie,
qui obiit eodem anno.

„ 1089 Obitus Lanfranci archiepiscopi, successit Anselmus. Hic
Ags.   fuit terremotus 3 idus Augusti. [36]

---

e) *Das Folgende am Rande nachträglich, vielleicht von der Hand des
Textes.*   f) *Das Folgende über der Linie, vielleicht von der Hand des
Textes.*

[30]) *von Exeter.* [31]) *S. o. p. 52.* [32]) *1087.* [33]) *1088.* [34]) *Freeman,
Norman Conquest I, 87.* [35]) *Gosfrid, der laut Stephens, Memorials of
Chichester p. 46, 25. Sept. 1088 †, wurde laut dem Lateinischen Anhange in Saxon Chronicles (ed. Earle p. 273) zugleich oder doch im selben Jahre mit Johann von Wells geweiht d. i. 1088. Dieses Jahr steht
auch in Le Neve-Hardy's Fasti, wo ausser unserer Textstelle ein „Can-
terbury-Register" herangezogen ist. Stubbs' Reg. Sacr. Angl. gibt jedoch 1087 als Jahr der Weihe Gosfrid's und citirt die Professions —
Rolle von Canterbury. In ihrer Copie, MS. Cott. Cleopatra E. I, ist
kein Datum.* [36]) *cf. Malmesbury G. Reg. p. 504.*

1091 [Odinatio Radulfi episcopi Cicestrię die [37]) Epiphanie].

Nero. 1096 Peregrinatio in Jherusalem. Et [38]) commotio stellarum.

„ 1098 Jherusalem capitur, ubi Godefridus suscepit regnum. Lu-
Sept. men magnum apparuit in festivitate [*s.s.*] [g]) Cosme et
27 Damiani [39]).

„ 1099 Obitus Urbani pape. Successit Paschalis papa.

„ 1100 Obitus Guillelmi regis. Regnavit Henricus frater ejus.

„ 1101 Sinodus [40]) apud Lundonias. Rotbertus comes Normannie
venit in Angliam cum exercitu.

1102 31[us] ciclus decennovenalis.

„ 1103 Hic visi sunt quattuor circuli in circuitu solis 7 idus Junii a
sexta usque in nonam.

1104 Hic facta est dissensio magna inter Henricum regem et
barones suos.

„ 1105 Hic visa est stella permodica in occidente, emittens radium permaximum versus orientem.

1106 Hic capitur Rotbertus comes Normannie [in bello apud
Tenercebrai]. Anselmus archiepiscopus ab exilio revertitur. Et [41]) fit sinodus Lundonie.

1107 Obitus Lanzonis [42]), successit Eustachius. Cecidit turris Veteris Monasterii [43]). [Ordinatio Guillelmi episcopi
Exonie].

„ 1108 Obitus Philippi regis Francorum, successit Ludovicus
filius ejus. Obitus Gundulfi episcopi Rofensis, successit
Radulfus.

1109 Obitus Anselmi, successit [44]) Radulfus. Et obitus Hugonis abbatas Cluniacensis, successit Pontius.

1110 Hic remotum est monasterium extra Wintoniam [45])

1111 Capitur Rome Paschalis papa ab Henrico imperatore.
Hyematio regis Norweic in Anglia [46]).

„ 1113 Hic exarsit civitas Wigracestre, et monachi et laici et mulieres
combusti sunt in ea.

---

g) *Am Rande verschnitten.*

[37]) *6. Jan. 1091 war Montag. Das Datum scheint sonst nicht berichtet. Ralf's Profession gedruckt 5th Rep. of Histor. Manuscr. Comm.
p. 453.* [38]) *1095 Ann. Margan.* [39]) *cf. Ann. Ags. und Margan.* [40]) *Vielmehr 1102.* [41]) *1107.* [42]) *Prior von Lewes.* [43]) *Der Kathedrale von
Winchester, cf. Ann. Winton. II, 43.* [44]) *Erst 1114.* [45]) *Newminster
nach Hyde.* [46]) *S. o. p. 10 a. 1108.*

Nero. 1114 Cometa apparuit. Duo archiepisci efficiuntur, Cantuariensis et
Eboracensis. Tamisia siccatur. Ventus nimius.

> **h**) Hic exarsit ecclesia Sancte Trinitatis [47] Cicestrie et
> penc tota civitas [3° No. Mai.] **i**)

„ 1115 Hic apparuerunt 2 circuli circa solem et visi sunt quasi 2
soles. Dissensio [48] inter regem Henricum et Ludovicum.

1116 Apud Wintoniam aperta est teca sancti Valentini [49]),
et capud ejus lotum est.

„ 1117 Hic apparuit luna tota sanguinea in nocte 16 kal. Jul., luna 13
dies Egipt.

1118 Obitus Paschalis pape, successit Johannes, qui et Gelasius. Obitus Baldwini regis Jherusalem; successit
Baldwinus. Et obitus Mathildis regine. Et obitus Ale-
xis imperatoris Constantinopolitani.

1119 Obitus Gelasii pape; successit Calixtus. Fit bellum [50]
inter Henricum et Ludovicum.

1120 Hic submersi sunt in mare Guillelmus et Ricardus filii
regis Henrici. Obitus Eustachii prioris [42]), successit
Hugo.

1121 Hic Henricus desponsavit Adelich filiam Godefridi de
Luvano. 32[us] ciclus decennovenalis.

1122 **k**) Obitus Radulfi archiepiscopi.

1123 **k**) Ordinatio Guillelmi archiepiscopi in [51]) Purificatione.
Et obitus Radulfi episcopi Cicestrie [52]) 19° kal. Jan.

1125 Sefridus efficitur episcopus Cicestrie. Fames in Anglia.
Monetarii ementulati. Obitus [53] Calixti pape, successit [54] Romanus **l**) papa et eodem anno [53] papa Honorius, sub quo [55] concilium apud Londonias. In qua-

---

h) *unter der Seite, aber in der ersten Hand.*   i) *Spätere Hinzufügung.* k) *Nachträglich, aber in gleichzeitiger Hand.* l) *sic cod.*

[47]) *Die Kathedrale. Ebenso Florenz II, 67, Ann. Winton. II, 44.*
[48]) *Der Krieg begann 1116 Freeman, ib. 187.*   [49]) *Emma's Geschenk
an Newminster cf. Ags. F. a. 1041; Edwards, Vorr. zu Liber de Hyda
p. XXXVII.* [50]) *Bei Noyon, cf. Freeman ib. 188.* [51]) *Tag der Wahl;
Weihe erst 16 Tage später, am 18. Febr.* [52]) *Ebenso Le Neve-Hardy.
Zehn Tage später, 24. Dec. Stubbs, Registr. sacr. Angl.* [53]) *Dec. 1124.*
[54]) *Theobald ward vor Honorius gewählt; keiner der Candidaten hiess
Romanus.* [55]) *1129.*

dam parte Anglie de fonte quodam pluribus diebus sanguis tantummodo emanavit.

1130 [h]) Ordinatio [56]) Henrici episcopi Guintonie. Innocentius fit papa.

Nero. 1133 Eclipsis solis 4to No. Aug. circa terciam, luna 27 in cancro, sol in leone. Et terremotus in Anglia.

1134 Obiit Gislebertus episcopus Lundonensis 4[to] idus Augusti.

1135 Obitus Henrici regis Anglie kal. Decemb. Regnavit Stephanus filius sororis ejus. Exustio ecclesie Londoniensis.

1136 Eclipsis solis kal. Junii circa vesperam, luna 27. Et eclipsis lune 17 kal. Jul., luna 12. Et obitus Guillelmi archiepiscopi.

1137 Exustio Arundelli et Wintonie et Eboraci [57]) et Rofecestrie [57]) et Badonis [58]). Obitus Johannis Rofensis episcopi. Et obitus Guillelmi episcopi Exonie. Visi sunt 5 circuli circa solem 3 idus Augusti. [m]) Obitus Ludovici regis Francie; successit filius ejus Ludovicus.

1138 Tedbaldus [59]) fit archiepiscopus Cantuarie. Rodbertus fit episcopus Exonie. Bellum inter archiepiscopum Eboracensem et David [60]).

1139 Eclypsis lunę 16 kal. Maji, a media parte noctis usque clarum mane, luna 13.

.. 1140 33[us] ciclus decennovenalis. Ecly[p]sis solis 13° kal. April. luna 28 ultra horam 9.

1142 Eclypsis lunę. Johannes fit sacerdos castelli Cicestrie.

1143 Obitus Innocentii pape. Successit Celestinus papa.

1144 Obitus Celestini pape. Successit Lucius papa.

1145 Sefridus deponitur ab episcopatu Cicestrie. Obitus Lucii pape. Successit Eugenius papa. Cometa apparuit.

1147 Hilarius fit episcopus Cicestrie.

1150 [61]) Obitus Sefridi quondam episcopi Cicestrensis.

---

m) *Das Folgende am Rande, verstümmelt.*

[56]) *Geweiht 1129 Nov. 17.* [57]) *S. o. p. 80.* [58]) *cf. Cont. Florent. Wig. II, 98.* [59]) *Geweiht 1139 Jan. 8.* [60]) *von Schottland.* [61]) *Ebenso Ann. v. Tewkesbury (Ann. Monastici) I, 47. Le Neve-Hardy und Stubbs geben 1151.*

1153 Obitus Eugenii pape. Successit Anastasius. Adventus Henrici ducis in Angliam.

1154 Obitus Stephani regis. Successit Henricus filius imperatricis. Obitus Anastasii pape. Successit Adrianus papa.

1159 24us ciclus decennovenalis. Obitus Adriani pape. Successit ^n) ... Alexander. Hic Henricus rex Tolosam obsedit.

1160 Hic facta est pax inter Ludovicum regem Francie et Henricum regem Anglie. Exustio Cicestrie in foro.

1161 Obitus Tedbaldi archiepiscopi Cantuariensis. Dissentio inter Henricum regem Anglie et Ludovicum regem Francie, sed mox pacificatur [62]).

1162 Tomas fit archiepiscopus Cantuariensis. Concilium Turonis [63]), papa Alexandro presidente.

1163 Hic irascitur rex Henricus contra T[homam] archiepiscopum Cantuariensem et omnem clerum Anglie ^n) ...

1164 Victor adulter papa obiit et mox subrogatur ^n) [64]) . . . Exulat T[homas] archiepiscopus.

1171 ^o) [Hic martirizatur Thomas Cantuariensis, ab incarnatione Domini anno 1171, quarto kaln. Januarii die Martis. Item idem translatus est in eadem ecclesia a passione sua anno quinquagesimo, nonas Julii die Martis.]

1170 Dec. 29
1220 Jul. 7

1178 25us ciclus decennovenalis.

^q) [Bellum apud Lewes ^p) 2 Idus Maji anno Domini 126 4. Bellum apud Evesham feria [tertia] ^r) 2 Non. Augusti anno Domini 1265].

n) *Rasur für etwa 12 Buchstaben.*   o) *S. XIII med. nachgetragen.* p) anno *ins. cod.* q) *Von derselben Hand s. XIII med. unter der vorletzten Seite.* r) *fehlt cod.*

[62]) cf. *Pauli, Gesch. v. England III p. 26.* [63]) *1163, Mai 19.* [64]) *Name (Paschal III) fehlt.*

XI. Annales S. Edmundi

a. 1—1212.

Wol aus keinem Englischen Kloster sind mehr Handschriften noch erhalten als aus Bury S. Edmunds. Die Geschichtschreibung schien nach dem, was bis 1840 davon veröffentlicht war, recht spärlich darunter vertreten zu sein. Da edirte in dem genannten Jahre Rokewode für die Camden-Society: des Jocelin von Brakelonde Abtei-Chronik aus dem Anfang des XIII. Jh. und 1849 Thorpe als Anhang zum Florenz von Worcester: die Geschichte des Taxter und Everisden aus der Mitte bezw. dem Ende desselben Jh. [1]

Ohne sich nun zwar etwa S. Albans an die Seite stellen zu dürfen, mag S. Edmunds wol etwas von dessen historiographischem Ruhme beanspruchen: denn Taxter's Nachrichten über Johann's Regierung sind keineswegs, wie bisher angenommen, aus Roger von Wendover's Flores historiarum, einfach ausgezogen; sondern letzterer hat vielmehr selbst ein Jahrbuch ausgeschrieben, welches schon ein Decennium vor ihm in S. Edmund's excerpirt ward und, wahrscheinlich ebendort, eine Fortsetzung erhielt, die auf Grund des einzigen noch erhaltenen Blattes, über das Jahr 1212, eine Quelle ersten Ranges heissen darf.

Das besagte Excerpt beginnt hinter einem Malmesbury s. XII ex. [2] *auf fol. 103 im MS. Harley 447, das auf der ersten Seite als* Liber Sci Aedmundi regis et martyris *bezeichnet ist. Mitten in einem Satze über die Bedrückung der Abtei, 1212, zu Ende von fol. 133 r. bricht der Band ab.*

---

[1] *Hermann's Wunder des h. Eadmund s. Stück XV. — Ungedruckt ist der gleichzeitige Bericht über die Wahl des Abtes Hugo 1213: MS. Harley 1105. — Dagegen Harley 1132 sind keine Annalen von St. Edmunds, s. nächstes Stück.* [2] *Hardy, Descr. Catal. II, 160. Am Rande von fol. 22 r. von einer Hand s. XIII med.:* Hic [Aelfred] primo instituit centurias et decanias.

*Durch Tinte und Handschrift scheidet sich die originale Fort-
setzung von der bis 1211 reichenden Compilation.* [3]   *Und letztere lässt sich beim Jahre 1200, wo die eine Hauptquelle, Radulfus de Diceto schliesst, in zwei Theile zerlegen.*

*I. a) Die Grundlage des ersten Theiles bilden die Nor-
mannischen Annalen* [4] *mit den Einschiebseln, Irrthümern* [5]
*und der Fortsetzung eines Südengländers, wie sie von a. 700
an oben in Stück VI gedruckt sind. Wie oben p. 33/4, 59
erörtert, ist auch hier am Rande möglichst das Rouen'sche
Jahrbuch* Rou. *als Quelle nachgewiesen, und sind seine Normannischen Ableitungen nur da, wo es selbst nicht zugänglich
war, herangezogen worden: nämlich zunächst die von S. Évroul
Uti., S. Wandrille* Font. [6] *, Mont St. Michel* [6b] Mich. *und endlich
Robert de Torigni* Robt. *Als Südenglisch* Ag. Mr. *ist alles Andere bezeichnet worden, was entweder in Stück VI gedruckt
oder vor a. 700 in den dort benutzten MSS. Claudius C. IX
oder Reg. 4 B VII enthalten ist. Diese bisher ungedruckten* [7]
*Stücke in Ag. Mr. sind vielleicht alle, aus inneren Gründen
unzweifelhaft a. 475 u. 654, dem Rouen'schen Werke zuzu-
weisen. Von dem Normannischen Einflusse begegnen die letzten Spuren zu 1095 (oder 1116), von dem Südenglischen zu
1167.*

*b) Zwischen diese Annalenstücke schob der Compilator Ab-
sätze aus einem anderen Werke. Seinen Autor zu nennen,
den Stoff selbständig zu durchdringen, aus anderer Litteratur,
z. B. dem erwähnten Malmesbury, zu vermehren, bei der Aus-*

---

[3] *Zu jedem Satze eine farbige Initiale; a. 669 der Platz dafür frei;
oft falsch ausgefüllt, z. B. 587, 664.* [4] *Nach Hardy III, 167 wären
sie in dem (von Thorpe nicht abgedruckten) Anfange Taxter's benutzt.
Hardy kannte unser Werk als Quelle Taxter's nicht, vielleicht sind also
die Normannischen Stücke Taxter's nur aus diesem mit entnommen.* [5]
*z. B. a. 755 Remigio papa statt Stephano; 783 matinia conbaptizati
statt in Atiniaco bapt.* [6] *Her. verdankt den Monum. Germ. Hist. Ein-
blick in Bethmann's Abschrift zweier Brüsseler Excerpte aus dem MS.
Dunarum der Fontanellenses, das von Bouquet XII, 771 benutzt ist.
Ueber das Original, Vatican 553 vgl. Delisle in Robert de Torigni I
p. XVIII und Archiv der Ges. f. ält. d. Gesch. II, 289.* [6b] *Ed. Delisle l. c. II, 214.* [7] *Also nicht die Englischen, oben S. 35 ausgezogenen.*

wahl desselben nach einem Grundsatze zu verfahren, die vielen Flüchtigkeitsfehler in Daten [8] *und Namen durch nochmalige Vergleichung auszumerzen, lag ihm fern. Bei solcher Nachlässigkeit ist es nicht zu verwundern, dass er mehrfach dieselbe Nachricht* [9] *zu verschiedenen Jahreszahlen bringt, indem er erst der einen, dann der anderen Quelle folgt. Und gelegentliche Verwerthung eines Papstcatalogs veranlasste ihn nicht dies zu corrigiren, sondern den Namen desselben Papstes zum dritten Male* [10] *abzuschreiben. Indem er von einem Buch zum anderen blickte, begegnete es wol, dass er beim Eintragen sich um ein Jahrhundert irrte: so ist Beda zu a. 602 gesetzt. Zu 841—8 erscheinen Stellen, die Vf. selbst nachträglich ein Jahrhundert später gesetzt haben will. Gerade diese beweisen, dass das Werk, aus dem sie entstammen, erst in ein fertiges Annalengerippe hineingearbeitet ist. Das Versehen wäre unerklärlich, wenn umgekehrt dieses Werk die Grundlage und die Normannischen Annalen spätere Zuthat wären.*

Wie schon gesagt, ist diese zweite Quelle, deren Stücke den meisten Raum unserer Handschrift bedecken, der schon von den Zeitgenossen vielfach benutzte, von des Vfs. Klosterbruder Jocelin p. 97 als decanus Londoniensis citirte Ralf de Diceto. Von ihm sind hier die Abbreviationes bis zu Ende, dann die Capitula bis 1195 und daneben seit 1184 die Ymagines, durch einander oft im selben Satze, verarbeitet. Die hier benutzte Vorlage ist mit keiner [11] *der von Stubbs edirten Hdss. identisch oder gleichlautend; die Jahre 1200/1, die vielleicht nicht von Ralf herrühren, sind hier nicht excerpirt. — Man findet im folgenden Drucke von den buchstäblich ebenso in Diceto stehenden Stücken nur Anfang und Ende, die Mitte ist durch Anfangsbuchstaben oder einen Bindestrich ersetzt. Bis 1147 genügte die Marginalie* D[iceto], *von da an ist das den Capitula Ymaginum Entnommene als* c., *das übrige als* Ym[agines Historiarum] *bezeichnet; die beigesetzten Zahlen be-*

---

[8] *Die Abweichungen von Diceto in den Daten sind sämmtlich Fehler.* [9] *z. B. Hadrian's Aufbau von Jerusalem 118, 134.* [10] *So erscheinen Donus und Agatho 658/9, 668/9, 674/6.* [11] *Denn a. 542, 552, 1134 Lesarten, die nur in cod. B; a. 1198 z. Th. nur in D und O p. 153 und 159, und z. Th. nur in A p. 162.*

deuten Jahr oder Seite (o = oben, m = Mitte, u = unten),
die Buchstaben A, B, D, O die Codices nach Stubbs' Ausgabe,
mit deren Zuhülfenahme der Leser ein vollständiges Bild des
Harley-Ms. vor sich hat. — Die Nichtbenutzung desselben ist
bei der guten Ueberlieferung des Diceto für dessen Kritik kein
Verlust.

Von dem Wenigen, was in keinem der genannten Bücher
nachweisbar und daher im Folgenden gross gedruckt ist, werden die Namen der Päpste einem Cataloge, die übrigen continentalen Notizen aus ungedruckten Stellen der Rouen'schen
Annalen, die zur allgemeinen Englischen Geschichte vom Südenglischen Interpolator herrühren. Historischen Quellenwerth
haben sie alle nicht. Beachtenswerth sind in diesem Theile I
lediglich einige Localnotizen, die noch im XIII. Jh. von Taxter und seitdem durch seine Vermittelung für die Geschichte
der Abtei, so zuletzt von Rokewode benutzt worden sind.

Ueber die Diöcese Norwich wird hier nichts Neues beige-
bracht ausser dem Brande der Kathedrale a. 1096; es ist
überhaupt nur Eine Bischofsfolge, und zwar chronologisch
falsch, 1117 selbständig vermerkt, denn die Worte über Stigand und Aethelmar 1043, 6, 52, 70 sind von späterer Hand.
Aus der reichen Reliquiengeschichte der Nachbarschaft ist nur
der Auffindung des h. Ivo 1051 statt 1001 gedacht. Von den
Aebten dagegen ist Amtsantritt und Tod mehrerer, so 1044,
65, 98, 1156, 80 gemeldet. Zu 1100 wird der Kampf des
Stifts gegen den vom Könige aufgedrungenen Abt und im An-
schluss daran Name und Amtsdauer der Nachfolger bis Anselm erwähnt. 1032 ist die Kirchweihe, 1068 Mathilden's Beschenkung [12], 1096 die Reliquienüberführung, 1150 ein Brand
der Abtei berichtet. [13] Viele das Kloster nah berührende Er-

---

[12] Die Schenkung der Bannmeile a. 940 ist von späterer Hand bemerkt. [13] Die Stelle über Swen's Untergang durch den, sein Stift rü-
chenden, h. Eadmund ist aus Diceto, der sie dem Florenz entnimmt.
Eine spätere Hand bemerkt dazu: dem [von Florenz interpolirten] Marianus und seinen Benutzern solle der Leser weniger glauben als dem
Alwin. Die Erzählung der Klausnerin Aelfwen in St. XV scheint gemeint; oder ein verlorenes Werk vielleicht von dem Mönch Ailwin, dessen
Angelsächsische Salutationes 1198 bei den Reliquien des h. Eadmund

eignisse unter Heinrich II. sind unerwähnt geblieben: so die Besuche des Königs 1157, 1177 [14], 1188 [15]; das Martyrium des Knaben Robert durch die Juden 1181, dessen Reliquien in der Abteikirche Wunder thaten, welche Jocelin, wie er selbst p. 12 sagt, beschrieben hat, ist erst von späterer Hand eingetragen, der grosse Sieg unter der Fahne des h. Eadmund 1173 nur Diceto nacherzählt worden. Der Compilator scheint hiernach also diese Zeit noch nicht mit Bewusstsein miterlebt zu haben; dennoch muss eigene oder eines Genossen Erinnerung in die ersten Jahre des Abtes Samson (1182—1211) hinaufreichen: zwar dessen Eintritt ins Kloster 1166, Wahl und Weihe konnte auch später notirt werden: aber die Berichte von Naturereignissen 1185, 98 beruhen wenigstens auf gleichzeitiger Aufzeichnung. Allgemein interessant sind die Bemerkungen über die Judenverfolgung 1189/90 und die Besteuerungen 1188/98. Diese letzte Eintragung ist verfassungsgeschichtlich wichtig.

II. Ungleich werthvoller ist der zweite Theil: schon in den wenigen Sätzen über 1200 ist die Nichtbesteuerung des Ordensgutes, des Königs südfranzösischer Feldzug und Hochzeitsdatum bemerkenswerth.

Von 1201 an stimmt unser Werk an vielen Stellen mit Roger von Wendover wörtlich überein; aber dass es diesem vorgelegen hätte, daran ist nicht zu denken. Schon der Stil spricht dagegen, er klingt oft wie ein Auszug. Freilich ist ein solches Argument nur subjectiv gültig, und es steht fest, dass Wendover den Eindruck einer volleren Form z. Th. durch ausschmückende und antiroyalistische Einschiebsel hervorbringt. Aber es ist undenkbar, dass Wendover sämmtliche Localnachrichten von S. Edmunds, auch wo sie eng mit den wichtigsten Ereignissen verwebt sind — so die Besuche des Königs in S. Edmunds, und namentlich den Ort der im Uebrigen gleichlau-

---

gefunden wurden. (Jocelin 84, Coggeshale 86). Diesen wieder hält Rokewode (zu Jocelin p. 153) für den Aegelwin, der schon vor 1012 die Reliquien gehütet hatte und — also weit über hundert Jahr alt — noch 1096 zu ihrer Uebertragung zugezogen wurde (St. XV f. 26, 43). Er hatte Swen gewarnt: Leland, Coll. 1774, I 222. Der h. Aelfwin, ein Bischof von Elmham, der Mönche nach Bury S. Edmunds führte, gehört nicht hierher. [14] *cf. Stubbs' Itinerar zu Benedict II p. CXXXI.* [15] *Jocelin p. 39.*

tend erzählten Verhandlung zwischen Otto IV und Johann,
1207, — sollte fortgelassen haben. — Ebenso unmöglich ist
das umgekehrte Verhältniss: dass nämlich der Mönch von
S. Edmunds den Wendover geplündert hätte. Das beweisen
des letzteren Irrthümer: er schreibt 1201 Dominice Ascensionis die, 1205 und 6 Julii, nennt 1207 Otto IV. imperator,
1209 dessen Bruder dux Suavie, wo unser Vf. überall richtig
Dominica ante Ascensionem, Junii, rex, Saxonie bietet. —
Somit bleibt nur die Annahme übrig, dass beide aus Einer,
heute nicht zugänglichen, Quelle — sie heisse ew (Edm, Wend)
— geschöpft haben. Was sicher ew zugehört, nämlich das
buchstäblich mit Wendover Stimmende, ist im Folgenden klein
gedruckt und am Rande die Seitenzahl von Luard's Ausgabe
des Matthäus Paris, Band II vermerkt. — Nach 1211 lässt
sich kein wörtlicher Gleichklang mehr entdecken. Also, fragt
man, schloss ew 1211? Ein zwingender Gegenbeweis lässt sich
nicht führen, da ja unser Werk 1212 abbricht. Zwar wird
Taxter es wol noch vollständig gesehen und so gut wie bis
1212 auch fernerhin benutzt haben, wofür die Genauigkeit seiner Einzelangaben [16], namentlich wenn sie S. Edmunds be-
treffen, spricht. Angenommen also, dass er die jetzt verlorene
Fortsetzung unseres Werkes bietet, so ist er doch so sehr Ex-
cerptor, dass seine Worte selten mit der breiten Erzählung
Wendover's sich decken können. Nur bei Einer Stelle, zu
1214, macht Wendover p. 575 einen, wie es scheint nur durch
Benutzung ew's erklärlichen, Fehler, wo Taxter wol ew's ursprüngliche Lesart aus jener verlorenen Fortsetzung entliehen
hat. Wendover setzt nämlich die Aufhebung des Interdicts,
das er wie unser Autor, Taxter und die übrigen Quellen, am
23. März 1208 beginnen lässt, auf den 29. Juni postquam
duraverat annis 6, mensibus 3 et diebus 14. Jedenfalls eine
seltsame Verrechnung! Taxter, p. 171, sagt: |VI non. Jul...
duraverat annis 6, ebdomadis 14, diebus 3. Der 29. Juni
ist von keinem, dagegen der 2. Juli [17] bestätigt von Wykes und

---

[16] Vgl. Ed. Thorpe 170 Z. 11—3, 15—21, 25—8, 30—2, p. 171 Z.
1—4, 13—8, 20—3, 27—9. [17] Die von Oseney, Dunstaple, Worcester
geben den 3. Juli. In Tewkesbury begann man am 5ten divina celebrare, schwerlich erst eine volle Woche nach der Aufhebung in London.

den Annalisten von St. Albans (Stück XIII), Waverley, Winchester (auch in Stück XIV), Bermondsey. Das letztgenannte Werk — es verdient Beachtung, da es die bisher ungedruckten Annalen von Southwark (und zwar auch an dieser Stelle) ausschreibt — berechnet die Dauer des Interdictes genau wie Taxter. Doch ist auch der 29. Juni nicht drei Monat und vierzehn Tage nach dem 23. März. Könnte hier nun nicht Wendover in *ew* die Lesart Taxter's gesehen, aber die Wochen als Monate — welche ja gewöhnlich zwischen Jahr und Tag angegeben sind — verlesen und deshalb die zweite mit der dritten Zahl vertauscht haben? Sollte jedoch hieraus die einstige Existenz eines *ew* über 1211 hinaus nicht zu folgern sein, so wird doch erstens dadurch wahrscheinlich, dass Wendover auch hier noch nicht unabhängig arbeitet, und zweitens erhellt, dass Taxter mit Unrecht als Abschreiber Wendover's verachtet wird. — 1200 und 1201 ist Taxter allerdings voller als unser Werk, von da an hat es ihm aber bis zu Ende allein und entschieden nicht Wendover [18] vorgelegen. Man findet in den Anmerkungen ihn überall citirt. [19]

Keine Chronik des Englischen Mittelalters ausser Beda ist mehr benutzt worden als die des Wendover und Paris. Schon dass manchen ihrer Nachrichten ein genau zeitgenössischer Ursprung durch den nachfolgenden Druck zugeschrieben werden muss, ist wichtig; noch bedeutender aber, dass jene Stellen in Wendover, welche mitten in *ew's* Stücken, aber nicht in unserem Werke begegnen, wenigstens theilweise Wendover's Einschiebsel sind. In einigen Fällen zeigt unser Werk einen zaghaft unklaren Ausdruck, um den Tadel gegen Johann zu umgehen, z. B. 1202 Arthur „verschwand"; Wend. giebt dies auch, fügt aber |später 480 das Gerücht über die Ermordung hinzu; der Mönch von S. Edmunds sagt: 1210 uxor Willelmi de Brausa et filius defecerunt, wo der von S. Albans fame perierunt liest. Der letztere brauchte eben nicht mehr ängstlich zu sein. Wie hier unser Werk die Lesart *ew's*, eines

---

[18] *Als Beweis vgl. die Reihenfolge der Nachrichten, die Daten, p. 167 Z. 16—9, 25, 30.* [19] *Einige Stellen, wo Coggeshale näher an unser Werk anklingt als Wendover, sind in den Noten bemerkt. Es mag das Zufall sein, jedenfalls ist es keine Grundlage für eine Hypothese.*

genauen Zeitgenossen, zu bewahren scheint, so verrathen sich andere Stellen als Zusätze Wendover's zu ew in dessen eigenem feudalen Sinne. Wenn die Barone ihren König in Frankreich 1203 im Stiche lassen, soll Johann's Unthätigkeit sie entschuldigen; das deshalb geforderte Schildgeld nennt Wendover rapina, *auf die Weigerung der Heerfolge habe sich Johann nur berufen* occasiones praetendens. *Ganz ähnlich erzählt unser Werk zu 1205 Johann's Feldzugsplan gegen Frankreich trotz des Rathes (Wend: Verbots) des Adels. Der König kehrte um, nachdem ihn die meisten Barone — Wendover übergeht dies — verlassen hatten. Er forderte dann eine Schildsteuer, die aus ew erzählt wird. Wendover fügt wieder hinzu:* occasiones praetendens, *dass die Barone Heeresfolge geweigert hätten; und sein Rubricator nennt das* Vulpina fraus. *Dass später Matthäus Paris seines Vorgängers antiroyalistische Stiche noch geschärft hat, ist bekannt.*

Von dem im folgenden Texte Grossgedruckten, mag es nun aus ew oder vom Mönche von S. Edmunds herrühren, beachte man als historisch wichtig in dem Theile 1201—11 etwa diese Nachrichten: 1201. Weihnachten (1200). Einzelheiten zu Hubert Walter's Feier; Johann am 18. März in S. Edmund's; der Reichstag zu Tewkesbury fällt Ende April; Johann zu Paris eingeholt; Stürme auch ausserhalb England's.

1202. Nach Johann's Vorladung durch Philipp auf den 28. April wird eine nochmalige Verhandlung bei Le Goulet nach dem 21. April verabredet, bleibt aber fruchtlos; Hugo (seit 1213 Abt von S. Edmund's) wird Mönch; Arthur erhält den Rittergürtel; zu seiner Niederlage scheint der bei Coggeshale erhaltene Bericht Johann's auch hier benutzt; Graf und Gräfin von Flandern begeben sich auf die Kreuzfahrt.

1203 Dec. Johann nach S. Edmunds und Canterbury.

1204 Jan. Der Adel verpflichtet sich, in Frankreich zu dienen; März 22. Todesdatum der Eleonore, mit dem Wunsch für ihre Seligkeit, der für zeitgenössische Abfassung spricht.

1205 Münzreform; Mitte Juni, nicht Juli, Johann's Zug gegen Frankreich, der Adel verlässt ihn.

1206 Juni, nicht Juli, Johann's Ueberfahrt nach La Rochelle.

*1207 Febr. Sonnenfinsterniss; in Christ Church die vertrie-
benen Mönche auch aus Rochester und Faversham ersetzt;
Nov. Ueberschwemmung; April Otto IV. zu Stapleford; Be-
willigung des Dreizehnten am 9. (nicht 2.) Februar; 1207 und
6 Obst missrathen.*

*1208 Ueberschwemmung; April Johann zu Guildford, exi-
mirt S. Edmunds von der Confiscation des Kirchenguts; Philipp von Schwaben ermordet; Huldigung für Otto.*

*1209 Stiftskirchen einmal wöchentlich Gottesdienst erlaubt
bei geschlossenen Thüren; den Cisterciensern ebenso; Ende
Sept. fruchtlose Verhandlung zwischen Krone und Episcopat;
um den 9. Oct. der König mit dem Banne bedroht, wenn er
nicht bis 8. Nov. einlenke, was er nicht thut; Hugo für Lincoln zu Melun geweiht.*

*1210 Siebenwöchentlicher Frost schadet dem Korn und Vieh;
die Orden besteuert; Sept. Thurmeinsturz zu S. Edmunds.*

1211 Englisches Recht in Wales eingeführt.

*III. Der als Quelle werthvollste Theil unseres Werkes ist
aber doch das letzte Jahr, 1212. Es beginnt wie alle vorhergehenden mit des Königs Weihnachtsfeier. Dann widmet unser Vf. seinem Abte Samson, dem Wohlthäter des Klosters,
an dessen Sterbelager er wol selbst gestanden hat, einen warmen Nachruf. —*

*Verhältnissmässig genau kennt er die continentalen Ver-
hältnisse: wie Otto IV. nach Unterwerfung Apuliens und
fruchtlosen Verhandlungen mit Innocenz III. nach der Lom-
bardei zog, dann seinen Seneschall, Konrad [von Wilre] und
Konrad von Dike an Johann sandte, von dem sie reich mit
Geld, Kleidern und Pferden beschenkt wurden, und im Kriegs-
lager dessen Gegenbotschaft unter Walter Grey zur Zeit der
Hochzeit mit der — bald darauf verstorbenen — Tochter des
Herzogs von Schwaben empfing. — Ebenso berichtet der Vf.,
wie Boulogne und „der tüchtige Ritter" Boves beladen mit
Englischem Solde heimreisten; wie Johann's Bote an Brabant,
Gottfried von Löwen durch Ludwig (VIII.) abgefangen wurde;
wie diesem letzteren Bürger und Burgbefehlshaber von S. Omer
die Thore öffneten und ihm deshalb der Graf von Flandern*

*zur Freude Englands Feind wurde, wie aber Philipp II.
beide aussöhnte.*

*Aus Irland hat unser Autor die Niederlage des Engli-
schen Justiciars erfahren; von den schottischen Beziehungen
weiss er, dass Johann dem „kleinen aber schlanken und freund-
lich aussehenden“ Alexander (II.) und dieser dann zwölf ad-
lichen Schotten den Rittergürtel ertheilte und später, um Mac
William's Aufstand gegen die französirte Regierung Wilhelm
des Löwen niederzuwerfen, ein Brabançonenheer zu Hülfe
sandte und selbst zu Durham mit Schottland verhandelte. Inzwischen brach ein Walliser Bund unter Llewellyn, der noch
zu Ostern bei Johann gewesen, die Englischen Burgen in Powys, tödtete die Besatzungen, nahm Robert Lupus gefangen
und belagerte Vipont, den der König nur mit Mühe entsetzte.
Zu einem Feldzuge gegen Wales wurde nun Chester verproviantirt, wozu die Cistercienser herhalten mussten, und von
jeder Grafschaft oder Immunität eine bestimmte Anzahl Axt-
träger aufgestellt. Aber geschreckt durch die Warnung, der
vom Papste des Treueides entbundene Adel wolle ihn auf jenem Zuge abfangen, löste Johann das Heer auf. Die innere
Unruhe — ein gewaltiger Brand in Southwark, an den Vf.
eine Anspielung gegen die Londoner Unsittlichkeit knüpft,
wird sie gesteigert haben — spiegelte sich in Gerüchten, die
das Land durchflogen: die Königin sei entführt, Marlborough
verbrannt, Prinz Richard dort ermordet, der Schatz in Bristol geplündert, der Franzose gelandet. Johann schloss sich
in Nottingham ein, jeden Engländer für einen Verräther hal-
tend; wüthend gegen die Barone liess er sich von ihnen Geisseln und schriftliche Versicherung geben, zu ihm gegen den
Papst und Jedermann stehen zu wollen, musste aber anderer-
seits zusagen, ihrem Rathe zu folgen und die Fremden zu
entfernen. Robert Fitz Walter entfloh vor der Grausamkeit
des Königs mit seiner Gemahlin nach Frankreich. Von den
Schatzbeamten selbst machte Richard Marsh die Regierung
durch Eintreibung der Gelder, die die Juden auf Wucherzins
ausgeliehen hatten, noch mehr verhasst, während Gottfried von
Norwich, weil er die päpstliche Bulle gegen Johann vor dem
Exchequer verlesen hatte, vorgeladen, zu Nottingham gefangen*

genommen ward und ferro vestitus *starb, und der Archidia-con von Huntingdon, ebenfalls verhaftet, nur gegen eine Busse von 2000 Mark Freiheit und Amt zurückerhielt.*

Nachdem auch der Tod der Bischöfe von Worcester und Dublin erwähnt ist, bricht das Werk zufällig mitten in dem Satze über die Bedrückung des Stiftes, dem es entstammt, ab.

Wer auch immer der Vf. dieses letzten Stückes war — ob der Compilator des I^{ten} Theiles oder der Mönch, welcher ew für St. Edmunds interpolirt hat, oder der Autor von ew (der dann auch 1212 Interpolationen in Bury erfahren hätte), oder endlich ein anderer Mönch von St. Edmunds — sicher ist, dass er ein über seine Gegenwart wol unterrichteter Benedictiner aus dem Anfange des XIII. Jh. gewesen ist. Sein Stil ist klar, anspruchslos, jahrbuchartig einfach. Er trägt die Ereignisse ein, wie sie ihm einfallen, nur selten hat er causal Verbundenes auch logisch zu verknüpfen gesucht. Von seinen Zeitgenossen stehen Coggeshale, Walter von Coventry, der Annalist von Waverley als Historiker nur wenig über ihm, als Geschichtsquellen gar nicht. Die Nachwelt vermisst namentlich zweierlei in ihm: urkundlichen Stoff und einen Blick für die Verfassungsentwickelung. In beiden — wie in allen übrigen Beziehungen übertrifft ihn der Annalist von St. Albans bei Weitem, aber nicht ohne den einen Vorzug dessen von St. Edmunds, die ruhige Objectivität, einzubüssen.

---

^a Sunt anni ab Adam secundum Jer[onymum], Prosperum et Paulum Orosium usque ad Nativitatem Christi 5189. ^b

Æg. Mr.	1	Christus natus, circumcisus, a Magis adoratus, in templo presentatus, in Egiptum delatus.
„	2	Innocentes occisi. Fuga Marie et Joseph in Egiptum.
„	4	Herodes moritur. Joseph et Maria redeunt. Johannes Ewangelista natus.
Dic.	9	^a Trogus — hucusque.
Utic.	13	^c Christus in templo doctores audit et interrogat.
Font.	15	^d Obiit Octovianus, succedente Tiberio.
Dic.		^a Archelaus — relegatur.

---

a *Roth.* b *sic cod.* c 12 *U, F.* d 16 *F.*

8*

Dic. 18 ᵃ Ovidius — exilio.

„ 19 ᵃ Valerius M. scribit h. tempore.

20 Pilatus missus in Judeam.

Mich. 23 ᵉ Anno ab Urbe condita 752.

Utic. 26 Pilatus procurator in Judea. ᶠ Hunc ᵍ annum primum ponit in ciclo suo Victorius, in quo fuerunt duo gemini consules, qui est annus 15 Tiberii, imperante Tiberio anno 15.

Dic. 29 Johannes — deserto baptisma penitencie.

„ 30 Christus baptizatur.

Ag.
Mr. 31 Petrus et Andreas, Jacobus et Johannes et alii apostoli conversi.

Dic. 32 ᵃ Abgarus th. misit litteras Salvatori, ut eum sanaret.

Ag.
Mr. 33 Christus passus est, resurrexit, ascendit. Descendit Spiritus Sanctus super apostolos.

Dic. 34 Paulus apostolus conversus. Stephan. lap.

„ 35 Petrus primus Antiochie fit episcopus.

„ 36 ᵃ Philon — tempore.

„ 38 Matheus in Judea predicans scr. evangelium.

Utic. 39 ʰ Defuncto Tiberio, imperavit Gajus.

„ 42 ⁱ Decedente Gajo, imperavit Claudius.

Dic. 45 Petrus primus Rome episcopus. Marcus — scripsit, pred. in Eg.

Ag.
Mr.   Gajus Cesar obiit, cui successit Claudius, qui Britanniam adquisivit.

„ 48 Hic obiit Dei genitrix Maria anno vite sue 63. — 14 annos habuit, quando natus est ᵏ Dominus; 33 vixit cum eo; post passionem 16.

Dic. 50 ᵃ Thadeus ap. Abg. th. ab infirmitate sua sanavit.

Utic. 52 Claudius Judeos Roma expulit.

„ 53 Fames maxima, de qua Lucas loquitur.

55 Philippus apostolus migravit.

Dic. 56 Claudio successit Nero, sub — ᵃ prima.

Utic. 57 ˡ Jacobus lapidatur, sed non ex toto extinguitur.

„ 58 ᵐFestus procurator Judee, a quo Paulus vinctus Romam mittitur, micius tunc adhuc agente Nerone; ad predicandum post biennium dimittitur.

Dic. 62 Sanctus Jacobus fr. D. de templo precipitatur et a Jud. lapidatur.

Ag.
Mr. 63 Sancta Maria Magdalene obiit.

Dic. 65 ᵃ Lucanus — obiit.

---

e *vor a. 15 Mich.*   f Judeam *cod.* 27 *U. F.*   g 28 *U.*   h 37 *U.*
43 *U.*   k est *wiederholt cod.*   l 62 *U.*   m 56 *U.*

Dic.	68	Linum et Cl. ep. ord. P. ad ext. min. expl.; ipse v. or. vacabat et predicationi.
„	69	Passio — Pauli.
Ul.		ⁿ Obiit Nero; successit Vespasianus.
Dic.	70	Vespasianus bellum — commendat.
	71	Obiit Linus, successit Anacletus. ᵒ
„	72	Titus — Judeorum perierunt; centum m. ven. sunt.
Ag. Mr.	73	Obiit Marcialis episcopus.
Utic.	78	Cletus episcopus.
Dic.		ᵃ Josephus Ro. — captivitatis.
Ul.	80	Titus imperator.
„	82	Domicianus frater Tyti successit.
Dic.	83	Johannes — Apocalipsim.
Ul.	86	Obiit Cletus.
„	87	Clemens papa. Nota, quod Clemens
Dic.		quartus post —; tercius Cletus: quamvis plures putent Clem. fu. secundum.
Ag. Mr.	94	Hic Clemens papa sub Trajano in mare precipitatus est.
Dic.		ᵃ Hic ad multiplicandam fidem Parisiensibus misit Dio[ny]sium, Silv. — Photinum.
Roto.	97	ᴾ Sanctus Dionisius martyr.
Ul.	99	Clemens papa martyrizatur.
Dic.		Traj. imp. Sanctus Joh. rediit de exilio.
Ul.	100	ʳ Johannes apostolus 66° post passionem Domini anno, etatis sue anno 99, obiit.
„	101	Simeon Jerosolimorum episcopus crucifigitur.
		Ignacius Antioch[en]us Rome bestiis traditur.
„	104	Evaristus episcopus. Plinius ˢ secundus hystoricus claruit.
Dic.	108	ᵃ Agallus — tempore. ᵗ
Ul.	114	Alexander papa aquam benedictam constituit primus fieri.
Ag. Mr.	116	Obiit Trajanus.
Ul.	118	ᵘ Adrianus imperator bibliotecam composuit; Jerosolimorum murorum extructione reparavit et Helyam vocari de suo nomine precepit. Idem Judeos secundo rebelles perdomuit ultima cede, ablata licencia Jerusalem introeundi.
Dic.	124	ᵛ Sixtus p. in officio misse constituit ymn. decant. „S, S, S."
Robr.	131	Hoc tempore fuit sanctus Taurinus.

———————

n 70 *U.* o Ana *roth durchstrichen.* p 96 *R.* r 101 *U.* s 103 *U.*
t 118 *Dic.* u 117 *U.* v 132 *Dic.*

Utic. 134 Telesphorus papa constituit ymnum Angelicum cantare "Gloria in excelsis Deo."

Dic.   ᵃ Helius — reparavit. [1]

Ut. 137 ʷAntoni[n]us Pius imperator cum filiis suis Aurelio et Lucio.

„ 140 ˣ Justinus philosophus.

„ 141 ˣ Vale[n]tinus et Marcion heretici.

„ 145 Higinus papa.

Ag. 148 Eleutherius, **Rome presul factus, 15 annis ecclesiam glo-**
Mr.   **riosissime rexit, cui litteras** rex Britannie Lucius **mittens, ut**
    Christianus efficeretur peciit **et impetravit.**

Ut.   ʸ Successit Pius papa, sub quo Hermes librum Pastoris scripsit.

„ 157 Policarpus Romam veniens, multos ab heresi liberavit.

Dic. 158 Pius papa. [2]

159 **Lucius venit in Britanniam.**

Ut. 160 ᶻ Item Marcus Antonius imperator Verus cum fratre Lucio Au-
    relio Comodo.

„ 163 Katafrigarum heresis orta est.

Dic. 166 ᵃ Hucusque ecclesia — episcopatus turbavit omnia.

Ut. 168 Anicetus papa.

178 Eleutherius papa.

„ 179 Sother papa.

Roto. 180 ᵇ **Post Antonium regnavit** Comodus.

„ 181 Hyreneus **Londoniensis** episcopus insignis habetur.

Dic. 182 ᵃ Egesippus scripsit.

Ut. 183 Theodocion interpres habetur.

„ 188 Eleutherius papa.

189 **Lucius Romam redit cum ducibus Anglie.**

„ 193 **Defuncto** Comodo successit Helyus Pertinax.

„ 194 **Defuncto Helyo successit** Severus **qui cepit Angliam et de-**
    functus Eboraci sepelitur.

„ 195 Simacus interpres habetur.

Dic.   ᵃ Tertullianus pr. Cart. floruit h. t.

Ut. 196 Narcisus Jerosolimorum episcopus et Theophilus episcopus Ce-
    sarie habentur.

---

w 138 *U.*   x 139 *U.*   y 149 *U.*   z 161 *U.*   a *Roth cod.*   b 180 Lugdun. *Ro.*, 181 *U.*

[1] *Dieselbe Nachricht steht schon oben a. 118; ein Beweis für die Benutzung zweier Quellen.* [2] *Dieselbe Nachricht a.* 148, *s. vor. Anm*

Utic. 202 Victor papa. Hic constituit ut pascha die Dominica celebretur sicut predecessor Eleutherius.

Ag. Mr. 203 Victor papa.

Ut. 212 Zepherinus papa. Severo **defuncto** successit Antonius II^{us} Caracalla.

„ 214 c Tertulianus claruit [3]

„ 218 d Antonio successit Macrinus. Sub hoc Abgarus regnavit.

.. 219 Calixtus papa. Aurelius e Macrino successit.

„ 221 Emaus in qua Dominum cognoverunt discipuli in urbem edificatur.

„ 224 Aurelio successit Alexander. Hic f constituit Cathedram episcopalem sublimem fieri.

„ 226 Urbanus papa. Origenes g Alexandrie clarus habetur.

Dic. **Hic cum se — Jerosolimam.**

Ut. 230 Poncianus papa.

Ag. Mr. 234 Invencio sancte crucis.

Ut. 235 Antherus papa.

236 Poncius papa.

„ 237 Alexandro successit Maximinus.

„ 238 Antheros papa. [4] Persecutio sexta.

„ 240 Maximino **successit** Gordianus.

„ 242 Fabianus papa. Affricanus h inter scriptores nobilis habetur

„ 243 Eraclas claruit.

Dic. 246 Philippus primus Christianus imperator filium suum Philippum consortem fecit.

Ut. 249 Millesimus annus ab Urbe condita.

251 Mulier a profluo sanguinis a Salvatore curata est.

„ 254 Philippo successit Decius.

Dic. Cornelius papa l. de cat. — apostolorum Petri et Pauli; et posuit corpus Petri juxta l. u. cruc. e., corpus quidem Pauli v. O. u. d. est.

Ut. 255 Decio Gallus **et** Volusiaus filius **ejus successit.**

„ 256 Novaciana heresis. Persecucio VII^a

„ 257 Lucius papa. Gallo successit Valerianus cum Galieno filio **suo,** sub quibus Cornelius papa et Ciprianus episcopus martyrio coronantur.

---

c 215 *U.* d 219 Ant. s. M *U.* e 220 *U.* f *Diese Anordnung auch in Ag. Mrid. In den Uticenses stehen die folg. Worte zu a. 226 hinter* Urbanus. g 227 *U.* h 241 *U.*

[3] *S. o.* a. 195. [4] *S o.* a. 235.

Ur. 259 Persecutio 8ª

„ 261 Stephanus papa.

„ 265 Sixtus papa cum Laurencio arch[idiacono].

„ 268 Dionisius papa.

„ 270 Valeriano successit Claudius. Felix papa.
Paulus Samosatenus heresim condidit. Persecucio [i] nona.

„ 273 Claudio successit Aulerianus. [k] Hic cum Christianis persecutionem movisset fulmine ante eum magnam circumstancium **plebem prostravit.**

„ 278 Aurelio **successit** Tacitus.

„ 279 Tacito successit Probus. Manicheorum heresis orta est.

„ 281 Gajus papa.

„ 282 [l] Probo **successit** Carus.

„ 286 [m] Caro successit Dioclicianus et Maximianus. Persecutio decima.

Dic. 287 [a] Hucusque — trucidati.

Ur. 294 [n] Marcellinus papa.

„ 301 Marcellus papa.

305 **Septem millia a Maximiano coronantur. Et passio Sancti Albani martyris.**

„ 306 Eusebius papa. Diocliciano successit Constancius.

„ 308 Melchiades papa.

309 **Transitus Sancti Nicholai episcopi.**

„ 310 Constancius imperavit anno ab Urbe condita 1061.

„ 311 [o] Silvester papa. Hujus tempore celebratur Nicenum [p] concilium
Roto.   et Arelatense primum in quo fuit Avicianus Rotomagensis episcopus.

325 Severus Rotomagensis archiepiscopus.

„
Dic. 328 [a] Hucusque s. h. Eusebius Ces. ep.

Ur. 335 Marcus papa.

„ 336 Constan[ti]no successit Constancius cum fratribus **suis** Constantino et Constante. Et [q] ossa Sancti Andree Constantinopolim transferuntur.

„ 338 Julius papa. Maximinus Treverorum episcopus clarus habetur a quo Athanasius pulsus **in exilium** suscipitur.

„ 340 Hilarius Pictavensis **ab exilio** rediit.

„ 341 [r] Eusebius Rotomagensis.

---

i 275 *U.*   k Aurelianus *U.* Valerianus, a *ausgestrichen und* a *davorgesetzt cod.* l 283 *U.*   m 285 Caro — Max. *U.* n 293 *U.* o 312 *U.* p 314 *Rot.*, 312 *U.* q 337 *U.* r 342 *Rot.*

Dic. 342 ª Singnaculum crucis in vestimentis apparuit. ⁵

Utic. 352 Liberius papa.

„ 359 Felix papa.

„ 360 ª Constancio successit Julianus. Pagani apud Sebastem nrbem ossa Johannis Baptiste concremant flammis atque dispergunt.

„ 362 Felix papa. Juliano successit Iovinianus.

„ 363 Joviniano successit Valentinianus cum fratre Valente.

„ 365 Hylarius ᵗ obiit.
Marcellinus Rotomagensis archiepiscopus.

„ 367 Damasus papa.

„ 369 ᵘ Ordinatio Sancti Ambrosii.

„ 373 Sanctus Hylarius Pictavensis episcopus obiit.

„ 374 Valentinio successit Gracianus cum Valentino fratre, ᵛ Ambrosium perfida obsidione vexavit nec priusquam prolatis Beatorum Gervasii et Prothasii Deo revelante reliquiis incorruptis nefanda cepta deseruit.

„ 379 Valentino successit Theodosius. Celebratur Constantinopoli concilium 150 patrum adversus Macedonum et Eunomium sub Damaso.

Dic. ª Jeronimus hic terminat cronica. Incipit Sigisbertus.

381 Pelagius papa hereticus pessimus qui dicebat, Cherubin et Seraphin esse Deum.

Ut. 385 Sixtus papa.

Roto 386 Petrus Rotomagensis archiepiscopus.

Dic - 393 ª Hic terminat Jeronimus librum de Illustribus Viris et Genadius incipit.

Ut. 395 Theodosio successit Archadius cum Honorio fratre.

„ 399 ʷ Anastasius papa.

Dic. ª Ruffinus — Istoriam.

Ut. 403 Innocencius papa constituit Sabbatum jejunare qua die Dominus jacuit in sepulcro.

Roto. 405 Suetricius ˣ Rothomagensis archiepiscopus.

Dic. 406 ª Johannes — tempore.

Ut. 407 Donatus Epiri episcopus, qui ingentem draconem oris sui sputo necavit, quem 8 juga boum vix trahere potuerunt ad loca incendii.

---

s 361 *U.* t 366 *U.* u 368 *U.* v 375 *U* w 400 *U.* x *So statt* S. Victricius *auch Ag. Mr.*

⁵ *Dic.* 361, *ausser Cod. B., d. i. Cott. Claud. E III, aus Winchester, der also nicht Quelle war für unsere Annalen.*

Ut.   409 Archadio successit Honorius.

„   410 Invencio corporis Sancti Stephani.

„   412 Obiit Sanctus Martinus, Jeronimus y presbiter clarus habetur.

Dic. 414 ᵃ Augustinus de Civ. s. h. t.

Roto. 417 Sanctus Innocencius Rotomagensis archiepiscopus.

Ut.   418 Zosimus papa. Hic **constituit** benediccionem cerei **in pascha.**
Dic.   ᵃ Orosius — chronographia. ᶻ

Ut.   419 Bonefacius **papa.**

„   420 Obiit Ieronimus presbiter.

„   422 ᵇ Celestinus papa.

„   423 Honorio successit Theodosius Archadii filius. Effesina sinodus 200
          episcoporum cui prefuit **Uarillus** Alexandrinus presul adversus
          Nestorium Constantinopolitanum episcopum.

„   424 Obiit **Sanctus** Augustinus. ᵈ

„   425 Exordium regum Francorum. Primus **rex** Faramundus **[Fran-
          corum].** ᶜ

Roto. 426 Sanctus Evodius Rotomagensis archiepiscopus.

Ut.   430 Sixtus ᵈᵃ papa. Secundus rex Francorum Clodio. Hoc ᵈ tempore
          diabolus in Creta Judeis in specie Moysi apparens ad terram re-
          promissionis per mare pede sicco perducere promittit sicque ne-
          catis plurimis reliqui ad Christi gratiam convertuntur.

Roto. 434 Silvester Rotomagensis archiepiscopus.

Ut.   437 Tercius rex Francorum Moroveus.

„   439 Leo papa. Hic sanccivit Calcidonensem sinodum.
Dic.   ᵃ Hic in canone — hostiam. ᵉ

Roto. 442 Malsonus Rotomagensis archiepiscopus.

Ag.   445 Martinus episcopus migravit [ad **Dominum].** ᶜ
Mr.
Dic. 446 ᵃ Socrates terminat cronica sua.

Ut.   447 ᶠ Theodosio successit Marcianus.

Ag.   448 Hic inventum est caput Johannis Baptiste ubi absconditum erat
Mr.   in domo Herodis.

Ut.   449 **Hic** Calcedonense concilium 630 episcoporum adversus Euticen
          et Dioscorum.

Dic.   ᵃ Saxones — Britanniam.

Ut.   450 Meroveo successit Childericus filius ejus.

Dic. 453 **Childerico successit** ⁶ Marcianus.

---

y 413 *U.*   z 415 *Dic.*   a *Roth cod.*   b 423 *U.*   c *in Kreide, von
später Hand.*   d *Von U. sinnlos in 423 eingeschoben.* *Ag. Mr. wie
cod.* dᵃ 431 *U.*   e 441 *Dic.*   f 449 *U.*

⁶ *Die beiden ersten Worte sind ein Irrthum des Verfassers.*

Ag.
Mr.   454   Angli venerunt in Angliam.

Ut.   455   Marciano successit Leo.

Roto.   459   Criscencius Rotomagensis archiepiscopus.
Dic.   ᵃ Prosper Aq. Le. — mundi.

Ut.   461   Hylarius papa.

„   467   Simplicius papa.

„   472   Zeoni successit **Zenon** Zenoni **Childericus** Childerico ᵍ Clodoveus.

„   473   Hoc tempore claruerunt Sanctus Remigius Remis et ʰ Sanctus
Gildardus Rotomagi et Sanctus Laudus episcopi Constancie quem
consecravit **Sanctus Gildardus.**

Ag.
Mr.   475   Jothi Italiam, Wandali atque Alemanni Galliam aggrediuntur.

Dic.   480   ᵃ Idacius et Gennadius episcopi huc usque cronica sua digesserunt. ⁱ

Ut.   482   Felix papa.

„   488   **Hic** baptizatur Clodoveus a Beato Remigio.

„   490   Hoc tempore **Sanctus** Mamertus Viennensis episcopus sollempnes
letanias instituit.

„ 491   Gelasius papa. Tractus et ymnos et libros adversus Euticem
composuit.

„   492   Clodoveo successit Theodoricus.

„   495   Anastasius papa.
Dic.   ᵃ Cerdicius rex Westsaxonum.

Ut.   497   Simacus papa.

Roto.   499   ᵏ Flavius Rotomagensis archiepiscopus.

Ut.   509   Obiit Sanctus Benedictus abbas.

„   511   ˡ Hormispla papa.

„   514   Theoderico successit Teobertus.

„   516   ᵐ Anastasio successit Justinus senior.

„   521   Johannes papa.

„   523   Felix papa.

„   525   Justino successit Justinianus. ⁿ Cassiodorus apud Romam claruit.

„   526   ᵒ Bonefacius papa.

„   527   Theodeberto successit Theobaldus. **Huic** Clotarius **eodem** anno,
post quem quattuor filii **ejus** Haribertus Parisii, Gunturnus Au-
reliano, Sigibertus, Hylericus.

„   528   ᵒ Hoc tempore Dionisius in urbe Roma paschalem circulum composuit. Tunc Priscianus profunda gramatice **composuit.**

---

g 473 *U.*   h 459 *Rot.*   i 490 *Dic.*   k *ohne Jahr Ro.*   l 512 *U.*
m 517 *U.*   n *Das Folg. nur Utic. cod. B.*   o 527 *U.*

Ut. 530 Johannes papa. Arator subdiaconus Romane ecclesie claruit.

Cf. Dic. 532 Justinianus imperator Constantinopolitanus ecclesiam Sancte Sophie reparavit nobiliter.

Ut. 533 Agapitus papa.

Roto. 535 p Sanctus Pretexatus Rotomagensis archiepiscopus.

Dic. 537 Theophilus — demoniorum.

,,   539 Cheulingus rex Westsaxonum.

,,   540 a Justinianus — edidit, quos misit p. d. prov.

,,   542 7 Sollempnitas Purificationis — Constantinopoli.

,,   Arturus L. occidit — Modredum devicit, secescit.

[Rex Arturus nongentos hostium solus adorsus . . .] q

Ut. 544 Silverius papa.

,,   546 Vigilius papa.

Dic. 550 a Pa us — terminat.

,,   551 Quiu a sinodus — Theodorus.

,,   552 a Hucusque Jord. ep. h. cont. de Origine Gothorum. 7

Ut. 555 r Hic Sigebertus occisus est fraude Hylperici fratris sui, cum quo bellum inierat, regnumque ejus Childebertus filius ejus adhuc puerulus cum Brunchide matre regendum suscepit.

562 Gelagius papa.

Dic.   Terre motus — 10 dies.

563 Silverius papa.

564 Justiniano successit Justinus.

Ut. 565 Justinus minor imperavit.

Dic.   David — episcopus.

570 Benedictus papa.

Ut. 573 Johannes papa.

,,   576 Justino successit Tiberius.

,,   579 Chilpericus rex Francorum.

Dic. 582 Cheolricus rex Westsaxonum.   a Victor Tunn. ep. scripsit ab inicio
Ut.   mundi usque ad hoc tempus.   Tiberio successit Mauricius. Pelagius a papa.

Roto.   t Interficitur Pretaxatus Rotomagensis archiepiscopus cui successit Melancius licet indigne, quia ut ferunt in necem Pretaxati consensit.

Dic. 584 Chelwlfus rex Westsaxonum.   a Gilda — describit.

***

p *ohne Jahr Ro.,* 534 *U.*   q *am Rande in Kreide von späterer Hand z. Th. verwischt.* r 556 *U.* s 581 *U.* t 584 *Ro.,* 582 *U.*

7 *Dieser Satz steht nur im B. MS. des Diceto.*

Ut. 585 **Childericus** rex Francorum. Benedictus papa.

Dic. 586 Levigildus rex Wisigothorum.

„ 587 Kinglis ᵘ rex Westsaxonum.

Ut. 588 Hoc anno natus est Sanctus Audoenus. Lotarius rex.

592 Obiit Pelagius papa.

Ag.
Mr. Successit Gregorius dialogus major papa.

Ut. ᵛ Hic augmentavit in canone: „Diesque nostros".

Roto. 594 ʷ Gildulfus Rotomagensis archiepiscopus.

Ut. 596 Destructio Cassinensis cenobii a Longobardis. Gregorius papa
cf.
Dic. misit in Britanniam Augustinum et socios.

Ag.
Mr. 597 Sanctus Augustinus venit in Angliam.

Dic. 598 ᵃ Hucusque — digessit.

Ut. 599 ˣ Theobertus rex Francorum et **Lotharius** cum Lothario patrueli
suo bellum gessit.

Dic. 600 Richaredus — Arrianos.

cf.
Dic. 601 Gregorius papa misit pallium Augustino jam facto epi-
a.602 scopo.

602 ᵃ Beda ⁸ presbiter scripsit hystoriam gentis Anglorum et
transmisit Cenewlfo regi Norhumborum.

Ut. 603 Mauricio successit Focas qui fuit primus Grecorum.

„ 604 ʸ Obiit Sanctus Gregorius papa.

Dic. Adelbertus rex — Lond. Augustinus ordinavit Mellitum episcopum Lond.; Just. civ. Roffensi.

Ut. 606 Successit Sabinianus papa.

„ 609 ᶻ Bonefacius papa qui peciit a Foca **Cesare** templum Panteon.
Foce ᵇ successit Heraclius.

Dic. 611 ᵃ Isidorus — digessit.

Ut. Hoc tempore Sanctus Columbanus claruit et Luxuvium construxit
et post Bobium infra Italiam.

Dic. 613 Heraclius imp. Hic p. — mortua sunt.

Ut. 615 Deusdedit papa.

„ 617 Bonefacius papa. Hoc tempore Theodebertus rex Francorum occisus est et facta est pugna gravissima

„ 618 Mortuo Theodeberto successit Flodovcus.

„ 620 Dagobertus rex Francorum.

---

u Singlis *cod.*   v 591 *U.*   w 596 Hildulfus *Ro.*, 594 *U.*   x 598 *U.*
y 605 *U.*   z 617 *U.*   a *roth cod.*   b 609 *U.*

⁸ *Beda ein Jahrhundert zu früh anzusetzen (s. u. a. 714), gaben weder die Südengl. Annalen noch Diceto dem Verfasser Anlass.*

Ut. 621 Honorius papa.

„ 622 c Sanctus Romanus Rotomagensis archiepiscopus.

„ 625 a Hic ciclus Dionisii V decemnovenalibus hoc est 95 annis, sumit exordium a 30° anno Incarnationis Domini; desinit vero in 626° anno.

Dic. 626 d Justus Cantuariensis archiepiscopus.

„ 627 Bonefacius e papa. Eadwinus — baptizatus est.

„ 629 Honorius f. arch. Cant.

„ 633 f Kynegilis rex O. — credidit. Sigibertus infans, cum a Sancto Amando baptizaretur ipse quadraginta dierum respondit "Amen", ceteris tacentibus. Hoc temp. f. M. propheta.

Ut. 633 Severinus papa. Dagoberto successit Clodoveus.

Dic. Cedwalla et Penda reges interfecerunt Aedwinum.

Ut. 634 Johannes papa. Martinus papa.

„ 635 Theodorius papa.

Roto. Obiit g Sanctus Romanus.

„ Successit Sanctus Audoenus.

Ut. 637 Eraclio successit Heraclonus.

639 Eugenius papa.

„ 640 Eraclono successit Constantinus, post quem Constancius filius ejus.

„ 641 Martinus h papa. Hoc i tempore Paulus Constantinopolitanus episcopus heresim condidit.

Dic. 642 Orchembertus rex Cant. destruxit idola in r. s. Oswaldus rex occisus. Sancta Ositha.

„ 644 Kenewald eccl. Wint. — est.

Roto. 647 Eugenius papa.

„ 649 Vitalianus papa.

Dic. 653 Deusdedit f. arch. Cant.

Ag. Mr. 654 Adeodatus papa.   Clotarius natus.

Roto. 655 Sanctus Philibertus.

Dic. Sexburc regina Westsaxonum.

„ 656 Oswine rex Westsaxonum.

Roto. 657 Sanctus Wandregesilus abbas.

658 Donatus papa.

---

c 625 *Ro.*, 622 *U.*   d 624 *Dic.*   e *Aus* 626 *Dic.?*   f K. r. *etc. auf der Linie* 630, *aber zu* 633 *durch einen Strich bezogen. Vielleicht soll dieser jedoch auf* Sigib. *etc. weisen, was auf der Linie* 631 *steht.* — Hoc temp. *steht auf der Linie* 632.   g 634 *Ro.*, 635 *U.*   h 640 *U.*   i 642 *U.*

Roto. 659 Agathon papa.   Clodoveo [k] successit Clotharius filius ejus.

Dic. 660 Kenewine rex Westsaxonum.

661 Leo papa.

Roto. 664 Adeodatus papa.

Dic.   Ealfridus [l] rex North. W. a. R. m. in episcopum fecit ordinari.

Font. 665 Obiit sanctus Wandrigesilus abbas.

Ut. 667 [m] Constantino successit item Constantinus.

„ 668 Domnus papa.

„ 669 Agatho papa. Eclipsis lune. [M]ortalitas gravissima.

Dic. 670 Theodorus arch. C. v. **Hic** primus archiepiscopus Doroberniae, cui omnis Anglia **obediret.**

Ut. 671 Leo papa.

„ 672 Benedictus papa.

„ 673 Johannes papa.

Dic.   Cedwalla rex Westsaxonum.

„ 674 Donatus papa. Theodorus scripsit librum Penitentialem. **Sancta** Aetheldreda velamen sanctimonialis suscepit.

„ 676 Agatho papa. [9]

„ 677 [n] Obiit Sanctus Audoenus; successit Sanctus Ansbertus Roto-magensis archiepiscopus.

„ 678 Obiit **Sancta** Etheldreda **virgo**, cui successit soror ejus Sexbure
a. 683 in abbatissam.

Ut. 679 Clotario successit Childericus.

„ 681 Leo papa.

„ 682 Conon papa. [10] Childerico successit Theodericus.

„ 683 Benedictus **papa.**

Dic.   Beda cum — educandus.

Ut. 684 Johannes papa.

„ 686 Canon papa.

„ 687 [a] Sunt anni secundum Ysidorum ab inicio mundi 5998. Pipinus primus major domus efficitur.

„ 693 [o] Sergius papa.

„ 694 Justiniano successit Leo.

Roto. 695 Obiit Sanctus Ansbertus. Successit Grippo.

Ut. 697 Zeoni successit Tyberius.

---

k 660 *Ro.* l Ralfr. *cod.*, Balfr. *Dic. codd. A, C.* m 669 *U.* n 680
Ro., 677 *U.* o 687 *U.*

[9] *Aus der Wiederholung der Päpste Donus und Agatho erhellt wie-*
der die Benutzung mehrerer Quellen. [10] *S. u. a. 686.*

Ut. 698 Theoderico Clodoveus.
„ 700 Clodoveo Childebertus.
„ 704 Tyberio successit Justinianus.
Dic. 705 Episcopatus Dorecestrie — sedem revertitur. Choered et Offa —
u. 706 militaverunt.
Ut. 708 Johannes papa.
„ 710 Sisinnius papa. Justiniano successit Philippus.
„ 711 Constancius papa. Defuncto Philippo successit Anastasius
Dic. 712 Adelardus rex Westsaxonum.
Roto. 713 Sanctus Wlfrannus.
Ut. 714 Anastasio successit Theodosius.
Dic. [a] Hoc temp. Beda — Northamnimbrorum.
Ut. 715 Theodosio successit Leo.
„ 716 Childeberto Dagobertus.
„ 717 Karolus filius Pepini.
Dic. 718 Gregorius papa. Hic constituit jejunium quadragesimale et mis-
u. 715 sarum celebritatem.
720 Obiit [11] Sanctus Wlfrannus.
Ut. Mortuo Dagoberto successit Daniel clericus quem Franci leva- verunt in regem.
Roto. 722 Hugo archiepiscopus Rotomagensis prefuit ecclesiis Parisiacensi Bajocensi, abbaciis etiam Gimetiensi et Fontinelensi.
Dic. 723 [a] Historicus Anglorum Beda chronica sua ab inicio mundi digessit ad annum ab Incarnatione Domini 734tum
Ut. 724 Zeoni successit Constantinus imperator.
Dic. 727 Cudredus rex Westsaxonum.
„ 8 Tatwinus archiepiscopus Cantuariensis.
Ut. 729 Beda clarit.
Roto. Obiit [p] Hugo Rotomagensis archiepiscopus, successit Robertus.
Dic. 733 Nothelmus [q] archiepiscopus Cantuariensis.
Ut. 734 Gregorius papa. Obiit Sanctus Beda. [12]
Roto. 740 [r] Karolo Karlomannus et Pipinus in majoratu domus succedunt.
Dic. 741 Gregorius papa constituit — admitte.
u. 740
Ut. 743 Zacharias papa.
„ 746 Karlomannus Romam perrexit et monachus [*factus*] est in Monte

---

p 730 *Ro.*, *U.* q Lothelmus *cod.* r 741 *Ro.*, *U.*

[11] *Zum selben Jahr Ms. Vitellius A XVII, Stück X.* [12] *Aehnlich Fontan.*

Sarepte, ubi in honore Sancti Silvestri ecclesiam construxit et inde **ad Montem** Cassinum **ad montem** Sancti Benedicti transiit.

Dic. 747 ᵃ Paulus Cass. scrib. hucusque.

„ 750 Sigebertus rex Westsaxonum.

Utic. 752 Stephanus papa.

Roto.   Pipinus rex efficitur.

Dic. 753 Kynewlfus rex Westsaxonum.

Roto. 755 Hic ˢ dominus Remigius archiepiscopus Rotomagensis **factus** est, ejecto ab episcopatu Reinfrido.

Ut.   Hic benedictus est Pipinus rex a Sancto **Remigio** papa Parisius et filii ejus Karolus et Karolomagnus et filia ejus Sigina intra sacra missarum sollempnia, precipiente sancto Petro et sancto Paulo et **Sancto** Dionisio. Et ᵗ Constantinus imperator donaria mittit.

„ 759 ᵘ Paulinus papa.

Dic. 760 Breowinus archiepiscopus Cantuariensis.

„ 761 Jambertus ᵛ abbas Sancti Augustini **Cantuariensis archiepiscopus.**

Ut. 763 Hyems maxima.

Dic. 765 Judei obprobrium imagini Salvatoris **fecerunt,** et de ymagine exivit sanguis et aqua.

Ut. 766 Obiit Paulus papa.

„ 767 Constantinus papa. Pipinus ʷ rex obiit. Karolus **successit.**

„ 768 Stephanus papa.

„ 769 Inicium regni Karoli regis.

„ 771 Adrianus papa. Karomannus obiit.

Ro.   Reinardus ˣ Rotomagensis archiepiscopus.

Ut. 774 Karolus Romam vadit. In reditu Papiam cepit cum rege Desiderio.

Dic.   Bricthricus rex Westsaxonum.

Ut 776 Conversio Saxonum.

„ 778 Karolus Hispaniam intravit, Pampiloniam urbem destruit et Saxoniam venit.

„ 779 ʸ Saxonia capta.

„ 780 ᶻ Karolus Romam vadit.

„ 783 Witikingis cum **suis** sociis in Atinia[co] conbaptizati ᵇ pacem regioni contulerunt.

Dic. 786 Sanguis — profluxit.
787

---

s 754 *Ro.*, 755 *U.*   t 761 *U.*   u 758 *U.*   v Lambertus *cod.*   w 768 *U.*   x 772 Meinardus *Ro.*, *U.*   y 780 *U.*   z 781 *U.*   a *Roth cod.*   b matinia *cod.*

9

cr. 787   b Iterum Karolus Romam perrexit. Inde ad Sanctum Benedictum et Capuam.

Dic.   Athelardus archiepiscopus Cantuariensis.

cr. 788 Karolus per Alemanniam venit ad fines Bawarie.

„ 790 Tassilo dux venit in Franciam et Baviaria capta est.

„ 791 c Karolus pergit in Sclavos.

„ 792 Sinodus facta est Franconum e, precedentibus apostolice sedis legatis Theofilo et Stephano episcopis; et Felix episcopus, qui docmatizabat **Christum** non proprium sed adoptivum Dei filium, dampnatus est et in exilium relegatus.

Dic. 793 Eadbrictus rex Westsaxonum.

cr. 796 Obiit Adrianus papa, successit Leo.

Dic. 798 Sol obt. — 17.

cr. 799 Terremotus magnus Italiam concussit et tectum Beati Pauli cum suis trabibus ex magna parte dejecit.

„ 800 Karolus imperator factus est et a Romanis appellatus Augustus et illos, qui Leonem papam dehonestaverant, morte dampnaverit sed, papa[e] precibus morte indulta, exilio detrusit. Ipse enim Leo papa imperatorem **consecravit.**

„ 804 Leo papa venit in Franciam et **Parisius Natalem** Domini cum Karolo imperatore celebravit.

„ 810 Karolus cum Niceforo imperatore Constantinopolitano pacem fecit.

„ 812 f Niceforus obiit; **successit** Michael gener ejus qui Karolo imperatori legatos cum pace misit.

„ 813 g Obiit Karolus; **successit Lodowicus filius ejus.**

„ 815 Bernardus rex Longobardorum excecatus et mortuus est; qui h pro utilitate Christianitatis concilia celebrari fecit.

„ 818 i Lodowicus Britanniam perrexit, interfecto Normanno. **Stepha-nus papa.**

„ 820 Stephanus papa.

„ 822 Fames valida.

„ 823 Natus est Karolus filius Lodowici.

„ 825 Alia vice Lodowicus perrexit in Britanniam.

„ 827 k Paschalis papa.

Dic. 828 a Qui prius voc. — Anglorum.

„ 830 Adelwoldus rex Anglorum.

cr. 831 Eugenius l papa. Hoc anno reliquerunt Lodowicum **Franci** et elegerunt Lotharium.

b 786 *U.* c 792 *U.* d Romannsis *cod.* e dampnaverat, a *in* i *corrigirt cod.,* dampnavit *U.* f 811 *U.* g 814 *U.* h 813 *U. s. o. p. 39.* i 819 *U.* k 821 *U.* l 827 *U.*

Ur. 834 Gregorius papa.

  „ 836 Normanni vastaverunt Britanniam.

Dic. 839 Feologildus Dor. a. Ceonodus[m] Dor. a.

Ur. 840 Lodowicus obiit.

  841 [n] [a. — Hoc hic:]

Roto. 842 Normanni vastaverunt Rotomagum et monasterium succenderunt.

  844 [b.] Johannes papa [12] [c].

Dic. 845 Athelwoldus rex Anglorum.

Ur. 848 · Sergius papa. [d]

Roto. 851 Hic venerunt Normanni in Secanam.

  „ 852 [ma]Hic iterum venerunt alii Normanni.

Ur. 853 [na] Leo papa.

  „ 855 Lotharius obiit.

  „ 859 Hic cepit gelare pridie kl. Decembris et **desiit** Non. Aprilis.

  „ 860 Benedictus papa.

  „ 868 Nicholaus [o] papa. Fames valida.

  „ 869 Adrianus [p] papa. Item fames et mortalitas **maxima** hominum.

  871 Sanctus Aedmundus occisus est. [13]

Dic. 874 Johannes papa. Locuste Galliam depopulantur innumerabiles.

Mich. 878 Adrianus papa.

Ur. 881 [q] Inicium belli Francorum contra paganos.

  „ 883 Marinus [r] papa.

  „ 884 [s] Marinus papa.

  „ 885 [t] Adrianus papa.

  „ 886 [u] Stephanus papa.

Dic. 887 Suithelmus [v] Syreburnensis — rediit.

Ur. 888 [K]arolus imperator obiit. **Cernulfus** rex successit.

Dic. 894 Formosus papa.
a. 902

---

m Leonodus *cod.*   n *Zu* a. 841, 843, 848 *stehen unter der Rubrik* Non hic *sed in anno* 942 *sequente in* III° *folio* vier, *durch* a, b, c, d *bezeichnete Eintragungen* (*zu* b *nochmals* non hic *und zu* a. 848 *nochmals Rubrik* Non hic *sed in anno* 948 *sequente in* III° *folio*), *die daher unten ad* a. 962 (*nicht* 942) *in den Text gesetzt sind.* m[a] 851 *Ro.*, 852 *U.* n[a] 852 *U.* o 862 *U.* p 871 *U.* q 879 *U.* r Martinus. *cod.* s 886 *U.* t 888 *U.* u 889 *U.* v Withelmus *cod.*

[12] *Gegenpapst.* [13] *Erste originale Notiz richtiger 870.*

Ut. 898 Aernulfus **rex** imperator obiit; **successit** Lodowicus.
Dic.   Pleimundus archiepiscopus Dorobernie.
a. 901 899 Romanus papa.
Roto.   Rollo **w** Carnotensem civitatem obsedit, sed episcopus Walterus **camisiam** Sancte Marie in manibus ferens Rollonem divino **metu** fngavit.
Dic.   Eadwardus rex Anglorum consecratur apud Kingestune.
a. 905 901 Theodosius **et** Johannes.
Dic. 902 Regina Aelfleda peperit duos filios Aedwardo Ath. — quartam
a. 900   Aelfgyfam.
" p. 141   Regina v. s. Aediva p. **ei** Aedm. — requiescit.
" 903 Benedictus papa.
" 905 Leo papa.
" 906 Christoforus **papa.** [14]
" 907 Sergius papa.
a. 909
v. 909 Frithestanus **x** ad Wint. — pontifices.
p. 142
" 910 Anastasius papa.
a. 912
Roto. 911 Lodowicus filius Arnulfi obiit.
16.
Mr.   Baptizatur Rollo cum filiis et vocatur Robertus.
Font. 912 Factum est bellum Carnotis de paganis sub Roberto et Ricardo.
Roto. 914 **y** Facta est pax inter **Francos** et **Normannos 2 Idus Maji.**
Dic.   Athelmus Well. — archiepiscopus.
" 916 Lando papa.
a. 917
" 917 Johannes papa.
a. 919
" 924 Athelmus **z** filius Aedwardi — Kingestune.
" 925 Wlfelmus Well. — Dorobernie.
a. 924
" 929 Leo papa.
a. 930 932 Frethestanus Wintoniensis — respondencium "Amen".
"
" 934 **Stephanus** [15] **papa.** Bellum inter Willelmum Longam Spatam et Riculphum.
" 935 Johannes papa.
" 936 Leo papa.
" 937 Odo Malmesbirie — optinuit.
" 940 Stephanus papa. **Athelstanus rex diem clausit extremum.**

---

w 898 *Ro.*, *U.*   x Brithest. *cod.*   y 912 *Ro.*, 914 *U.*   z Edelstanus *Dic.*   a *Roth cod.*   b *Von etwas späterer Hand.*

[14] *Diceto richtig:* Leo papa: contra hunc Christoforus surgit.   [15] S. *VIII richtiger 929—31.*

[b Cui successit⸢frater ejus Edmundus, qui dedit banlu-
cam Sancto Aedmundo certis terminibus circumgiratam.]

Dic. 942 Marinus papa. Occiditur Will. L. S. d. Norm.

Roto. c Cui successit Ricardus qui Vetus dicitur.

946 Agapitus papa. [b Obiit gloriosus rex Edmundus frater
Ethelstani.]

Dic. 947 Eadredus fr. Aeth. — Kingestune.

„ 948 Odo arch. Cant. — Cantuariam.

„ 949 Stephanus et Const. — patrem, tonso capite — transmittunt.
u. 950 Quos propter facinus patri suo illatum Constancius filius
Leonis tonsis capitibus ad idem monasterium postea transmisit.

Roto. 952 d Oto rex Italiam ingressus, eam sibi subjugavit.

956 Edredus rex obiit.

Dic. 957 Aedwinus e filius Aedmundi rex Anglorum efficitur.

Ag. 958 Obiit Aedwinus, et successit rex Aedgarus consecratus apud Ba-
Mr. thoniam.

Dun. 959 Dunstanus abbas — transiit.
p. 149
„ 960 Dunstanus revocatus ab Aedgaro Wigornensis episcopus efficitur.

„ 961 Odo primus abbas Cluniacensis.

„ 962 [a] Rex Aedgarus Lond. eccl. — et non titulatam. f Qui — cenobio, in loco — fecerat.

Ag. 963 Sanctus Oswaldus g consecratus est episcopus Wintoniensis.
Mr.
Dic. [b] Odoni arch. succ. sed reprobatur. [c] Dunstanus Wigornensis — assensu pressus — Osw. Wigorn. ep. — Eborac. archiepiscopus.

„ 966 Johannes papa.

„ 968 [d:] Eadgarus rex Angl. — Osw. Ebor. peracta sollempni pe-
p 151 nitentia consecratus est in regem; qui duos fil. — devotam
Editham.

Roto. 972 Otto imperator obiit.

973 Stephanus papa.

Dun. 974 Rex Aedgarus cons. Dunst. — monachos induxit.

---

c 943 *Ro.;* 942 *U.* d 951 *Ro., U.* e Tadwinus *cod.* f *Die Worte*
R. Aedg. Lund. eccl. *werden hier wiederholt. Dazu Rubrik:* Quere in
IIIº fol. precedente in anno 862º. Ibi sunt 4or capitula, que pertinent
ad locum istum. *Darauf beziehen sich die [Buchstaben] a, b, c, d im
Text. S. o. die Anmerkung zu* 842, *nicht* 862. g Aedelwoldus *Ag. Mr.
oben S.* 44.

Dic.   975 Johannes papa Dunst. Dorob. a.: "Primatum — ej. succ. eccl. pont. habuisse dinoscitur."

Ag. Mr.   Obiit Aedgarus.

Dic.   976 Johannes imperator Constantinopolis.

..   977 Eadwardus reg. Edg. — Kingestune.

p."56   979 Occiditur rex Aedw. a nov. s. Aelfritha.

      Otto imp. Rom.

„   980 Ethelredus frater Aedw. — Dunst. Dorob. archiepiscopo et Oswaldo archiepiscopo et — Kingestune.

Ut.   987 h Lotharius rex Francorum obiit, cui successit Lodowicus filius ejus.

Dic.   988 Dunstano — Austr. Sax. episcopus.

989 Marinus papa.

„   990 Athelgaro arch. — induxit.

„   993 Odilo Clun. — justo esset: "Si dampn. — duricia."

      Siricio — Cantuarie consecravit.

Ag. Mr.   Obiit Majolus abbas Cluniaci; successit Odilo.

Dic.   995 Robertus r. Fr. solus regn., mort. p. s. H. Capet.

p. 159   Circa hoc tempus Ynguar — que Halingeland appellatur.

„   996 Voces et terrores demonum — subjecta, ut in crastino Omnium Sanctorum memoria Omnium Fidelium celebretur. Qui ritus postea ad multas ecclesias. j

„   997 Rex Anglorum Aegelredus post diutinam Danorum infestationem solvit tributum 24000 librarum Danis.

998 Agapitus [16] papa.

Dic. d.   999 Aldulfus a. Eb. ossa sancti Oswaldi archiepiscopi e t. lev. et

1000   ipse def. — Wlstanus. Rex Egelredus o. D. utr. s. occidi — fecit die fest. S. Bricii.

Roto.   Gerbertus papa.

Dic.   1001 Otto imperator Romanorum.

Roto.   1003 Obiit i Otto. Octovianus [17] papa.

Dic.   Henricus imperator Romanorum.

Ut.   1004 k Johannes papa.

Dic.   1005 Aelfegus Wint. — Cantuariensis.

„ 1005   1006 Rex — cum navibus et gentibus — combussit.

p. 161   1007 Rex — Danis.

1008 Leo papa. [18]

---

h 976 *U.*   j *Bricht im Satze ab. Dic. vollendet ihn.*   i 1002 *Ro., U.* k 1003 *U.*

[16] *Falsch. Aus Gerbertus?*   [17] *Wol aus Otto, Johannes verlesen.* [18] *Irrthum. Woher?*

Dic. 1012 Hoc anno solvebatur — librarum. **Sanctus** Aelfegus, **quia no-**
p. 165 **luit** solvere Danis 4000 libras, **occiditur.**

,, 1013 Livingus q. Aeth. — suscepit. In cimiterio — ducentibus nocte
p. 166 Natalis D. sacerdos precatus — lassitudo affecit. A. e. — solvit,
v. a. tribus e. — dormientibus. Rex Swenus iterum **venit in Au-**
1012 gliam **et** tirannidem s. e. t. A. s. subjugavit.

,, 1014 Swenus t. — Marie apud Geinesburch — vitam finivit.
p. 167 [Marianus Scotus [19]; sed plus credendum est Alwino [20]
quam sibi vel sequacibus suis]. [1]
Mortuo i. S. fil. e. C. s. r. constituunt Dani. Majores **de An-**
glia miserunt **pro Aegelredo, qui veniens** Canutum **expuli** a.
s. reversurum.

,, 1016 Rex A. — tribulationes.

p. 169 1017 Canutus t. A. s. imp.
170 m Leofsius Thorn. — sunt revecte.
1710. 1019 Rex Can. D. adiit.

,, 1020 Livingus D. a. o. e. successit Aethelnotus. Rex C. e. el. const.
mon. **apud** Sanctum Aedmundum. Defuncto Aldhuno L. e. **suc-**
cessit quidam presb. Aedm. **nomine.**

,, 1021 Alwinus primus e. S. Ae. **construxit.**

,, 1022 Athelnothus D. archiepiscopus.

,, 1023 Vulfstan. E. a. **obiit** cui successit Alfricus. Corpus S. Aelphegi
de L. D. e. t.

v. 1024 Benedictus papa. .

Dic. 1026 Ric. — obiit. Succ. R. III. **deinde** Robertus **eodem anno.**

,, 1027 Norregani, multa **accepta pecunia a** Canuto, **Sanctum** Ola-
vum regem suum expellunt, Canutum sibi regem prefi-
cientes.

175 1030 Sanctus O. r. e. martyr in Norr. i. p. a. N.

,, 1031 Canutus — emendationem devovit. Robertus rex — Henricus.

,, 1032 Ajelnothus arch. Cantuariensis cum aliis episcopis primam
basilicam Sancti Aedmundi consecravit **sub** Canuto **rege die**
Sancti Luce Evangeliste. [21]

v. 1033 [m]Johannes papa frater Benedicti.

Roto. 1034 [n] Robertus dux Normannorum obiit; successit Willelmus filius
ejus.

---

1 *am Rande in einer Hand s. XIV.* m 1034 *U.* n 1035 *Rot., U.*

[19] *Dic. Quelle ist allerdings der von Florenz interpolirte Marian.* [20]
S. p. 101 [12], *wo Z. 3 zu lesen:* '*und unter Leofstan als Greis zu*' ... *Ausführ-*
lich St. XV § 6, 8. [21] *18 Oct. Battely, Antiq S. Edmundi Burgi, p. 36.*

Dic. 176	Britheagus P. a. Wicc. f. e. e. Herlewinus B. c. p. abbas primo Lanfrancum associavit.
Ag. Mr.	**1035** Obiit Canutus.
Dic. 181	**1036** Mortuo Can. mis. rex H. o qui se dixit filium Canuti esse, licet hoc minime verum esset, Wintoniam et opes q. C. A. r. ademit
176 u. 180 o.	et cepit r. S- i. b. r. A. dividitur — australis. Circa d. i. f. Gregorius papa VI^tus.
Ut.	Benedictus papa nepos Benedicti et Johannis.
Dic.	**1037** Ob. Rob. d. N. cui s. W. B. f. e. qui — H[e]nrici.
181 u.	**1038** Haroldus rex regnavit per totam Angliam.
182 u. 183	**1039** Etheln. D. a. **obiit**, cui successit Eadsius.
Ut.	Clemens papa.
Dic.	Stigandus — tenuit.
183 m	**1040** Haroldus rex obiit. Successit Hardecanutus.
Ag. Mr.	**1041** p Mortalitas maxima.
Ct. Ag.	**1042** Obiit Hardecanutus. Successit Aedwardus frater ejus.
Mr. Dic.	Alsinus fit arch.
186 u	**1043** Eadwardus **rex** ab a. Aeds. D. e. A. E. archiepiscopis prima
187	— Wintonie. [Stigandus suscepit episcopatum Estanglie]. q
	1044 Uvius abbas Sancti Aedmundi primus [22] obiit. Successit Leostanus ejusdem ecclesie monachus.
Dic.	**1045** Apud W. c. e. b. i. Francos et Normannos.
	1046 q [Hic [23] idem episcopatum Wintonie.]
Ut.	**1048** r Leo papa. Hic concilium habuit Remis.
	1051 [24] Invencio Sancti Yvonis archiepiscopi.
Dic.	Rex Aedw. abs. A. — vectigali. s
Ut.	**1052** [Hic [23] archiepiscopatum.]
	1054 Obiit Leo papa; successit Victor.
Roto.	Bellum apud Mortuum Marc.
"	**1056** Henricus imperator obiit; successit Henricus filius ejus.
Ut.	**1057** t Stephanus papa.

---

o Wintoniam *über der Linie.* p 1042 *U.* q *Drei Eintragungen späterer Hand in Kreide, über der Seite, durch ein Zeichen zu a.* 1043, 6, 52 *bezogen.* r 1049 *U.* s *In der folg. Zeile:* [V]ulstanus Wigornensi ecclesie preficitur pontifex *roth durchgestrichen.* t 1058 *U.*

[22] *Battely, p. 42.*   [23] *Ergänze:* Stigandus suscepit, *richtiger 1047.* [24] *Richtiger a. 1001. Der Compilator hat vielleicht nur die Jahreszahl verlesen, wie oben a. 836. Ivo, der bei Huntingdon gestorben sein soll, ward nach Ramsey übertragen.*

Ui. 1060 Nicholaus papa.
Die.   Henricus rex Fr. succ. P. f. c.
193
   „ 1062 Alexander papa secundus.

1065 Leostanus obiit abbas Sancti Aedmundi. [25] Baldewinus
    medicus Aedwardi regis et monachus Sancti Dionisii
    Francie successit, qui novam ecclesiam Sancti Aed-
194   mundi fundavit tempore regis Willelmi. [26] Eadwardus
    rex Anglorum obiit. Cometa apparuit.
        [Anno milleno sexageno quoque seno
        Anglorum mete crines sensere comete.] u

Ag.
Mr. 1066 Willelmus dux Normannorum optinuit Angliam et rex effec-
    tus est in Natali Domini apud Londoniam, occiso Haraldo rege
    in pugna.

Die.
200 m 1067 Abbacia — Willelmo. Rex W. imp. t. imp. Anglis.

200 u. 1068 Matildis — archiepiscopo, que dedit Werketune [27] Sancto
    Aedmundo. Alexander et Cadalus de papatu contendebant,
    sed Cadalus reprobatur.

201 o. 1069 Hinc Norm. — prevaluit. Aldredus Eboracensis archiepiscopus
Ag.   diem clausit extremum.
Mr.   Lanfrancus fit archiepiscopus Cantuarie.

Die.
201 m 1070 Rex Will. mon. — deferri. Stigandus degradatur [ejusque fra-
    ter Egelmerus episcopus Estanglie degradatur, cui suc-
    cessit Arfastus regis capellanus]. v

203 m 1071 Lanfrancus Romam pro pallio profectus ab Alexandro papa
    honorifice suscipitur. Hujus tempore vigebat religio
    per Angliam.

204 u. 1072 Hoc tempore fuit Hereward, qui cum sociis suis per palu-
205 o.   des latitavit. Contencio de prioratu Cantuariensis et Ebo-
    racensis archiepiscoporum.

208 o. 1073 Gregorius papa VII prius dictus Hildebrandus. Eodem anno
Rotu.   invaserunt monachi Sancti Audoeni Johannem archiepiscopum
    Rotomagensem in festo ejusdem sancti cum armata manu viro-
    rum, unde per abbacias in carceribus sunt retrusi.

Pont. 1076 X kl. Maji terre motus factus est feria sexta luna XIIII.ᵃ — 2
Mich.   kl. Februar. IIII feria eclipsis lune rubens luna ᵂ XIIIᵃ ²⁸.

---

u *In anderer Hand s. XIII fehlt Die. ausser Twysden's Druck.*
v *In Kreide über der Seite, s. Anm. q.*   w *1077 Mich., wo Daten*
fehlen.

  [25] *Battely, p. 44; Mir. S. Eadmundi St. XV § 32.* [26] *ib. § 60.* [27]
Warkton, cf. Jocelin de Brakelonde ed. Rokewode, p. 47. [28] *Diese*
Daten widersprechen einander sowol 1077 wie 1076.

Dic. 1077 Gelu m. a. kal. — Aprilis.

210 o. 1078 Eccl. B. d. e. X k. Dec.

" 1080 Rex W. subigavit s. W.

" u.

Ag. 1083 Obiit Matildis I^a regina Angl.

Mr.

Dic. 1086 Rex Will. tribus s. cap. — dedit episcopatum.

211

" 1087 Inquisicio quot hyde et quot redditus per Angliam.

Ag. Translacio Sancti Nicholai ad x Bar.

Mr.

Dic. 1088 Obiit Willelmus rex. Willelmus filius regis Willelmi

212-J efficitur rex Anglorum et Robertus in Normannia.

213 m Orta est discordia inter primates Anglie.

J15 m 1089 Lamfrancus inter a. — Cantuar. restituit.

Obiit Lamfrancus. Ecclesiam Roff. inst. — ordinavit.

215 a. 1090 Will. r. A. ulciscitur inj. sibi illatas a Roberto fratre suo.

216 a Hugo y Carnotensis — hucusque. .

Ag. 1091 Ventus vehemens percussit Londoniam 6 kl. Novembr. feria

Mr. sexta.

" 1093 Anselmus factus est archiepiscopus.

Dic. Hic suscepit Herbertus episcopus pontificium Norewici.

D 219

Rotw. 1094 z Urbanus papa concilium tenuit apud Clarum Montem, cui interfuerunt episcopi et abbates Normanie et in quo a prefato
papa sanccitum est, ut, crucibus in vestibus fixis, Christiani cum
armis Jerusalem pergerent. Quod et sic actum est; inter
quos ivit Robertus comes.

1096 Facta est translatie Sancti Aedmundi in novam ecclesiam. [26]

Ag. Hoc anno fuit motio Christianorum cuncium Jerusalem.

Mr. Fundamenta Sancte Trinitatis Norewici posita sunt.

" 1098 Capta est Jerusalem a Christianis. In Berhsyre lacus fluxit
sanguine. Obiit Baldewinus abbas Sancti Aedmundi. [29]

Dic. Cenobium Cisterc. — dealbati.

2320.

Ag. 1100 Willelmus rex junior [obiit] b; cui successit Henricus frater

Mr. ejus, qui die consecrationis sue dedit abbaciam Sancti
Aedmundi Roberto [30], filio Hugonis Cestrensis comitis,

---

x de *aber ausgestrichen und* ad *übergeschrieben cod.* y Ivo *Dic.* z
1095 *Ro.* a *Roth cod.* b *Von cursiver Hand in Kreide über der
Linie.*

[29] *cf. XV § 62.* [30] *Anselm ermuthigt die Mönche im Kampfe
gegen diesen Abt Ep. III 61, 118, IV 21 und ermahnt den Abt von
S. Evroul IV, 14 sowie den Erzbischof von Rouen III 68, IV 22,
denselben aus S. Edmund's zurückzurufen.*

monacho Sancti Ebrulfi, renitentibus monachis Sancti Aedmundi. Sed anno tertio, ab Incarnatione 1102°, in generali concilio a sancto Anselmo eo, quod abbaciam absque electione contra privilegia monasterii accipere presumpserat, dejectus est; et Robertus [31] prior Westmonasterii, vir magne religionis, abbatiam suscepit, et annis IIII transactis obiit; cui successit [32] Aleboldus prior Sancti Nigasii de Mollent, qui parum plus quam 4 annis vixit. Huic successit Anselmus, nepos sancti Anselmi et post 26 annos tempore regis Stephani vitam finivit.

Ag.
Mr. 1103 Sanguis de terra emanavit apud Hamstede. Mortalitas animalium secuta est.

„ 1105 Henricus rex Bajocas incendit.

1106 [33] Bellum inter regem Henricum et Robertum comitem Normannorum, in quo comes victus et captus est.
Dic.
235 u. Henricus filius imperatoris contra jus nature in patrem insurgit.
235 m Rex Anglorum Henricus Beccum venit — convenerunt.

236 m 1107 Obiit Henricus imperator. Successit Henricus filius ejus. Hic duxit Matildem filiam regis Henrici Anglorum in uxorem.
236 u. Ricardus c Eboracensis archiepiscopus.

Roto. 1108 Obiit Philippus rex Francorum. Successit Lodewicus filius ejus.
Ag. Et due lune vise sunt.
Mr.
Dic. 1109 Anselmus Cantuariensis archiepiscopus migravit -- invitant.
238 m Rex Henricus abb. Ely. — prefecit.
239 o.
Ag. 1110 Luna extincta. Cometa in mense Junii apparuit.
Mr.
„ 1111 Mortalitas animalium et fames in Normannia.
Dic. Henricus r. Teut. — Salariae pacem cum eo fecit.
239 u.
Ag. 1114 Tamisia exsiccatur et mare X miliaria II diebus.
Mr.
Dic. 1115 Radulfus archiepiscopus. Theolfus Wigornensis episcopus.

Roto. 1116 Hic tota urbs Rotomagum fere combusta est.
Dic. Monasterium Sancti Albani dedicatum est.
1117
Ag. 1117 Pascalis papa. Obiit Matildis [II^a] d regina Anglorum. Gelasius papa.
Mr.

---

c Girardus *Dic.* d *In Kreide über der Linie.*

[31] *cf. Anselm. Ep. IV, 78.* [32] *Kal. Nov. a. 1114 Eadmer, H. Nov. V ed. Migne CLIX c. 491. Uebrigens cf. Battely.* [33] *cf. Dic. 235 m und Ag. Mr.*

Obiit Herbertus episcopus Norewici, cui successit Eve-
rardus. [34]

Dic.
+3m 1119 Cal. p. Hic const. c. R. Sol similis nove lune. [35]

15.
Mr. 1120 Hic submersi sunt in mari Willelmus et Ricardus filii Henrici
regis.

Dic.
1130 1122 Rex Henr. d. — Lovanie.

243u. Calixtus p. Maur. q. imp. II. p. — monachavit.

2+10. Rad. Cant. a. W. pr. S. O. — successit.

„ 1124 Honorius papa.

„ *u.* 1125 Em. s. monetarii. Joh. de Crema — Londonie.

2+5o. 1126 Rex A. H. — celebravit. Primates — imperatrici.

„ 1127 Gaufridus — imperatricem. Ricardo — successit.

Will. Cant. — Westmuster.

2+6o. 1128 ∗ Hucusque — digessit.

„ 1129 Henricus Gleston. — Wintonie.

„ 1130 Eccl. S Trin. Cant. dedicata e. p. r. Henrico. Inn. p. **"Hic**
transivit — orbem."

„ *u.* 1131 Obiit Phil. fil. L. r. Fr., **cui successit** frater c. L. consecratus
ab Inn. papa.

„ 1133 Nigellus -- episcopi. Natus e. H. **filius** imperatricis.

Dic.B
2+7 1134 Rob. C. ob. Gil. U. episcopus Londonie obiit.

„ 1135 Rex A. H. c. r. 35a. et 4m. d. i. S. L. et sep. c. a. Radingum
qui construxit idem monasterium **et** monasterium canonicorum — Mortuo Mari.

2+8o. 1136 Will. C. a. Steph. — Westmonasterium.

2+9o. Willelmus Cant. arch. obiit.

„ 1137 Steph. r. transiit — Francorum.

„ *m* Lodowicus **rex** Franc. **duxit** Alienor — filias.

„ *o* Gaufridus c. And. regi St. tr. — tres annos.

250u. 1138 David rex Sc. — succ. Anselmo. Anselmus — repulso. Albericus

252o. — legatus concilium — Westmuster.

„ *u.* 1139 Rex Steph. — cepit **quia** cast. sua r. noluerunt.

253m Nigellus — regno. Imperatrix -- Angliam.

253u. 1140 Stephanus rex obsedit Lincolliam.

254o. Captus — Bristowe in die Purificationis.

255o. Captus est comes Robertus fr. i. in Exaltatione S. Crucis; **unde**
hinc rex hinc comes a vinculis absoluti liberi recesserunt.

„ *m* 1141 Celestinus papa. Rex St. — Oxeneford.

„ 1142 Lucius p. -- episcopos. Steph. r. G. d. M. cepit.

---

[34] *Herbert † 1119, Eberhard folgt 1121.* [35] *Aus Ag. Mr. 1124?*

Dic. 1143 Eug. p. Gaufr. c. A. cepit turrim Rotom. et extunc — est.

Ag.
Mr. 1144 Fames maxima. Puer Willelmus crucifixus a Judeis apud Norewicum.
Dic.
256m 1145 Cometa app. d. m. in Occ. circ. diff. r. in im. illuminans.

„ *o.* Steph. L. coronatur.

„ 1146 Eug. papa venit Parisius.

263 a Robertus abbas scripsit hucusque.

Dic.
B (?) 1147 Profeccio Lodowici regis F. et imperatoris Alemannie in Je-
258 rusalem. [36] Civitas Ulixisbona capta est.

Cap.
2670. a Abhinc — Gaufridi comitis — imperatricis primogenitus —
inserendum est.

„ *u.* Henricus acc. e. militaribus.

„ 1148 Lodowicus — Jerusalem

„ 1149 Hy. m.

„ 1150 Henr. — Normannie. Gaufridus — Cenom.
Officine ecclesie Sancti Aedmundi omnes combuste
sunt. [37]

„ 1151 Fred. — Teutonicus.
2680. Celebratum — Alienor. Henr. dux Normannie d. Al.

268 1152 Henr. — Malmesbires. Ricardus de B. — nepos ejus.

„ 1153 Steph. — eff. sunt apud Wincestre. [38]
Ag.
Mr. Obiit Eustachius filius regis Stephani.

Cap. 1154 Lodowicus — Hyspanie. Obiit Stephanus rex IX [39] kl. Novbr.
268m Successit Henricus dux Normannorum.

„ Thomas — cancellarius. Adr. papa.

„ 1155 Alienor — Henricum. Fredericus imperator Alemannie.

1156 Ordingus abbas Sancti Aedmundi obiit [40]; successit venerabilis Hugo, qui prior Westmonasterii extiterat.

„ *u.* Alienor — Matildem.

„ 1157 Alienor — Ricardum.
Ag.
Mr. Rex Henricus duxit exercitum in Walliam.

„ 1158 Rex H. cor. ap. Wig. Alienor r. p. Gaufridum.
Cap.
2690. Nova — Anglia. Henricus primogenitus r. A. duxit M. f. r. F.

---

[36] *Diceto's Abbreviationes chronicorum enden hier, und der Vf. benutzt fortan die Capitula Ymaginum (am Rande als Cap. bezeichnet),
später auch die Ymagines Historiarum (am Rande durch Ym. bezeichnet).* [37] *Battely erwähnt zu a. 1150 keinen, aber zu a. 1140 einen
Brand, auf welchen er irrig ein bei Johann von Salisbury erzähltes Wunder des H. Anselm bezieht. Johann benutzte hier des Eadmer Mirac.
S. Anselmi Series Secunda, Stück XVI § 14.* [38] *ap. Winc. aus Ag.
Mr.* [39] *Sonst 1 Tag später, 25: Octob. angegeben.* [40] *Battely, p. 78.*

Rex Francie sollempni p. r. e. p. Normanniam. **Et rex A. rec. est honorifice** Par. i. pal. regis.

Ag. Mr. 1159 Rex A. **duxit exercitum apud** Tolosam.

Dic.   Adriano **successit Alexander III** papa. Ex. e. cisma.

„   1160 A rege Fr. — accepit uxorem.

Ag. Mr. 1161 Obiit Theobaldus **Cantuariensis** archiepiscopus.

Cap. 1162 Thomas — cancellarius, consecratns e. i. a.

269m „ *u.* 1163 Henr. de Exexia — duello. Turonis — a sinistra.

270o.   Rex consuetudines — **Thoma** a. resistente.

„ 1164 **Ad** Clareduniam — episcopi. Exauctoratos — contradicebet. Archiepiscopus — offensam.

     Adversus archiepiscopum — papam.

Ag. Mr.   Justicia de obsidibus Walensium.

Cap. 1165 Regina — Johannam.

270u. AgM   Rex tercio duxit excercitum in Walliam.

Cap. 1166 Thomas — excommunicavit.

170u.   **Samson abbas factus est monachus.** [41]

271o.   Alienor regina — prov. in expensis a. Thome.

Ag. Mr. 1167 Matildis imperatrix obiit. [42]

Cap.   Mat. f. r. — Saxonico.

271m „ 1169 Alienor f. r. — Castelle. Inter Anglie — cardinales.

„ *u.* 1170 Interdictum e. Rogero — Rotrodo Rot. archicpiscopo.

272o.   Cum Th. Cant. arch. tenderet — progrederetur.

„ 1171 Die Natalis — S. Benedicti. Missi sunt — allegarent.

„ *m*   Irradiare — Thome. Huge Terrac. — cultellis. In Brit. — Leon. episcopus. Rex pater — fere per annum.

„ 1172 In nocte — et statim **postea** transvectus e. i. N.

„ *u.*   Et statim accessit — petens a. e. impetravit. Rotro — consecravit.

273o. 1173 Comes S. Egidii — facti sunt. Walterus de Const. — submersi sunt. Rex — elecciones. Ricardus — archiepiscopus. **Preciosus** martyr Th. C. arch. can. est.

„ *m*   Comes Legecestrie — Aedmundum. Nicholaus — pecuniam.

„ *u.* 1174 Flandrenses — Norewicum. Rex veniens — pacificasset Angliam navem e ascendit — *[274 o]* orbem infecit. Alexander — consecr. archiepiscopum.

274o. 1175 Willelmus — obsides. Eversa — interfecit.

---

e novem *cod.*

[41] *Samson's Gesch., bevor er 1182 Abt wurde: Jocelin p. 3—15. Cf. Phillips, Samson v. Tottington. in Wiener Akad. S.B. 1864.* [42] *Letzte Benutzung der Südenglischen Fortsetzung zu den Rouen-Annalen.*

274 m 1176 Rogerus — vastavit.

„ 1177 Johanna — Sicilie. Canonico — Sancti Marci. Ventus — evertit.

„ 1178 Nix maxima. Willelmus — Cluniacensem.

275 o. Rex A. Gaufridum — Wdestoch. Saladinus — consuluit. Fredericus — Virginis.

„ 1179 Rex filius — perseveravit. Sinodus — imperatoris filio. Ludowicus — Cantuarie. Septem — uno. Ludovicus r. Fr. trigamus — [276] Philippum medicum.

276 o. 1180 Willelmus — Christine.

Obiit Hugo [43] venerabilis [f] abbas Sancti Aedmundi.

Cap. Philippus r. Fr. Judeos — suo. Philippus r. Fr. Margaritam —
276 discordia sed a rege Anglorum pacificati sunt. Fedus inierunt — fabricatur in Anglia.

„ „. 1181 Rex Fr. Philippus consilio — succursum. [g] [Passio Sancti Roberti].[44] Obiit Alexander papa. Humbaldus [gb] Host. ep. — tercius.

„ 1182 Gaufridus filius — [277 o.] regni justiciario. Samson monachus Sancti Aedmundi, die Sancti Oswaldi episcopi apud
Febr. Waltham prope Wintoniam electus 2 kl. Martii, apud
28 Merewelle [44a] a Ricardo Wintoniensi [h] et Augustino Waterfordensi episcopis benedictus, die Palmarum et Sancti
März Benedicti [45] a fratribus susceptus est.
21

Cap. 1183 Walterus — Lincolliensem. Rex f. regis — coll. in sede [qui
277 o. anno sequenti consecratus [?] in arch. Rot.] [i]

„ 1184 Ricardus Cantu. — Saladinus scr. d. pape, **quod libenter** dimitteret quos habebat in captivitate de Christianis, si tamen
Ymag Christiani dimitterent quos habebant de Sarracenis. [46]
histor.
II. 25

Cap. Sisidin r. E. scr. **sub eadem forma** d. p. Eraclius — sc. patriarche. Filia regis — Fl. comiti.
277 m

„ „. Apud Veronam — prope Magunciam.

---

f *Dieses Wort mit Kreide durchgestrichen.* g *Von einer etwas späteren Hand in Kreide am Rande.* gb *Tumbald cod.* h *episcopo ins. cod., aber durchstrichen.* i *In etwas späterer Hand mit Kreide auf freiem Reste der Zeile.*

[43] *Jocelin p. 1—6 stellt Hugo als schlechten Wirthschafter dar.* [44] *S. Robert's Miracula beschrieb Jocelin de Brakelonde, wie er selbst, Chronik p. 12, sagt.* [44a] *Merwell in Hampshire, nahe Winchester.* [45] *Die Wahl erzählt Jocelin ausführlich p. 15—18, aber ohne so genaue Daten.* [46] *Das Grossgedruckte ist wol den in den Ymagines Historiarum gegebenen Briefen entnommen. Die Ymagines werden hier zum ersten Male benutzt.*

Cap. **1185** Eraclius — Angliam. Regi Anglorum — in Yberniam. Domi-
276
            nus p. conf. — Baldewini **archiepiscopi.** Monachi Sanctae —
            Rogacionibus. Gilebertus — patrimonio contentus. Terremo-
            tus factus est 17 kl. Maji Eclepsis solis kl. Maji.
„ *u.*   Pax reformata — Urb. tercius.

„ **1186** Henricus — Siculi regis. Willelmus de Ver — venit in Angliam.
279   Wido — Jerosolimorum

„ **1187** Baldewinus — prope Tyberiadem [cum rege Widone]. ^k
            Margarita — suscepit·

„ **1188** Rex Fr. et Ang. — Hungarie ut liberum transitum concede-
Ym 52   rent ei et regi Francorum per terras suas versus Jerosolimam.
Cap.
279 u.   Reddita — Saladino. Tota Anglia decimata est. Boamun-
Ym 57
Cap.   dus comes — Saladino ut resipisceret et Terram Sanctam re-
279 u.   stitueret. Inter reges — **concilium** prope B. — extremum.

„ **1189** Fredericus i. a. Reinburch i. arr. per. Henricus II^{us} r. A. — Con-
280 o.   venit e. multitudo episcoporum apud Londoniam in ordinatione
            Sancti Gregorii. Judei eodem die occisi sunt apud Londo-
Ym ug
68,69   niam. [Hoc anno (vacat hic; sed in anno sequente)^l Judei
cf. 75   eciam occisi sunt apud Sanctum Aedmundum dominica in
1190
Mirz   Ramis Palmarum. Qui vero remanserunt procuratione
18   Samsonis abbatis ejecti sunt eodem anno circa festum
c. Oct.   Sancti Dionisii]. Willelmus Elyensis episcopus aposto-
9   lice sedis legatus, concilium celebravit apud Westmo-
            nasterium. ⁴⁷ Anno proximo sequente ⁴⁸ expulsus est
Cap.
280   ab Anglia. Ricardus r. A. Cisterciensibus — ecclesiarum.
m — u.   Treverensis — milia marcarum.

281 o. **1190** Ricardus Londoniensis — sunt Judei per Angliam in pleris-
            que locis. Margarita — Eboracensis electi. Exercitus Chri-
            stianorum ante Acon magnus fuit. Ibi enim convene-
            rant magnates de pluribus partibus Christianitatis cum
            populis suis in tantum, quod ipse Saladinus cum toto
            exercitu suo eis resistere non potuisset, nisi esset pro-
Ym.
82 n.–   dicio ipsorum Christianorum. Anscrius enim de M. R. —
83 n.
Cap.   castella nostra cremari. Willelmus Elyensis ep. intra — justi-
281 m

---

     k *Von etwas späterer Hand in Kreide.*   l *Rubrik zwischen den Li-*
nien von der Hand des Textes. Der [desshalb im Texte eingeklammerte]
Satz begegnet 1190, an der richtigen Stelle noch einmal.

    ⁴⁷ *Richtiger* 1190, *wo das Concil nach Diceto, Capit. Ymag. p.* 281
nochmals erwähnt wird.   ⁴⁸ *Er war noch* 1191 *in Bury S. Edmunds*
(Jocelin p. 38) und ward Ende October vertrieben.

Ym 83
Cap.
281 m.

ciarius. **Philippus** rex Francorum **et Ricardus** rex Anglorum apud Vicelacum **iter Jerosolimitanum arripuerunt.** Rex Fr. iter s. direxit — Marsiliam.

Marz
18

Hoc anno occisi sunt Judei apud Sanctum Aedmundum dominica in Ramis Palmarum; qui remanserunt, ejecti sunt. [49] Willelmus A. leg. convocavit — Glavornam. Fredericus imp. tendens Jerusalem — portu Romano, qui ad peticionem pape Romam renuit venire. Baldewinus a., Hub. — praesedit W. ap. s. legatus. Tancredus — uncias.

Cap.
281 m.
Ym 8+

C. 281

Ym.
86 u.

Alienor r., iter filii sui prosecuta cum Berengaria filia regis Navarre, quam ducturus erat rex Ricardus in uxorem, cum per q. d. m. c. f. s. fecisset apud Messanam [m], reversa est in Angliam. Inter regn. — finis app. est. Baldewinus — executorem.

Cap.
182 o.

cf. Ym
89 o.
1191 Clemens papa obiit.

C. 292
Jacinctus — R. de Planes interfectus est.

o. — u.
„
1192 Reginaldus — [*Cap. 283 o.*] apud Wennam, [*Ym. 106 m*] qui licet — in vinculis.

„
Ym.
106 u.
C. 283
1193 Johannes com. Mor. — suum in vinc., ill. spe regnandi — [*Cap. 283 o.*] mun. m. firm. in Anglia. Pridie — persolvende. Rex A. retrusus — Franc. et reginam.

„
1194 Rex **Anglie** solutus — Pacciones plures i. s. — regem **Anglie.** Walterus — Alemanniam. Confligentibus — victoria. Rex A. sollempni — veniens Londoniam rec. e. cor. — Herebertus, qui dicitur **Pauper,** electus — Engolismensis. Treuge — venit in Angliam. [*Cap. 284 o*] Rogerus — cr. est. [50]

Ym.
11+ o.
1195 Die festo — agilitatem ostenderet, militaribus a acc. equo c. p. a. s. ad necem tandem medicorum consilio p. tr. est. Hoc in ulcionem credimus factum quia regem Ricardum comprehendit de Jerusalem redeuntem. [*125 m*] Hubertus — legationis a domino papa accepit.

1196 [n]

1+3 o. **1197** [51] Castrum Andeliacum cepit fundari. Circa dies istos Willelmus **cum Barba** suspensus est Londoniae et 9 alii cum eo.

1+6 o. Johannes dec. Roth. Wigornensis efficitur episcopus.

---

m *über der Linie eingeschaltet von der Hand des Textes.* n *Zu* 1196 *Lücke und hierdurch Verschiebung der folg. Daten gegen Diceto um 1 Jahr.*

[49] *S. a.* 1189; *cf. Jocelin de Brakelonde p. 33: Taxter, Contin. Florent. Wigorn. ed. Thorpe, s. a.* [50] *Letzte Benutzung der Capitula Ymaginum.* [51] *Richtiger* 1196, *Diceto II, 148: Hoveden IV, 14.*

Ym.
,15o u. 1198 o Willelmus Ely. ep. d. cl. extremum. Robertus prior El. abbas
151 u. efficitur Eboraci.

152 m Ymbrium — exterruit. Phil. Dun. episcopus efficitur. Mar-
cadeus nephariis p ep. Belv. Will. constrictum vinc. duxit Roth.
153.2 XIIII kl. Julii. [52]
MS.
D. O. Alwoldus — in ecclesia sancte q Marie de Coventre reperiens
e. e. et m. induxit. Hugo — canonicos inducens. Hubertus C.
a. et Hugo L. e. et Samson — a Coventreia monachos — Jo-
bertum nomine XV kl. Febr.

159 u. Celestino [53] p. rebus — VI idus Jan. — collocatus. Eustachius
159.3
Ms.D d. S. ep. El. efficitur.
Ym. Galfridus C. e. consecratus est [163 o.]. Othoni nep. Augustorum
162 u. Ricardus bone mem. Lond. ep. d. c. extremum. [164 o.] Rex
,,
164 A. Ric. intrans in Franciam c. m. ex. V Idus r Octobris regem Francorum insecutus est fugientem et in tanta — fuerunt
ferro.

Super qualibet carucata terre in Anglia positi sunt V
sol. in plerisque locis, in quibusdam vero comitatibus
in quolibet hundredo 25 libre. [54]

162 [55] Sanguis pl. sup. castrum Rupis Andelaci. Tonitruum hor-
ribile auditum fuit V Idus Decembris per universam
Angliam et in ceteris terris omnibus usque Romam.
Willelmus de Sancte-Marie-Ecclesia Londoniensis efficitur episcopus.

166 o. 1199 Ricardus rex A. cum r. — VII kl. Aprilis [56], die Martis, vir operi
— secundi.

166 m Joh. dom. Hyb. — legitimus — est inunctus in — Huberti Wal-
,, teri Cant. a. 5 s kl. Junii. [57]

---

o *Lies* 1197.   p nephanus *Cod.*   q *ursprünglich wie Diceto-MS. D.*
und O.   r Kalendas *Dic.*   s sexto *Dic.*

[52] Junii *Dic.*   [53] *Diceto's Ms. B gibt das Folgende nicht mehr.*   [54]
*cf. Stubbs, Constit. Hist. I p. 510. Der zweite Modus, jedes Hundred
für 100 Hiden zu belasten, scheint sonst nicht berichtet zu sein.* [55] *Dies
fehlt D, steht in A und vielleicht (?) in Otho, das hier verbrannt ist.*
[56] *Falsch. VII kl. Apr. war der Tag der Verwundung. Unser Annalist
lässt den Todestag VIII Id. Apr., Dinstag, aus.* [57] *Ende der Benutzung
der Ymagines, an derselben Stelle, wo Ms. A u. C enden. Wahrscheinlich schloss also hier auch unseres Verfassers jetzt verlorene Vorlage:
während D und O zwei Jahre — vielleicht nicht von Diceto — fortge-
setzt sind. — Was fortan in kleinen Typen erscheint, begegnet auch in
Wendover, welcher am Rande nach Luard's Ausgabe von Matthaei Pa-*

Post coronationem vero parvo intervallo temporis moram fecit in Anglia, in Normanniam rediens cum festinatione.

c. Juni 23

Ende Febr. 1200 Ante mediam Quadragesimam rediit rex Johannes in
Angliam, et [58] de singulis carucis per totam Angliam exegit tres solidos, exceptis tamen carucis virorum religiosorum. De episcopis et abbatibus et ceteris tamen religiosis non modicam pecuniam accepit
sub pretextu redimende pacis versus regem Francie.

c. Apr 30

Rex Johannes rediit in Normanniam et fecit pacem
cum rege Francie, maritans neptem suam filio regis

Mai 22

Francie. Rex Johannes duxit excercitum versus Gasco-

Juli niam [59] et omnes sibi rebelles in brevi subjugavit. In
reditu suo accepit filiam comitis Engolismi et in die

Aug. 24 sancti Bartholomei [60] eam desponsavit. Idem rex cum
regina sua secundo die Octobris [61], coronatus est oc-

Oct. 8 tavo die mensis ejusdem apud Westmonasterium.

Wend in Paris II+75 1200 Dec. 25

1201 Rex Johannes celebravit Natale apud Geldeford. Archiepiscopus Cantuariensis Hubertus, vocatis multis militibus, Natale
celebravit apud Cantuariam. Militari cingulo donavit circiter XII juvenes [62], aliis multis festiva indumenta distribuit [63], quasi a pari cum rege contendens. Unde et ipsius re-

1201 Febr. gis incurrit indignacionem. Rex adiit Northumbriam, ubi
magnam adquisivit pecuniam. Inde rediens Sabbato Palmarum adiit Sanctum Aedmundum; Samson abbas exi-

März 18 buit cum cum omni sequela [64] sua honorifice eo die et
in crastino. Inde recedens adiit Cantuariam. Rex cum

---

risiensis *Chronica Majora II (Rolls Series)* citirt ist. *Doch hat unser
Autor diese Stücke nicht aus Wendover, sondern aus einer mit diesem
gemeinschaftlichen Quelle. Alle in Taxter übergegangenen Stellen sind
nach Thorpe's Florent. Wigorn.-Ausgabe II vermerkt. Vgl. ob. S. 103.*
[58] *Taxter 164 Z. 11.* [59] *Siehe das Itinerar durch Südfrankreich. Die
Chroniken wissen nichts von diesem Kriegszug. Die Huldigung von Toulouse s. Hoveden IV, 124.* [60] *Das Datum scheint sonst nicht berichtet.
Die Ausstattungs-Urkunde ist vom 30. Aug. Rotuli Chartar. ed. Hardy
p. 74.* [61] *Ergänze* appulsus? *Johann war am 1. Oct. zu Valognes,
am 6. Oct. zu Freemantle.* [62] *Sonst nicht berichtet.* [63] *Wend. sagt*
multa militibus suis f. dist. ind. *vom Könige.* [64] *Neue Localnachricht.
Am 19. in S. Edmunds laut Itinerar.*

10*

regina sua die Pasche coronatus est apud Cantuariam. Archiepiscopus Cantuariensis copiosas, ne dicam superfluas ministravit expensas. Dominica [65] ante Ascensionem Domini apud Theokesbiri multis magnatibus [66] congregatis, edictum propositum est, ut comites et barones regis cum rege transfretarent; quod et quidam fecerunt, alii vero, impetrata licencia remanendi, dederunt 2 marcas de quolibet scuto. Celebravit rex diem sanctam Pentecostes apud Portesmue et postea transfretavit. Rex Anglorum in magnam gratiam regis Francorum receptus est. Parisius a clero et populo cum sollempni processione suscipitur et a rege Francorum modis omnibus sicut decuit honoratur.

Hoc anno horride tempestates tonitrua grandines inundaciones pluviarum non solum in Anglia sed eciam in aliis regionibus mentes hominum concusserunt et dampna in locis pluribus intulerunt. Quadragesima pars reddituum ecclesiarum ex precepto [67] pape Innocencii tercii collecta est ab episcopis per dioceses suas ad succurrendum terre Jerosolimitane; tam magnates quam plebei, qui crucis signaculum deposuerant, auctoritate apostolica sub interminatione anathematis resumere sunt coacti.

1202 Rex Johannes celebravit Natale apud Argentomum. In media Quadragesima habitum est colloquium inter reges Francorum et Anglorum per internuncios inter Buttavant et Guletune, [68] ubi rex Francie fecit summoneri regem Anglie, ut Parisius veniret 15 die post Pascha, ei responsurus super quibusdam excessibus, quos ei imponebat. Interim, recurrentibus nunciis, convenit inter eos, ut post clausum Pascha iterum [69] convenirent inter Buttavant et Guletune de pace tractaturi. Quod colloquium, cum successus non haberet, die sequente ex inproviso rex Francie irruit in castrum de Buttavant et illud solo tenus prostravit. [70] Ex-

Marz 25
Apr. 29
Mai 13
Juni
c. *Juli 1*
IVnd. 476
„ 477
Marz 24
April 28
Nach April 21

---

[65] *Am 30. April laut Itinerar in Tewkesbury; Wend. liest Dominicae Asc. die d. i. 3. Mai; damals war Johann in Marlborough.* [66] *Wend. benutzt hier nebenbei Hoveden.* [67] *Hoveden IV, 165 bringt Innocenz III. Brief darüber vom 5. Mai 1201.* [68] *Le Goulet, bei Vernon.* [69] *Das Itinerar zeigt Johann zu beiden Daten nahe Andely. Die zweite Unterhandlung anderen Historikern nicht bekannt.* [70] *Wend. sagt dafür nach Coggeshale p. 136: evertit.*

inde progrediens cepit in manu forti villam de Augi et castrum de Leuns et alia plura; Radepunt per dies 8 obsidens et nichil proficiens, superveniente rege Johanne, confusus t recessit. Post dies paucos acies suas convertit ad Gurnai; et, fracto stagno, impetus aquarum maximam partem murorum, qua villa claudebatur, prostravit. Unde fugientibus cunctis, sine omni contradictione rex Francorum villam de Gurnai intravit et optinuit.

Wnd *478*

c. Juli

Hugo [71] assumptus est in monachum die Assu[m]ptionis beate Marie Virginis. u

Aug. *15*

Rex Francorum donavit Arturum nepotem regis Anglie cingulo militari. [72] Reversusque Parisius, deputatis prefato Arturo magistris et custodibus et insuper assignatis eidem ducentis militibus de propria familia, misit eos versus Pictaviam, ut bellicis tumultibus regem Anglie fatigarent. Illis autem proficiscentibus, nunciatum est, reginam Alienor in castro de Mirabel paucorum subfultam presidio commorari. [73] Quo audito, furoris sui impetum illuc converterunt, et ex improviso prefatum castrum circumvallantes, nullo defensorum resistente munimine, ad dedicionem compulerunt. Turrim tamen, in qua se regina cum paucis receperat, obtinere non potuerunt.

Ende *Juli*

Regina vero Alienor in arto constituta nuncios ad filium suum regem Anglie, qui tunc morabatur in Normannia, cum omni festinatione direxit, rogans et obsecrans, ut pietatis affectu matri succurreret desolate. Quo audito rex, omni mora postposita, cum armata manu die noctuque celerius quam credi potest spacium pretervolans itineris longioris, usque Mirabel [74] pervenit. Quod cum cognovissent Pictavenses, exierunt obviam regi pomposo congressu pugnaturi. Sed rex, Deo volente, superbis eorum conatibus prevaluit et omnes in fugam convertit, tam pernici equorum cursu insistens

Aug.1

---

t *Im Texte steht* ꝺ *fusus; am Rande von wenig späterer Hand* ꝺ *fusus. Das erstere Zeichen verschwand mit s. XIII.* u *Mit anderer Tinte auf einer ursprünglich leer gelassenen Halbzeile.*

[71] *Der spätere (1213—21) abbas Sancti Edmundi, postea episcopus Eliensis, Taxter Z. 13—15. Ueber Hugo's Wahl zum Abt schrieb ein gleichzeitiger Mönch eine eigene Abhandlung, MS. Harley 1005.* [72] *Taxter Z 15—17, cf. Coggeshale p. 137 o.* [73] *Taxter Z. 17—19.* [74] *Taxter Z. 19—21.*

fugientibus, ut una cum hostibus suis rex cum exercitu suo castrum de Mirabel ingrederetur. Fuit igitur infra prefati castri ambitum conflictus durissimus sed in brevi finitus. Capti sunt etenim Arturus et plusquam ducenti milites de nobilioribus Pictavie cum eo, ita quod nec unus pes eorum evasit.[75] Ligatos igitur in manicis ferreis et compedibus vehiculisque bigarum impositos novo et inusitato genere equitandi transmisit rex partim in Normanniam, partim in Angliam ut forcioribus municipiis absque metu evasionis custodirentur. Arturus vero [apud] ᵛ Falesiam [76] sub vigilanti remansit custodia. Comes [77] de Flandria cum comitissa sua iter arripuit versus Jerosolimam. Terremotus magnus et horribilis factus est in Terra Jerosolimitana. — Arturus evanuit. ᵂ [1203] Celebravit rex Iohannes Natale apud Cadomum. Peracta sollempnitate paschali, rex Francie [78] collecto exercitu cepit plurima municipia regis Johannis, quorum quedam delevit, quedam ad sui presidium integra reservavit. Comites vero et barones Anglie, qui cum rege Johanne erant, accepta licencia, quasi statim redituri [79] ᴝad propria remearunt, rege cum admodum paucis in Normannia relicto. — Hugo [80] de Gurnai, traditor manifestus, castrum de Munford, quod rex Johannes cum toto ipsius honore contulerat ipsi Hugoni, regi Francie tradidit et milites ipsius clam de nocte introduxit; sicque spretis juramentis, non habito respectu ad fidelitatem, quam domino suo ligio debebat, ad regem Francie convolavit. — Castrum de Rupe obsessum est. — Magnates Normannie quidam a domino suo rege discesserunt, quidam ficte et ˣ alienato corde ei adheserunt. — Collecta [81] est pecunia per totam Angliam in regis auxilium, scilicet septima pars omnium reddituum baronum et monasteriorum conventualium. [82]

Marginal notes:
IVen. 479
ib. 480
ib. 481
„ 481 nach Apr. 6
IVen. p. 483

---

v *Aus Wend.*   w *In anderer Tinte.*   x duplici *am Rande von anderer Hand.*

[75] ita quod non unus solus pes evasit *sagt Johann's eigener, bei Coggeshale p. 138 erhaltener Bericht, der also auch von der Quelle des Textes und Wend.'s benutzt ist.* [76] *Taxter Z.* 23—4. [77] *Taxter Z.* 21—3. [78] *Taxter Z.* 25—8. [79] *Wend. schiebt eine Entschuldigung für die Barone ein.* [80] *Taxter Z.* 28—30. [81] *Taxter Z.* 31—5. [82] *Mit heftigem Tadel gegen den König, Wend.*

Dec.6
18
c. 24
Wen.
+84
1203
Dec.25
Jan. 2

Rex [83] Johannes applicuit in Angliam apud Portesmue die sancti Nicholai. Inde adiit Sanctum Aedmundum [84]; deinde Sanctum Thomam [archiepiscopum et martirem]. [y] 1204 Celebravit [z] rex Johannes Natale apud Cantuariam, Huberto archiepiscopo omnia necessaria regie festivitati ministrante. — In crastino Circumcisionis Domini convenerunt fere omnes magnates Anglie apud Oxeneford, tractaturi de regiis negociis. Promissa [85] sunt regi auxilia militaria, de scuto scilicet due marce et dimidia. Episcopi vero et abbates non prorsus sine

Wen.
488
Marz
6

promissione recesserunt. — Comites et barones se transfretaturos cum rege spoponderunt. [86] — Pridie n. Martii captum est castrum [87] de Rupe et omnes milites ducti in Franciam. — Prima vigilia noctis [88] kl. Aprilis tantus rubor in celo

ib.+89
Apr. 1

apparuit in parte aquilonari et orientali, quod ab omnibus videntibus verus ignis crederetur. Duravit autem usque ad noctis medium; et, quod magis mirum est, in ipso vehementissimo rubore stelle micantes apparuerunt. — Tota [89] Normannia et Andegavia et Cenomannia et Pictavia in regis Francie dominium sine contradiccione cesserunt, [que olim ad dominium regum Anglie solebant pertinere]. [b] —

Comes [90] Flandrie Constantinopolim cepit et factus est imperator Constantinopolitanus.

Marz
22

Regina Alienor diem clausit extremum XI [91] kl. Aprilis,

---

[y] *In Kreide um a. 1300 hinzugefügt. Auf der nächsten Zeile Celebravit rex, aber ausradirt und von hier an hinter jedem Jahre drei Zeilen frei.* [z] *Durch " " umgestellt hinter rex Joh. Ebenso zu allen folgenden gleichlautenden Jahresanfängen; wahrscheinlich von späterer Hand.* [b] *In Kreide c. 1300 auf das leere Ende der Zeile eingefügt; nicht in Taxter.*

[83] *Taxter Z. 35—7, also in derselben Anordnung wie hier; während Wendover die Geldsammlung hinter die Landung setzt.* [84] *Johann's Tauschvertrag mit Bury s. Rokewode zu Jocelin Brakelonde 154.* [85] *Taxter p. 166 Z. 1—2.* [86] *Sonst nicht berichtet.* [87] *Taxter Z. 2—4.* [88] *Taxter Z. 4—7.* [89] *Taxter Z. 7—8, dagegen bei Wendover vor dem Nordlicht.* [90] *Taxter Z. 10—2.* [91] *XII kl. Ap., sepulta apud Fontem Ebraldi Taxter Z. 9; in kal. Apr. Ann. Waverlei II, 256; in vielleicht aus III entstanden, was dann mit Necrolog Fontis Ebraldi, das Gussanville zu Petr. Bles. ep. 144 citirt, stimmen würde. Dass das von Pauli, Gesch. v. Engl. III, 308 citirte Necrolog. irrt, zeigt er selbst.*

cujus anima requiescat in pace. [92]   Amen! — Rex Johannes interim omnimodis vacabat deliciis, hylarem vultum omnibus exibens, acsi ei nichil deperisset.

Wen. +90
Iun.
14—
März
22

1205 Rex Johannes apud Teokesbiri [93] vix per unius diei morulam Natale celebravit. — Terra [94] vehementissime congelata agriculturam suspendit a 19 kl. Febr. c usque ad XI kl. April. — [H]oc anno renovata fuit moneta [95], anno Domini 1158 [96] olim facta scilicet anno 1° coronationis Henrici secundi. — Quartarium [97] frumenti 14 sol. vendebatur. Circa Pentecosten rex congregavit apud Portemue exercitum grandem et navium multitudinem copiosam, mare transiturus, ut in manu forti terrarum quas amiserat [98] dampna resarciret. Archiepiscopo et quibusdam aliis hoc dissuadentibus [99], rex, eorum spreto consilio, cum pauco comitatu,

Iuni 13

ceteris ad propria reversis sine regis licencia, idus Junii [100] mare ingressus est. Sed mutato consilio die tercio applicuit apud Stodland juxta Warham. De baronibus militibus

Iun15 23
*ib.*492
Iuli13
*ib*493

domibus religiosis pecuniam infinitam exegit rex. — Castrum Chinonis [1] in vigilia sancti Johannis Baptiste a rege Francie captum [2] est. — Hubertus [3] Cantuariensis archiepiscopus 3 idus Julii diem clausit extremum apud Thenham.

+94
nach
Mai
21

1206 Celebravit rex Johannes Natale apud Oxeneford. — Rex grandem exercitum coadunavit [4] in ebdomada Pentecostes apud Portemue

---

c *Die folg. 3 Zeilen bis* secundi *in anderer Tinte hineingeklemmt, von derselben Hand (?)*

[92] *Scheint zeitgenössisch.*   [93] *Das Itinerar zeigt ihn am 25. Decbr. 1204 in Malmesbury und Tewkesbury, am 26. in Tewkesbury und Malmesbury. Die Orte sind etwa acht Meilen von einander entfernt.*   [94] *Taxter Z. 13—4.* [95] *Taxter Z. 14—16. Cf. Ann. Winton. II 79, Coggeshale 151, Ann. Waverl. II 256.* [96] *Ueber diese Münzreform s. z. B o. S. 48. Ihr folgte 1180 eine zweite cf. Stubbs, Const. Hist. I, 488.* [97] quarternum *Taxter Z. 17,* suma *Wend., nur ein anderes Wort für 8 Bushels.* [98] Pro principatu provinciarum quem amiserat *Coggeshale 152.* [99] prohibente *Wend.,* dissuadente *Cogg.* [100] *Johann war 13. Juni in Portsmouth, 16. Juni in Dorchester. — Obwol er am 15. Juli nach dem Itinerar in Canterbury war, folgen die meisten Historiker Wendover (oder Paris in Chr. Maj. und Hist. Anglor.), der an dieser Stelle doch offenbar irrig Julii liest; ganz ebenso wie er aus Junii bei Hoveden IV, 115 auf p. 461 Julii gemacht hat.* [1] *Taxter Z. 17—18.* [2] redditum *Wend.,* captum *Cogg.* [3] *Taxter Z. 18 -19.* [4] *Taxter Z. 20—22.*

Mai
26
Juni 7

et naves conscendit VII kl. Junii[5] et applicuit apud Rupellam VII idus d Junii. [6] Quo audito congratulabantur incole terre illius et quantocius e ad dominum regem confluentes, opem et auxilium certissimis assercionibus compromiserunt. Securius ergo abinde procedens peragravit provincias et partem terre non modicam sibi subjugavit.

Wnd
495

Interim quibusdam viris religiosis de pace inter reges reformanda sollicitis, biennales [7] inducias impetraverunt. Factumque est hoc in festivitate Omnium Sanctorum. — Reversus [8]

Nov.1
Dec.
12

est igitur rex in Angliam et applicuit apud Portemue pridie idus Decembris. — Johannes [9] Ferrentinus apostolice sedis legatus, collecta maxima pecunia per totam Angliam, tandem ce-

Oct.
19

lebravit concilium apud Radinges in crastino Sancti Luce Ewangeliste; quo peracto, sarcinulis cum maxima cautela dispositis et commendatis, festinus viator ad mare perveniens, Angliam a tergo salutavit.

Wd.
511

1207 Celebravit rex Johannes Natale apud Wintoniam.

Jan.
27

Sexto kl. Febr. [10] circa mediam noctem ventus vehemens et repentinus adveniens edificia diruit, arbores prostravit, oves et

Febr.
28

pecudes exaggeratis nivibus involvens interire coegit. — Pridie kl. Marcii eclipsis solis. [11]

Wd.
514

Cassatis [12] electionibus Norewicensis episcopi et supprioris Cantuariensis, electus est in archiepiscopum magister Stephanus de Langetune presbiter cardinalis et consecratus a summo pontifice Innocencio civitate Biterni XV kl. Julii.

Juni
17
Wd.
516

Ob hanc causam rege indignante, expulsi sunt monachi Cantuarienses omnes preter XIII valitudinarios ab Anglia, substitutis quibusdam monachis Roffensibus et de Sancto Augustino et de Faveresham ad ministrandum in ecclesia Cantuariensi, per preceptum regis, Fulcone de Cantelu procurante immo dissipante exteriora, terris archiepiscopi remanentibus incultis.

---

d Julii *cod. und Wend.* e quamtocius *cod.*

[5] *Wend. wieder falsch* Julii *s. Anm. 100.* [6] *Am 8. Juni in La Rochelle. Itinerar.* [7] *Taxter Z. 22—3.* [8] *Taxter Z. 24—5.* [9] *Taxter Z. 25—30, dagegen bei Wendover vor den letzten 2 Zeilen.* [10] *Taxter Z. 30—1.* [11] *Ebenso Walt. Coventr.; Taxter Z. 32; nicht in Wend.; ohne Datum Paris p. 520.* [12] *Taxter p. 166 letzte Z. —167, 5.*

c.Nov 23
JVd. 520
Oct. 1
511
April

Circa festum sancti Clementis maxima fuit inundatio aquarum.

Eodem anno die sancti Remigii [13] regina peperit filium, et vocatus est Henricus. — [14] Rex [15] Otto venit in Angliam [16] et, colloquio habito inter regem Johannem avunculum suum et ipsum apud Stapelfordam [16b], in thalamo Samsonis abbatis Sancti Aedmundi, rediit [17] in terram suam, acceptis 5 milibus marcarum argenti a domino rege. — Terciadecima [18] pars data est regi de omnibus catallis habitis in octavis [19]

Feb.9

Purificationis sancte Marie. Solus archiepiscopus Eboracensis nolens consentire, res suas relinquens direpcioni; clamculo recessit ab Anglia. — Hoc anno et precedente fructus terre in omnibus pomeriis fere defecerunt.

JVd. 520
1208 Rex Johannes celebravit Natale apud Windelsores.

Facta est inundatio aquarum vehementissima et dampnosa. In crastino Purificacionis beate Marie eclipsis lune [20] primo coloris sanguinei postea teterrimi.

521
522
Marz
23

Londoniensis [21] Elyensis Wigornensis episcopi ex precepto domini pape X kl. Aprilis totam Angliam sub generali interdicto incluserunt, quia rex Johannes inobediens preceptis domini pape, archiepiscopum Cantuariensem f et monachos recipere recusavit. Ob quod dominus rex vehementer indignatus, omnes redditus ecclesiasticos confiscare disposuit et pro parte majori in usus suos convertit. Ob reverenciam tamen Sancti Aedmundi abbaciam Sancti Aedmundi in omnibus libertate pristina donavit apud Geldeford [21a], ubi Pascha celebraverat. — Amice [22] cleri.

ib.

Apr.6
ib.523

---

f Cart., *unter r ein Punkt, über a ein Strich cod.*

[13] *Taxter 167 Z. 14— 6.* [14] *Taxter Z. 11 4.* [15] Imperator *Wend. Dies würde genügen, um zu zeigen, dass er nicht Quelle unserer Annalen ist.* [16] *Kurz vor Ostern. Winkelmann, Philipp von Schwaben 404—6. Der Ort neu.* [16b] *In Essex, nahe London.* [17] *Vor dem 12. Juli in Braunschweig ib.* [18] *Taxter Z. 16—19.* [19] *Die Patent-Rolle datirt vom 7. Febr. Wend. gibt hier den 2. Febr. wol nur durch Auslassung des octavis; denn die Steuer wurde zu Oxford gewährt, wo das Itinerar den König am 10. und 11. Febr. aufweist.* [20] *Taxter Z. 20- 1 solis.* [21] *Taxter Z. 21—7.* [21a] *Guildford in Surrey. Johann gibt dem Abte die wegen des Interdicts süsirt gewesenen Güter am 7. April 1208 zurück: Rot. Lit. Claus. p. 110.* [22] *Taxter Z. 27—9.*

IVd.
523

corum Anglie coacte sunt per ministros regis ad sese redimendas. — [23] Horrea clericorum Anglie obserata sunt et custodiis ex parte regis positis tradita.

Juni
21

Philippus dux Suavie, regis Ottonis adversarius, in propria camera occisus est. [24] Archiepiscopi, episcopi,

Nov.
11

duces et ceteri principes Alemannie fidelitatem et homagia fecerunt Ottoni. [25]

IVd.
524

Willelmus de Brause circumvallatus hostibus vix evasit

ib. 524

cum tota familia sua fugiens in Hyberniam. — Facto interdicto [26], Londoniensis, Elyensis, Wigornensis et Herefordensis

ib 524

episcopi ab Anglia recesserunt. — Albi [27] monachi in principio interdicti cessantes, postea ad mandatum abbatis sui divina celebrare presumpserunt; unde excommunicati fuerunt. [28]

1209 Rex [29] Johannes celebravit Natale apud Bristowe et ibi prohibuit capturam avium. — Dux Saxonie [30] Henricus venit in

Mitte
Marz

Angliam ex parte regis Ottonis colloquium habiturus cum domino rege. — Lodowicus [31] filius Philippi regis Francie cin-

Mai
17

gulo militari donatus est apud Compendium et centum alii cum eo. — Ecclesiis [31a] Anglie conventualibus indultum est semel in

ib. 525

ebdomada celebrare divina clausis [32] januis. — Rex [33] Anglie

Ende
Juli
oder
Anf.
Aug.

duxit exercitum grandem usque ad Scociam, ubi confederati sunt reges Anglie et Scocie, datis obsedibus regi Anglie. — Combuste [34] sunt sepes et fossata complanata ubique per forestam, et segetes tradite bestiis ad devorandum.

---

[23] *Bei Wend. geht dieser Satz dem vorigen vorauf.* [24] *Fehlt Wend. Bei Matth. Paris p. 524 auch gut Welfisch* dux Suaviae; *aber in propr. cam. fehlt. Es steht bei Taxter Z. 29—30.* [25] *Taxter 167 Z. 30—168, 1 fehlt Wend. Frankfurter Reichstag cf. Winkelmann, Otto IV, 122.* [26] *Taxter 168 Z. 1—3; bei Wend. zwei Seiten vorher, vermuthlich um Gleichartiges zusammenzuordnen. Aber die Bischöfe verliessen England erst, nachdem ihr Bann gegen die Confiscatoren des Kirchenguts wirkungslos gewesen. Ann. Waverlei II, 261.* [27] *Taxter Z. 3—5.* [28] *Cf. Innoc. III Ep. XI, 141, Aug. 22.* [29] *Taxter Z. 5—6.* [30] *Taxter Z. 6—8; während Wend. und Paris (auch in Hist. Anglorum II, 117) irrig* Suavie. — *Der Rheinpfalzgraf heisst in allen englischen Quellen der Zeit regelmässig* dux Saxonie — *Ueber diese Gesandtschaft s. Sudendorf, Welfen-Urkunden des Tower No. 17—20; Winkelmann, Otto IV, 152.* [31] *Tax. Z. 9.* [31a] *Tax. Z. 11—2; bei Wend. vor dem vorigen Satze.* [32] *Diese zwei Worte auch W. Coventr. MS. Gale, Chron. Lanercost, Chron. Melrose.* [33] *Taxter Z. 12—4.* [34] *Taxter Z. 14—5.*

Wd.
525

Rex Johannes cepit homagia de omnibus hominibus libere tenentibus per totam Angliam, tam de clericis quam de
laicis liberum tenementum tenentibus, et Walenses venerunt facere homagia sua apud Wdestoch. — Albis monachis iterum indultum est semel in ebdomada celebrare
divina, sicut ecclesiis conventualibus. [35] — Stephanus [36]
archiepiscopus Cantuariensis et Londoniensis et Elyensis episcopi ex mandato regis Johannis venerunt in An-

c. Sept
29

gliam circa festum sancti Michaelis [37], colloquium cum
eo habituri et de pace ecclesie tractaturi. Sed nunciis
regis et archiepiscopi intercurrentibus, nichilque profi-
cientibus, redierunt in Franciam infecto negocio.
Abigei [38] homines nepharii et nominis Christi inimici
ab exercitu collecto per Franciam pro parte majori de-
leti sunt in partibus Tolosanis. — Rex [39] Otto profectus est Romam et ibi coronatus diademate imperiali

Oct. 4

IIII nonas Octobris die existente dominica.
Sentencia [40] lata est in dominum regem Johannem circa
festum Sancti Dionisii, nisi satisfaceret ecclesie infra [41]

„ 9
vor
Nov 8

octabas Omnium Sanctorum quod non fecit. — Omnes [42]
episcopi de Anglia recesserunt, ne regi Johanni com-
municarent, preter [43] Wintoniensem. — Hugo [44] Lincol-

Wd.
528
Dec.
21

liensis episcopus consecratus est a Stephano Cantuariensi archiepiscopo in Francia apud Meludinum die [45] sancti
Thome apostoli.

1210 Celebravit Natale rex Johannes apud Windelsores, ubi inter-

---

[35] *Fehlt Wend. Cf. Innocent. III Ep. XII, 10; 6. März.* [36] *Taxter Z. 16—20; fehlt Wend.* [37] *Am 2. Octob. nach Ann. Waverlei II,
263; Octobris . . mense Ann. Dunstapl. III, 32.* [38] *Taxter Z. 20—3,
fehlt Wend.* [39] *Taxter Z. 22—4, während Wend. p. 525 hierfür dem
Stück XIII folgt.* [40] *Taxter Z. 24—28.* [41] *Frist von nur* quindecim
dies *Ann. Winton. II, 81. Aber der Bann ward im November ausge-
sprochen. Ann. Dunstapl. III, 32.* [42] *Taxter Z. 28—29.* [43] Solus
Wintoniensis remansit in Anglia *Walter II, 202 und Ann. Dunst. III,
31. Peter des Roches, Johann's Minister, war allerdings 1209 der einzige in England anwesende Bischof.* [44] *Taxter 168 die letzten 3 Zeilen.*
[45] *Ebenso Wykes. Dagegen Ann. Wigorn. und Wend. ohne Ort, 13*
kal. Jan., *also 1 Tag früher, am Sonntage.*

fuerunt omnes magnates de Anglia communicantes ei. — Gelu [46] gravissimum per 7 ebdomadas durans semina frugum hiemalium exussit, pecudes et volucres et pisces interfecit. Orta [47] est dissensio inter dominum papam et imperatorem. Judei [48] per totam Angliam capti, tam femine quam masculi, carcerali custodie traditi sunt. — Exercitus [49] grandis collectus in Wallia apud Penbroc cum rege profectus est in Yberniam. Ibique eis, que ad pacem erant, dispositis, in Angliam remeavit. — De domibus religiosis per Angliam cujuscumque ordinis sine exceptione ad grave tributum persolvendum regi coacti ᶠᶠ sunt. [50]

Imperator [51] Otto a domino papa Innocencio excommunicatus est, et omnes magnates Alemannie a fidelitate ei prestanda absoluti, quia regem Sicilie orphanum et pupillum ac apostolice tutele relictum usque ad exheredationem persequi non cessabat.

Matildis uxor Willelmi de Brausa et Willelmus filius ejus carcerali custodie deputati defecerunt. [52]

Turris apud Sanctum Aedmundum fortissima absque omni impulsu [53] turbinis aut tempestatis magis prodigiosaliter quam causaliter cecidit 9 kl. Octobris.

1211 Rex Johannes transegit Natale apud Eboracum. — Walliam [53a] totam sibi subegit et leges et assisas Anglie Walensibus imposuit. — Willelmus de Brausa apud Codubam [54] diem clausit extremum et sepultus est Parisius apud Sanctum Victorem.

Comes Bolonie a rege Francie recessit. [55]

[56]Pandulfus subdiaconus sedis [57] apostolice cardinalis et frater

Side notes (left margin):
Wnd. 519 — 528 — 529 — *Anf. Iuni* — *Ende Aug.* — *ib.530* — *Wd.* 529 *Nov.* 18 — 531 — *Sept.* 23 — *Juli — Aug.* — *ib.533* — *Herbst* — 531

ᶠᶠ *sic cod.*

[46] *Taxter 169 Z.2—4. Cf. Ann. Teokesbur, Wigorn., W. Coventr. II, 201.* [47] *Taxter Z.1—2.* [48] *Taxter Z.4—5, bei Wend. vor dem vorigen Satze.* [49] *Taxter Z. 5—7.* [50] *Fehlt Wend., aber ähnlich Paris p. 530.* [51] *Taxter Z 10—4, bei Wend. in anderer Reihenfolge.* [52] *Taxter Z. 7—10, der apud Windlesoram fame interierunt aus Wend. 531 entnimmt.* [53] *Battely im Gegentheil p. 86 impulsu venti nach Taxter Z. 14—5.* [53a] *Taxter Z. 17—8.* [54] *Taxter Z. 16—7. Cordubam Wend., Curbulam Paris.* [55] *Taxter Z. 19. In Wend. vor dem vorigen Satze.* [56] *Taxter Z. 19—22. In Wend. stehen die folg. drei Sätze vor den zwei letzten Absätzen.* [57] *Nur Wend., in Paris ausradirt.*

Ende Juli
Sept.
53²
Durandus venerunt in Angliam cum mandatis apostolicis ad reformandam pacem inter regnum et sacerdocium. — Sed diabolico instinctu prepediti infecto negocio redierunt. — Scutagium captum est ab hiis, qui exercitui Walensium non interfuerunt scilicet 2 marc. — Vir nobilis et miles egregius Rogerus [58] constabularius Cestrie vitam finivit.

1211
Dec.
25
30
1212 [g] Rex Johannes celebravit Natale apud Wildeshores.

Sexto [59] die Natalis Domini apud Sanctum Eadmundum obiit pie [me]morie Samson, venerabilis abbas ejusdem loci. Qui, cum feliciter abbatiam sibi commissam rexisset annis XXX [60] duobus mensibus minus [h] et eam debitis multimodis liberasset, privilegiis libertatibus possessionibus edificiis amplissimis ampliasset, cultumque ecclesie in interioribus et exterioribus sufficientissime instaurasset [61], ultimo filiis vale presentato, a quibus benedictus in secula meruit benedici, astantibus omnibus non miserabilem sed mirabilem ejus transitum admirantibus, anno interdicti IIII^to quievit in pace.

1211
Nov.
Otto imperator, dispositis pro libito omnibus in regno Apulie et in insulis [62] adjacentibus, reversus est in Tusciam ubi, dum moram aliquandiu faceret, tractatum est de pace inter dominum papam Innocentium [63] et ipsum; sed infecto negocio Italiam [64] intravit excommunicatus.

1212.
März
4
Dominica qua cantatur Letare Jerusalem [65] filius [66] regis Scocie, quamvis statura parvus, procerus tamen et aspectu placabilis [66a], a rege Anglie Londonie apud domum Hospitalis [67] cingulo militari donatus est, et ipse 12 nobiles de Scocia fecit milites eodem die. — Quidam cognatus regis Scotie,

---

g *Das Folgende von anderer, doch nicht späterer Hand.*   h *d. m. m. blau über der Linie.*

[58] *de Lacy.*   [59] *Taxter Z. 23—4, cf. Rokewode zu Jocelin p. 156.* [60] *cf. oben a. 1182.*   [61] *cf. Stück XIII, M. Paris II, 533. Samson's Wirken s. Phillips l. p. 134 c.*   [62] *et Sicilia auch Ann. Wigorn. IV, 400. Der Angriffsplan gegen Sicilien blieb unausgeführt.* [63] *Die fruchtlosen Verhandlungen zu Montefiascone (cf. Winkelmann, Otto IV, 283) sind nur diesem Engländer bekannt.* [64] *Anfang 1212 in der Lombardei.* [65] *Taxter Z. 24—5.*   [66] *Alexander, später II.* [66a] *"Klein, aber (nicht dick, sondern) schlank und gefälligen Ansehens."* [67] *zu Clerkenwell, cf. Stück XIII und Wend.-Par. II, 533.*

Macwillelmus [68] nomine, cum multitudine gravi Scotiam applicavit et maximam partem terre depopulatus est, multis utriusque sexus conditionis et etatis morti addictis; et hoc, ut dicitur, de assensu quorundam magnatum Scotie. Rex Johannes misit in auxilium regis Scotie Brebancios multos, ducente [68b] eos quodam nobile Anglico. — Rex Johannes profectus
c. Juni 28 est Dunolmum, colloquium habiturus cum rege Scotie; eoque illac degente, Walenses [69] confederati juramentis et obligationibus mutuis constricti omnes sub Leulino (qui in Pascha
Mart 25 cum rege Anglie fuerat, dicto rege apud Kanteberge [69a] Pascha celebrante) insurrexerunt subito et ex insperato in regem Anglie, castra, que rex Anglie fecerat in Wallia, nullo
c. Juni resistente, devastantes, homines regis Anglie omnes, nullo delectu habito, decapitantes; inter quos Robertus Lupus [69b], qui multa mala Walensibus intulerat, captus est.
Mai Imperator Otto nuncios suos [69c] in Angliam ad regem avunculum suum direxit Cunradum de Diche et alium Cunradum et [70] quendam senescallum suum; quibus negocia domini sui et causam legationis sue proponentibus, rex multa contulit in auro et argento, equis et vestibus variis; sicque reversi sunt. — [C]omes Bolonie [71] multis a rege Anglie ditatus pecuniis in partes transmarinas reversus est, Hugone de Bove [72] nobile quodam transmarino et milite strenuo, ut dicitur, cum dicto comite iter agente.

---

[68] *Cf. Walter Coventr. ed. Stubbs II, 206.* [68b] *Robertson, Scotland under her early kings I, 428 hat also richtig combinirt, dass Johann nicht, wie Walter sagt, selbst nach Schottland zog.* [69] *cf. Brut y Tywysogion p. 270; Annales Cambriae (ebenfalls ed. Williams ab Ithel) p. 68; Walter Cov. II, 206; Coggeshale 164; Wend. 534, Ann. Margan., Winton. (a. 1211), Dunstapl. p. 33, Wigorn. s. a.* [69a] *Cambridge.* [69b] *Custos des vacanten Bistums Chester seit 9. Oct. 1208: Pat. Rolls p. 86.* [69c] *Johann rühmt sie in der Antwort an Otto IV., Sudendorf No. 24. Cf. Winkelmann, Otto IV, 354.* [70] *et vielleicht zu streichen. Denn Otto's IV. Seneschall, der sehr oft zwischen England und Deutschland Gesandtschaften besorgte, war Conrad von Wilre. Johann's Privileg für ihn bei Sudendorf No. 20.* [71] *cf. Pauli III p. 368, Winkelmann 353.* [72] *Ueber Hugo's spätere Dienste für Johann ib. 379, 398, 400, 405, 422, 437, 439—40.*

1212
Juli 1
Malgerus Wigornensis episcopus apud Pontiniacum [72c] diem clausit extremum ibique in pace sepultus est.

Mai
24
[R]ex Anglie nuncios suos direxit ad imperatorem Walterum de Grai cancellarium suum, Saerum de Quenci comitem Wintonie, Willelmum de Cantelu dapiferum suum, Willelmum [73] Traigoz, qui in Allemanniam profecti pre nimia commotione terre cum magno conductu vix ad imperatorem pervenerunt. Quibus ibidem commorantibus [74], imperator in
Juli 22
expeditione [75] existens cum filia ducis Suevie Isabel [76] matrimonium sollempniter contraxit eamque carnaliter cognovit,
Aug.
11
que paucis diebus post optato fruens matrimonio in fata cessit.

Robertus de Veteri Ponte [76b] a Walensibus obsessus et ad desperationem fere perductus cum multis aliis vix per regem Anglie cum celeritate summa properantem liberatus est, castro in quo obsessus erat igne consumpto funditus.

Nach
Mai
24
[G]odefridus de Luvein [77] ex precepto regis per [i] Flandriam latenter iter faciens, ad ducem de Luvein iturus, a filio regis Francie Lodowico captus est. — Prepositus Sancti Audomari de consensu burgensium reddit burgum cum pertinenciis et arium [k] cum pertinentiis Lodowico filio regis Francie. — Orta est dissensio inter Lodowicum et comitem Flandrie [78], rege Anglie inde gaviso et auxilium contra ini-

---

[i] Fr[anciam] *ins. cod. aber durchgestrichen.*   [k] *sic cod.* = ariam?, *was bei Du Cange für* area, *Marktstadt.*

[72c] *cf. Stück XIII, Wend. II, 533, Ann. Waverle. II, 267.*   [73] *Nach dem Begleitschreiben, Sudendorf No. 24 u. 25* Robertum. *Die übrigen Namen stimmen. Vgl. Winkelmann, Otto IV, 354.*   [74] *Dies sonst nicht berichtet.*   [75] *Taxter Z. 26—8.*   [76] *Otto IV. heirathet Beatrix, Tochter König Philipps, zu Nordhausen, Winkelmann Otto IV, 308.*   [76b] *cf. Ann. Cambriae II, 68* a. 1212: Robertus de Wepini in fugam versus in Angliam vix evasit; *Brut y Tywysogion a. 1211 (e'n Jahr zurück, wie auch Johann's Zug gegen Irland 1209 statt 1210 erzählt wird):* Mathraval in Powys; made by Robert Vepont, they subdued and whilst they were reducing that, the king with a vast army came to oppose them, and he himself burned it with fire. *(Uebs. Ed. Williams ab Ithel).*   [77] *Johann's Brief an Heinrich von Brabant, vom 24. Mai, erwähnt dieses Boten, Sudendorf No. 25.*   [78] *Ferrand, durch seine Gemahlin, die Tochter Kaiser Balduins, Graf von Flandern.* Lud-

micos non modicum sperante. Sed astucia regis Francie discretione previa turbata sedavit.

Oct 25 Johannes Cumin, archiepiscopus Diflinensis in senectute laudabili et admirabili [78b] mortuus est et ad patres suos positus; post quem electus est ad sedem illam archidiaconus [79] de Stafforde, qui a rege Anglie licenciatus in Yberniam profectus est.

Johannes Norwicensis episcopus II[us], collecto exercitu, terram regis de Keneliun [79b] in manu forti ingressus, castrum ibi firmavit. Quod dictus rex moleste ferens, collecto exercitu suo, dictum episcopum fugavit, multosque de exercitu suo interfecit. Castrum tamen debellare non potuit.

[*R*]icardus de Marisco [80], precipuus regis Anglie consiliarius, debita Judeorum cum usuris ab omnibus improbissime exigens, multos desolatos constituit.

Fama (malum, quo non aliud velocius) de comitatu in comitatum, de civitate in civitatem, de castro in castrum, de vico in vicum discurrens, apud quosdam predicavit: reginam raptam, juniorem filium regis apud Merleberge interfectum cum magistris et custodibus suis, castrum succensum, et omnia, que in castro erant, direpta; apud alios: thesauros regis apud Bristov raptos ab advenis; apud quosdam: exteros in Angliam in manu valida applicuisse. Hec omnia nil esse, rei exitus declaravit.

Iuli 11 Ignis [81], in furore succensus, Londoniis ultra pontem [82]

---

wig *VIII.* beanspruchte Aire und S. Omer als Erbe der Mutter, einer Nichte des Philipp von Elsass, cf. Geneal. Flandr. Mon. Germ. SS. IX, 330. [78b] cf. Walt. Cov. II, 208. [79] Heinrich, geweiht 1213 Ann. War. II, 273. [79b] Cenel-Eoghain (Kinel-Owen) in der jetzigen Grafschaft Tyrone. Ueber Johann de Gray's Niederlage vgl. Annals of Loch Cé ed. Hennessy I, 247. [80] Später Bischof v. Durham. Damals wegen Erpressung von Geistlichen berüchtigt, wurde er, weil er vor Johann administrirt hatte, noch 1212 nach Rom zur Verantwortung gezogen. Ann. de Dunstaplia (Ann. monast. ed. Luard III) p. 40. [81] Taxter Z. 28—30. [82] Southwark, cf. die dortigen Ann. in Matth. Paris II, 536 und in Stück XIV unten, ferner Ann. Monast. I, 60, II, 268, IV, 400, Chron. London. (in Liber de antiq. legibus ed. Stapleton für Camden Soc.) p. 3, Walter v. Coventry (ed. Stubbs) II, 205.

maximam partem civitatis cum ipsis civibus et ecclesiis et possessionibus et suppellectili diversimoda devoravit, nec ponti detulit, quamvis elemento contrario[m] [*pro*]xime superposito. Tanta enim virtute protenditur[mm], ut merito apud quosdam dubitetur, utrum plures flamma consumpserit, seu fumus extinxerit, aut flammam fumumque fugientes aquis immerserit perituros. An talia in detestationem impietatis humane, sine qua nil factum est, divina providerit dispositio, quis ambigat? cum peccatum naturale apud omnes inolitum aqua deleverit in diluvio, et, quod contra naturam sodomitica produxit detestatio, ignis assumpsit!

Ende Juli
Rex Anglie in Walliam profecturus, victualia ad Cestre [82d] duci fecit in multitudine non prius audita, a singulis domibus Cysterciensis[m3] ordinis bigas[83] accipiens ad arma et cetera, que exercitui suo expedirent, deferenda. — De singulis comitatibus, baroniis, monasteriis et prioratibus pedites[n] cum ligonibus et securibus electi sunt et, ut in Walliam eant, iter arripiunt.

Detectum[84] est interius[nn] et regi datum intelligi, quod omnes nobiles ejus per dominum papam a fidelitate ei prestita absoluti, litteras domini pape receperunt, insuper quod de eo capiendo, si Walliam secundum propositum suum proficisceretur, ab[o] omnibus magnatibus suis una et consona deliberatione provisum esset et statutum. Rex, hoc audito,
Aug. non parum timens sibi, apud Notingeham moram fecit, precipiens, ut singuli quique ad propria remearent. Nec erat Anglicus quis, cui proditionis notam non imponeret. Ecce regni universalis turbatio; trepidant universi, regis seviciam timentes. Tandem vero, a nobilibus obsides accipiens et eorum nobilium saltem consilio se crediturum, remotis a

---

m *Statt* pro *ein Loch im cod.*   mm propenditur, *aber unter dem zweiten* p *ein Punkt und darüber* t.   m³ Cysterniensis *cod.*   n pedices *cod.*   nn *Vielleicht* interim *gemeint.*   o ab *wiederholt.*

82d *cf. M. Paris II, 534.*   83 quadrigas *Coggeshale p. 164, cf. Ann. Waverl. 268.*   84 *Stark gekürzt* Taxter 169 *die vier letzten Zeilen, cf.* Walt. Cov. II, 207: Coggeshale 165: Wend. 534. Ann. Morgan, Waverley II, 268. Dunstapl. 34. Wigorn. s. a.*

familiaritate sua alienigenis, promittens, rex securitati redditus est. — [*R*]obertus [85] filius Walteri, capi jussus sed premunitus, premissis sub silentio uxore et prole sua, Galliam
adiit, que nulla fuit in alios, ut viderat, misericordiam regis non expectans. — Rex [86] Anglie securitatem literatoriam
accepit a nobilibus Anglie, quod, contempto papa et omnibus aliis, starent cum eo contra omnes. — Galfridus [87] Nor-
wici, clericus [88] nobilis, eo quod diceretur scriptum domini
pape coram baronibus de Scaccario recitasse, a rege vocatus, ut rationem redderet, apud Notingeham captus est et
in tantum [P] ferro vestitus [88b] quod mortuus est. — Archidiaconus [89] de Huntedune [90] captus est et incarceratus, sed, datis 2 milibus marcis, servatis dignitate et loco et familiaritate, Londonias remissus est.

Rege a conventu Sancti Aedmundi [91] auxilium onerosum
petente, coactus est conventus, quamvis [q]

---

p tm *cod.*, *dazwischen ein Haken, der sonst* er *bedeutet:* interim *Taxter.* q *Hier endet cod.*

[85] *Tax. 170 Z. 1—3, cf. Coggeshale 165; Wend. 534; Walt. Cov. II,
207.* [86] *Taxter 3—5.* [87] *Taxter 5—9.* [88] *Wend. II, 527, dem Paris
folgt, setzt dies* 1209 *und nennt ihn irrig Archidiacon; wie Luard schon
bemerkt, hiess der damalige Archidiacon von Norwich auch Gottfried.
Coggeshale a.* 1212 *„clericum“; so auch Ann. de Dunstaplia (wo überhaupt eine Verschiebung um 2 Jahre) a.* 1210 *und Paris (II, 537,
nicht Wend.) a.* 1213. [88b] *capa indutus plumbea Wend.* [89] *Abgekürzt
Taxter 9—11.* [90] *Wilhelm von Cornhill, wie der vorige vom Exchequer,
seit* 1215 *Bischof von Lichfield.* [91] *Hiermit hängt wol Taxter p. 170
Z. 11—13* Burgenses S. Edmundi promiserunt, quamvis inviti . . col-
lectam *zusammen.*

XII. Annales Colecestrenses.

Die Benedictiner der Johannis-Abtei zu Colchester, in Essex dicht an der Grenze Suffolk's, holten sich als Leitfaden für die allgemeine Geschichte aus dem nahen Bury S. Edmunds die Taxter'sche Chronik, deren früherer Theil im Wesentlichen ein Auszug erst aus dem in Worcester interpolirten und fortgesetzten Marianus Scotus, dann aus den Annalen von S. Edmunds [1] (Stück XI) ist. Aus einem solchen Exemplar beantwortete Colchester [1a] 1291 Edward I. Anfrage, betreffend die Hoheit Englands über Schottland. Etwa in demselben Menschenalter fügte man einige Zusätze über das eigene Stift hinein.

Eine Abschrift dieses vielleicht verlorenen Exemplars ist das im folgenden Druck benutzte MS. Harley 1132. An Lücken, falschen Interpunctionen und Initialen, Lesefehlern wie VIII für uni, erkennt man den mechanischen Copisten. Seine Hand ist die der Mitte des XIV Jh.; zum Jahre 1120 erwähnt er am Rande einen Vorgang von 1320. Heute ist das MS. verstümmelt: es fehlen der Anfang bis a. 231, das Stück a. 299—500, und, wie das am unteren Rande des letzten Blattes für den Beginn der nächsten Seite vorgeschriebene Wort zeigt, das Ende hinter a. 1193. (Der Catalog sagt: 1215, das ist aber das Jahr von Marian's Zeitrechnung). Der Band gehörte den Antiquaren Fox, dann Le Neve. Als aus S. Edmunds stammend ist er irrig wol nur seines Taxter'schen Inhalts wegen bezeichnet worden.

Für das Stück hinter 1152 ist die Thorpe'sche Ausgabe [2]

---

[1] Doch hat Taxter vielleicht auch deren Material, die Normannisch-Südenglischen Annalen und Diceto benutzt. Zu 1040 bringt er die Sagen über Heinrich III.: ista invenies in libro Will. de Malmesburi. [1a] Palgrave, Docum. and Rec. ill. the Hist. of Scotland p. 110. [2] Sie lässt den Anfang des Marian-Florenz bis 449, sämmtliche aus Marian stammenden Stellen trotz stilistischer Abweichungen aus und ebenso ganze Sätze von der Fortsetzung aus Worcester und Bury S. Edmunds.

[Randnotiz ᵀᵘˣ· mit Seitenzahl] und, wo diese wie z. B. 1162 lückenhaft war, das ihr zu Grunde liegende MS. Cotton Julius A I [Randnotiz: ᵀᵘˣ· ᴶᵘˡ·], für den Anfang vor 1152 aber nur das letztere mit dem Colchester'schen MS. verglichen, und nur das, was Tax. und Tax. Jul. fehlt, von a. 742 an hier abgedruckt worden. Allerdings hat sicher ein anderes Taxter-MS. als Julius den Mönchen von S. John's vorgelegen, da in Julius im Anfang fast alle Jahreszahlen fehlen und z. B. 1115 schlechtere Lesarten als in Harley begegnen. Also mögen auch von den hier gross gedruckten Nachrichten einige wie die zu a. 870 anderen Taxter'schen Handschriften entstammen.

Ausserdem ist Gottfried von Monmouth für a. 542 benutzt und als Liber de Bruto *citirt, ferner Malmesbury zu a. 849 herangezogen und genannt. Ohne Namen der Vff. erscheinen Stücke aus einem Diceto-Codex der Classe B und einem Radulf von Coggeshale* [3] *in einem MS., das mit keinem der letzthin herausgegebenen identificirt werden kann. Coggeshale liegt dicht bei Colchester und hatte selbst das Werk des Diceto, des Decans der nahen Londoner Kathedrale, verwerthet.— Durch das Ausschreiben zweier Quellen ist einige Male Ein Ereigniss zweimal erzählt worden.*

Historisch beachtenswerth sind lediglich die Localnachrichten des folgenden Werkes: über die Succession der Aebte von Colchester 1115, 7, 40, 58, 68, 84, 5, den Kirchenbau 1115, 33, den Tod des Stifters Eudo dapifer 1120 (und seine Translation 200 Jahre später) und seiner Gemahlin 1121. Aus der Nachbarschaft wird die Gründung der Celle Snapes 1155 (s. auch die Priorensuccession 1185) sowie der Klöster Leystone 1183 und Butley 1171 vermerkt, aus dem letzteren auch die Kirchweihe 1188 und ein Wechsel im Priorat 1192 berichtet. Besonders wichtig aber ist die längere Gründungsgeschichte von S. John's zu a. 1095. Einen ähnlichen Bericht verwerthet Cromwell, History of Colchester I, 221 und druckt Monasticon Anglic. IV, 607 "aus MS. Nero D VIII." Dies sind nur drei, s. XVI med. schön geschriebene Papierblätter, auf denen die Reihe der Aebte bis 1533 geführt ist, mit der

---

[3] *Randnotiz:* ᶜᵒᵍˢ· *Ausg. Stevenson in Rolls Series.*

Ueberschrift: Marianus libro tertio de monasterio Colece-
strensi et ejus fundatore. *Da diese* Genealogia Eudonis *vielfach
vollere und bessere Lesarten gibt als unser MS. Harley, so
ist nicht dieses selbst, sondern wol des letzteren oben bespro-
chene Vorlage unter dem 'Marian' verstanden. Sie ist keine
Abschrift, sondern eine stilistische Ueberarbeitung mit vielen
Auslassungen, aber vermehrt mit bunten Sagen (cf. Freeman,
Norm. Conq. III, 683) und meist weniger für die Mönche
gegen den Stifter parteilich als MS. Harley. Unzweifelhaft lag
beiden eine echte alte Ueberlieferung zu Grunde, deren erste
Aufzeichnung sich jetzt nur aus dem Drucke des Monasticon
und dem nachfolgenden wiederherstellen lässt.*

---

*Dic.
Abbr.
Chron
ib.5+2
nur B*

[a] Anno ab Incarnacione Domini 524 Arturus rex Britonum
Britanniam exiens, sibi Franciam subjugavit et comicia suis distribuit.[1]
In ultima Britannia, quam Arturus optinuit, precipua ferri materia
est, sed aqua ferro violentior, quippe temperamento ejus ferrum acrius
redditur. Nec ullum apud eos telum probatur, quod non fluvio Calibi
tinguatur. Unde etiam finitimi [b] gladium ejusdem Arturi Caliburch
dicunt.

„   Anno ab Incarnacione Domini 543 Arturus Lucium reipup-
plice procuratorem occidit. In Britanniam rediens, Modredum nepotem suum devicit, sauciatus in insulam Avallonis ad vulnera curanda
secessit.

*Galfr
Mon.
XI, 2*

Anno ab Incarnacione Domini 542, sicut invenitur in libro, qui loquitur de Bruto, Arturus Modredum nepotem suum
devicit et occidit, et ipse Arturus letaliter vulneratus in insulam
Avallonis ad vulnera sua curanda perrexit . . . . .

*Dic.
I, 102
nur B*

[c] Anno ab Incarnacione Domini 594 Gormundus rex Affri-
canorum et Yfembertus [d] nepos regis Francorum armati navi Britanniam intraverunt, succenderunt urbes et patriam vastaverunt. Theonus autem Londoniensis archiepiscopus et Bdrocenus [e] Eboracensis,
dum ecclesias sibi subditas destructas vidissent, sedes proprias relin-
quentes, transfugerunt ad Walliam.

---

a *Im unteren Rande von fol. 4 v. in der Hand des Textes.* b finitivi
cod. c *Im unteren Rande von fol. 6 v. in der Hand des Textes.* d
Ysembertus *Dic.* e Kadiocenus *Dic.*

[1] *Diese und die folg. Nachr. gehen zwar auf Galfr. Monm. zurück,
stehen hier aber in den Worten Diceto's.*

Dic.
Abbr.
Chron **ᵃ Anno Domini 652** Sanctus Oswaldus rex Northanimbro-
rum occisus est a Peanda rege Merciorum.

„ **Anno Domini 654** Sancta Ositha filia Fredewaldi et Wilburge
filie Peande regis Merciorum, uxor fuit Siheri regis Anglorum ²
Orientalium, quam Hecca et Baldewynus episcopi Orientalium Anglorum Deo dedicaverunt . . .

D.c.
808 806 Alewinus de Britannia magister Karoli nobilissime claruit . . .

Tax.
Jul. 849 Alfredus vel Aluredus filius regis Aethelwlfi nascitur cujus genealogia tali serie texitur a Mariano: Alfred rex filius [E]thel-
wlfi regis — qui fuit Adam. Mater quoque ejus Osburh nominabatur. Juxta cronica Malmesberi ita continuatur genealo-
Malm gia regum Anglie: Athelwlfus fuit filius Egbricti — filius Noe
II,172 in archa natus . . .

870 Sanctus Edmundus rex Orientalium Anglorum a duce
gentili, nomine Ynguar occisus ᶠ est apud Eilesdone,
quod alio nomine Hoxne ³ dicitur . . .

Tax.
Jul. 1063 Haroldus juravit Willelmo se — regnum — servaturum. Sed
Dic. cum reversus fuisset in Angliam, perjurii crimen elegit ⁴ . . .

1095 ⁵ Hoc anno, qui fuit annus regni Willelmi junioris An-
Aug. glorum regis circiter 8, kalendarum Septembrium die
29 ferme quarto, Londoniensi antistite presente Mauricio,
permensum est, favente Deo, Colecestrense cenobium
extra muros ejusdem urbis a parte videlicet australi,
ubi mons modicus erat. In cujus aquilonali declivo ᵍ
quedam sub beati Johannis Ewangeliste memoria capel-
lula consecrata habebatur, tabulatu ligneo ab antiquis
compacta temporibus. Que ab illius loci incolis plurimum honoris et reverentie promeruerat; eo maxime,
quod nonnullis eam aliquando comperissent divinitus
illustratam fuisse miraculis. Annoque sequenti, exacta
celebritate paschali, fertur opus inceptum. Primum
lapidem vir illustris Eudo jecto in fundamento, secundum serenissima conjux illius Rohasia, tercium ejus-

---

f *occiosus cod.* g *declino cod.*

² *Vielmehr* Saxonum.   ³ *Dieselbe Ortsangabe Bromton (X SS. ed.
Twysden) c. 805. — Hoxon, Suffolk cf. Blomefield. History of Norfolk
II, 24.* ⁴ *Statt dessen Tax. Jul.:* Inicium dolorum hec. ⁵ *cf. Monast.
IV, 608 = Bouquet XII, 789, wo die Ann. Mutter u. Tochter verwechselt.*

dem matrone germanus, comes videlicet Gilbertus de Clara, quartus et deinceps pro virorum nobilium, qui presentes affuerant, numero pariter et ordine positi memorantur. Brevi post hec spacio temporis elapso, duo Rofensis [h] ecclesie monachi, predicto Eudone supplicante et Gundulfo ejusdem ecclesie Rofensis episcopo procurante, Colecestriam sunt transmissi, summoque [i] cum gaudio a predicto fuisse referuntur Eudone suscepti. Traditur in continenti novis hospitibus noviter cepti operis custodia, diebusque multis memorati Eudonis aluntur stipendiis. Cumque crebro minus abunde quam cuperent ministrarentur fercula recumbentibus, solitoque rarius propinarentur pocula sitibundis, pertesi continuo parcioris pastus, monasterium, unde regressi fuerant, repedare maluerunt. Post quos memorati antistitis cura et opera Colecestriam alii ejusdem loci destinati sunt, inter quos sane vir unus, Radulphus nomine dictus, conversationis atque probitatis insignis [k] illuc advenisse perhibetur. Qui modis omnibus domino institit persuadere Eudoni, quatinus fundato noviter monasterio tantum terrarum reddituumque conferre satageret, unde sibi secumque degentibus in victu ac vestitu sufficienter necessaria ministrari valerent; inhonestum nimis fore protestans, monastice institucionis legi subactos necessaria diebus singulis a laica manu sperare, eorum et pro libitu cotidianum accipere victum. — Talia illo proferente pro loci temporisque oportunitate, sed parum sive [l] nichil proficiente, supra modum doluit et perinde, ut alii, loco cedendum ducens, proprium monasterium, junctis sibi sociis, omni sublata spe reversionis, adivit. Quapropter predictus Eudo Stephanum Eboracensem abbatem, cujus opera ac studio Eboracense cenobium noviter constabat exstructum, adiit. Hujus itaque religionis fama [m] longe lateque in omnium ore celebris habebatur. Convenientibus igitur

---

h Rosensis *cod.* i summaque *cod.* k *in anderer Tinte am Rande.* l sum *cod.* m que *ins. cod. Aber fast fortradirt.*

utrisque, habitus hinc inde sermo sortitus fuerat exitum, ut idem abbas venerabilis monasterii Colecestrensis de cetero curam gereret ac, nonnullis e suis monachis illo directis, ejus promocioni, quoad proprii monasterii debita solicitudo permiteret, studiosius incumberet; dummodo Eudo sufficientes in opus novum subministraret expensas servisque Dei illic aggregandis tam in terris quam in redditibus vite presenti necessaria abundancius provideret. Brevi post hoc elapso tempore, memoratus abbas, sponsionis sue haud [n] executor, ex Eboracensi cenobio bone opinionis viros numero tresdecim electos cum nonnullis codicibus aliisque divino cultui necessariis Colecestriam destinavit, uni [o] eorum, Hugoni nomine, honesto valde viro, prioratus munere prudenter, ut decuit, in ceteros contradito. Quem et eisdem designavit abbatem in posterum, si forte eorum succrescens divino nuto collegium hujuscemodi appellacionis pastorem sibi prefici exposceret. Quod ita postmodum [p] contigisse haud dubium est. Venientes itaque supradicti viri Colecestriam ab Eudone sunt debita cum veneratione suscepti. Qui protinus, ut anterius erant edocti, sese totos intra virtutum fines colligentes cultui divino operam modis omnibus indulserunt. Quapropter amor omnium in illos crescebat, multiplicabatur, disseminabatur. Fama quoque in ulteriora ferebatur; tota etiam erga illos patria obsequiis et amore atque honore certabat. Ipsi quoque Eudoni merito religionis admiracioni fuerunt pariter et honori. Hinc et cepti operis provectum totis insistens conatibus urgebat, id quod terrarum reddituum crebriori donacione modis omnibus locupletare satagebat. Quapropter, crescente numero fratrum, idem Hugo prior ejusdem ecclesie abbas efficitur [q] . . .

Tax.? 1114 Tamisia exsiccatur et mare X miliaria duobus diebus. [6]

---

n *ergänze* segnis.　　o · VIII · *cod., später geändert in* uni.　　p *Lücke mit Rasur.*　　q *in anderer Tinte am Rande.*

　6 *Fehlt Jul. Aber vielleicht aus Ann. S. Edm. (oben p. 131) in ein anderes Taxter-MS. übergegangen.*

Tax.
Jul. **1115** Albuldus prior Sancti Nichasii [7] de Mollent [in Normannia] [r]
factus est abbas Sancti Edmundi. Dedicata est ecclesia
Sancti Johannis Colecestrie a Ricardo Londoniensi et
Hereberto Norwicensi episcopis. Eodem anno mense
Aug. Augusto Hugo primus abbas Sancti Johannis Colecestrensis cessit [8] cura pastorali, rediensque [s] Eboracum . . .

1117 Gilbertus monachus Becci factus est abbas Sancti Johannis Colecestrensis . . .

1120 Obiit [9] Eudo dapifer, fundator abbacie Sancti Johannis
Fe r. Colecestrensis, mense Februario in Normannia, qui in
capitulo Sancti Johannis Colecestrie tumulatur.

    [t] [Et ibidem per 200 annos, videlicet usque ad annum
Domini 1320, requievit. Sed mox per abbatem Walterum II et conventum predicti loci de licencia magistri
Stephani de Graveshende, tunc episcopi Londoniensis,
,, ') a dicto capitulo in novum presbiterarium 14 kal. Marcii ob ejus reverenciam et pluri[m]orum devocionem
transferebatur: tali tamen condicione, ut totus conventus qualibet die, capitulo finito, cum psalmis 'Verba
mea etc.' in chorum rediret et ebdomodarius magne
misse [9a] usque ad capud suum progrediens et ibidem
absolucionem mortuorum faciens, in fine adjungeret
'Anima Eudonis et anime omnium fidelium defunctorum
per miseriam Dei in pace requiescant'] . . .

1121 Obiit Roasia Eudonis uxor dapiferi 7 Idus Januar., que
Jan. 7 in monasterio (Beccensi) [u] in Normannia sepelitur . . .

1133 Ecclesia Sancti Johannis Baptiste Colecestrensis cum
omnibus officinis suis simul et cum magna parte ejusdem ville incensa est; quam abbas Gilbertus primus
reedificavit et officinas a parte [v] australi ipsius ecclesie
possuit, que tamen primo a parte [v] aquilonali fuerunt . . .

---

r *am Rande in anderer Tinte.* s *sic cod.* t *Das Folgende in anderer
Tinte, aber gleichzeitiger oder gleicher Hand am unteren Rande.* u *In
anderer gleichzeitiger Hand auf Rasur.* v *apte,* p *unten durchstrichen cod.*

    [7] *Richtig. Jul.:* Nicholai.   [8] *Die Erwähnung des Zwistes zwischen
Abt und Patron wahrscheinlich hier unterdrückt.*   [9] *Ausführlicher Monast. IV, 606 b unten.*   [9a] hebdomadarius *heisst der Mönch, an dem
die Reihe ist, in der betreffenden Woche das Hochamt zu halten.*

Aug. 1140 Obiit Gilbertus, sancti Johannis Colecestrensis abbas secundus, mense Augusto. Cui successit Willelmus ejusdem ecclesie monachus . . .

1142 Obiit Willelmus tercius abbas Sancti Johannis Colecestrensis, cui successit Hugo ejusdem ecclesie monachus...

Nov. *14* 1148 Translatio Sancti Erkenwaldi XVIII kal. Decembris [10] . . .

Cogsh 1149 Facta est abbatia de [Sibetuna] w [11] . . .

„ 1150 [11a] Hoc anno gelare cepit a quarto Idus Decembris usque XI kal. Martii, et Tamisia sic gelata est, ut pede et equo transiretur . . .

1155 Ecclesia conventualis de Snapes [12] fundata est. ˣ [Fundacio ecclesie de Snapes Suffolcensis] . . .

1158 Obiit Hugo de Haya quartus abbas Sancti Johannis Colecestrensis, cui successit Gilbertus ejusdem ecclesie monachus . . .

Tax. *Iul.* *Inni 3* 1162 [12b] Thomas archidiaconus Cantuariensis et regis cancellarius consecratus est in archiepiscopum 3 Non. Junii, dominica prima post Pentecosten . . .

Dic. *Cap.* *Ym.* 1163 Rex consuetudines, quas avitas appellant, a domino papa peciit confirmari, sed non optinuit, Thoma archiepiscopo resistente . . .

I. 270 1168 Eodem anno Gilbertus secundus, Sancti Johannis Baptiste Colecestrensis abbas quintus obiit, cui successit Walterus ejusdem ecclesie monachus . . .

Tax. *138* 1170 Henricus regis filius conseceratur . . . apud Westmonasterium . . .

Anno milleno centeno septuageno

Anglorum primas corruit ense Thomas . . .

Febr. *23* 1171 Fundata est ecclesia Sancte Marie de Butelle [13] in Cathedra Sancti Petri . . .

Tax *154* 1178 Rex dotavit Galfridum filium suum cingulo militari apud Wodestoch . . . .

Cogsh 1178 Hoc anno reliquie sancti Amphibali martyris, qui beatum Albanum Anglie prothomartirem ad fidem Christi convertit, sicut

---

w *Am Rande in gleichzeitiger Hand; im Texte stand* Siberuine. x *Am Rande in wenig späterer Hand.*

[10] *In der Paulskathedrale zu London. Ohne Datum Coggeshale Ms. S. Victor; Datum ebenso Matth. Paris Chr. Maj. II, 183; Missale Sarisbur. a. 1501.* [11] *Sibton, Cistercienser-Abtei in Suffolk.* [11a] *In Cogsh. V. ist die Nachricht undatirt.* [12] *In Suffolk, Celle von S. John, Colchester.* [12b] *Nicht in Thorpe's Druck.* [13] *Butley, Suffolk.*

in Historia Britonum [14] legitur, invente sunt. Et [15] lapides pluebant . . . .

1183 . . [y] Eodem anno facta est abbacia de Leistun [16] . . .

1184 Obiit Walterus Sancti Johannis Colecestrensis sextus abbas . . . .

Cogsh 1185 Hoc anno misit rex Henricus II Johannem filium suum in Hiberniam cum valida manu . . . Osebertus prior de Sn[a]pes, professus ecclesie Sancti Johannis Colecestrensis, ejusdem loci efficitur abbas post mortem Walteri abbatis . . . .

*Tux.
156* 1186 Guido Jopensis consecratur in regem Jerusalem, vero posthumus est natus post exequias genitoris. [16a]

*Dic.
II, 48* 1187 Constancia Britannie comitissa, quam maritus suus filius regis Anglorum Galfridus vita decedens reliquerat gravidam, die festo Pasche peperit filium, quem Britones vocaverunt Artur, scilicet

*Tux.
ib.
vor
Sept.8*   4° kal. Aprilis. Constancia comitissa Britannie peperit Arturum filium posthumum. Hoc anno ante Nativitatem beate Marie apparuit sol ab hora 6[a] usque post decimam quasi luna prima. Et cito post Nativitatem beate Marie

*Dic.
II, 50*   crux Christi capta . . . Ricardus comes Pictavie primus inter proceres regni Francorum crucem suscepit de manu Bartholomei Turronensis archiepiscopi, non exspectato patris sui consilio nec voluntate . . . .

*Tux.
157* 1188 Reges Francie et Anglie, scilicet Philippus et Henricus II

*Dic.
II, 51*   crucem post Nathale Domini susceperunt de manibus archiepiscoporum Tyrensis scilicet et Rothomagensis . . . Hoc anno

*Sept.
24*   dedicata est ecclesia conventualis Sancte Marie de Buttele 8 kal. Octobris a venerabili patre Johanne [18] de Oxonia, episcopo Norwycensi ad instanciam Ranulphi de Glanvilla, fundatoris ejusdem ecclesie . . .

*Tux.
157* 1189 Ricardus rex dedit Cisterciensibus centum marcas annuas ad procurandum capitulum de diversis terrarum spaciis ibidem convenientibus. Hoc anno Godefridus, qui fuit filius Ricardi

*Dic.
II, 60*   de Luci, factus est episcopus Wintonie et Hubertus cle-

---

[y] *Am Rande von der Hand des Textes.*

[14] *Galfr. Monm. V, 5.* [15] *Fehlt Cogsh. H.* [16] *Leystone, Suffolk.*
[16a] vero—gen. *muss wol zu der folgenden Nachricht über Arthur gehören.* [18] *cf. Monast. Angl. VI, 379.*

Oct.
21
ricus Ranulfi de Glanvilla Walteri episcopus Salesbiriensis post festum sancti Michaelis [18a] . . .

Dic.
II, 84
1190 Circa festum Nativitatis sancti Johannis Baptiste Baldewinus Cantuariensis archiepiscopus et Hubertus **Walteri** episcopus Salesbiriensis et Ranulphus de Glanville quondam Anglie
regni justiciarius et **multi alii** itinere recto tendentes versus
Jerosolimam a sinistra reliquerunt Siciliam et post pericula multa
tandem apud Tyrum applicuerunt circa festum sancti Michaelis.
Cogg.
Philippus **vero** rex **Francie** et Ricardus rex **Anglie** non multum post iter apud Jerusalem arripuerunt. Sed Philippus
rex Francie infirmitate gravatus cito rediit . . .

1191 . . . Hoc anno inventa sunt apud Glastingeberi ossa famosis-
p. 36
simi Arturi quondam regis Britannie in quodam vetus[ti]ssimo
sarcofago [z] recondita, circa quod due antique piramides stabant
erecte, in quibus littere quedam exarate erant, sed ob nimiam
barbariem et deformacionem legi non poterant. Inventa sunt
autem hac occasione: dum enim ibidem terram effoderent, ut
quendam monachum sepelirent, qui hunc locum sepulture sue
vehementi desiderio in vita sua preoptaverat, reperiunt quoddam sarcofagum [z], cui crux plumbea superposita fuerat, in qua
ita exaratum erat: 'Hic jacet inclitus rex Arturus in insula Avallonis sepultus.' Locus autem ille olim palludibus inclusus insula
Avallonis, id est insula pomorum, vocitatus est [19] . . .

1192 . . Hoc anno Gilbertus primus prior ecclesie Sancte
Marie de Butele resignavit prioratum suum. Iste autem Gilbertus fuit canonicus et precentor apud Blithe-
burge [20], quando sumptus fuit de eadem et factus prior
de Butele. [zz] Cui successit Willelmus de Boytone et
Iuni
24
factus est prior de Buttele die sancti Johannis Baptiste . . . .

Tax.
159
1193 Dux Austrie [a] pro pecunia tradidit regem Anglie Henrico imperatori Rome, qui vinxit eum in loco, qui dicitur Trivallis, a
quo carcere nullus ante dies istos exivit. — Crebri con-
cursus facti sunt prelatorum et magnatum in Alemannia ad regem videndum. Transivit [b]

---

z sartof. *cod.* zz Butetele *cod.* a Castrie *cod.* b *Unter der letzten*
Zeile des MS., als Beginn der jetzt verlorenen nächsten Seite.

[18a] *Vielmehr am 15. Sept. wie Dic. II, 69 richtig sagt.* [19] *Die ähn-*
lichen Berichte in Ann. Margan und Brompton col. 1152 weichen in den
Worten etwas von dem Coggeshale's, welchem auch Wendover-Paris folgt.
ab. [20] *Bliburgh od. Blythburrow, Suffolk.*

XIII. Annales Sancti Albani
a. 1200—1214.

Dem Roger von Wendover lagen für seine Flores Histo-
riarum bereits mehrere geschichtliche Arbeiten seiner eigenen
Klosterbrüder vor, darunter der hier gedruckte Anhang zu ei-
ner bald nach a. 1200 gefertigten Copie des Radulfus de Di-
ceto, MS. Brit. Mus. Reg. 13 E VI. (Ihre Randnotizen aus
S. Alban's sind bereits in Twysden's X SS. und zwar irrig
als Diceto's Text, jetzt in Stubbs' Ausgabe [1] in den Anmer-
kungen veröffentlicht).

In diesem Anhange ist fast jeder Absatz von dem folgen-
den in Tinte oder Hand verschieden und durch mehrere offene
Zeilen getrennt. Doch gehören die Schreiber sämmtlich dem
Anfange des XIII. Jh. an. Wenn Johann 1211 die Aebte
und Prioren vorlädt und unser Mönch dazu sagt: 'den Grund,
weshalb sie gerufen wurden, weiss Gott', so ist das gewiss ein
zeitgenössischer Seufzer. — Dagegen wird eine Oster-Krönung
des Königs zu Canterbury unter 1202 mit dem entsprechenden
Datum des 14. April gesetzt; ein Fehler, den — was bisher
unbemerkt geblieben — Wendover-Paris II, 480 abschreibt.
Johann war damals in der Normandie; die gemeinte Krö-
nung hatte ein Jahr vorher, Ostern 1201, am 25. März statt-
gefunden. Folglich muss der 14. April nachträglich aus einer
Ostertafel herausgelesen sein: für die Kritik der Chronologie
ein Beispiel, wie die Häufung in sich harmonirender Merk-
male eines Datums noch nicht dessen Glaubwürdigkeit beweist.

An welchen Stellen Wendover aus diesen Notizen ge-
schöpft hat, bemerkt Luard, der Herausgeber von Matthäus
Paris' Chronica Majora, von II, 484 an. Aber auch in den
Gesta Abbatum mon. S. Albani sind sie mehrfach copirt wor-
den und zwar unter 1212 sicher fehlerhaft. Möglich, dass

---

[1] *Beschreibung dieses cod. I, XCI.*

ebenso auch das abweichende Datum der Wahl des Abtes Wilhelm 1214 hier richtiger ist.

Für die Geschichte der Abtei findet man fast unter jedem Jahre Thatsachen verzeichnet, die sonst nicht berichtet sind, meist Weihen durch fremde, besonders Irische Bischöfe und den Abt selbst, mit Ausschluss des Diöcesan's, von dessen Gewalt, wie wiederholt betont wird, das Kloster eximirt war.

Die Notizen über allgemeine Geschichte sind z. Th. in Wendover übergegangen und meist bekannt. Nur unter 1211 erscheinen für Johann's Zug gegen Wales und die Ankunft Pandulf's beachtenswerthe Daten.

Nov. 1200 Obiit pie memorie Hugo Lincolniensis episcopus mense Novembri.

1201 Facta est finalis concordia in curia domini regis Johannis inter ecclesiam Beati Albani et Robertum filium Walteri et heredes ejus super nemore de la Norhawe. [1]

April 1202 Coronatus est Johannes rex Anglie apud Cantuariam per manum Huberti Cantuariensis archiepiscopi die Pasche 18 kl. Maji. [2]

22. März 1203 Radulfus episcopus Dunensis [3] ordines celebravit apud Sanctum Albanum in capella Sancti Cuthberti, Sabbato ante dominicam qua cantatur 'Isti sunt dies', XI [a] kl.

25. Aug. Aprilis. — [4] Magister Willelmus Blesensis precentor Lincolniensis creatus est episcopus ejusdem ecclesie, consecratus die beati Bartholomei a Willelmo Londoniensi episcopo, Gilleberto Rofensi episcopo contradicente sed non optinente. [b] Archiepiscopus enim Hubertus tunc gravi laborabat infirmitate.

1204 Herlewinus episcopus Leyhelinensis [5] monachus Christi

---

a XV *cod., aber corrigirt.* b optinente *corr. in* obtinente.

[1] *Northaw, cf. Gesta Abbatum S. Albani ed. Riley (Rolls Ser.) I,* 220. [2] *Falsch, s. Einl. Ebenso Wendover in Paris ed. Luard II,* 480. [3] *von Down, Irland.* [4] *Dies steht fast wörtlich auch in Wendover-Paris II,* 484. [5] *von Leighlin, Irland.*

Cantuarie in basilica Sancti Albani ad majus altare, presente domino Johanne abbate et toto conventu, in Cena Domini videlicet X° kalendas Maji crisma confecit et oleum sanctum et cetera queque episcopalia, que ad diem ipsum pertinent, fultus virtute privilegiorum loci illius sollenni peregit officio. — [6]Hoc anno fuit ultimum Pascha, die videlicet sancti Marci Ewangeliste. — Idem episcopus Herlewinus hoc eodem anno feria secunda post Ramos Palmarum tercio decimo kalendas Maji dedicavit ecclesiam de Watford in honorem beate Marie Virginis, feria III[a] ecclesiam de Rikemareswrthe [7] in honorem ejusdem Virginis, feria IIII[a] ecclesiam de Saret. [8]

Godefridus Wintoniensis episcopus migravit ad Dominum mense Septembri.

1205 Hubertus Cantuariensis archiepiscopus viam universe carnis ingressus est tercio idus Julii.

1206 Willelmus Lincolniensis episcopus solvit debitum nature mense Majo. — Concilium apud Radingum presidente Johanne diacono cardinali tituli [c] Sancte Marie in Via Lata apostolice sedis legato die sancti Luce Evangeliste. [9] — Jocelinus Wellensis creatus episcopus Battoniensis consecratus est per manum Willelmi Londoniensis episcopi.

1207 Natus est Johanni regi Anglie filius legitimus et vocatus est Henricus. — Monachi Cantuarienses elegerunt apud Romam magistrum Stephanum de Langetune in archiepiscopum, quem dominus papa Innocencius III[us] consecravit Viterbii XV° kl. Julii.

1208 X kl. Aprilis [d] interdictum generale in Anglia, nullo obstante privilegio aut libertate, quod monachi Cisterciensis ordinis violantes cum maxima confusione compulsi sunt observare. — Obiit Philippus Dunelmensis

Marginal dates:

2. *April*

25. „

19. „

20. „

21. „

Sept.

13. *Juli*

Mai

18. *Oct.*

17. *Iuni*

23 *März*

---

c titulo *cod.* d *Ueber der Linie.*

Ebenso Wendover-Paris II, 489. Luard ib. citirt irrthümlich auch für das Nordlicht unsere Hds. als Quelle. [7] *Rickmansworth, Herts.* [8] *Sarratt, Herts.* [9] *In crastino S. Lucae Wendover-Paris II, 495.*

episcopus. '— Natus est Johanni regi Anglie filius et vocatus est Ricardus.. — Obiit Gaufridus Cestrensis episcopus.

1209 [10] Otto nepos Johannis regis Anglie electus in Romanum imperatorem consecratus est a domino papa Innocencio III° Rome quarto nonas Octobris. — Hugo archidiaconus Wellensis electus ad episcopatum Lincolniensem consecratus est a Stephano Cantuariensi archiepiscopo 13° kl. Januarii.

4. Oct.

20. Dec.

1210 Johannes rex Anglie profectus est in Hiberniam cum exercitu magno ᵉ circa festum Pentecostes VIII° idus Junii. — Johannes rex Anglie revertens de Ybernia cum exercitu suo prospere appulsus est in Angliam IIII[to] [11] kl. Septembris.

6. Juni

29. Aug.

1211 Ex precepto regis Johannis vocati sunt Lundoniam generaliter tam abbates quam priores utriusque ordinis monachorum et canonichorum XV kl. Maji. Causam quare vocati fuerint, Deus scit. — Rex Johannes congregato magno excercitu, apud Norhamtonam octavo idus Maji [12] profectus est in Walliam. — Nuntii domini pape, magister Pandulfus et frater Durandus venerunt in Angliam 6 nonas Julii. [13] — [14] Johannes rex Anglie congregato exercitu magno apud Album Monasterium [15] VIII idus Julii profectus est in Walliam. — Johannes rex Anglie prospere rediens cum exercitu suo de Wallia die assumptionis beate Marie venit ad Album Monasterium. — Nuntii domini pape occurrerunt Johanni regi Anglie apud Norhamtonam IIII[to] kl. Septembris. [16]

17. April

8. Mai

2. Juli

8. „

15. Aug.

29. „

ᵉ *Das Folg. in blasserer Tinte von gleicher Hand.*

[10] *Wendover-Paris II, 525.* [11] *Einen Tag später Paris II, 530, nicht Wendover. Johann ist am 26. gelandet, am 28. noch in Wales, am 30. in Newport laut Hardy's Itinerar, vor der Ausg. der Rotuli litterarum patentium.* [12] *Johann war am 2. in Norwich, am 12. in Nottingham.* [13] *Annal. Winton. (ed. Luard in Ann. monast.) II, 81: circa 24. Juni; Annal. Waverlei ib. 266: nach 25. Juli.* [14] *Ebenso Wend.-Paris II, 531.* [15] *Whitchurch, Shrops.* [16] *Datum fehlt Wendover; stimmt mit Itinerar.*

30.
Dec.
— Obiit pie memorie Sanson abbas ecclesie Sancti Edmundi regis et martiris III kl. Januar. [17]

[*1212*] Johannes rex Anglie donavit armis militaribus Alexandrum filium et heredem Willelmi regis Scotie Londoniis apud Sanctam Brigidam, dominica qua cantatur 'Letare Jerusalem' IIII[to] non. Martii. — Sextodecimo

7.
Mar.
17. „
kl. April. auditum est tonitruum in Anglia. — Quoniam per antiqua Romanorum pontificum privilegia concessum est abbati ecclesie Sancti Albani jus pontificale in tota terra Sancti Albani, Johannes, Dei gratia abbas ejusdem monasterii, volens ecclesie Beati Albani libertatem et ingenue matris dignitatem modernis memoriter commendare et posteris integram reconsignare, [18] tam jure pontificali quam privilegio speciali anno prelationis sue septimo decimo in territorio Sancti Albani quod dicitur Sopwella, benedixit novem, in sollemnitate sancte

20.
Mai
Trinitatis tercio decimo [19] kl. Junii, sanctimoniales. — Idem ipse Johannes abbas anno prelationis sue nono,

1203?
1.
Juni
anno videlicet Dominice incarnationis millesimo ducentesimo quarto [20] benedixit quinque sanctimoniales in eodem loco et in eadem sollemnitate kl. Junii. — [21] Maugerius Wigorniensis episcopus cum Lunduniensi episcopo Willelmo et Elyensi Eustachio ob libertatem ecclesie Anglicane et executionem justicie exul et proscriptus apud Pontiniacum diem clausit extremum kl.

1. Juli
Julii.

1213 Stephanus Cantuariensis archiepiscopus cum Londoniensi W[illelmo], Elyensi E[ustachio], H[ugone] Lin-

16. „
colniensi episcopis reversus est in Angliam 17 kl. Augusti die Martis. Sequenti die Sabbato Johannes rex

20. „

---

[17] *Datum fehlt Wendover, bestätigt von Ann. S. Edmundi, oben S.* 150. [18] *Das Folgende ungenau benutzt von Gesta Abbatum I, 232.* [19] tercio decimo *fehlt durch Ueberspringung der nächsten Zeilen in Gesta abb., wo daher innerer Widerspruch.* [20] *Hier ist ein innerer Widerspruch im Datum: Trinitatis war 1204 am 20. Juni. Vielleicht ist das Jahr 1203 gemeint, wo Trinitatis auf den 1. Juni fiel.* [21] *Benutzt von Wendover-Paris II, 553.*

Anglie ab eodem archiepiscopo in facie ecclesie, cautione tam fidejussoria quam juratoria prestita, absolutionem petiit et impetravit die beate Margarite Wintonie in episcopali ecclesia. — Obiit Gaufridus filius Petri Anglie justiciarius 2 idus Octobris.

1214 Johannes rex Anglie cum exercitu magno profectus est in Pictaviam mense Februario. [22] — Gillelmus de Glanvile Rofensis episcopus obiit octavo kal. Julii. — Relaxatum est generale interdictum in Anglia VI[to] non. Julii. [23] — Johannes abbas ecclesie Sancti Albani [24] cum presedisset annis 19 duobus diebus minus viam universe carnis ingressus est sexto decimo kl. Augusti, quinta feria abbas electus et quinta feria mortuus. — Ricardus Salusburiensis decanus ad Cicestrensem, [25] Walterus de Grai, Anglie cancellarius ad Wigornensem ecclesias consecrati sunt episcopi Cantuarie per manum Stephani archiepiscopi Cantuariensis III° non. Octobris. — Johannes rex Anglie prospere rediit a Pictavia in Angliam XIIII° kl. Novemb. [26] — Johanni abbati Sancti Albani vicesimo primo successit Willelmus de corpore ejusdem monasterii consona voce omnium et unanimi voluntate in vigilia Apostolorum Symonis et Jude [27] electus et ab episcopo Elyensi Eustachio in ecclesia Beati Albani ante majus altare presente conventu solempniter et pontificaliter benedictus dominica prima Adventus Domini die beati Andree apostoli. — [28] Thomas Dunensis episcopus vocatus a Willelmo abbate Sancti Albani celebravit ordines sollennes sollempniter

---

[22] *Am 9. in Yarmouth, am 15. in La Rochelle.* [23] *Wendover-Paris II, 575: 29. Juni, aber die meisten Gleichzeitigen wie hier. S. o. S. 102.* [24] *Erwählt 20. Juli 1195.* [25] *Richard wurde erst im Jan. 1215 geweiht. Wahrscheinlich ist er mit Simon von Exeter verwechselt, der mit Walter gleichzeitig am 5. October geweiht wurde. — Wendover (MSS. O, W, nicht Paris II, 582) schreibt diesen Fehler nach.* [26] *Johann war zwar 19. Octbr. noch an der Küste, aber schon 15. October gelandet.* [27] *Dagegen Wendover-Paris II, 583 und Gesta Abbatum I, 253: feria quinta, am Edmundstage = 20. Nov.* [28] *Das Folgende bis zu Ende in den Gesta abbatum I, 269 benutzt.*

20.
Dec.

in ecclesia Sancti Albani ad majus altare XIII° kl. Januar. — Idem ipse episcopus dedicavit poliandrium conventuale apud Sanctum Albanum, in quo sepulta fuerunt corpora fidelium tempore interdicti XI° [29] kl.

22. „

Januar.

1215 Idem ipse episcopus dedicavit cimiterium Sancti Petri

26. „
1217

in villa Sancti Albani VII° kl. Januar. Item idem ipse episcopus dedicavit cimiterium Sancte Marie de Prato [30]

7. „
2217

VI° kl. Januar. Item idem ipse episcopus dedicavit altare in honorem sancti Leonardi et Omnium Sancto-

28. „
1218

rum apud conventualem ecclesiam Sancti Albani V° kl. Januar.

---

[29] XVI *G. Abbat. I, 270 N.*   [30] *des Prez.*

XIV. Annales Wintonienses in monasterio de Waverley adaucti

a. 1201—60.

Während der litterarischen Renaissance im Kreise des geschichtskundigen Heinrich II. gehörten die wichtigsten Historiker Englands der Welt-, ja der Hofgeistlichkeit an. Dagegen das, was über das XIII. Jh. heute — und nicht aus Urkunden — bekannt ist, haben Mönche aufgezeichnet. Meist arbeiten diese anonym: — so selbst in absichtlicher Bescheidenheit der ebenbürtige Fortsetzer der beiden bedeutendsten dieser Klosterannalisten: des Wendover und Paris, deren Namen uns ausnahmsweise erhalten sind — und zeigen sie an Stelle bunteren Stoffes und individuellen Hauches, der uns etwa aus den Schriften des Johann von Salisbury, Map, Giraldus modern anweht, beschränkteren Corporationsgeist. Der Wykes genannte Augustiner steht an historischer Begabung und Höhe des Ziels über dem Durchschnitt: es ist eine seltene Ausnahme, dass er zu den Royalisten und der neben ihm das Jahrbuch des Hauses, Osney, verfassende Canoniker zur Gegenpartei gehört.

Mit dem Mangel an Individualität hängt ein die Kritik erschwerender Charakterzug aller Kloster-Annalen zusammen: der eine Mönch eignet sich nämlich leicht das Werk des anderen an, und zwar nicht bloss des Stifts- oder auch nur Ordensgenossen und auch nicht lediglich eines Vorgängers als Gewährsmannes für frühere Geschichte. Vielmehr plündert manchmal der Benedictiner den zeitgenössischen Augustiner (so der von S. Swithin's den Domherrn von Southwark) und verleiht sein Werk wieder einem Cistercienserhause (Waverley) zur Abschrift. Angesichts der mannichfaltigen Gleichklänge zwischen den Klosterannalisten des XIII. Jh. scheint es, als hörten wir Einen grossen Stamm die Stimme erheben und könnten nicht in dem Gewirre unterscheiden, was die einzelne Mönchsfamilie oder gar das Individuum der Nachwelt hat erzählen wollen.

Das Wichtigste dieser Ueberlieferung hat Luard im Wen-
dover-Paris, den Annales Monastici, und Bartholomäus Cot-
ton herausgegeben mit fleissigen Nachweisen, wo schon anders-
woher bekannter Stoff begegnet. Einige noch dunkele Wechsel-
beziehungen möchte der nachfolgende Abdruck des Vespasian-
MS. etwas mehr aufhellen.

Hier seien zunächst einige Abkürzungen eingeführt: Suthw.
bedeute Annalen von Southwark in MS. Cotton Faustina A
VIII;   Wend. = Roger von Wendover in Matthäus Pa-
ris Chronica Majora ed. Luard;   Par. = Matthäus Paris
Chr. Maj.;   West. = sog. Matthäus von Westminster;
Wint. Lu. = Ann. von Winchester in Luard's Ann. Mona-
stici II;   Wav. = Ann. von Waverley ib.;   Wig. =
Ann. de Wigornia, ib. IV;   und endlich Vesp. = MS.
Cotton Vespasian E IV, aus dem der folgende Text genom-
men ist.

Vesp.[1] bietet auf fol. 153—96 r. eine Chronik von a. 1—
1280 die von Einer Copistenhand (oder mehreren sehr ähnli-
chen) etwa kurz vor a. 1300 geschrieben ist. Der Haupttheil
der Nachrichten gehört nach Winchester und deshalb wird jetzt
meist mit Unrecht angenommen, der Band stamme dorther.[2]
Allein die Localnachrichten über Waverley 1268, 74—6 recht-
fertigen den oben gewählten Titel. Auch Tanner's Notitia
monastica und das ursprüngliche Inhalts-Verzeichniss aus dem
XVII. Jh. weisen die Handschrift Waverley[3] zu.

Der grösste Theil von Vesp.'s Inhalt ist in Wig.[4] mit al-
len Fehlern und späteren Hinzufügungen sklavisch[5] copirt,

---

[1] *Cf. Luard's Beschreibung, Ann. Monast. IV, XXXVII. S. Anm.*
hinter a. 1247. [2] *Auch die farbigen Schnörkel zu den Localnachrichten*
von Winchester 1171, 2 könnten zu dieser Voraussetzung verleiten. [3]
Zu 1199, 1200 begegnen Randnotizen, die entschiedenes Interesse für
Reading zeigen; es erhellt nicht, woher. [4] *cf. Luard ib., wonach II,*
XXXVIII zu ändern. [5] *Nur 1278 Anfang liest Wig. richtig Roge-*
rus, wo Vesp. Reginaldus bot. Das mag Zufall sein, wie denn Wig.
p. 387 N. 2 aus richtigem Reginaldus falsch Rogerus macht. Vorweg
sei hier bemerkt, dass Wig. von den Quellen Vesp.'s (aus Suthw., Win-
chester, West.) nur das von Vesp. selbst Gebrachte kennt. Sogar Vesp.'s
späteres Einschiebsel hinter 1285 vor dem zweiten Anhange (s. Text)
schrieb Wig. mit ab.

von Luard in Wig. klein gedruckt und deshalb hier fortgelassen worden. Der folgende Text bringt nur:

    I. bis a. 1200 die wenigen Sätze, die nicht in Wig. übergegangen sind;

    II. den Theil 1201—60 vollständig, da er nur sehr selten von Wig. benutzt ist;

    III. von dem Ende 1261—81 sammt den zwei aus West. stammenden Anhängen 1281—5 und 1274—80 nur:

        a. Anfangs- und Schlussworte jeden Absatzes, indem für die Mitte die Seite in Wig. citirt wird;

        b. alle mehr als orthographischen Abweichungen Vesp.'s von Wig., also insbesondere die in Wig. ausgelassenen Stücke, ausser wo sie aus West. herrühren und durch Hinweis auf diesen ersetzt sind.

Die unter III. erwähnten zwei Anhänge beginnen nach einem Absatze wahrscheinlich in anderer wiewol ähnlicher Hand, jedenfalls nicht in demselben Zuge auf fol. 196 v. Da der erste in demselben Jahre 1281 anfängt, in dem die Chronik endet, so wird er meist als Fortsetzung letzterer bezeichnet. Hinter 1285 aber, wiederum nach einem Absatze, trägt derselbe Schreiber ebenfalls aus West. das Stück 1274—80 nach, das er durch eine Randnotiz zu den in der Chronik schon vorgekommenen Jahren bezogen wissen will. Genau dieselben Theile aus West. und nur diese stehen denn auch zum richtigen Jahre eingeschaltet: 1) wörtlich in Wig., wo Luard am Rande die Seitenzahl West.'s bemerkt; 2) — was bisher unbeachtet — finden sie sich im späteren Theile von Wav. (der frühere —1266, original und gleichzeitig, kommt hier nicht in Betracht), der freilich daneben eine vorzügliche Geschichte Winchester's (darüber s. unten) gebrauchte und reiche eigene Kenntniss besass, also nicht so sklavisch als Wig. dem Vesp. folgte: z. B. a. 1274 verschmähte er West. gänzlich. [6]

Schon hieraus folgt, dass Vesp. nicht aus Wav. abgeschrieben hat: denn wie könnte er West.'s Stellen herausgefühlt und zusammengruppirt haben? Auch hat Wav., wie gesagt,

---

[6] *Die folg. Anm. notiren die aus West. in Wav. durch Vesp. übergegangenen Stellen.*

*weit weniger Stoff als Vesp. aus West. übernommen. — Ebenso
unmöglich ist, dass Wav. unabhängig von Vesp. den West. benutzt habe: denn es wäre ein zu merkwürdiger Zufall, wenn
zwei Historiker genau dasselbe Stück aus einer grossen Chronik
ohne ersichtlichen Grund auswählen. —*

　　*Dass vielmehr in der That Wav. aus Vesp. schöpfte, er-
hellt auch aus dem früheren Theile, der nichts mit West. zu
thun hat. Z. B. erzählt Vesp. (474 in Wig.) Waverley's
Kirchweihe 1278* a venerabili patre domino Nicholao Wintoniensi episcopo *(wo Wav. 390 kurz* a dom. N. de Hely W. e.)
*viel ausführlicher, und mit Daten, die nur ein Augenzeuge
kennen konnte. — Vesp. (in Wig. 479) erzählt die Wahl für
Beaulieu 1281 wie Wav. 397, aber mit dem Zusatze* de Waverle, de Gratia Dei, de Thame abb‚atibus tunc presentibus.
*— Vesp. (in Wig. 476) sagt, die Abdankung des Abtes von
Combe sei vom* pater abbas *[von Waverley] erlaubt worden,
wo Wav. 392* a priore abbatiae *liest. — Gegen die Klauenseuche berührt Vesp. (in Wig. 473) eine Medicin,* quae plenius patet alibi; *diese 4 Worte lässt Wav. 389 aus.* [7] —*

　*—1276 folgte in Waverley (s. Text) dem abdankenden Wil-
helm* Hugo eodem die videlicet in die S. Edmundi; *Wav. lässt*
eodem die *aus, wodurch* videlicet *unnütz erscheint. — Auch
die Wav. fehlende Nachricht vom Processe Waverley's gegen
den Rector von Dummer (s. Text) a. 1275 spricht für zeitgenössische, d. h. vor Wav.'s Entstehung liegende Abfassung
Vesp.'s.*

　*Wo die Verwandtschaft zweier Quellen nur aus inneren
Gründen nachgewiesen wird, hindert natürlich Nichts, unbekannte Zwischenglieder anzunehmen. An wenigen Stellen klingt
Wav. deutlich an Vesp. an und liest doch besser. Man kann
sie wol alle aus der ergänzenden eigenen Kenntniss Wav.'s erklären, da ja Wav. sehr viele werthvolle Nachrichten unabhängig bietet. Und für die Hypothese einer verlorenen, fast
genau mit Vesp. gleichlautenden Quelle spricht nur die Nachricht Wav. 392 von der Wahl für Dublin, wo Vesp. (in Wig.
476) deutlich dieselben Worte braucht, jedoch in* archiepisco-

---

[7] *Wav. 388* multum *sinnlos gegen Vesp. (in Wig. 473) ausgelassen.*

pum de Dyvelin *auslässt und statt* consecratus *irrig* confirmatus *setzt. Diese verlorene Hds. könnte Vesp.'s Original
gewesen sein (wie oben gesagt ist letzteres kein Autograph);
Einfachheit halber mag es hier mit seiner Copie identificirt sein.*

Somit ergibt sich:

1) Vesp. ist von Wav. benutzt;

2) Stoff aus West. ist in Wav. übergegangen:

3) und zwar nur durch Vesp.'s Vermittelung;

*4) das Stück 1274—85 des sog. Matthäus von Westminster
existirte vor Ende s. XIII. einheitlich:*

5) für den Text West.'s verdient Vesp. [8] *als wahrscheinlich
früheste Hds. Beachtung.*

*Aber auch mit Wint. Lu. lauten Vesp. oder Wav. oder
beide an vielen Stellen wörtlich gleich, was auch Luard nicht
entging. — In Wint. Lu. bildet 1202 einen Abschnitt: da
wechselt die Handschrift und a. 1200—2 füllen 6 Seiten, während nur eben so viele dem Fortsetzer für 1202—28 genügen;
letzterer wiederholt auch Arthur's Gefangennahme, mit der die
ältere Chronik endete. Hier kommt nur die Fortsetzung in
Betracht.*

*6) Wint. Lu. war nicht Vesp.'s Quelle. Denn Vesp. liest
richtig:* 1206 *Palmsonntag* 7 kal. Apr. *(Wint. Lu.* 7 id.
Apr.); 1209 *Verhandlung mit Langton* aput Doveram
(Wint. L. Doroberniam); 1244 *Bonifaz' Ankunft* die s.
Georgii *(W. L.* Gregorii); 1257 Rex res intestatorum
vendicavit *(W. L.* vendebat); 1276 *Wig.* 470 *Translation S. Richard's* 16 kal. Jul. *(W. L.* Jun.); 1273 *überspringt Wint. Lu. 113 Z. 13 eine Zeile Vesp.'s = Wig.
462, 10 v. u.*

*7) Ebensowenig schöpfte Wint. Lu. aus Vesp., denn es be-
wahrt 1209 zwei Zeilen und 1216 einige Worte, die Vesp.
sinnlos überspringt, und liest richtig z. B.* 1223 Johannes
rex Jerosolime *(Vesp.* Saxonum); 1245 parliamentum de
tributo pape 15 kal. Julii *(Vesp.* Aprilis).

---

[8] *Beispiele besserer Lesart als Parker's West.: öfters* dominus *vor*
rex, *dagegen Vesp. (in Wig. 468 Z. 8 v. u.)* pristinam, *wo Parker
besser* praestitam.

8) *Folglich entstammt das Wint. Lu. mit Vesp. Gemeinsame*
einem von beiden benutzten Werke, das Wint. dep. (Win-
tonienses deperditi) heisse. Alle in Wint. Lu. gedruckten
Stellen erscheinen nachfolgend in kleinen Typen unter der
Marginalie Wint. dep. cf. Lu. *(d. h. Wint. Lu.) mit Luard's*
Seitenzahl. Ueberblickt man sie, so bemerkt man deutlich
das Interesse für S. Swithin's Kathedrale, das jenen Na-
men rechtfertigt.

9) *Wint. dep. scheint um 1250 gleichzeitig.*

10) *Weder Vesp. noch Wint. Lu. gleichen dem Wint. dep.*
Denn bald nur hier, bald nur dort stehen locale zeitge-
nössische Nachrichten derselben Art, wie sie anderswo in
beiden, d. h. also in Wint. dep., begegnen. Z. B. meldet
Wint. Lu. allein: 1231 Tod des Archidiacon, 1248 As-
sisen, 1242 Besuch des Königs in Winchester; 1245 Rück-
kehr des Bischofs; 1247, 9 Priorensuccession, 1248 Thurm-
einsturz, 1245 Rückgabe eines Privilegs von S. Swithin's;
1263 Tod des Abtes von Hyde. — Dagegen berichtet Vesp.
allein: 1207 Tod des Archidiacon, 1219, 28, 38 Assisen,
1230 Besuch des Königs in Winchester; 1245 Reise des
Bischofs; 1276 Streit zwischen Bischof und Convent (in
Wig. 470 u.); 1254 Privileg für S. Swithin's; 1231 Da-
tum des Brandes von S. Giles [9]; 1248 Tod des Abtes von
Hyde. — Alle diese Localnachrichten stammen vermuthlich
aus Wint. dep., dessen Lesart also theils aus Vesp., theils
aus Wint. Lu. zu reconstruiren wäre. Z. B. 1238 setzt
Vesp. den Tod des Bischofs id. Jun., Wint. L. 5 id. Jul.,
wo das Original richtig 5 id. Jun. geboten haben wird.

11) *Im Ganzen freilich bewahrt Wint. Lu. mehr Locales aus*
Wint. dep. als Vesp. aufnimmt.

12) *Den Wint. dep. lag Suthw. [10] bis mindestens 1208 vor.*
[13] *Suthw. bis 1222 ward häufig auch von einem anderen*

---

[9] *Wint. Lu. fügt hier und öfter ähnlich hinzu* Wintonie, *was wol*
Wint. dep. so gut wie Vesp. als selbstverständlich ausliess. [10] *In den*
Anm. ist die Benutzung der Suthw. überall angemerkt; kleine Typen
wurden nicht angewandt, weil Suthw. noch ungedruckt.

Werke der Annales Monastici benutzt, nämlich denen von Bermondsey, s. S. 103, die mit Wint. dep. oder Wav. nichts zu thun haben.]

14) *Wint. Lu. und Vesp. kennen Suthw. nicht direct (sondern nur durch Wint. dep.) Denn bei beiden enden die Suthw.-Stücke 1208 und zeigen gleiche Einschaltungen, Aenderungen, Fehler (z. B. 1205 Tod Hubert Walter's nach Wint. Lu. und Vesp. VI id. Jul., wo Suthw. richtig III; Dauer des Frostes Wint. Vesp. XX Wochen, wo Suthw. IX).*

15) *Folglich standen auch die Suthw.-Stücke, welche nur in Vesp. (z. B. 1207) oder nur in Wint. Lu. (z. B. 1204) vorkommen, bereits in Wint. dep.*

16) *Folglich ist der Anfang Vesp.'s, der meist auf Suthw. zurückgeht, aus Wint. dep. entnommen oder ausgewählt; er bringt bis etwa a. 1000 von je zwei Eintragungen Suthw.'s je eine, die Auswahl folgt keinem Grundsatze [während dagegen in Wint. Lu. das Stück bis 1066 bekanntlich ein besonderes Werk bildet, das hier nicht einschlägt]. Der Anfang Vesp.'s ist, wie gesagt, in Wig. fast ganz gedruckt; das wenige Ausgelassene steht nachfolgend und zwar, sofern es mit Suthw. (MS. Faust.) stimmt, unter der Marginalie Wint. dep. ex Suthw.*

17) *Nur durch den Canal Suthw. floss der Rouen-Südenglische Stoff (s. Stück VI), den Suthw.* [11] *etwa bis 1125 benutzt [in Wint. dep. und daraus] in Vesp. hinüber.*

18) *Wav., das, wie in 1) gezeigt, Vesp. benutzte, lautet Seiten lang, z. B. 1266/7 wörtlich wie Wint. Lu. im Gegensatz zu Vesp. Diese Seiten druckt Luard klein und bemerkt die p. von Wint. Lu. am Rande.*

19) *Wint. Lu. stammt nicht aus Wav.: z. B. 377* [1] *bietet letzteres Sept., wo Wint. und Vesp. richtig Dec. lesen.*

20) *Nicht Wint. Lu.* [12] *selbst, folglich sein Original (das hier Wint. dep. heisst) lag Wav. vor. So Luard II, XXXVIII.*

---

[11] *und zwar mit demselben Fehler zu 962 wie S. 69.* [12] *Dies folgt jedoch nicht daraus, dass Wint. Lu. eine Zeile überspringt, die Wav.*

21) *Zur Bestätigung der obigen Behauptung, dass Vesp. nicht
aus Wav. abschreibt, dienen die Stellen, wo ersteres mit
Wint. Lu. gleich klingt, d. h. die Lesart von Wint. dep.
giebt, während Wav. auf eigene Hand abweicht, z. B.
Wint. Lu. 125, 1 = Vesp. (in Wig. 472, 37) competen-
tem, während Wav. 388, 22 aequipollentem.*

22) *Wint. dep. reichte über 1277, wo Wint. Lu. aufhört, hin-
ab und enthielt wol alle jene Winchester'schen Nachrichten, die in Vesp.*[13] *bis zu Ende, 1281, begegnen. Denn
eine von ihnen steht in Wav.*[14] *in besserer Lesart, ist also
wol nicht aus Vesp., sondern aus Wint. dep. direct geschöpft.*

23) *Dass Wig. neben Vesp. eine Quelle benutzte, die auch in
Tewkesbury copirt wurde, ist bekannt.*

24) *Die Genealogie dieser Kloster-Annalen stellt sich also in
den Hauptlinien*[15] *so:*

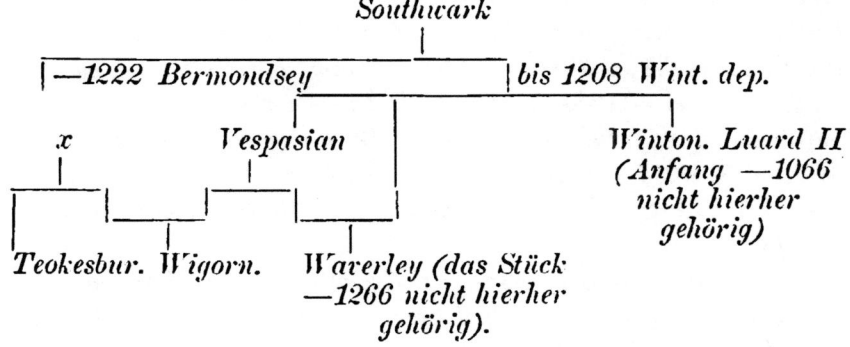

*Nachrichten, die von späteren Gliedern obiger Stammtafel
in wörtlichem Gleichklang mit dem Stammwerke erzählt werden, dürfen also nicht als von mehreren Gewährsmännern be-*

---

379 *bietet, denn dieser Satz steht auch in Vesp., woher ihn also Wav.
mit entnommen haben könnte.* [13] *Streit mit dem Bischof* 1278/9 *Wig.
473 = Wav. 389; 475 = 391; Wig. 476; 1280 des Königs Besuch
Wig. 477, 4 und 26; Assisen Wig. 477; 479; Bischofswahl 478; 1281
Romreise des Erwählten 479.* [14] *391, 8 Streit zwischen Bischof und
Convent von S. Swithins. Vesp. (in Wig. 475, 11) lässt* unde dominus
rex *aus, wodurch der Sinn leidet.* [15] *Unzweifelhaft existiren noch Mit-
telglieder handschriftlich.*

zeugt gelten. Handelt es sich z. B. um die Frage [16], ob Robert Kurzhose wirklich von Heinrich I. geblendet worden sei, so kommt Wig. nicht in Betracht, weil es Vesp. (s. Text a. 1134) und dieses wieder Wint. dep. folgte. Ob die letzteren das zweifelnde ut fertur *zusetzten, welches die andere Ableitung, Wint. Lu. 50 bringt — wie ähnlich oft:* ut dictum est *u. s. w. — bleibt zweifelhaft. Jedenfalls geben die drei Chroniken nur Ein Zeugniss.*

Die historisch werthvollen Sätze Vespasian's in dem hier gedruckten Stücke werden z. Th. nächstens in ihrer Urquelle von Southwark veröffentlicht, z. Th. sind sie aus den Wintonienses, der anderen Ableitung ihrer Quelle Wint. dep., schon bekannt. Von dem Reste beachte man zunächst die Localnachrichten: 1219, 28, 38, 57 Assisen und 1231 Kirchenbrand zu Winchester; 1235 Brand von Chertsey; ferner zur Geschichte der Bischöfe: 1227 Kreuzzug, 1243 Datum der Wahlbestätigung, der Abreise und 1244 der Besitzübernahme, 1245 die Concilsreise, 1260 die Ueberführung der Leiche Ademar's nach Valence. — 1248 ist der Tod des Abtes von Hyde datirt; 1207 der des Archidiacon Roger, 1257 der der Aebtissin von Wherwell, 1215 die Kirchweihe von Wherwell, 1275 der Process des Klosters Waverley gegen den Rector von Dummer erwähnt.

Auch allgemein interessante Ereignisse, die Vesp. meldet, knüpfen manchmal an Winchester an: so Heinrich III. Anwesenheit zu Winchester Mitte April und Ende October 1230; die Betheiligung Peters von Rievaux (eines Sohnes Bischof Peters) an der Kreuznahme des Königs 1250; das Parlament zu Winchester Anfang Juli 1258, kurz nach den Oxforder statuta per commune consilium tocius Anglie. *Ebenfalls für die Verfassungsgeschichte kommen in Betracht: die Worte über den Kampf von 1214 um die Freiheitscharte des alten Gewohnheitsrechts von England, die die Barone bestätigt haben*

---

[16] *Eine neuere Untersuchung übersieht den wichtigsten Be- und Entlastungszeugen: Benedict. II, 330 resp. Joh. Sar. Policr., den schon Lappenberg II, 239 citirte.*

*wollten, 'worüber man sich lange mühte und nichts vollbrachte'
— und über 1260 (d. i. vor Ostern 1261): Heinrich III. bittet die Curie, ihn und seine Partei vom Eide auf die Oxforder Provisionen zu entbinden, 'in deren Beobachtung jedoch die Grafen von Leicester, Gloucester und Derby männlich beharrten.' — — 1213 wird die Verbrennung der Französischen Flotte in Flandern Gottfried von Lucy zugeschrieben, 1241 Ware als Ort, wo Gilbert Marshal starb, angegeben und 1216 die Ankunft des Legaten Walo und 1244 die des für Canterbury Erwählten genau datirt.*

Stücke, welche nicht in die Annales de Wigornia (ed. Luard, Annales monastici IV) übergegangen sind.

Wint. dep. 541 [Arthurus occiditur]. [a]

ex Suthw 813 Karolus imperator obiit; initium regni Ludowici filii ipsius.

„ 831 [1] Hoc anno dereliquerunt Franci Lodowicum et elegerunt Lotharium filium ejus in regem.

„ 833 [1] Hoc anno redditum est Lodowico regnum.

837 Sanctus Swithunus claruit.

„ 916 [1] Obiit Rollo primus dux Normannie; cui successit Willelmus filius ejus.

„ 962 Obiit Willelmus dux Normannorum filius Rollonis; cui successit Willelmus Longaspata. [2]

cf. Lu.42 1105 [3] Corpus sancti Cuthberti translatum est.

ex Sw 1109 Undecimo kalendas Maji obiit Anselmus archiepiscopus.

„ 1120 Bis lumen venit ad sepulcrum Domini.

Willelmus filius regis Henrici naufragio periit.

cf. Lu.50 1134 [4] Robertus dux Normannie jussu Henrici fratris sui pelve cicatus et postea obiit aput Gloucestre in carcere.

„ 52 1146 Lodowicus rex Francorum cum Alienora uxore sua Jherosolimam profectus est.

---

a *Spätere Hand.*

[1] *Suthw. benutzt hier die Normann. Annalen, s. Stück VI, XI.* [2] *Wie p. 69.* [3] *Richtiger 1104 Wint. Lu. Alles klein Gedruckte steht auch in Wint. Lu., das aber nicht Vesp.'s Quelle.* [4] *Dies ist nur theilweise in Wig. 378 benutzt. Am Rande lies dort statt* Wint.: Vesp.

Wint dep. ex Suthn 1163 Duellum inter Robertum de Munfort et Henricum de Essexe aput Radinge.

1170 Archidiaconus Thomas *statt* archiepiscopus Th.

„ 1171 ᵇ Obiit Henricus episcopus Wintonie.

cf. Lu.60 1172 ᵃ Henricus rex **junior** cum uxore sua Margareta aput Wintoniam coronati **sunt**.

ex Sthw. 1176 Item Hugo Petri Leonis sue legationis in Angliam cancellario cursu transfretavit. Obiit comes Willelmus de Arundel.

cf. Lu.61 1178 Ecclesia de Theokesbyre combusta est.

ex Sw. 1191 Acres autem postea capta est quarto idus Julii.

„ 1196 Hoc anno Johannes decanus Rothomagensis in episcopum consecratus est. Et Willelmus filius Osberti cognomine a la Barbe et 9 socii ejus aput Londonias patibulo ⁵ suspensi sunt.

cf. Lu.69 1198 Et Gaufridus ep. Cic et Anselmus abb. de Spersore [*facti sunt*] ⁶. Obiit Hugo . . .

„ ?ⁱ 1199 Hoc anno Ricardus rex Anglie **obsidens** castellum ⁷ de Chaluz, quod Cantus ⁸ Lupi dicitur, **vulneratus est** ⁹ . . . . ¹⁰[Hoc anno etiam assumptus est Hugo abbas Radingensis ad regimen monasterii Cluniacensis. Qui 14 annis strenue rexit, cui successit bonae memoriae Helyas camerarius vir per omnia laudabilis.]

1200 . . . . . ¹¹[Helyas abbas Radingie benedicitur.]

Von hier ab ist der Abdruck vollständig.

„ ?ⁱ 1201 ¹²Terremotus **factus est** apud Montem Acutum ita quod chorus monachorum tremere visus **est**.

cf. Lu.79 1202 Arthurus nepos Johannis regis filius comitis Galfridi de Britaine **captus est ad** oppidum de Mirabel. Obiit Gaufridus comes de Pertico.

ex Sw 1203 Hoc anno Willelmus de Bleis in episcopum Lincolniensem

---

ᵇ *Mit farbigem Schnörkel.*

⁵ pat. *fehlt Sthw.* ⁶ *Diese Worte zu ergänzen aus Lu. 69, nicht* obierunt! ⁷ obs. cast. *aus Sthw.* ⁸ Casus *Wint.,* Castellum *Wig.* ⁹ vuln. c. *aus Sthw.* ¹⁰ *Das Folgende in anderer Tinte am Rande Vesp.; im Texte Wig., wol nicht verwandt mit derselben Nachricht in Wint. Lu. 73; fehlt Suthw.* ¹¹ *In blasserer Tinte nachträglich Vesp.; im Texte Wig.; fehlt Wint. Lu.; Suthw.* ¹² *Wörtlich Wig. 390, wo für die folgenden Jahre Nichts mit Vesp. Verwandtes bis a. 1219.*

Wint dep. consecratus est. Obiit Willelmus de Oxeneford prior de Suwerke.

Sept. 14 1204 Obiit Godefridus de Luci episcopus Wintonie in festo [13] sanctorum Prothi et Jacincti. Obiit Alienora regina. Rex Francorum subjugavit sibi Normanniam et alias terras regis Anglie. [14] Symon archidiaconus Wellensis factus est episcopus Cicestrie.

1205 [15] Obiit Hubertus Wauter archiepiscopus Cantuariensis 6 [16] idus Julii. Petrus de Rupibus Rome aput Sanctum Petrum ab Innocentio papa consecratus est in episcopum Wintoniensem [17] dominica pr[ox]ima ante festum sancti Michaelis. Hoc anno du-ravit gelu per viginti [18] septimanas. Obiit Ricardus de Sancta Mildrida prior de Suwerke. Quedam mutacio facta est de moneta.

„ 25

ex Sthw.

1206 Petrus Wintoniensis episcopus Roma reversus in Angliam aput Wintoniam sollempni processione receptus est et in cathedra pontificali intronizatus est dominica, que est in Ramis Palmarum [19], scilicet 7 kal. Aprilis. Item [20] Johannes Florentinus cardinalis legatus sedis apostolice [21] venit in Angliam mense Maji [22] et remansit in Anglia circueundo ecclesias An-glicanas a Pascha usque ad festum sancti Martini. Item Johannes rex Anglie transfretavit in Aquitanniam circa festum sancti Barnabe.

März 26 Mai ex Sthw. Apr. 2 — Nov11 c. Juni 11 ex Sthw.

1207 Hoc anno facta est eclipsis solaris circa horam sextam et duravit usque ad horam nonam. Obiit Rogerus ar-chidiaconus [23] Wintonie. [24] Hoc anno cepit Johannes rex Anglie terciam decimam partem catallorum et ave-riorum tocius Anglie per vicecomitem et ballivos, tam a domibus religiosis quam a laicis; et incepit hec col-lecta a Purificacione beate Marie et duravit usque ad festum sancti Michaelis et fuit summa tocius collecte

„

Feb. 2 — Sept. 29

---

[13] = 3 id. Sept. *Stw., Wint.* [14] *Statt dessen gibt Wint. genau die Worte von Stw.* [15] *Ausser dem letzten Satze ganz aus Sthw.* [16] 3 Id. *richtiger Southw.* [17] = 7 k. Oct. *Sthw.* [18] IX ebdomadas *Sthw.* [19] *Palmsonntag war 7 kal. Apr. Wint. liest irrig* VII id. *(nicht wie Luard druckt* XII id.*). [20] Die folg. zwei Sätze aus Suthw.* [21] s. ap. *fehlt Sthw.* [22] m. M. *fehlt Sthw.* [23] *Le Neve-Hardy: Roger Archidiacon von Winchester 1181.* [24] *Stw. auch benutzt in Bmds. p. 450; weniger ausführlich Wint. p. 79.*

Wint dep.

XIII [25] C. milia marcarum. Monachi ecclesie Christi Cantuariensis exulati sunt propter electionem Stephani de Langetone, qui consecratus est Rome a papa Innocentio; et tamen [26] expulsi sunt una die 44 [27] monachi per Falconem et Robertum de Cantelo **et Reginaldum** de Cornhulle [28] et per alios. Natus **est** regi Johanni filius **ex** regina sua Ysabella kal. Octobris Wintonie et in die sancti Remigii vocatus [29] est nomine avi sui Henricus.

cf. Lu.8o

Oct. 1

1208 [30] Hoc anno factum est interdictum generale **per** totam Angliam **a domino** papa Innocentio III **per** episcopos hujus interdicti executores scilicet Willelmum c Londoniensem, Eustachium Eliensem et **Maugerum Wigornensem,** quia dominus Johannes rex noluit admittere magistrum Stephanum de Langetone [31] in sede sui archiepiscopatus [32] neque monachos ad institucionem domus sue; incepit **autem** hoc interdictum feria secunda **in Passione Domini.** [33]

März 24

1209 Philippo fratre imperatoris H[enrici] a quodam duce occiso * d. Hoc anno Johannes rex duxit exercitum **suum** usque ad confinium Scocie circa festum sancti Jacobi et accepit duas filias regis obsides pacis. Et tunc venere prefati episcopi Dorobernie, et ibi confecta est forma pacis inter ecclesiam et regem. Item de Scotia rex reversus homagia ab universis hominibus liberis Anglie suscepit; et facta sunt hec mense Augusti et Septembris. Octo filius Henrici ducis Saxonum et Matilde ducisse filie regis Anglie coronatus **est** in imperatorem **Rome** aput Sanctum Petrum a **papa** Innocentio tercio; qui statim persequi cepit ecclesiam Romanam. **Item** rex misit literas **suas** ad archiepiscopum Can-

c. Juli 15

Aug. Sept.

---

c Will's *cod.* d *Ergänze:* Oto ab universis Alemannie optimatibus in imperatorem electus est. Regina Isabella peperit filium nomine Ricardum, in die [34] Epiphanie *aus Wint.; Vesp. hat zwei Zeilen übersprungen.*

[25] coll. terciedecime *dahinter Lücke Sthw.* [26] *Von hier an wörtlich aus Suthw.* [27] LXIV *Sthw., Wint.* [28] *Wint.* Rogerum de Tornhelle, *Wend.-Paris II, 516* Henricum de Cornhelle. [29] *in d. S. Rem. et voc. ohne* Wintonie *Suthw.* [30] *Dieses Jahr wörtlich aus Suthw.* [31] de L. *fehlt Suthw.* [32] patriarchatus *Sthw., was* Bermondsey 451 *beibehält, also ist dieses letztere unmittelbar aus den Annalen von Southwark geflossen.* [33] f. s. in P. D. *nicht in Suthw.* [34] *Richard ward in der Nacht vorher geboren cf. Ann. Tewkesbury 59, Bmds. 451.*

Wint
dep.
tuariensem, ut veniret loqui secum aput **Doveram**. [35] Qui veniens prestolabatur eum ibi, recurrentibus inter illos nuntiis; infecto negocio, archiepiscopus rediit in Gallias.

cf.
Lu.81 **1210** Hoc anno Judei tocius Anglie multis miseriis sunt affecti. Ecclesie et domus religiosorum maximis exaccionibus vexate fiscum non sine gravi dispendio ampliarunt. [36] Rex, convocato exercitu, Galliam [36a] ingressus est et a **Gallia** proficiscens Hiberniam ingressus **est** et Hugonem de Laci effugavit et ceteros subiciens, leges Anglie in illa primus instituit. Uxor Willelmi de Braosa cum filio suo Willelmo juniori **aput** Windesores fame periit.

1211 Hoc anno duxit rex Johannes exercitum in Walliam circa mensem Augusti et pervenit usque ad Snoudone et ibi accepit obsides **eorum** de pace et fecit ibi quedam castra, que in sequenti anno Walenses destruxerunt; cum viderunt sibi duras condiciones pacis imponi. Eodem anno nuntii domini pape, magister Pandulphus et Durandus circa festum sancti Johannis ad peticionem regis venerunt in Angliam et moram fecerunt usque ad festum sancti Michaelis; set infecto pacis negocio recesserunt.

Aug.

[1212]

c.Juni
24

-Sept.
29

cf.
Lu.82
1212 Hoc anno factus est motus Christianorum in Hispaniam contra Saracenos. Ubi multi Saraceni sunt occisi a Christianis, quorum numerus estimatus est 60 milium. [37] Item obiit Gaufridus Eboracensis et Johannes Dublinensis et Mauger Wigornensis episcopi. Item magna pars Londoniarum scilicet Suwerke cum capella Sancti Thome et ecclesia Sancte Marie canonicorum cum omnibus ejusdem dom[*ib*]us, exceptis refectoriis, combustum est.

1213 Philippus rex Frantie permissione pape Innocentii venit aput Kaleys et navigium ibi paravit, cujus naves Gaufridus de Lucy [38] ibidem comburi fecit. Tunc fuit dominus Johannes rex aput La Rie cum exercitu Anglie. Tandem tradidit coronam suam in manus Pandulphi et fecit se tributarium Romane ecclesie, reddendo annuatim mille marcas. Stephano archiepiscopo vix suscepto, absolutus est in die sancte Margarete aput Wintoniam, durante interdicto. Quidam pseudopropheta Petrus [e] de Puntfreit quia prophetavit de rege,

c.Anf.
Juni

Iul.20

---

[e] Petrum *cod.*

[35] *Wint. Lu. irrig* Doroberniam. [36] *Das Folg. irrig* 1211 *Wint. Lu.* [36a] Walliam *Wint. Lu.* [37] *ut dicitur ins. W. Lu.* 82. [38] *Ein Theil der franz. Flotte ward durch die Engländer im Hafen von Brügge zerstört, während Philipp II. Gent belagerte. Cf. Winkelmann, Otto IV, 363. Lucy wird hierbei sonst nicht erwähnt.*

Wint dep. se non diu regnare, equis distractus est aput Corfe per campos et postea suspensus. Obiit Gaufridus filius Petri justiciari[*us*] ⁱ Anglie.

1214 Hoc anno Johannes rex transfretavit Aquitanniam **statim** post Purificacionem; cumque applicuisset, susceptus est fere ab om-
nach Feb. 2 nibus magnatibus terre illius. Nicholaus Thuscalensis **episcopus** legatus in Angliam a domino papa missus et venit in An-
nach Mai 18 gliam in ebdomada Pentecostes. Item solutum est inter-
Juli 2 dictum in die sancti Swithuni. Item Philippus rex Frantie movit exercitum suum contra Ottonem imperatorem, cum quo confligens cepit Saresburiensem, Flandrensem et Bononie comites. Item Walterus le Gray, cancellarius domini regis, episcopus Wigornensis factus est. Item orta est dissentio inter regem et barones Anglie pro carta fruenda de libertate antiquarum consuetudinum Anglie, quas petebant barones confirmari; unde diu laboratum est et nichil perfectum.

Nov. 11 1215 Innocentius papa **tenuit** generale concilium aput Lateranum die sancti Martini. Item Ricardus decanus Sarum factus est episcopus Cicestrie, et Walterus ³⁹ de Cornhulle episcopus Cestrie, magister Benedictus episcopus Rovecestrie. Item Johannes rex suscepit crucem in ecclesia Sancti Pauli Londoniis a Willelmo ejusdem sedis episcopo, scilicet
Mars 4 feria quarta in capite jejunii. Item rex obsedit Rovecestriam et cepit eam et barones qui fuerunt in ea, licet viriliter restitissent. Item ecclesia de Werewelle dedicata est.

1216 Saerius de Moun ⁴⁰ et alii plures barones, transfretan-
Mai 21 tes in Galliam ᵍ, adduxerunt in Angliam Lodowicum filium Philippi regis Frantie. Hic post Ascensionem Domini sabbato cum multis armatis applicuit in Tenet. Item
„ 20. Gwales legatus venit in Angliam feria sexta post As-
„ 29. censionem Domini. Item in ⁴¹ die Pentecostes post pro-

ⁱ justiciarii *cod.* g et *ins. cod.*

³⁹ *Lies:* Willelmus. ⁴⁰ *Wol* Quinci *gemeint.* ⁴¹ In vigilia Pentec. venit Johannes Wyntoniam et Galas legatus. In crastino Pent. sc. feria 2, veniente Lodovico, rex recessit cum P. Wynt. episcopo qui die Pent. *W. Lu.*

*Wint
dep.*

cessionem, presente rege, episcopus Wintoniensis excommunicavit Lodowicum nominatim et omnes complices
ejus, qui ei auxilium contra regem prestabant. Item

*Mai
30*

Gwales legatus venit in Wintoniam feria secunda Pentecostes.
Item Lodowicus tetendit versus Wintoniam: [42] tradentes
civitatem Wintonie cum castello *[43] de Maulion, qui statim recesserunt et suburbium Wintonie incendi fecerunt; Lodowico enim
adveniente, cives ei reddiderunt civitatem; Lodowicus obsedit
castellum, quod post multos dies redditum est per consilium
Saverici. Obiit Innocentius papa, cui successit Honorius. Obiit

Oct 19

Johannes rex aput Ware [44] in crastino sancti Luce Ewangeliste, et corpus ejus humatum est in ecclesia Wigorniensi.
Et Henricus filius ejus etate decem annorum in die apostolorum Symonis et Jude coronatus est in regem Anglie aput Glou-

,, 28

cestram a legato Gwales et multis aliis episcopis tunc ibi
presentibus.

*f.
Lu.83
nach
März
26*

1217 Lodowicus rediit in Frantiam et quam citius potuit revertitur, scilicet statim post Pascha. [45] Quidam ex baronibus
capti fuerunt in Lincolnia, et occisus fuit ibi comes de Pertico. Item Lodowicus misit in Frantiam propter auxilium, quod
quidem destructum fuit in mari. Item Lodowicus absolutus recessit ab Anglia. Obiit Herebertus episcopus Saresbu-
riensis.

1218 Stephanus de Langetone archiepiscopus Cantuariensis
venit in Angliam. Item Radulphus monachus Norwicensis factus est episcopus. [46] Translatus est sanctus

Juni 7

Wlstanus Wigornensis 7 idus Junii. Item facta est plena
confirmatio per juramentum de pace tenenda et fidelitate tenenda regi ab omnibus episcopis et principibus Anglie. Item
comes Cestrie cum aliis multis Jerusalem adiit. Damieta obsessa est a Christianis.

1219 [47] Hoc anno Henricus filius Johannis regis primo habuit sigillum scilicet tercio regni sui anno et etatis sue anno 12.
Obiit Hugo Herefordensis episcopus; cui successit Hugo
Foliot. Obiit Willelmus Marescallus senior. Item soluta est vicesima pars redditus trium annorum ab ecclesia An-

---

[42] *Ergänze* rex et Petrus episcopus recesserunt *aus W. Lu.* [43] *Ergänze* Savarico *aus W. Lu.* [44] Newerke *Wint.* [45] Tempore Qua-
dragesimali *Wend., kurz vor* med. Quadrages. *Walt. Cov. 236.* [46] *Ergänze* Cicestrensis. [47] *Dies copiren Wig. 411.*

Wint
dep.
Nov. 6

glie Romane ecclesie. **Item** Damieta **reddita** est Christianis 8 idus Novembris. Justiciarii itinerantes sederunt aput Wintoniam.

1220 Hoc anno rex Henricus III^{us} primo portavit coronam aput

Mai
17

Londonias die Pentecostes, Stephano de Langetone archiepiscopo Cantuariensi ei imponente. Item sanctus Thomas

Iuli 7

Cantuariensis archiepiscopus translatus est nonas Julii rege presente. Item Pandulphus legacionem amisit. h Obiit Willelmus comes de Arundel et H[enricus] de Hereforde. i [48] Item ecclesia Novi Loci [49] a Petro episcopo Wintoniensi fundata ab eodem dedicata est quinto

Sept.
27

kal. Octobris.

cf.
Lu. 8, 4

1221 [50] Willelmus episcopus Londoniensis renuntiavit episcopatui; subrogatus est ei Eustachius et consecratus est a Roffensi episcopo. Petrus episcopus Wintoniensis profectus est ad Sanctum Jacobum. Crux reddita est Christianis. Quidam presbiter crucifigi se fecit a duabus mulieribus.

1222 Stephanus archiepiscopus celebravit concilium aput Oxoniam. Commotio aeris facta est tam magna, quod turres et domos et arbores prostravit. [51] Obiit Ranulphus episcopus Cicestrie.

1223 Johannes rex Saxonum [52] peregrinando venit in Angliam. Obiit Philippus rex Frantie; cui successit Lodowicus filius ejus. Obiit Symon episcopus Londoniensis [53] et W[illelmus] episcopus Cestrie.

1224 Willelmus Marescallus accepit sororem regis in uxorem. Item Petrus episcopus Wintoniensis excommunicavit molestatores et insurgentes contra jura ecclesie in pleno synodo. Item [54] dominus Henricus rex obsedit castrum de Bedeford et ipsum cepit et omnes in ipso inventos suspendi fecit. Item Rochella capta est.

1225 Concessa et collecta est XV^a pars Anglie domino regi pro carta habenda de antiquis libertatibus. Ricardus comes

Iuni
24

transfretavit ad Burdigalim cum 70 militibus. Item in nocte sancti Johannis Baptiste nix inmensa fuit et fulgur et tonitrua.

---

h admisit *cod.* i arch' *ins. cod.*

[48] *Das Folg. aufgenommen in Wig. 413.* [49] *Newminster.* [50] *Wig.* *414.* [51] *Das Folg. Wig. 415.* [52] *Jerosolime W. Lu. richtig.* [53] *Irrig* *statt* Exoniensis. [54] *Item — fecit Wig.*

Wint dep. **1226** Obiit Lodowicus rex Francorum, cui successit Lodowicus filius ejus. Obiit Ricardus de Marisco episcopus Dublinensis [55] et Pandulphus Norwicensis et Benedictus Rovecestrensis et Willelmus comes Saresberiensis et Willelmus de Mandevile et Willelmus de Bruere.

cf. Lu.85 **1227** Obiit Honorius papa, **cui** successit Gregorius. Dominus [56] Henricus rex Anglie dedit Ricardo fratri suo comitatum Cornubie et Huberto de Burgo comitatum Cantie. Item Petrus Wintonie et W[illelmus] Exonie episcopi iter arri-

Juli,15 puerunt versus Terram Sanctam idus Julii. H[enricus] factus est episcopus Rovecestrensis et [57] Thomas de Norwico.

,, 7 **1228** Obiit Stephanus Cantuariensis archiepiscopus [58] nonas Julii. Item justiciarii itinerantes sederunt aput Wintoniam.

Mai 4 Frater comitis Gloucestrie die [59] Ascensionis Domini aput Londonias occisus est. Dominus Henricus rex collegit exercitum et eum duxit in Walliam. Orta est discensio inter Gregorium papam et Frethericum imperatorem. Papa exegit decimam **partem** ab Anglicana ecclesia.

1229 Robertus de Bingham factus est episcopus Sarum. Ricardus cancellarius Lincolliensis factus est archiepiscopus Cantuarie 4 nonas [59a] Junii. Item Jerusalem recuperata est a Christianis.

Juni nach Sept. Henricus rex cum exercitu suo post festum sancti Michaelis fuit aput Portesmue. Comes Britannie venit in Angliam.

29 Apr. **1230** Henricus rex venit aput Wintoniam 18 kal. Maji et 16
14 kal. ejusdem mensis recessit et perrexit versus Portes-
16 mue et ibi congregavit exercitum suum Anglie; in die apostolorum Philippi et Jacobi misit se in mare, profecturus in Bri-
Mai 1 tanniam. Willelmus de Brewes occisus est a Neulino. [60] Item pacificati sunt dominus papa G[regorius] et imperator Frethericus. Item Henricus rex rediit in Angliam, subjugatis sibi multis ex magnatibus Aquitannie; et in [61] vigilia Om-
Oct.31 nium Sanctorum in ecclesia Sancti Swithuni Wintonie a con-

---

[55] *Lies* Dunelmensis.   [56] 1225 *irrig W. Lu.*   [57] *Richtiger* 1226.
[58] 9 kal. [*Lies* die?] Julii *Ann. Teok.* 8 id. Jul. *Wend.,* 7 id. Jul. *Paris, dem jedoch das Datum der Beerdigung widerspricht, cf. Madden, Hist. Anglor. II, 302.*   [59] *Ebenso Teok.*   [59a] Idus *Wend. IV, 204.*
[60] Lewelynci *Wint. (Llewellyn).*   [61] post festum *Wint.*

Wint
dep.

ventu sollempni processione susceptus est, presente R[icardo]
archiepiscopo Cantuariensi.

1231 Henricus rex firmavit castrum Matildis. Obiit Willelmus Mare-

Apr. 6

scallus junior 8 idus Aprilis [62] et Ricardus archiepiscopus

Lu. 86
Juni
23

peregrinus. In vigilia sancti Johannis Baptiste combusta est ecclesia Sancti Egidii. Petrus Wintonie episcopus re-

Aug. 1

versus a Terra Sancta receptus est die sancti Petri ad Vincula
in ecclesia sua **Wintoniensi** et optulit pedem sancti Philippi.

1232 Henricus rex **Anglie** commisit Petro Wintoniensi episcopo plu-
rimos comitatus et castella in custodia et Petro de Rivallis thesaurum suum. **Item** captus est Hubertus de Burgo et incarceratus aput Divises. **Obiit Willelmus le Bruere junior.**
Puer quidam nomine Stephanus cruciatus est et occisus a Ju-

Oct. 17

deis Wintonie 16 kal. Novembris.

1233 Hoc anno electus magister Edmundus thesaurarius Sarum in
archiepiscopum Cantuariensem et a domino papa confirmatus

Aug.
19

est. **Item** raptus est Hubertus de Burgo de Divises [63] in vigilia sancte Margarete. Inundatio maxima pluvie, per quam magna pars Anglie periclitavit, **et hoc ad festum sancte Mar-**

„ 20

garete virginis.

1234 Hoc anno magister Edmundus de Abendone consecratus est
in archiepiscopum Cantuariensem 4 nonas Aprilis. Ricardus Ma-

Apr. 2

rescallus occisus **est** in Hibernia. Orta est discentio inter regem Henricum et Petrum episcopum **de Wintonia pro** Petro de
Ravallis, et inhibita **est** eorum transfretacio aput Dovere; **et**

Juni
28

in vigilia apostolorum Petri et Pauli venerunt aput Wintoniam;

Juli 2

in Deposicione sancti Swithuni venit Ricardus Siward et multi

cf.
Lu. 87

alii **ad Wintoniam** [64], querentes Petrum de Rivallis, quem minime invenientes equos episcopi et prioris violenter abduxe-
runt [i]; episcopus vero **omnes illos** excommunicavit, et inter-
dicta est ecclesia et tota civitas; mane autem **facto**, penitue-
runt et absoluti sunt; in crastino reconciliata est ecclesia et
tota civitas. **Obiit Hugo Herefordensis episcopus.**

1235 Fretchericus imperator **duxit** uxorem Ysobellam, sororem regis
Henrici **Anglie**. **Magister** Robertus Grosseteste factus est epi-

---

i adduxerunt *cod.*

[62] *Ebenso Teok., Wykes.* [63] *Die Worte in v. S. M. sind in Wint.*
zum folgenden Satze gezogen: wol richtiger denn in vig. Sancti Michae-
lis setzt Wend. III, 249 die Entführung Hubert's. [64] *Ann. monast.*
II, XXII.

Wint dep.
Juni
17
Mai 7

scopus Lincolnie et consecratus est aput Radingiam 15 kal.
Julii. **Item** pacificati sunt Gregorius papa et Romani. Abba-
thia de **Certeseye**[65] combusta est nonas Maji. Gibertus Marescallus duxit uxorem sororem regis Scotie. **Item** Henricus rex
Anglie duxit uxorem Alienoram filiam comitis de Provins.

1236 Hoc anno Petrus episcopus a Roma rediens venit ad Wintoniam die sancti Andree. Henricus rex convocavit omnes magnates Anglie aput Londoniam mense Januario, et de consilio
eorum quasdam leges constituit per Angliam. Quedam balena
capta fuit aput Mulebrok mense Septembris, que adjudicata est
coram rege priori et conventui Wintonie. Ricardus comes **Cornubie** et Gilbertus Marescallus crucem acceperunt.

Nov.
30
Jun.

Sept.

1237 Hoc anno Otto legatus venit in Angliam mense Augusti; in
octava sancti Martini celebravit concilium apud Londonias. Edmundus Cantuariensis archiepiscopus profectus est Romam. Tri-
cesima tam clericorum quam laicorum propter libertates suas
soluta est regi Anglie. Archiepiscopus vero Edmundus a
Roma reversus venit[66] in Angliam.

Aug.

Nov.
18

1238 Hoc anno obiit Petrus episcopus Wintoniensis[k] [5][l] idus Junii.[67]
Justiciarii de foresta sederunt aput Wintoniam. Otto le-
gatus propter quamdam turbationem clericorum Oxonie inde
fugit Osenee.

cf.
Lu.88
Juni 9

1239 Edwardus primogenitus regis Henrici et Alienore regine natus
est Londoniis 14 kal. Julii. **Item** Willelmus de Ralye consecratus est in episcopum Norwicensem ab Edmundo **Cantuariensi**
archiepiscopo **aput** Londonias. **Item** Gregorius papa exegit
quintum decimum ecclesiarum Anglie. Otto legatus interdixit
ecclesiam Wintonie, quia non potuit videre thesaurum **ecclesie**.

,, *16*

1240 Postulatio Willelmi de Ralye in episcopum Wintoniensem 6 idus
Junii. Ricardus comes Cornubie **frater regis** iter arripuit versus Terram Sanctam 6[68] kal. Julii. Item[69] Edmundus **archiepiscopus Cantuariensis** transfretavit, quia non potuit facere
officium suum pro rege et Ottone legato; et obiit **aput** Punteny 11 kal. Septembris; ibidem sepultus est; cujus miracula florent. Item Otto legatus transfretavit versus Romam,

,, *8*

Juni

Aug.
22

---

[k] episcopus *wiederholt cod.* [l] *aus* *W. Lu.*

[65] Corrēs *Wint. MS. Domit. A XIII. Luard druckt grundlos* Tor-
reus (Torre). *Offenbar ist das Wort verlesen aus* Certeṡ. [66] 1238
mense Februario *W. Lu.* [67] Julii *W. Lu. irrig.* [68] XV *W. L., Osney;*
10. Juni *Dunstaple, Waverl.;* 3. Juni *Wykes.* [69] Sanctus *ins. W. Lu.*

Wint dep. Frethericus cepit eum et legatum Frantie cum clero multo et **magno** thesauro.

Mai 9 1241 Feretrum sancti Swithuni fractum est die Ascensionis per flabellum [70] de **magna** turri cadente; reliquie ejusdem sancti ostense sunt. Obiit Gregorius papa mense Augusti infra oc- *Aug. 21* tabas Assumptionis [71], cui successit Celestinus. Obiit Gilbertus Marescallus aput Ware. [72] Henricus rex sibi subjugavit Walliam et **posuit** ibi leges Anglie.

cf. Lu.89 1242 Hoc anno die [*Translationis*] m sancti Nicholai misit se in mare *Mai 9* Henricus rex **cum** regina et Ricardo fratre suo et Rogero de Bigod marescallo aput Portesmue versus Vasconiam.

1243 Hoc anno rex rediens de Wasconia applicuit apud Portesmue *Spt 15* 7 kal. Octobris; et in vigilia sancti Michaelis venit aput Win- *,, 28* toniam. Item die apostolorum Petri et Pauli Willelmus de *Iuni 29* Ralye episcopus Norwicensis translatus est in episcopum Win- *Sept.7* toniensem et confirmatus in vigilia Nativitatis beate Marie. Item in vigilia Natalis Domini consequenter idem *Dec.14* episcopus venit ad Wintoniam, set intrare non potuit et accessit nudis pedibus ad singulas portas civitatis, que clause fuerunt contra ipsum per preceptum domini regis; hoc viso episcopus simpliciter recessit et in crastino sancti Thome Marti- *,, 30* ris venit ad portam de Kingate et predicavit populo verbum Dei, post sermonem interdixit matricem ecclesiam et omnes ecclesias infra muros et excommunicavit monachos et clericos et majorem [73] civitatis cum omnibus ballivis. Item transfretavit *Febr.* 11 [74] kal. Marcii, quia quidam machinabantur ei malum. Bone- *19* fatius admissus est ad sedem Cantuarie. Ricardus frater regis duxit filiam comitis Provincie in uxorem, nomine Senchiam *Nov.* in n die sancte Cecilie. Alienora regina peperit filiam *22* in Vasconia, nomine Margaretam.

1244 Hoc anno mense Maji Bonefatius Cantuariensis electus venit *Ap.23* in Angliam die sancti **Georgii**. [76] Orta est discordia inter regem *cf.* Anglie et regem Scotie et Walenses, et **facta** est pax inter regem *Lu.90* Anglie et regem Scotie; rex movit exercitum **suum** versus Wal-

---

m aus *W. Lu.* n item *als Beginn eines neuen Satzes cod.*

[70] flabellum *erklärt Luard, Ann. mon. II, XXIII.* [71] b. Virginis *W. Lu.* [72] *Ebenso War. Ungenau Par. Chr. IV, 157 und Hist. II, 451* apud Hertford; *dort fand das verhängnissvolle Turnier statt.* [73] majores *W. Lu.* [74] 9 *W. Lu.* [76] Gregorii *W. Lu.*; 22. April *War. 333.*

Wint
dep.

liam. Item Willelmus Wintoniensis episcopus ad mandatum domini regis a transmarinis partibus repatriavit; et dedit ei rex osculum pacis; solutum est interdictum ecclesie Wintoniensis die Decollationis beati Johannis Baptiste; die vero

Aug.
29
Sept.
10

Translationis sancti Adelwoldi recepit Willelmus episcopus possessionem episcopatus Wintoniensis. Alienor regina peperit

Jan.16

Edmundum f[ilium] n 17 kal. Febr.

1245 Innocentius papa celebravit generale concilium aput Lugdunum, in quo concilio excommunicavit Frethericum imperatorem — et ad illud concilium 77 transfretavit episcopus Wintoniensis — et in eodem concilio degradavit Frethericum predictum, necnon Henricum Landegrave loco imperatoris instituens. Henricus rex tenuit parliamentum suum aput Londo-

Juni
17

nias 15 kal. Julii 78 de tributo pape.

1246 Henricus rex habuit grande colloquium cum magnatibus terre

Jul.15
Febr.
19

aput Wintoniam idus Julii; ubi seisivit comitissam de Warenna de virga marescaltie. Item 11 kal. Marcii terre motus magnus per totum occidentem. o

cf.
Lu.91
Juni 9
Dec.25
Jan.13

1247 Translatio sancti Edmundi Cantuariensis archiepiscopi aput Punteny 5 idus Junii. Item Henricus rex fuit aput Wintoniam ad Natale Domini. In octava Epiphanie escambium nove monete et aliorum denariorum aput Wintoniam.

Apr. 3

1248 Hoc anno obiit Walterus de Hida abbas 3 nonas Aprilis. Cui successit Rogerus de Sancto Valerio. Magister Thomas archidiaconus p Lincolniensis consecratus est in episcopum Sancti David. Item Lodowicus rex Frantie cruce signatus q iter arripuit versus Terram Sanctam 15 kal. Maji.

„ 17

Juni

1249 Hoc anno rex Frantie cepit Damietam 7 79 idus Junii. Bonefatius archiepiscopus Cantuariensis applicuit in Angliam die sancti

Sept.
21
Nov.1

Matthei apostoli. Item Bonefatius archiepiscopus Cantuariensis intronizatus est in festo Omnium Sanctorum. Henricus rex tenuit Natale suum aput Wintoniam, et Bonefatius Cantuariensis archiepiscopus missam celebravit, et ibi Gasconius de

Dc.25

Lu.92

Bierne et alii multi de Wasconia reddiderunt se domino

---

n f. *ins. cod.* suum?   o *Die letzten Worte von* comitissam an *standen schon am Ende von 1245, sind dort aber roth durchgestrichen. Ein Beweis, dass Vespas. eine Abschrift ist.* p archiepiscopus *cod*   q cruce signata *cod.*

77 *Die Rückkehr von dort gibt W. Lu.*   78 *Lies* Aprilis *W. Lu.*
79 *Richtiger 8 W. Lu.*

Wint dep.
Mrz.6 1250
regi tributarios. Item Henricus rex cruce signatus est die dominica in medio Quadragesime et Willelmus de Valentia et Petrus de Rivallis et multi alii magnates terre.

1250 Hoc anno Ricardus comes reversus[a] Lugduno. r Orta est gravis dissentio inter B[onefatium] Cantuariensem archiepiscopum et episcopum Londoniensem et canonicos Sancti Pauli pro visitacione facienda in ipsa ecclesia. Item obiit Willelmus epis-

Sept.1
copus Wintoniensis Thuronis et ibidem sepultus kal. Septembris,

Nov.+
post quem electus est Adomarus frater domini regis 2 non.

14.Jan
Novembr. et in crastino sancti Hilarii [80] a domino papa confirmatus est.

Juni 4 1251 Hoc anno Henricus rex fuit aput Wintoniam in die Pentecostes. Item congregatio Pastorum in Gallia numero, ut dictum est, 30 milia, clericos omnino suspectos habuerunt et secundum posse occiderunt et heretice contra fidem predicaverunt.

.. 24
Jul.23
Adomarus electus Wintonie applicuit in Angliam die sancti Johannis Baptiste et in crastino sancte Marie Magdalene venit ad Wintoniam et ibi cum magna processione receptus est, do-

Lu.93
mino rege presente et multis aliis.

1252 Hoc anno data fuit sententia diffinitiva Lugduni a domino papa pro domino Bonefatio Cantuariensi archiepiscopo contra episcopum et canonicos Londonienses pro visitacione facienda in ipsa ecclesia et in cunctis sue provintie ecclesiis. Item tanta

Marz 31
—
Spt.19
siccitas fuit a Pascha usque ad festum sancti Michaelis, quod segetes et herbe omnino aruerunt. Magna discordia fuit inter Bonefatium archiepiscopum et Adomarum electum Wintoniensem; set bene s pacificati sunt. Obiit [81] domina Blanchia regina Frantie.

1253 Hoc anno Henricus rex duxit exercitum suum in Wasconiam et terram Anglie domine regine et B[onefatio] Cantuariensi archiepiscopo et Ricardo comiti commisit custodiendam. Obiit [82]

Lu.94
sanctus Robertus Grosseteste episcopus Lincolniensis. Item congregatio omnium abbatum et priorum nigri ordinis aput Oxo-

Spt.22
niam in crastino sancti Mathei apostoli propter quoddam privilegium a domino papa omnibus episcopis Anglie transmissum in gravamen monastici ordinis. Item obiit Hugo de Rupibus

---

r rev. Lugdunum *cod.* s hn (*rielleicht verlesen aus* tm) *cod.*, tandem *Wint.*

[80] = 19 kal. Febr. *W. Lu.*   [81] Obiit — Fr. *Wig.* 1253.   [82] *Von hier an Wig.*

Wint dep.   archidiaconus Wintonie. Alienora regina peperit filiam nomine Katerinam.

1254 Hoc anno Alienora regina et E[dwardus] primogenitus **regis** transfretaverunt in Wasconiam ad regem. Rex Frantie rediens a Terra Sancta venit in Galliam. Edwardus primogenitus cum B[onefatio] archiepiscopo profectus [t] est in Hispaniam et ibi desponsavit filiam regis Hispanie et ibidem factus est miles et multi alii. Item Henricus rex, subjugata sibi Wasconia, recessit, et transiens per Frantiam cum Alienora regina venit

cf. Lu.95 Dec. 25   Parisius et ibi cum magno honore a rege Frantie susceptus est, et inde recedens venit in Flandriam et tenuit Natale suum aput Boloniam. Item concessa est domino regi decima omnium ecclesiarum Anglie. Item traditum est sigillum domini regis Henrico de Wingham. Innocentius papa de consens.. fratrum contulit et concessit W[illelmo] priori Wintoniensi et successoribus suis prioribus pontificalibus uti, scilicet mitra, baculo pastorali, anulo et sandalis. [u]

1255 Obiit Walterus de Gray archiepiscopus Eboracensis. Item Henricus rex tenuit consilium suum aput Westmonasterium et voluit habere tallagium per totam **terram**. Set magnates non consenserunt, set ad cautelam tempus prolongaverunt. [v] Item dominus papa concessit domino regi decimam omnium religiosorum virorum tocius Anglie. Item voluit dominus Henricus rex Anglie pacificare conventum Wintoniensem et electum **suum**, set conventus, sperans meliorem pacem consequi per dominum papam, pacem renuit et deceptus fuit.

1256 Rex Scocie cum sua regina filia regis Henrici venit in Angliam, et propter ejus adventum tenuit rex magnum festum aput Wodestoke. Obiit Willelmus episcopus Sarum; cui

Lu 96   successit Egidius de Brideport. Item Ricardus comes frater regis electus est in imperatorem et regem Alemannie mense

Nov.   Novembris. Item justiciarii [82a] de foresta sederunt aput Wintoniam. Adomarus electus Wintoniensis transfretavit in pa-

Jan 25   triam suam in Conversione sancti Pauli.

1257 Hoc anno magnum parliamentum magnatum Anglie aput Lon-

April   donias mense [83] Aprilis de rebus intestatorum, quas dominus

---

t prefectus *cod.* u sindalis *cod.* v perlongaverunt *cod.*

[82a] itinerantes *nach Jan. 13 (1257) W. Lu.*   [83] 15 kal. *Wint. Lu. richtig, cf. Ann. Burton. 384.*

Wint.
dep.
Apr.8

rex vendicavit[84], per litteras domini pape super hoc sibi concessas. Item Henricus rex tenuit Pascha suum Londoniis et multi magnates cum eo. Ricardus comes electus Alemannie paravit se ad transfretandum in Alemanniam, qui postea 16 ka-

Mai
17

lendas Junii aput Eys in regem coronatus est. Obiit Eufemia abbatissa de Werew[e]lle. Item convocatio omnium prela-

Aug.
15

torum Anglie aput Londonias in octava Assumptionis [b. *Mariae*]w coram domino B[onefatio] Cantuariensi archiepiscopo ad tractandum de statu Anglicane ecclesie. Set negocium remansit imperfectum ratione guerre regis in Walliam

cf.
Lu.97
Mai
19

1258 Hoc anno Henricus rex tenuit Pentecosten suum apud Wintoniam et inde recessit aput Wodestoke. Congregatio comitum et baronum et omnium magnatum Anglie aput Oxonias ad parliamentum, ubi formata sunt[85] statuta Oxoniensia per commune consilium tocius Anglie. Unde Willelmus et tres fratres sui et alii alienigene ibidem existentes dictis statutis parere renuerunt. Ideo inde latenter fugie-

Juli 2

runt usque Wintoniam. Item circa festum Deposicionis sancti Swithuni magnates Anglie Wintoniam venerunt et parliamentum[86] tenuerunt et ibi morabant[ur] usque post festum Translationis sancti Benedicti. Ubi exulaverunt W[illelmum] de Valentia cum tribus fratribus suis. Item ibidem

nach
Jul.11

pacificati sunt dominus H[enricus] et E[dwardus] primogenitus ejus. Item Andreas de Londoniis resignavit prioratum Wintonie 4 Idus Julii, eodem die electus est in priorem

" *12*

per compromissionem ratione minarum comitis Glovernie et aliorum magnatum. Item conventus Wintonie elegerunt H[enricum] de Wingham in episcopum Wintoniensem per compromissionem.

cf.
Lu.98
April
11

1259 Hoc anno fuit convocatio omnium magnatum Anglie Londoniis ad Hockeday. Et tunc Hugo de Bigod venit et Gilebertus de Prestone et Robertus Walerand justicarii Wintoniam 10 kal.

Mai 3

Junii x, ubi[86a] ductus fuit Walterus de Scotini miles et judicatus pro morte Willelmi de Clare equis distractus est. Item Henricus de Wingham electus est in episcopum Londoniensem.

---

w *aus W. Lu.*   x *aus W. Lu.;* Julii *Vesp.*

[84] vendebat *W. Lu.*   [85] *cf. Prothero, Simon de Montfort, 191.*   [86] secundum parliamentum *Teok. cf. ib.* 202.   [86a] *cf. Teok.: Paris' letzte Zeilen.*

Wint dep. 1260 Inter regem et barones orta est maxima discordia occasione provisionis Oxoniensis. Misit autem rex ad curiam Romanam [86b], ut a sacramento, quod fecerat de observatione dictarum provisionum, a domino papa ipse et complices sui absolverentur. Ricardus autem comes Glovernie et S[ymon] de Monteforti comes Leycestrie et Robertus comes de Ferariis [87] et multi alii baronum in proposito suo de dictarum provisionum observatione viriliter permanserunt. Item maxima tempestas et ingens tonitruum, choruscatio et grando nimie magnitudinis in nocte sancti Johannis Baptiste. Item obiit comes de Albamara et Rogerus de Tuskeby. Adomarus electus Wintoniensis a summo pontifice in episcopum consecratur, post non multum vero tempus consecrationis sue idem episcopus versus Angliam iter arripuit, set inmatura morte preventus Parisius diem vite sue clausit extremum. Corpus suum in transmarinis partibus aput Valenciam [88] humatum est, post mortem vero dicti episcopi [y] conventus ecclesie Wintoniensis electionem ad sedem episcopalem fecerunt, unde quidam elegerunt Willelmum de Tantone abbatem de Middeltone, quidam vero elegerunt Andream de Londonia priorem suum in episcopum.

Iuni [margin]

cf. Lu.99 [margin]

1261 [89] Hoc anno Andreas... *Siehe in Annales de Wigornia IV, 447* — miracula.

1262 [90] Obiit Ricardus *448* — Alemannie.

1263 [91] Symon de Monteforti *449—50* depredati.

1264 [92] Exiit *450—3* Oxonie.

1265 [93] Hoc anno circa * *453—6* transfretavit.

1266 Hoc anno obiit Walterus de Cantilupo episcopus Wigorniensis; cui successit Nicholaus de Ely.

---

y ipi *cod.*   a *Varianten: 454, 6* Ipse *statt* Item; *455, 11* affectus *statt* effectus; *Z.12* beate *statt* sanctae; *456, 13* recepturus *statt* accept.

[86b] *cf. Prothero 230.* [87] *Diesen nennt* fidus nec regi nec baronibus *Rishanger Contin. Matth. Paris. 1263.* [88] *zu Paris* Tewkesb *a. 1261 wol Confusion mit dem Orte des Todes.* [89] *W. Lu. II, 99. Von hier an ist wieder fast alles in Wig. übergegangen.* [90] *ib. 99—100.* [91] *ib. 100 —1.* [92] *ib. 101-2.* [93] *Deutliche Spuren gemeinsamer Quelle ib. 103 Z. 5—8.*

Wint dep. Item [94]Londoniensis b *456—57* de Ferrariis.

1267 [95] Sexto idus *457—58* confirmatus.

1268 [96] Nono kal. c *458* — Waverleye.

1269 [97] Obiit Warinus *458* — profectus est.

1270 [98] Hoc anno tenuit *459—60* versus Londonias.

1271 [99] Hoc anno 3 non. *460—61* Stanleye. Hoc anno tenuit *461-* Domini.

1272 [100] Hoc anno recessit *461* d — *62* ejusdem.

1273 [1] Hoc anno post festum *462—63, 8 v. u.* intestato. De legatis in Terram Sanctam. De legatis ecclesie R. — *464* Wasconiam.

1274 e Hoc [2] anno magister f *465—66, 2 v. u.* Isabellam.

1275 Hoc anno Robertus *467—Z. 13 v. u.* relatum [3] est. Item [4] anno eodem facta est conventui de Waverle spoliatio quarundam garbarum in campis de Dummere [5] a rectore ecclesie de Dummere; unde dictus conventus dictum rectorem traxerunt in causam in consistorio Wintoniensi, et ab eodem consistorio devoluta est eadem causa per appellationem ad curiam Cantuariensem, et ibidem fere per annum ventilata et tandem, communibus amicis mediantibus, quievit lis per compositionem, remissis expensis hinc inde; cujus quidem compositio-

---

b *457, 11* depredaverunt.   c *458, 15 fehlt* item.   d *461, 18 u. 26* Eadmundus.   e *am Rande* ≻—, *s. darüber hinter a.* 1285.   f *465, 11* prefato *statt* predicto, *was auch in Winton. Lu. 118 und Waverl. 383.*

[94] *z. Th. in W. Lu. 103 = Wav. 373, in dem allein Z. 6 v. u. die Worte* omnium ecclesiarum.   [95] *Voller W. Lu. 105 = Wav. 374.*   [96] *Nur wenige Anklänge an W. Lu. 107; genauer stimmt Wav. 375.*   [97] *Ueber die Translation Edward's wörtlich gleich W. Lu. 108 = Wav. 375.*   [98] *Wörtlich W. Lu. 108 = Wav. 377.*   [99] *Wörtlich W. Lu. 110, während in Wav. mehrere Sätze ausgelassen sind.*   [100] *Wörtlich = W. Lu. 111 = Wav. 378.*   [1] *Wörtlich = W. Lu. Doch sind die Artikel etwas umgestellt und in Vespas. lückenhaft.*   [2] *W. Lu. 117, 8 v. u. Die Seiten 116, 117 lässt Vespas. aus; wo dagegen 466 ein Bericht über den Kampf des Prior Andreas gegen den Convent von Winchester, welcher W. Lu. fehlt. Die Nachricht über Waverley 466 unten = Wav. 383 u.*   [3] *dictum W. Lu. = Wav., wo der letzte Satz einige Zeilen früher.*   [4] *Die hier folgende Localnotiz fehlt Wav., Wint. L. und Wig.*   [5] *Dummer, Hants.*

*Wint
dep.*　　nis signatio.tepide fuit executa.　Item[6] mense Octobris —
Z. 2 v. u. Terra Sancta.　Item anno eodem peperit [7]
468 [g] — Z. 22 et amplius.

1276　[8] Hoc anno 3, *469 Mitte — 470, 7* custodienda.　Item [9] cum
dissentio inter cives Wintonienses orta annis pluribus elapsis usque ad hec tempora perdurasset, et eorum discordia coram domino rege esset exposita, **ut manus apponeret regie cor-
rectionis,** precepit idem dominus rex ut pax inter eos **confor-
maretur,** qua inita et reformata, iram suam remittens concessit eis omnes **municiones et libertates,** que ad villam per-
tinebant in pristino statu optinendas; **cito autem post su-
pervenerunt** quidam ex parte domini regis **et** pacem inter illos
reformabant, quo facto, majorem **prefecerunt et** alios ballivos,
prout moris eorum ante fuerat.　Item anno [10] eodem obiit
Johannis *ib. p. 470, 8* [h] — *9 v. u.* priorem instituit.　[11] Item
anno **eodem** cessit Willelmus de Hungerford abbas de Waverle,
eo quod **quadam** paralitica infirmitate gravatus ulterius ab-
batizare non potuit; cui successit frater Hugo de Leukenore
Nov.　die eodem videlicet die sancti Edmundi archiepiscopi electus
16　et creatus [12] a domino Johanne Tinterniensi tunc abbate.

1277　Hoc [13] anno quinto die mensis Maji *472* [i] — *73, 16* patet alibi.

1278　Hoc [14] anno mense Januarii obiit Reginaldus [k] ep. Norwic.
473 [l] — *74, 6* collocare.　Item [15] hoc anno die sancti Mathei
474, 25 [m] — *475, 8* remearunt.
Item [16] in medio mensis Octobris *474, 6 — Mitte* inventi sunt.
Item [17] circa festum beate Margarete [n] *475, 9 — 17* Portuensis.

---

g *468, 16* quod *statt* qui.　h *470, 22* R. Cantuariensi arch. *wie Wav.*
387.　i *472, 16* circa vero festum, *wie Wav.*　k Rogerus *richtig Wig.*
Wav. 389.　l *473, 16 r. u.* electus, et ab.　m *474, 7 r. u.* eodem die
ibidem ad dictam.　n *475, 12 hinter* regis *wie Wav.:* unde dominus
rex cepit.

[6] *W. Lu. 119, 17.*　[7] *Die ersten Sätze fehlen W. Lu. 468, 13—4*
= *Wav. 385.*　[8] *W. Lu. 120.*　[9] *W. Lu. 121.*　[10] *W. Lu. 121.*　[11]
Der folg. Satz wörtlich wie Wav. 387, nicht W. Lu.　[12] *So auch Wav.*
Ms. Vesp. A. XVI; nicht consecratus, *wie Luard druckt.*　[13] *Theils*
W. Lu 124, theils Wav. 387—9.　Nur der Hinweis auf das Recept
gegen Klauenseuche ist Vesp. eigenthümlich.　[14] *Theilweise = Wav. 389*
Mitte.　Wint. Lu. enden 1277.　[15] *Wav. 390 weniger ausführlich.*　[16]
Abgekürzt Wav. 390, 14 r. u.　[17] *Wav. 391, 5, wo Tod des Robert*
Kilwarby fehlt.

Wint
dep.   1279 Hoc [18] anno quarto *476, 13—477, 6* Epiphaniam.

?   1280 Hoc [19] anno in crastino o *477 letzter Absatz — 479, 3* Belli-Loci
bis   Regis.
hier

———

   1281 [20]Hoc anno Ricardus *479, 12—22* Martinus III[us].

Matt.   p 1281 [21] Post festum beati Michaelis *481 s. a. 1282 — 483, 3ter Abs.*
West   defecerunt.

   1282 [22] Qui est annus regni Edwardi *485 letzter Abs. unter a. 1283—*
       486 letzter Abs. venienti.

   1283 [23] Rex Eadwardus aput Aberconewey *488 letzter Absatz unter*
       a. 1284 — 489 erster Absatz electus.

   1284 [24] Die sancti Marci *490 Mitte unter a. 1285 — 491 erster Abs.*
       celebraverunt.

   1285 [25] De terra sua *491 letzter Abs. unter a. 1286 — 492 Absatz*
       rabiem truculentam. r [Hoc anno obiit Alexander, rex Sco-
       tie XV kal. Aprilis]. s

      ⊱— t [Quere tale signum in margine decimi folii supra.]

   1274 [26] In ecclesia Westmonasterii *467, 3 [Matth. Westm. ed. 1601,*
       407] — *zweiter Absatz* consederunt.

   1275 [27] Rex ad parliamentum *468 3ter Absatz — 469 2ter Absatz*
       discerptus.

   1276 [28] Post Pascha ad parliamentum *470 letzter Abs. — 471 zweiter*
       Abs. loricatos.

   1277 [29] In quindena Pasche, *nicht in Wig. übergegangen (ausser 473*
       3ter Absatz zwei Zeilen), aber auch aus Westm. u *408 letzter Ab-*
       satz — 409 erster Abs. interfecto.

———

o *477, 4 v. u.* nuper ante dedic. *wie Wav.: letzte Z.* Qui de Dei. p
*Nach Freilassung der letzten Zeile der vorigen Seite beginnt hier eine
neue Handschrift auf fol. 196 verso. Alles in Vesp. Folgende ist aus
Matthäus von Westminster.* r *Die folg. neun Worte in späterer Hand;
sie stehen in Wig. 492, 26.* s *Der Rest von fol. 199 r. ist leer.* t
*Roth; links oben auf 199 v. Das betr. Zeichen begegnet oben zum Be-
ginn des Jahres 1274, s. d.* u *Z. 12 v. u.* per tempus aliquot.

[18] *Zum Theil Wav. 392, 15 v. u., wo aber Cisterciensernachricht
476, 14 v. u. fehlt.* [19] *Wav. 393, doch ohne Ablass für die, welche
für des Bischofs von Winchester Seelenheil beten.* [20] *Wav. 395.* [21]
*Wav. 395, wo der Anfang etwas von Matth. Westmon. Lesart abweicht
und das Ende desselben fehlt.* [22] *Wav. 397, wo jedoch Stücke aus
Westm. fehlen.* [23] *Wav. 400 nicht so genau wie Westm.* [24] *Wav. 401
nur theilweise.* [25] *Wav. 402.* [26] *Nicht in Wav.* [27] *Etwas davon in
Wav. 385, letzte Zeilen.* [28] *Wav. 386.* [29] *Wav. 387 letzte Zeilen.*

14

Matt.
West 1278 [30] Rex Eadwardus regiam *Wig.* 475 2ter. Abs.—476, 4 Henrici tercii. Hiis [31] temporibus pro rasura monete multi Christiano-
rum et Judeorum suspendio perierunt et multi tam de Christianis quam Judeis ad caudas equorum tracti.

1279 [32] Qui est annus *477 erster Abs.* — *3ter Abs.* convenerunt.

Aug. 1280 [33] Rex pontifices *479, 4* — *erster Abs.* conjuncti. Undecimo kal.
22
Febr. Septembris obiit Nicholaus papa tercius; cui successit Martinus
22
[1281] papa quartus octavo kalendas Marcii. [34]

_____

[30] *Wav. 389 erster Absatz.* [31] *Inhaltlich aus Westm. 409, 26: fehlt*
Wig. [32] *Daraus Wav. 391.* [33] *Daraus Wav. 392, 2 v. u.* [34] *Auch*
aus Westm. 410, 1: fehlt Wig.

XV. Heremanni archidiaconi
Miracula sancti Eadmundi.

Inhalts-Uebersicht.

[Den §§ entsprechen im MS. Tiber. B II meist, doch nicht überall Absätze, die aber nicht beziffert sind. — Die mit [Martene] bezeichneten Sätze stehen bereits in Martene et Durand, Veterum Scriptorum . . ampl. collectio VI c. 821—34 und sind \deshalb im folgenden Texte nicht gedruckt. Für diese mussten die sachlichen Anmerkungen daher schon in der Uebersicht gegeben werden.]

§ 1. *[Martene 821 B].* Prolog. S. Edmund's Wunder zu erzählen nach glaubwürdiger mündlicher Kunde und Schriften harten Stiles, veranlasst uns die Aufforderung des Abtes Balduin [1] guten Andenkens und seines Convents [von S. Edmund's].

§ 2. *[Mart. 823 D].* Laut Chronica Anglica [2] fiel Edmund a. 870 und ward laut Erzählung der Alten nahe dem Orte des Martyriums [3] zu Sutton und aus Furcht vor den Dänen nicht an einem bekannten Orte beigesetzt, in kleiner Kapelle, wo das Grab wunderbar erglänzt.

§ 3. Dem h. Edmund folgt in Ostanglien kein weltlicher Herrscher. Damals war zwar England noch getheilt, der grössere Theil aber gehorchte Wessex unter Aethelred [I.]. Das Christenthum bestand ausser in dem von den Heiden zerrütteten Ostanglien, worüber s. [Abbo's] „Leiden des Heiligen". Unter Aethelred landete dieser Heidensturm in England und drang ebenso nach Paris, 'das blüht wie's Paradies', ward aber von den Franzosen in sein gewohntes Meer zurückgejagt und überfiel England wieder unter Aelfred's 28jähriger Regierung, die der Piraterie ein Ende setzte. Noch erglänzten Edmund's Wunder nicht. Inzwischen herrschten Aethelred, Aelfred der Wahr-

---

[1] *Starb 1097 um Christes maessan Ann. Agsax.; am 29. Dec. (Battely, Antiq. S. Edm. Burgi 50 und Flor. Wigorn.) oder am 4. Januar 1098 (Battely ib., aber nicht 1097, nach Necrolog von S. Denis bei Félibien, Hist. de S. Denis CCVII). S. § 32.* [2] *MS. C der Ags. Ann. gibt 871, lag also dem Vf. nicht vor.* [3] *Cf. p. 159. Der Name des Ortes, wol Stutton westl. Horne, nicht bei Abbo.*

14*

haftige, für den Papst Martin ein Stück vom Kreuze Christi schickte und die Englische Schule zu Rom freigab, und in Frankreich Karl der Kahle. Aelfred folgten Eadward d. Ä., dann Aethelstan, der das lange gespaltene England sich ganz unterwarf, dann Eadmund, Eadred Schwachfuss, Edwi und anfangs mit, bald nach ihm sein Bruder Eadgar; dann erst der unserem Patron (S. Edmund) gleiche Eadward der Märtyrer; hierauf Aethelred, im selben Jahre zu Kingston gekrönt, wechselnden Glückes. Nun that S. Edmund Wunder in Beodricsworth, wo ihm einige Weltgeistliche dienten. Ihre Namen — wir geben nur Bezeugtes —: die Priester Leofric, Alfric, Bomfield, Eilmund, die Diaconen Leofric, Kenelm. Der Diöcesan [von Elmham] Adulf aus Cambridgeshire kam aus S. Edmunds.

§ 4. [*Mart. 824 B*]. Leofstan, Sheriff in Ostanglien, presst am 1. Mai auf dem Dunghoge-Gemot[4] dem Volke Geld ab: diese Beamten freuen sich, wenn das Volk in Geldstrafe fällt. Eine Delinquentin sucht Zuflucht am Grabe S. Edmund's, wird durch Büttel weggerissen unter Protest des Priesters Bomfield und des Diacon Leofric.[5] Der Sheriff dringt in die Kirche nach bis zum Grabe des Priesters Bond. Dort wird er zur Strafe wahnsinnig und endet übel. Die Delinquentin wird befreit. — § 5. [*Mart. 825 C*]. Swen will zu Dänemark auch England erobern, wo der friedliche Aethelred, der Vater des berühmten Eadward [d. Bek.], herrscht, und landet bei Gainsborough. Aethelred flieht nach der Normandie. Swen verheert und legt überall das unselige Dänengeld auf, das England (wohlhabend ohne den Steuerdruck) noch heute[6] bezahlt. Die Steuereintreiber werden in Beodricsworth (das nach S. Edmund's Vorgänger, Beodric[7] von Ostanglien benannt und von den Königen der Kirche S. Edmund's geschenkt ist) von den Einwohnern, die nur dem Heiligen zinsen wollen, abgewiesen und kehren zu Swen zurück. — § 6. [*Mart. 826 C*]. Durch Aegelwin, den ersten Mönch dort, der die Reliquien[8] wusch und kämmte und deshalb S. Edmund's Kämmerer hiess, erflehen die Einwohner Abschaffung des Tributs von ihrem Heiligen. Dieser schickt Aethelwin zu Swen. Er[9] warnt Swen vor fernerer Besteuerung, in Gegenwart Englischer und Dänischer Magnaten auf dem Reichstage zu Gainsborough, wird aber fortgejagt. Auf dem Heimwege hinter Lincoln hört er mitreisende Ritter Dänisch reden und argwöhnt in ihnen Steuereintreiber. Einer erkennt ihn vom Reichstage her und erzählt, Swen sei Nachts darauf durch einen Speerwurf[10] übel verstor-

---

[4] *Cf. Anm. 39.* [5] *Cf. 6 Z. vorher.* [6] *cf. Huntingdon p. 749 B.* [7] Bedrici Curtis *Abbo*: Beodricus fuit antiquitus dominus istius ville *Jocelin 75.* [8] *Der Vf. sagt stets* corpus *mit dem strengen Sprachgebrauch für die ungetheilten Gebeine.* [9] *Nach Malm. Reg.* § 179 = *Pont. p. 155 wird Swen durch einen Traum gewarnt.* [10] *Dass Swen von S. Edmund getödtet sei, erzählen Florenz, Malmesbury, Orderich, Snorre.*

ben [Febr. 1014]. Hierdurch wurden die Armen des Dorfes steuer-
frei, und die Wuth der Invasion nahm in ganz England ab. —. § 7.
[Mart. 828 D]. In Essex offenbart ein Sterbender Swen's Tod durch
Edmund's Speer noch in selbiger Nacht.

§ 8. Dies bestätigen die Englischen Annalen über die Könige und
darunter Swen. Zehn Jahre litt England unter der Invasion; nur Ostanglien schützte der h. Edmund. Hier ward (wie uns die Klausnerin
Aelfwen bei S. Benet Holme aus eigener Erinnerung erzählte), das
Dänengeld in einigen Gegenden weder bewilligt noch gesammelt; aus
andern, z. B. aus Flegge, zwar von Aelfwen's Vater Thurcytel nach
Thetford gebracht, aber auf die Nachricht von Swen's Tode jedem
zurückbezahlt. — § 9. *[Mart. 829 A]*. Swen's Leiche [11] ward einge-
salzen nach der Heimath [Dänemark] verschifft.

§ 10. Aethelred, mit starker Flotte 1014 heimgekehrt, regiert wieder zur Freude der Engländer, doch mühevoll. Ihm folgt Edmund
Eisenseite auf ein Jahr, neben dem Cnut herrscht; doch behält jener die Krone bis er am 30. Novemb. durch Eadric Streone ermordet
und bei Eadgar dem Friedfertigen begraben wird. Er wollte viel für
S. Edmund's thun, starb aber zu früh.

§ 11. *[Mart. 829 B]*. Der Däne Thurkill landet [1010] [12] bei Ips-
wich und verheert. Aethelwin flüchtet mit den Reliquien hin und her,
grosse Gebäude vermeidend, ängstlich wie ein Messreisender Berau-
bung fürchtend. Der Priester Eadbriht in Essex, der Vater des nach-
herigen Abtes Aelfwine von Ramsey [13], lässt ihn aus Furcht vor Feinden nicht ein; sein Haus verbrennt zur Strafe. Der Reliquienwagen
läuft vor den Feinden von selbst fort und § 12. *[Mart. 830 C]* bei einer zu schmalen Brücke mit dem rechten Rade in der Luft. Aethelwin fährt [14] nach London.

§ 13. *[Mart. 830 E]*. Freue dich, London, reichste Stadt Englands; gross durch deine Grossen, bisher aber unfruchtbar an Heiligen, jetzt durch S. Edmund sicher!

§ 14. *[Mart. 831]*. Bei der Einfahrt des Heiligen von Aldgate [15]

---

[11] *Anfangs in York, dann zu Roeskilde begraben Lappenberg, Gesch.
v. England I, 449. Dazu Orderich I, 176.* [12] *S. § 19. Vf. setzt irrig die Vorgänge von a. 1010—3 in § 11—16 hinter Edmund's Tod;
vgl. im Text Note 50 und y.* [13] *Er wurde 1049 zum Reimser Concil
gesandt (und 1054 zum Kaiser laut Freeman, Norman Conquest II,
373), dankte zwischen 1061 und 66 ab, zeugt jedoch noch kurz vor 1081
für S. Edmunds, s. § 43.* [14] *Er hiess deshalb später auriga S. Eadmundi. Nach Yates, History of S. Edmunds p. 60 war er durch den
Diöcesan zum Reliquienhüter bestellt.* [15] *Tradition leitete vielmehr den
Namen Cripplegate, der unter dem Eroberer erscheint, von dieser Heilung der Krüppel her cf. Stow, Survey of London ed. 1876 p. 13. Ealdgate kommt unter Eadgar vor.*

bis zur Gregorikirche [16] werden 19 Kranke geheilt. Aethelwin hütet in S. Gregor drei Jahre die Reliquien. Viele Wunder sind durch Nachlässigkeit der Früheren vergessen.

§ 15. *[Mart. 831].* Aber wir erzählen das wahre Gerücht. Die Verehrung und Beschenkung des Heiligen wachsen. Ein Däne blickt unter die Decke der Reliquien, erblindet, bereut und schenkt dem Heiligen seine beiden goldenen Armspangen, denn er war vom Magnatenrang.

§ 16. *[Mart. 832 A].* Als S. Edmund aus London heimreisen will [1013], versucht scheinbar aus Devotion, in Wahrheit um ihn für den S. Pauls-Dom zu stehlen, Bischof Alfhun umsonst [17] ihn aufzuheben. Nur von Aegelwin lässt er sich heben; er beschützt Beodricsworth und Ostanglien.

§ 17. Cnut, Swen's Erbe, besser als erwartet (wie der Wolf nicht so gross ist, als man denkt), hält die beste Verfassung, bestätigt im Reichstag zu Windsor die heiligsten alten Gesetze, beschenkt S. Edmunds mit Gütern und Zollfreiheit.

§ 18. Auf eigene Kosten übergab Cnut dem Clerus nicht sowol [gross]freie Knaben zur Ausbildung, als tüchtige ärmere, wie er sie auf den Rundreisen fand; wo er denn auch einige nach Königssitte freiliess. — § 19. Er theilt England in Tetrarchien, behielt Wessex für sich, und gab Mercia Eadric, Northumbrien Eric, Ostanglien Thurkill.

§ 20. Unter Letzterem wird 1020 S. Edmunds mit Mönchen besetzt (unter Erlaubniss des Königs, Beistimmung der Grossen, und Ermahnung des Diöcesan Aelfwin, eines Mönches von Ely) und beschenkt.

§ 21. Cnut stirbt nach guter Regierung als Greis zu Shaftesbury am 12. Nov., wird zu Winchester begraben zum Leide Englands. Ein Jahr später empfing es die Regierung beider Söhne Cnut's, des Harolds für 2½, des Hardecnut für 1½ Jahr, unter denen es sank. S. Edmund aber that Wunder, zur Zeit des ersten Abtes Uvi. — § 22. Endlich schenkt Gott Aethelred's Sohn Eadward als guten König, der nach des Vaters [Tode] lange von vielem Unglück umhergetrieben Ostern a. 1043 gekrönt wird. Unter ihm genoss England gute Gesetze.

§ 23. Er pilgert mit seinen Grossen nach S. Edmunds, schenkt ihm 8½ Centurien (Englisch: Hundreds) den Hof Mildenhall und eine Urkunde der Freiheit, deren S. Edmund's heut geniesst und ohne die Bosheit der Menschen noch besser geniessen würde.

§ 24. Eadward herrscht gerecht, kirchlich, freigebig, so dass viele Gelehrte nach England kamen.

---

[16] *Castle Baynard Ward, sw. bei S. Paul's cf. Stow p. 138.* — *Später besass S. Edmunds eine Pfarre in London ib. 76.* [17] *s. u. § 62.*

§ 25. S. Edmund heilte damals Kranke: [*Mart.* 833 A], so die lahme Aelfveve, eine Adliche aus Essex.

§ 26. Eadward befreundet sich durch friedfertige Milde das eigene und die benachbarten Länder. Damals unter Abt Leofstan, einem scharfsinnigen Manne, wirkte S. Edmund weniger Wunder.

§ 27. So gab er der stummen Aelfgeth aus dem Gebiet von Winchester die Sprache. § 28. Sie lebte später als Nonne bei dem Heiligen und hörte in Visionen seine Befehle. § 29. Sie soll den Abt zu grösserer Sorge für die Reliquien ermahnen. Nach 3tägigem Fasten erfolgt am Donnerstage die Erhebung der Gebeine: Aegelwin, vor Alter blind, findet sie unversehrt; auch auf der Brust noch das Amulet vom heil. Kreuze, das ihm [c. 1011] Erzbischof Aelfeah zu London vergebens hatte abkaufen wollen; die pfeildurchlöcherten Kleider sind noch blutig; das abgeschlagene Haupt findet der Abt mit dem Rumpfe verwachsen; zur Strafe werden ihm die Hände steif.

§ 30. Ueber Osgod Clap die Wahrheit kurz zu erzählen ist leicht, da Engländer, Dänen, Fürsten, Gebildete und Ungebildete sie im Munde führen; auch meiner Wenigkeit ist daher Edmund's Einfluss bei Gott bekannt, besonders aus unsrer Zeit. Die Erzählung lautet: § 31. An einem Sommersonntag hielt Eadward in Beodricsworth unter Frohsinn der Dänen und Engländer Hof. Unter ihnen kommt der major domus Osgod Clap Dänisch gerüstet, mit Pelzen, Armspangen und von der Schulter herabhängender vergoldeter Axt hochmüthig in die Kirche zum Chor, stürzt besessen hin. Nach Fürbitten des Königs (der gerade im Capitel die Brüderschaft des Klosters erwirbt) und durch Aegelwin's Beistand geheilt, verspricht er nie mehr die Klostergüter zu schädigen. Nur die Hände bleiben ihm schwach.

§ 32. Leofstan stirbt als chiragrischer Greis. Edward lässt den Hofarzt Baldwin aus dem ruhmreichen Frankreich, Mönch von S. Denis, Probst von Leberau im Elsass, am Hofe zu Windsor wählen, in seiner Gegenwart am 15. Aug. [1065] weihen und von königlichen Beamten einführen.

§ 33. Edward stirbt zu Westminster, das er gebaut, am 5. Januar [1066]. Am 6ten Morgens wird Harold auf den Thron erhoben durch schlaue Gewalt und daher nur 10 Monate König. Er bestätigte Baldwin die alte Freiheit von S. Edmunds, wollte mehr thun; aber Wilhelm nahm mit mächtiger Flotte England in Besitz als des guten Eadward Vetter und einem Gerücht zufolge auch durch dessen Vermächtniss zum Erben berechtigt. Er landet bei Hastings, Harold fällt. Ein Komet hatte dies im Sommer vorgedeutet.

§ 34. Hier ende ich die Geschichte der 15 Könige nach Edmund's Martyrium (nach der Englischen Chronik) bis Wilhelm I., unter dem Französische Sitte in England aufkam und der Englische Staat sich änderte.

§ 35. Unter Wilhelm I., seit 1066 König, daneben Graf der Normandie, war Baldwin ein Vater für seine Abtei, dem Könige durch Güte und Heilkunst wohlgefällig; und schützte S. Edmund die Seinen, wie sich zu unserer Zeit zeigte.

§ 36. Ein Normannischer Höfling Wilhelm I. besetzt mit der diesen Leuten eigenen Habgier ein angrenzendes Abtei-Manor, leugnet im Abtei-Gericht und sagt, es sei ihm als königlichen Beamten mehr nütze, als dem schlafenden Edmund. Er wird mit Kopfweh gestraft und behält einen weissen Fleck auf der Pupille. Die Wachskerze, die er zur Sühne sendet, zerbricht.

§ 37. Arfast Bischof beider Shires von Ostanglien, weltlich tüchtig und wacker, aber von Schmeichlern übel berathen, will sich die Abtei trotz königlicher und bischöflicher Freibriefe allmählich unterwerfen, obwol er keine Urkunden, sondern nur illegale Zeugen für sich hatte; er kauft vom König die Erlaubniss, den von einem Vorgänger bewilligten Bischofsstab der Abtei fortzunehmen.

§ 38. Balduin reist mit königlicher Erlaubniss nach Rom (damals waren Lanfranc und Thomas wegen des Palliums ebenfalls dort), wo ihn Alexander II. zum Priester weiht und gemäss den königlichen Freiheitsbriefen privilegirt. Arfast wüthend, verklagt den Abt vor der Synode, dass er ohne seine Genehmigung nach Rom gereist sei, dieser beruft sich auf die Erlaubniss des Königs und Erzbischofs und appellirt an letztere.

§ 39. Vor mir — ich schäme mich's zu sagen — hat der Bischof mit dem König verhandelt über die Verlegung des Bischofsitzes in die Abtei, indem ich selbst für ihn die Briefe verfasste und schrieb, über's Meer trug und die Antworten, bald geneigte bald ablehnende, las.

§ 40. Und weil 'zu Rom alles käuflich', bietet der Bischof dem Könige 100 Mark Gold für die Erlaubniss, bei ihm zu processiren; doch wurde dieses Oblatum nicht fest abgemacht.

§ 41. Dem Bischof schlägt beim Waldritt ein Zweig die Augen aus. Ich sah ihn wie einen Geblendeten daliegen und sage kühn: 'Dir hilft kein Arzt, bitte S. Edmund und Abt Balduin um Vergebung und Heilung!' Er verzweifelt anfangs, aber auf unser aller Rath schickt er mich am 28. October zu Balduin, welcher die Kur verspricht.

§ 42. Arfast kommt nach S. Edmunds, bekennt seine Schuld im Kapitel (damals im Vestiar), vor den älteren Mönchen und den Hofbeamten, welche gerade in Bury Assise hielten, (nämlich Hugo Montfort, Roger Bigod, Richard Clare, Turold von Lincoln, Alfred von Spanien u. A.), lässt den Abtsstab, für den er als Pfand seinen eigenen gibt, aus Thetford zurückholen und begiebt sich aller Ansprüche gegen S. Edmunds. Darauf absolvirt wird er, wie ich sah, schnell geheilt, bis auf die eine Pupille und predigt von diesem Wunder am Edmundstage.

§ 43. Darauf leugnet er aber vor dem Könige, dass er von der Klage zurückgetreten sei. Der König schickt zur Inquisition in der Grafschaft Lanfranc nach Bury. Durch [Geschworene aus] 9 Shires wird nach Aelfwin's, des greisen Abtes von Ramsey, Aussage über den Zustand unter Cnut, die Freiheit der Abtei bezeugt. Hier war der Bischof ausgeblieben, seinen Grimm verbeissend.

§ 44. Später klagt er nochmals beim König, er will jetzt die 100 Mark voll bezahlen. Im Processe Ostern 1081 vor dem Reichstage Gross-Britanniens nennt er als Zeugen (durch Eingebung des Heiligen übereilt) den Hundewärter, wodurch er ohne legales Beweismittel erscheint. Hierauf werden königliche und päpstliche Urkunden für S. Edmunds verlesen; dass die 51 Jahre alte Freiheit der Aebte, sich von einem beliebigen Bischof weihen zu lassen, weiter bestehen solle; wie Uvi vom Bischof von London, Leofstan von dem von Winchester, Balduin zu Windsor vom Erzbischof geweiht sei.

§ 45. Der König lässt Urtheil sprechen durch die kirchlichen Richter, Prälaten nnd rechtsverständige Grafen. Auf Grund der Urkunden und der Verjährung wird die Klage abgewiesen. — § 46. Als das Urtheil dem König überbracht wird, schilt es der zornige Bischof; daher straffällig muss er den Bischofstab dem König als Pfand lassen; zu dessen Auslösung hat er 1100 Mark bezahlt, wie er mir acht Tage vor seinem Tode klagte, ohne das Ende der Verschuldung abzusehen.

§ 47. Wilhelm giebt S. Edmunds eine auch von der Königin und den Grossen unterzeichnete Urkunde über die Exemption aus der Diöcese 1. Juni 1081 zu Winchester.

§ 48. Auf der Romreise vertheilt Balduin Reliquien von Kleidern des S. Edmund, dem zu Lucca in der Martinskirche ein Altar geweiht wird. An diesem genest der einzige, gelähmte Knabe einer reichen Familie, dem bisher viele Aerzte und Kirchenbeschenkung nichts geholfen hatten: er greift nach dem Thymian, mit welchem der Boden der Kirche bestreut war. Dies berichteten uns Probst Eadric und Priester Siward, die es auf der Romreise zu Lucca von ihrem Gastfreunde Petrus, einem Augenzeugen, gehört hatten. Dieses Wunders halber besucht das dortige Volk jährlich jenen Altar.

§ 49. Zur Zeit Wilhelm's I. — so erzählt ein Bruder — kommt der Franzose Werner, Abt von Rebais, fromm, litterarisch und musikalisch gebildet nach S. Edmunds, wird mit gewohnter Gastfreundschaft empfangen, componirt ein Lied von vier Antiphonen auf den Heiligen und wird mit Kleiderreliquien beschenkt. Auf dem Heimwege durch Ponthieu wird er geplündert, kommt nach S. Riquier, dessen Abt Gerwin von weltberühmter Heiligkeit den Räubern nachreitet und das Geraubte zurückbringt. Nachträglich vermisst jedoch Werner die Reliquien, die er, nächtlich in der Marien-Crypta um Verzeihung seiner Nachlässigkeit betend, durch eine Vision auf der Brust wiederfindet und auf einen Tragaltar legt.

§ 50. Balduin als königlicher Hofarzt und Gesandter viel beschäftigt, schickt aus der Normandie, wo er bei dem Königspaare verweilt, den Normann nach S. Edmunds, um ihm u. a. ein Amulet (mit Kleiderreliquien) zu holen. Dieser Ritter besteigt auf der Heimreise ein Schiff, das schon mit 60 Menschen, 36 Thieren und 16 Pferden mit Handelswaaren belastet war. Bei dreitägigem Sturm werden Waaren und Thiere über Bord geworfen. Eine Vision erinnert Normann (der jedoch sein Ritterross noch behalten hat) an sein Amulet: man betet zu S. Edmund und wird gerettet. Der hilft also auch zu Wasser, wie S. Nicolaus.

§ 51. Normann landet zu Barfleur, wo ihm der Mantelsack gestohlen wird. Er reitet mit einem Priester zur Stadt, wo ihm nach seinem Gebet zu S. Edmund eine Alte den verlorenen Mantelsack nachweist; dann,

§ 52. mit dem Priester hinter sich, durch eine bisher unpassirte Furth, vertrauend auf sein Amulet.

§ 53. Wilhelm Fitz Askitil, ein fieberkranker Franzose aus Herefordshire, wird in einer Sänfte an's Grab des h. Edmund getragen, der ihm erscheint und Heilung schenkt, wie er mir einige Jahre später im Kapitel erzählt hat.

§ 54. Ein normannischer Höfling Wilhelm I., Ranulf, reitet, ritterliche Thorheiten im Kopfe, mit einem Genossen nach Chichester, erkrankt plötzlich, träumt, er fliehe vor S. Edmund, der ihn vom Pferde wirft und ihm die Lanze — wie ein Ritter im Zweikampfe dem Ueberwundenen — auf die Brust setzt; er bittet um sein Leben. Edmund bekreuzt seinen Scheitel: damit könne er befreit werden. Der Kranke genest und wird auf den Rath der Hofcleriker, u. A. des Samson, Mönch; wie er denn schon vorher geschult, aber zum Laienstande zurückgetreten war. Ich sah ihn später als Mönch und Priester.

§ 55. 1087 folgte, wie es heisst durch Geschenk des Vaters, Wilhelm Langschwert in England. Unter ihm ward ein schwachsichtiger Knabe, auf Befehl des Vaters, der mit dem königlichen Heere gegen Schottland gezogen war, zum Grabe S. Edmunds gebracht und geheilt, denn ein 14- und mehrtägiges Liegen in der Kirche Binham, wo er Chorknabe und Schüler des Mönches Herrmann war, blieb fruchtlos. Letzterer glaubte nicht an den Englischen Märtyrer, wie er mir, dem gleichnamigen, unter Thränen bekannte, als ich ihn voriges Jahr über dieses Wunder befragte.

§ 56. Die Rebellion gegen Wilhelm II. 1088 bot den Rittern Gelegenheit, sich in der Herren-Burg einzufinden und [für ihre Dienste] Unrechtmässiges zu fordern, und (bei dem ungenauen Verfahren der Laien) leicht zu erhalten. Robert von Courçon wird von seinem Lehns-

herrn Roger Bigot in Norfolk gestattet, auf dem S. Edmunds gehöri-
gen Manor, Southwold, zu fouragiren. Als er mit seinem Truchsessen
Turolf und Gyreneu de Mounteneyn dort hinreitet, erstarrt er vor
Schrecken durch ein Unwetter (wie später jeder Naturverständige auf
seinem Gesicht lesen konnte). Nur die beiden anderen Ritter reiten
mit ihren Knappen weiter und berauben das Manor; werden jedoch,
wie ich später sah, ebenfalls von Wahnsinn betroffen.

§ 57. Ich kannte den Villan Wulmar von S. Edmunds, welcher mit
anderen aus Rom heimgekehrt, am Sonntag Abend beim Verlassen der
Kirche, der er eben Marmor und Krystall geschenkt hatte, plötzlich
geisteskrank wurde und vom nächsten Freitag bis Montag dem Tode
nahe lag. Der Pfarrer Goding mit seinen Schülern reicht ihm das
Abendmahl. Montag feierte das Kloster, nicht das Dorf, die Erhebung
S. Edmunds durch Leofstan; Dienstag früh erscheint ihm der Heilige
und heilt ihn. Er erzählt das Wunder in der Kirche, wo er vier,
neulich aus Rom mitgebrachte Krystalle schenkt, dem Schliesser Mönch
Tolin. Abt Baldwin beruft die Dorfpfarrer Siward und Goding und
einige Klosterschneider, die bei dem Kranken gewacht hatten, als
Zeugen des Vorgangs und lässt dann predigen und Glocken läuten.

§ 58. Wilhelm, ein Geistlicher aus Colchester, schickt seine drei-
jährige, kürzlich erblindete Tochter mit der Wärterin nach S. Edmunds, die in der Nacht vor Mariae Geburt genest.

§ 59. Wir gehen zur Uebertragung der Gebeine über.

§ 60. Die 'Passio' berichtet über S. Edmunds erste Holz-Kirche in
Beodricsworth. Zur Zeit Cnut's und Emma's bauten die Mönche nach
einfachem Plane, nicht so künstlich wie man heute baut, eine stei-
nerne, die Erzbischof Eadnoth weihete und die bis zu unserer Zeit bestand. Da Wilhelm I. Hilfe zum Neubau verspricht, errichtet Baldwin
eine gewölbte Basilica, so dass jeder sagt, er habe keine schönere
gesehen.

§ 61. Sie war 1094 fertig. Wilhelm II. erlaubte anfangs Weihe
und Reliquienübertragung, dann aber nur letztere. Er verlässt England. So unterbleibt 1094 Beides.

§ 62. 1095 leugnet das Gerücht bei Hofe — wie mir ein Ohren-
zeuge berichtet — dass S. Edmund's Leiche in Beodricsworth ruhe;
man solle seinen Schrein zu Kriegssold versilbern. Mittwoch 25. April
kommen Walkelin Bischof von Winchester und Ranulf ein königlicher
Caplan hierher, um bis Sonnabend die königlichen Geschäfte [Assisen]
zu besorgen. Beide sind zur Translation nach königlichem Auftrag
bereit. Herbert der Diöcesan sucht vergeblich sich einzumengen, da
königliche und Alexander II. Privilegien die Abtei von der Diöcese
eximiren. Walchelin vollzieht am 29. April die Kirchweihe und lässt
die Gebeine übertragen (dazu hielt er selbst sich zu unwürdig), auch

die Botulf's und Jurmin's. S. Edmund macht sich, wie gewöhnlich, schwer, als er zum Südthor der alten Kirche hinausgetragen wird.

§ 63. Ein Ritter aus Hampshire reisst sich dabei — wie mir ein Ritter mit legalen Zeugen versichert — die Hand blutig, vermeidet, dass Blut in die Kirche fliesst; während er die Predigt vom Hochaltar anhört, heilt die Hand. § 64. Inzwischen predigt der Bischof draussen für's Volk, lässt dann die Reliquien wieder herausholen, wo erfolgreich um Regen gebetet wird und ertheilt Ablass für die S. Edmund's-Pilger, was viele herbeilockt.

§ 65. Am 24. Juni wird eine Gelähmte geheilt, die an Krücken ging; und

§ 66. am Edmundstage 1095 die seit einem Jahre erblindete Lyeveva, die, als wir beim Magnificat neben Abt Baldwin das Weihrauchfass trugen, am Boden lag.

§ 67. In der Nacht vor dem 17. Mai (1096) gerathen einige von Rom nach England heimkehrende Pilger in einem 64 Personen fassenden Kahne in Gefahr . . .

———————

Die Mirakelsammlungen des Mittelalters öffnen der Geschichtsforschung Blicke in manche Gebiete, die ihre Verfasser nur durch bewusste Abschweifung vom Thema oder durch zufällige Aeusserungen berühren.

Man erfährt da den Eindruck, den der Heilige auf Mit- und Nachwelt machte, besser freilich, wenn die Mirakel unmittelbar von dem noch lebenden Heiligen, als wenn sie — wie hier — nur von der Leiche eines zwei Jahrhunderte todten (§ 2) ausgehen. Auch vom Jenseits her setzt Edmund seine irdische Thätigkeit fort als Unterkönig von Ostanglien, oft als Local-, nicht Nationalpatron (§ 3, 4, 6, 8, 13, 53), der sein Volk gegen die Bedrückung so der Staatsgewalt (Mart. 827 B) wie der Feinde schützt, seine Gegner ritterlich — ein naiver Anachronismus — erlegt (§ 6, 54), dessen Leiche die Spuren des rühmlichen Martyriums aufweist (§ 29).

Oder aus den Mirakeln erhellen die den Gläubigen besonderen Bedürfnisse, denen sie abhelfen: der Heilige des Engländers wirkt hülfreich auch zur See, Edmund tritt S. Nikolaus zur Seite (§ 50, 67).

Da die Aufzeichnung meist für oder durch das Stift (§ 1)

*geschah, welches die Reliquien besass, so knüpft sich leicht an
die Translationen (11—16, 29, 59—64), auch Botulf's und
Jurmin's (62) die Geschichte des Kirchenbaues (2, 60) und
der Abtei überhaupt (3—6, 11, 16, 20, 57) an: Abt Uvi ist
in § 21, 44, Leofstan in 26, 29, 32, 44 erwähnt und besonders ausführlich Balduin (32/3, 35, 38, 44, 60—62, 66) und
der Reliquienhüter Aethelwin (6, 11/6, 29, 31); zur Geschichte
der Besitzungen beachte man § 23, 30/1, 36, 56. — Schenkungen der Könige kommen § 5, 17, 20, 23, 33, 47 vor; aber
auch ihr willkürliches Schalten 20, 32, 37—40, 61/2. — Die
Exemption aus der Diöcese ist eingehend behandelt (§ 37—47,
62); von den Bischöfen erfährt man Einiges über Adulf (§
3), Aelfwin (20), Arfast (37—46); Beziehungen zu Rom
erhellen aus 38, 48, 57, 67. Das Verhältniss zu Lanfranc
erscheint bei Hermann falsch dargestellt durch Verschweigungen,
die doch höchst wahrscheinlich tendenziös sind.*

*Die Englische Geschichte des 9/10. Jh. streift § 3. Ae-
thelred und Swen werden in § 5—11 geschildert, dann Cnut
(10, 17—21), Eadward (5, 22/4, 26, 31/3), die Eroberung
(33/4), Wilhelm I. (33/5, 37—40, 43—7, 50, 55, 60), Wilhelm II. (55, 61/2).*

*Des Auslandes gedenkt § 26, sonst werden Paris (§ 3),
S. Denis (32), Rebais und S. Riquier (49), Leberau (32),
Lucca (48) berührt. Für England sind die Localnachrichten
über London (§ 12—16, 29) und Binham (55) neu.*

*Von Magnaten treten auf: der Tetrarch Thurkill (19,
20), Osgod Clap (30/1), Montfort und Clare (42), Bigot (42,
56), Courçon (56); von Geistlichen: S. Aelfeah (29), und aus
des Eroberers Zeit: Lanfranc (38, 43), Walchelin (62, 64),
Samson (54), Aelfwine von Ramsey (11, 43), Ranulf Flambard (62).*

*Freilich die Mehrzahl der in diesen Sammlungen bespro-
chenen Personen ist ungenannt, oder sonst nicht nachweisbar;
und oft wird nur die nackte Thatsache, dass an ihnen ein
Mirakel geschah, catalogisirt; häufiger jedoch wirft eine zufällige Nebenbemerkung ein Schlaglicht auf Bildung, Sitte, In-
stitutionen jener Zeit. Gerade was dem Vf. nur zur Beglei-
tung des Hauptthemas diente, dem Leser gar nicht als merk-*

*würdig an sich gelten sollte, wird als das Gewohnte, Regel-
mässige den Culturhistoriker interessiren. So bieten § 4 typische Züge vom Sheriff, 36, 54 von Rittern des Hofes; Dänische Ritter erscheinen § 6, 15, 31; ein Idyll aus dem Bau-
ernleben 57; ein verheiratheter Cleriker 58; die Dummheit
der Laien 50, 56. Zur Geschichte der geistigen Bildung [1]
vergleiche man § 18, 24, 49. Ueber die Verfassung berichten
§ 4, 6, 17, 22, 24, 44—6; über das Recht 17, 37, 40, 43—6;
über das Dänengeld 5, 6, 8. — Vom Seeverkehr handeln §
50, 67.*

*Bedecken auch diese Nachrichten den grössten Theil des
Raumes unserer Handschrift — so dass man die Berechtigung
des obigen Titels bezweifeln könnte — Hauptabsicht des Vf.
war doch, weder historische Thatsachen oder gar Culturbilder
für die Nachwelt zu liefern, noch auch (wie die nüchterne
Beschränkung fast nur auf Selbsterlebtes beweist) durch Legenden (§ 6) oder Sagen (§ 18), Kleinmalerei (§ 48) oder
grossartige Scenerie (§ 49, 56) zu unterhalten, sondern vielmehr die Mirakel des h. Edmund zu verkünden; mag nun das
Kloster (vielleicht durch Bezahlung) oder Liebe zu demselben,
mag Eitelkeit oder Hoffnung auf himmlischen Lohn (§ 3) zu
ihrer Abfassung getrieben haben. Bei den meisten bürgt er
selbst für die Wahrheit; aber seine Betheuerungen derselben
(§ 3, 8, 15, 62/5) erwecken eher Misstrauen. Von der Kritik dieser Hauptsache muss auch die Glaubwürdigkeit der obigen Nebenumstände abhängen, von denen viele nur hier berichtet sind. —*

*Wenn einst [2] ein frommer Abt Mirakel geheim hielt, um
die Verweltlichung seines Klosters zu verhüten, so gilt jetzt
als religiöse Pflicht, die Verehrung des Heiligen zu verbreiten
(§ 1, 48); und mit unverhohlener Freude befördert man dadurch auch die materielle Blüthe des eigenen Stiftes (§ 15, 21,
53). Nicht nur, dass jedes Mirakel dessen Ansehen hebt —*

---

[1] *Die litterarische Bedeutung des Werkes und Verfassers s. u.*   [2]
Gieseler, Kirchgsch. 3 A. II, 1 p. 129, 267.

die meisten geschehen sogar direct zum Schutze der Reliquien
(die sich nicht ungestraft vernachlässigen, aber auch nicht be-
sichtigen d. h. bezweifeln lassen), der Kirche, der Abtei, ihrer
Besitzungen und Angehörigen, sowie zur Bestrafung ihrer Be-
leidiger (§ 4, 6, 11, 15, 28/9, 31, 35/7, 41, 44, 56, 62/3). Indem der Vf. wol von anderen Kirchen (§ 48, 55), aber nie
von der eigenen, Nichterfolge der Gebete um Mirakel-Hei
lungen berichtet, die Aerzte verspottet (§ 57) und nur bei
materieller Nähe der Reliquien Wunder geschehen lässt, scheint
er lediglich das dumme Volk — wie die Aufklärer sagen würden — zu Wallfahrten (§ 64) und Opfern an die Mönche
verlocken zu wollen. Aber eine Statistik der Erfolge und
Nichterfolge ist nicht des Vfs. Thema. Er berichtet nur die
ersteren; hält man die an sich denkbaren Heilungen lediglich
der Seltenheit wegen zweifelhaft, so mag man eine beliebige
Anzahl vergessener Nichterfolge hinzudenken. Die Reliquien
helfen denen, die gläubig und rein beten (§ 25, 58), d. h. den
Anderen nicht; das Wunder bleibt mehrfach unvollkommen (§
27, 31, 36, 41, 52, 63) — gewiss ein unnöthiger Zusatz, wenn
man lügen wollte. Als ein wie seltenes, freudiges Ereigniss
(§ 25) ein Mirakel galt, zeigt sich darin, dass der Abt, sobald es bezeugt war (57, 65), läuten und predigen (57, 66)
liess [3]; auch weiss der Vf. im Laufe eines Viertel-Jahrhun-
derts doch nur von etwa zwanzig wunderbar scheinenden Fällen zu berichten, obwohl er sicherlich eifrig nachgeforscht hat.

Vielleicht trifft den Clerus jener Zeit der Vorwurf, aus
falscher Standesehre zur Vermeidung des Scandals die Ent-
larvung und Bestrafung der Wunderfälscher (wie der anderen geistlichen Verbrecher) unterlassen zu haben, besonders
wenn der Betrug nicht blossen Gewinn bezweckte. Aber auch
Historiker, wie Wibert von Nogent und Heinrich von Huntingdon, die heftig die unechten Wunder ihrer Gegenwart ver-
dammten, copirten doch anstandslos die ausschweifendsten
Märchen, wenn dieselben nur von einem angesehenen Gewährsmann kamen; sie misstrauten nur denjenigen Erzählungen,
die von ruhmlosen Wunderthätern ausgingen und gar zu selt-

---

[3] In Lucca wird sogar der Jahrestag der Heilung gefeiert § 48.

sam klangen. [4] *Aber grundsätzlich sah kein Theolog im Eingriffe Gottes in die doch vollkommne Schöpfung und kein Philosoph in der Verrückbarkeit der Naturgesetze (§ 27) einen Widerspruch. Die Geistlichen sind wie die Laien im Wunderglauben befangen und nur auf dessen Grad müsste es der Culturgeschichte ankommen. Sie scheint ihn als zu gleichmässig zu betrachten und mit Unrecht anzunehmen, dass er seit dem XII. Jh. mit der steigenden Bildung gesunken sei. Der radicalste Zweifler in Hermann's Periode war Wilhelm II., nicht etwa durch Bildung oder Nachdenken, sondern weil er ein beglücktes Kind der Welt in wilder Sinnlichkeit die Ideen der Kirche nicht verstand; sie um ihre Reichthümer und Macht beneidete, ihre Diener auch den religiösen Anselm für Heuchler hielt und jeden Zügel der Willkür hasste. Wie die Mönche den Glauben an die Reliquien zum Theil aus eigensüchtigen Motiven befördern, so setzt sie der Hof Wilhelm II. herunter aus Gier nach Säcularisation der Kirchenschätze (§ 36, 62). Die Bezweifler der Reliquienwunder beziehen ebenso wie die Gläubigen die Vorgänge der Natur (z. B. Wetterveränderungen § 56) auf sich als Mittelpunkte der Welt; auch sie vermengen das, was ihre Sinne wahrnehmen und was ihr Verstand hinzudenkt, auch sie sind von der Unfehlbarkeit beider überzeugt und nehmen folglich überirdische Einflüsse an, wo ihnen die unmittelbare Ursache unentdeckbar scheint. Somit fehlen denn diesen Köpfen die Grundbedingungen der Aufklärung; und höhere Bildung, weit entfernt den Aberglauben zu vernichten, konnte ihm nur bunteren, merkwürdigeren Stoff liefern: statt der Miracula glaubte man Mirabilia.* [5]

Welcher wahre Keim in den bloss den Vorfahren nachgesprochenen Berichten schon dem ersten Beobachter wunderbar erschien, das lässt sich nur durch schwierige Kritik und

---

[4] *So sträubt sich z. B. die Zeit gegen Todtenerweckungen; sie misslingen Norbert und Bernhard.* [5] *So reisst Walter Map über S. Bernhard's Wunder Zoten nicht aus Aufklärung, sondern aus Hass gegen die Cistercienser. Dagegen die Wunder des h. Peter von Tarentaise glaubt er und welche Mirabilien!*

doch nicht sicher feststellen. Denn wenn bei allen Traditionen trübende Erinnerung und subjectiv spiegelnde Erzählung das Licht brechen, so sind hier die Mirakel nur als solche, also mit der Neigung zum ferneren Wachsen in's Wunderbare und zum Verluste der natürlichen Nebenumstände überliefert worden; ausserdem übertreibt die moralische Absicht gut und böse und aus älteren Legenden waren feste Wunderformen [6] bekannt, denen die neuen Mirakel sich anzupassen streben: zunächst entnimmt man dorther die bloss stilistische Einkleidung, die dann die Nachwelt vom Inhalt nicht trennt. Diese mündlich (§ 30) überlieferten Wunder (Vf. bedauert den Mangel an Schriften) sind alberner [7] (§ 11, 12, 16) und massenhafter (§ 14) als die selbsterlebten und er fügt jenen mehrfach ein 'ut ajunt' bei (§ 27). Freilich blosse Erfindung sind sie alle nicht, nur wo es ganz unbestimmt ohne alle Nebenumstände heisst: 'Es geschahen (§ 3, 25, 26) Wunder', da wusste Vf. wol nichts und schöpfte die blosse Phrase gleichsam aus dem Programm der Reliquien, das ja auf Wunder thun lautete.

Im Gegensatz zu anderen Mirakelschreibern spricht Vf. meist von seiner eigenen Zeit (§ 30) und verlegt die Wunder verhindernde Schlechtigkeit der Menschen (§ 3, 14, 26) in das Xte Jahrhundert. Allerdings keines der Wunder geschieht an dem Vf. selbst, und auch unmittelbarer Augenzeuge ist er doch nur ausnahmsweise (§ 57, 64, 66). Dennoch sind alle von Zeitgenossen [8] ihm erzählten (§ 50, 63, 67) Mirakel keine ausschweifenden Merkwürdigkeiten (deren Erklärung unmöglich wäre, weil sie zu vereinzelt dastehen, als dass sich ihre Nebenumstände aus ähnlichen Beispielen ergänzen liessen), sondern häufig begegnende, typische Geschichten niederen Grades: Herder würde sie zum 'kleinen Apparat der Kirche' zählen. Leider hat die Culturgeschichte sich meist an auffällige Proben

---

[6] Vielleicht gehört hierher die sonst unerklärliche Sinnestäuschung, dass der Heilige bei der Entfernung aus der Kirche (§ 62) schwer erscheint; denn dass sich Reliquien gegen Ortswechsel sträuben, ist ein häufiges Mirakel (vgl. § 15). [7] Dass das einst abgeschlagene Haupt des Heiligen an den Rumpf angewachsen war (§ 29, 48), haben nur wenige gesehen, selbst wenn die Reliquien überhaupt echt waren. [8] Mit credulo eloquio (Prol.) meint er natürlich glaubwürdige Erzählung.

jener Curiositäten gehalten und die noch dazu aus verschiedenen Zeiten und Orten durcheinander gewürfelt — eine Me-
thode, wie sie auf anderen Gebieten der Geschichte doch über-
wunden ist. Zur Erkenntniss des Grades, in welchem die damaligen Menschen vom Wunderglauben beherrscht waren, wäre
es wol ergiebiger, aus diesen nüchternen Erzählungen den gemeinsamen Kern herauszulösen.

Die folgenden Mirakel erstrecken sich nur auf solche Menschen, an denen die Gläubigen entweder eine Einwirkung des
Heiligen schon erwarten, oder auf solche, die etwas gethan
haben, dessen sich die Gläubigen als eines den Heiligen bewe-
genden Anlasses erst nach dem Glücks- oder Unglücksfall hin-
terher entsinnen. Nirgends ergreift der Heilige gleichsam die
Initiative, sondern stets wird eine Beziehung zu ihm als seinem Wirken vorausgehend gedacht, z. B. der Fieberanfall bei
einem Bauern erscheint nicht wunderbar, da Nichts bekannt
ist, was den Heiligen veranlasst haben könnte, ihn zu senden;
aber wol seine Heilung, die einer Vision und Beschenkung des
Klosters folgt (§ 57).

Eine grosse Anzahl der hier berichteten Mirakel sind rein
subjective Vorgänge in der Seele des Menschen und zwar nicht
geistige Wandlungen im Wachen, sondern nur Träume im
Schlafe oder Fieber, die als vom Himmel gesandte Visionen
(§ 53, 57) aufgefasst werden. Das von dem Träumenden —
und überall nur von ihm, nicht von den daneben Wachenden
gesehene Bild, meint Vf., sei nicht der wirkliche [9] Heilige,
sondern scheine nur so. Wir werden heute alle Träume in
unserem Werke als möglich gelten lassen (und nur leugnen,
dass sie Visionen gewesen seien): denn nur das, was man im
Wachen nicht gedacht haben kann, kann man auch nicht ge-
träumt haben. In das Gebiet der Dichtung müssten wir nur
das Schauen der Zukunft und der sonst nicht gewussten Ver-
gangenheit, sowie der örtlich fernen Gegenwart verweisen.
Freilich kann die Phantasie die einzelnen im Wachen erzeug-
ten Vorstellungen selbständig verbinden und so ein Bild im

---

[9] *Auch die Lahme, welche (§ 25) sich vom Heiligen selbst berührt
und geheilt glaubt, träumt: denn der Kirchenhüter sieht nur den Schrein-
vorhang sich bewegen.*

Traume sehen, das, wenn es später ähnlich eintrifft, dem Wundergläubigen mystische Ahnung heisst, jedoch für uns nur ein unerklärter Zufall ist. Je genauer das Geträumte mit der später erfahrenen Wirklichkeit in den Einzelheiten zusammentrifft, um so unwahrscheinlicher wird der Fall; je mehr es sich beschränkt auf ein verschwommen der Wirklichkeit ähnliches — und vor Allem einfaches Bild, um so wahrscheinlicher; eine Grenze jedoch zwischen Unwahrscheinlichkeit und Unmöglichkeit giebt es hier offenbar nicht. Das einzige Beispiel dieser Art in unserer Sammlung knüpft sich an Swen's Tod: da sagt (§ 6) dem Aethelwin die Vision nur, er werde gratissima über Swen hören; während dem Sterbenden (§ 7) des Tyrannen Tod durch S. Eadmund's Speerwurf offenbart wird. Also der erste Traum entbehrt aller Einzelheit, der andere ist eine Phantasie, die vielleicht die Grundlage der ausgeschmückten schon bei Florenz ad a. 1014 begegnenden Legende wurde. Die beim Untergange Swen's anwesenden Ritter erzählen nach Hermann nur, dass ein Speerwurf die Ursache war. Uebrigens kennt Vf. dieses Mirakel nur aus Ueberlieferung, ist also nicht selbst dafür verantwortlich. Sonst berichtet Vf. Visionen, die recht deutlich die Merkmale echter Träume tragen: nämlich das in einander Uebergehen der Gestalten (§ 57), das Fortspinnen der Vorstellungen des Wachens (§ 50, 54). Die gewöhnlichsten Vorkommnisse des menschlichen Lebens sind nur deshalb in unsere Sammlung aufgenommen, weil sie solchen Träumen folgten, z. B. Fieberheilungen (§ 53, 54, 57), Wiederfindung eines verlorenen Gegenstandes (§ 49), Beruhigung des Sturmes (§ 50).

Dass im Allgemeinen in den damaligen wenig zum Denken und stark zum Glauben geschulten und von der Natur mehr abhängigen Menschen die Phantasie überwog, ist bekannt. Die nervöse Erregtheit kann aber im Einzelfall oft auch auf besondere Ursachen zurückgeführt werden: z. B. auf das Toben der umgebenden Elemente (§ 56), auf langes Fasten (§ 29) [10] oder Nachtwachen (§ 54) in mit Weihrauchdampf und

---

[10] *Wie es* 'Ströme der Gnade' *hervorruft: Leo, Univgesch. des Mittelalters 202.*

*crassen Bildern erfüllten und von Kerzen (§ 55) geheimniss-
voll erhellten Kirchen.*

*Von den Veränderungen in der Natur, die unser Vf. be-
richtet, konnte keine einzige an sich betrachtet auch nur seiner Zeit seltsam vorkommen: wenn sich das Wetter ändert
(§ 50, 56, 64, 67), ein Haus brennt (§ 11), eine Kerze zerbricht (§ 36), ein Zweig im Walde dem Reiter in's Auge
schlägt (§ 41), etwas am Hafen Gestohlenes in einem Hause
der Stadt (vermuthlich einer bekannten Diebeshöhle) nachgewiesen wird (§ 51), so haben die Erzähler nicht einmal einen
Beobachtungsfehler gemacht, sondern nur selbst das Wunderbare dadurch hineingetragen, dass sie die Beziehung zu einer
strafenden oder hilfreichen überirdischen Gewalt hinzudach-
ten: — Hermann sagt (Mart. 830 C)* dicuntur sic evenientia
vulgariter fore fatalia, sed ut credimus *ist es Strafe des Heiligen. Wie oben erwähnt, war man überzeugt von der Unfehlbarkeit des Sinnes und Verstandes, die nur die Gläubigen den
Dogmen der Kirche gegenüber demüthig opferten; davon bringt
§ 49 ein Beispiel: ein lang gesuchtes Amulet findet man nach
einem Traume am eigenen Halse wieder; statt aber anzunehmen, die Augen hätten vorhin getäuscht, und es habe nur verloren* geschienen*, schiebt man lieber eine übernatürliche Ursache für die Wiederbringung ein. Aber auch da, wo der
Erfolg des sogenannten Wunders — wir würden sagen: das
letzte Glied einer (nicht in Wirklichkeit, sondern nur in den
Köpfen damaliger Beobachter causal verbundenen) Zeitfolge —
an sich merkwürdig ist, dürfen wir nicht ohne Weiteres an
Erfindung denken. Nichts erzählt unsere Schrift, was geeig-
neter war, die strafende Hand des Himmels aufzuweisen, als
Swen's Tod (§ 6) nur ein halbes Jahr nachdem seine Eroberung England schwer gedrückt hatte. Und gerade hier ist
Vorder- und Hinterglied historische Thatsache, und nur das
mittlere, das sie zur Kette verbindet, nämlich des Heiligen
Rache, hinzugedacht. — Diese Dreitheilung ist übrigens dem
Vf. und vielen (vielleicht allen) Mirakelschreibern seiner Zeit
fremd. —*

*Gerade an unbelebten Dingen pflegen andere Mirakelsamm-
lungen Veränderungen zu berichten, die erst neuerdings die*

Wissenschaft z. Th. erklärt hat (z. B. blutrothe Farbe geweih-
ter Gegenstände). Dem Mittelalter im Allgemeinen war der
Gedanke der früheren Entwickelung der Wissenschaft unbe-
kannt, und ebenso lag es ihm fern (wie die sehr mit Unrecht
als hochmüthiger verschrieene moderne Forschung thun würde),
mit dem Bekenntniss des eigenen Nichtwissens die Hoffnung
auf glücklichere Nachfolger zu verbinden. Indem unsere Samm-
lung keinen einzigen Vorgang an todten Sachen bietet, der
dem Ungebildetsten wunderbar an sich scheinen könnte, ge-
schweige denn einen noch heute unerklärten oder gar naturwi-
drigen, zeigt sie, dass der Aberglaube aus dem blossen Mangel
der Naturwissenschaft nicht hervorgeht.

Ebenso erspart uns unser Werk unter den hier wie in
allen Mirakelsammlungen häufigen Krankengeschichten solche
Wunder wie das Anwachsen fehlender Gliedmassen oder gar
Todtenerweckungen gänzlich. — Zunächst sind die ohne sicht-
bare Ursache erfolgten und himmlischer Strafe zugeschriebenen
Erkrankungen sämmtlich nervöse (§ 4, 30, 56), d. h. solche,
bei denen möglich ist, dass zwar nicht der Heilige, aber die
Furcht vor ihm sie veranlasst habe. Der Heilungen sind we-
nigstens in des Autors Zeit nicht viele — durchschnittlich alle
drei Jahre eine — und wie viele Leidende mögen dagegen ver-
geblich Hilfe erfleht haben! Auch ist die Genesung nicht immer
vollkommen (s. S. 215) und erfolgt nicht sofort (§ 25, 27). In
einem Falle (§ 42) wendet der Abt, der ja Hofarzt war, Me-
dicin an. Da dies ganz ausführlich erzählt wird, obwol doch
die Mönche, wenn sie lügen wollten, gerade hier, bei dem ihre
Exemption anerkennenden Diöcesan die Heilung als übernatür-
lichen Lohn dargestellt hätten (wie vorher die Erkrankung als
Strafe), so ist schwerlich eine andere ärztliche Cur als Wun-
der betrügerisch ausgegeben worden. Keine Frage, dass auch
der Arzt, obwol seine Kunst des Wunderglaubens Feindin ist,
in dessen Banne stand. Wenn beim Besprengen mit Weih-
wasser Krämpfe aufhörten (§ 31), so wirkte vielleicht das
Wasser natürlich, aber die Mönche glaubten an die Kraft der
Weihe. Keine der berichteten Krankengeschichten scheint in
der Medicin beispiellos zu sein, die Nebenumstände genügen
kaum, für den einzelnen Fall die Wahrscheinlichkeit zu er-

örtern. Also auch diese Mirakel sind gewöhnliche Curen, denen bloss der Glaube jenes Jahrhunderts eine übernatürliche Ursache unterschob.

Wenn aber bei den Wundern an todten Gegenständen die Veränderungsursache zum Heiligen in gar keiner Beziehung stand, so mag dagegen hier das Gebet nicht bloss zufällig dem Erbetenen vorhergegangen, sondern wol dazu mitverholfen haben; da die meisten Leiden Geist und Nerven (§ 31, 36, 53|4, 57), die übrigen die Muskeln (§ 48, 65) betreffen, könnte wol das Wort 'Dein Glaube hat dir geholfen' die Erklärung liefern. Dass der Glaube weit intensiver war als heute, und dass sich das Gemüth kräftiger äusserte (z. B. in Thränenströmen), ist bekannt und daher besonders eine augenblickliche Selbsttäuschung wol denkbar. Die vorkommenden (§ 55, 58, 66) Blinden haben nur zeitweilig und theilweise das Gesicht verloren, die einzige (von Geburt doch nur 'ut ajunt') stumme Frau wird nur unvollkommen geheilt (§ 27), es ist übrigens eine Visionärin (§ 28). Bei den Fieberkranken (§ 57) ist die plötzliche Heilung wol die Krisis gewesen.

In der That Hermann's Mirakel sind wahre Erzählungen von an sich z. Th. gewöhnlichen, z. Th. seltenen Ereignissen, die aber ausnahmslos nicht in unserem Sinne Wunder bilden, und von denen vielleicht einige wenige die einzige Beziehung zum h. Edmund haben, dass der Glaube an ihn sie hervorbrachte. Das sinnlich Wahrnehmbare daran ist richtig beobachtet; als die allen gemeinsame Ursache aber hat die wahnbefangene Mitwelt sich das Wirken des Heiligen gedacht. Unser Verfasser hat nichts Thatsächliches hinzuerfunden: wiewol er stilistischen Schwulst liebt, fehlt ihm doch die Kraft, poetisch frei zu gestalten: wie sich bei den grossartigen Scenen des Gewitters und Seesturmes (§ 50, 56) zeigt. Und so legt die Kritik seines Hauptgegenstandes für die Glaubwürdigkeit jener S.212 erwähnten Nebenbemerkungen das denkbar günstigste Zeugniss ab.

Gleichgültig, wofür wir heute diese Mirakel ansehen, aufgezeichnet und gelesen ward unser Buch doch nur als Wundersammlung und gehört also zu jener Litteratur, von der sich schwer sagen liesse, dass sie den Fortschritt des menschli-

chen Geistes irgendwie gefördert hätte; während doch andere Afterlitteraturen des Mittelalters, Alchymie und Astrologie, die Mütter wirklicher Wissenschaften, der Chemie und Astronomie, wurden. Wie die Wundersucht den Menschen entwöhnt, nach der bewirkenden Ursache zu forschen, dem Zweifler nicht bloss seelische Qual, sondern materielle Strafe droht (§ 16, 29, 62), die Idee der Naturgesetze nicht aufkommen lässt, so arbeitet sie besonders der Medicin entgegen: denn Entstehen und Vergehen der Krankheit erscheint durch den Grad der Frömmigkeit und gewisse gottesdienstliche Handlungen bedingt, die Heilkunst wird zum Zweig der Theologie herabgesetzt.

In der Religion des Volkes (nicht vom Dogma ist hier die Rede) befriedigt die Wunderlitteratur das Bedürfniss — und nährt es wiederum — einer roh sinnlichen Zeit, die sich die Gottheit nur materiell vorstellen, ihr Wirken nur in aussernatürlichen Zeichen erkennen kann: 'wenn ihr nicht Zeichen und Wunder sehet, so glaubet ihr nicht' Joh. IV, 48. Grosse, der Herrschaft des Menschen entrückte Ereignisse, wenn sie auch den Drang der eigenen Thätigkeit, das Gefühl der persönlichen Verantwortung lähmen, pflegen doch den Menschen zur Einkehr in sich selbst (§ 64) zu mahnen; man könnte dasselbe von den Reliquienwundern [11] erwarten. In der That vereinzelt ist die Stimme des geträumten Heiligen die des Gewissens (§ 54), doch häufiger zwingt nur die materielle Strafe (31, 36, 41, 54/6) zur moralischen Besserung. Indessen auch dieser heilsame Eindruck wird dadurch bedenklich gehemmt, dass das Wirken des Heiligen nicht dem blossen Glauben an ihn, der inneren Reue (wie in den Wundern der Inspiration und Erleuchtung) entfliesst, sondern schamanistisch [12] an die materielle Beziehung

---

[11] *Allerdings ein Menschenalter, bevor Hermann schrieb, hatte die Ansicht gesiegt, dass bei dem Messopfer ein Wunder geschehe; das Wunder war also alltäglich geworden. Berengar vertheidigt die innere Gesetzlichkeit in Gott gegen die Ansicht von der absoluten Willkür, die das Wunder besiegelt. Reuter, Gesch. der Aufklärung I, 110.* [12] *Ein besonders complicirter Apparat: § 50. Der Heilige erinnert den Träumenden in einer Vision an seine (des Heiligen) Reliquien, die dieser am Halse trägt. Der Gefährdete betet nun, bauend auf den Reliquienbesitz, zum Heiligen. Und nun erst tritt die Rettung ein.*

*zu ihm (Nähe der Reliquien, Bedrückung seiner Güter) gebun-
den erscheint. Die Wohlthat der Reliquien aber kann — die
folgenden Abwege betritt freilich unsere Sammlung nicht —
einem Frevler und sogar durch Frevel zu Theil werden; so
dass ihm also das Dies- und Jenseits irdisch zu dienen, ja
selbst zur Seligkeit zu verhelfen scheint; und manchmal fördert die Zauberkraft geradezu die frevelhafte That.*

*In unserem Werke hilft der Heilige doch einem, wenn
auch sündhaften Menschen nie zum Bösen, stets bleibt er ein
Geist des Lichts [13], sinkt nicht zum Hexenmeister. Aber die
besonders idealen Seiten des Menschen verkörpert er doch auch
nicht, wie das ein edlerer Anthropomorphismus gekonnt hätte.
Während ein Anselm damals echt christlich betet, das Rache-
gefühl in ihm möchte besänftigt, er befähigt werden, seinen
Feinden Gutes zu wünschen (Oratio 24), ist Hermann's Heili-
ger öfter ein Rächer denn ein Helfer und thut Wunder überhaupt wesentlich selbstsüchtig (s. S. 215). Um die Verletzung
des eigenen Ruhmes, Hofstaates und Besitzes zu strafen, sendet er Tod (§ 6), Krankheit (§ 15, 29, 31, 36, 41), Verlust
der Habe (§ 11, 46), ohne dass das Maass der Strafe im
Verhältniss zur Sünde stände.*

*Die Kirche sah früh die Gefahr, dass die Heiligenvereh-
rung des Volkes leicht der Vielgötterei sich nähern könnte.
Im Gegensatz zu letzterer betont Hermann, dass der Heilige
nur Fürbitter, eine Art Zwischeninstanz bei Gott sei (§ 64)
und durch und mit Gott in einheitlichem Willen (§ 1, 4, 7,
36, 49, 67) wirke; des Herrn Lob verkündet er in dem des
Heiligen (§ 3, 31, 52, 65).*

*Indem wir einen ganzen Zeitgeist nur aus dem uns um-
gebenden und beschränkenden Rahmen unserer Generation beurtheilen könnten, müsste unser Spruch nothwendig parteilich,
objectiv werthlos ausfallen. Wer die Wundersucht als mäch-
tige Herrscherin vieler Jahrhunderte kennt und überzeugt ist,
dass sie nicht in einer verdammungswürdigen Verschwörung
heuchlerischer Betrüger wurzelt, sondern nur die allgemein
menschliche Selbsttäuschung ausdrückt, wir könnten überirdische*

---

[13] *Dämonische Wirkungen noch an der Leiche § 4.*

*Wirkungen hervorrufen — der wird auch die einzelne Mira-
kelerzählung Hermann's nicht mehr belächeln. Wie der Kunst-
historiker nur aus dem Geschmacke der phantastisch verschlun-
genen Thier-Ornamentik heraus die Fratzen eines Kirchen-
portales jener Zeit verstehen wird, so ist auch Hermann für
seine Auffassung der Wunder, soweit sie sich mit der seines
Jahrhunderts deckt, nicht zu tadeln: er dient ihr, ohne ihre
ärgsten Ausflüsse zu verbreiten, aber auch ohne sie zu ver-
edeln. Ein starkes Interesse für das Wohl des Klosters hat
ihn zwar zur Abfassung dieses Werkes, das ihm doch wesentlich ein Gottesdienst [14] erscheint, veranlasst, jedoch nicht
zum frommen Betruge verführt. — Er ist vom Vorzuge der
Mönchsreform und der Geistlichen über die Laien durchdrungen, eher eine hart gerechte als mild verzeihende Natur, aber
nicht ohne Mitgefühl für das niedere [15] Volk. Wie seine
Zeitgenossen Folcard und Gotselin, von fremder Abkunft und
Bildung und doch zum Lobe eines Englischen [16] Nationalhei-
ligen schreibend, fördert er seiner Kirche schönste Aufgabe:
aus dem wilden Hasse zweier Völker einen gemeinsamen Ge-
genstand der Verehrung herauszuheben.*

*Was sich sonst über den Vf. sagen lässt, ist ebenfalls nur
aus seinem Werke bekannt. Er hiess Hermann (§ 55) und
war folglich festländischer [17] Abstammung. Bereits kurz nach
1071, mehrere Jahre vor 1081, gehört er zum Rathe (§ 41)
des Bischofs Herfast von Thetford; er schreibt und liest die
geheime, und zwar der Abtei S. Edmunds feindliche, Correspondenz und besorgt sie auch nach der Normandie (§ 39).
Er wird also nicht nach c. 1050 geboren sein; doch auch nicht
vor c. 1040, da er nur die Periode seit Wilhelm I. 'unsere
Zeit' nennt. Er rühmt Frankreich (§ 3, 32) und Paris (3);
von einigen aus Vulgarsprachen übertragenen Sprüchwörtern*

---

[14] *Verdienstlichkeit des Schreibens Orderic Vitalis ed. Le Prévost II,
51.* [15] *Cnut's Erziehung Armer § 18.* [16] *Bekannt ist, wie Lanfranc
anfangs die Heiligkeit Aelfeah's bezweifelte, wie sein Neffe (oder Sohn)
Paul von S. Albans über Angelsächs. Heilige dachte. Vgl. § 55 und Chron.
Abingdon II, 284.* [17] *Mart. 825 E nennt er England* patria; *hier und
öfters =* terra.

scheint eines vielleicht auf Französische Nationalität zu deuten:
Ludere porcellum, dum constat velle catellum *(§ 40). Saint
Riquier (49) mag er selbst gesehen haben. Ein Normanne war
er wol nicht, er hätte sonst Wilhelm I. Erbrecht auf England
(§ 33) als sicher hingestellt. Er lobt Eadward* [18], *der fremde
Gelehrte über den Canal zog (§ 24). Erst nach der Eroberung kam er nach England, denn er beruft sich für die Vorgänge bis 1066 auf die Englische Chronik (§ 34) als einzige
Quelle neben mündlicher Ueberlieferung; er stellt sich England
unter Cnut mit* castella *besetzt (§ 18) vor, was schwerlich Je-
mand sagen konnte, der es schon vor 1068 gesehen hatte. Er
fühlt jedoch für das Englische Volk ganz als Engländer (§ 21).*

*Bis zu Herfast's Tode (s. o. p. 75) war er in dessen
Dienst oder Freundschaft (§ 46); dessen ersten (1086—91)
Nachfolger erwähnt er gar nicht, den zweiten aber, der den
Kampf gegen die Exemption des Klosters fortsetzte, zu a. 1095
mit deutlicher Gehässigkeit (§ 62), wie sie ihm sein Uebertritt
in den Dienst des Abtes Balduin eingab. Seitdem schämte er
sich auch seiner einstigen Feindschaft gegen den h. Edmund
(§ 39); er nennt ihn in seiner Schrift stets 'unseren Patron'
(§ 13, 56), wie er denn auch Lanfranc's Auftreten gegen Balduin übergeht. Dieser Übertritt ist wohl um 1087 erfolgt: denn
er nennt die Vorgänge in der Abtei zu Wilhelm's II. Zeit*
nostris temporibus *im Gegensatz zur Regierung Wilhelm I.
Er gehörte zum Clerus (§ 50, 56), aber nicht zum Orden,
sonst würde er irgendwo den Abt als 'seinen' Vater, die Mönche als 'seine' Brüder bezeichnen (cf. § 1), wol auch 'frater' in
der späteren Anfangsnotiz (s. S. 231ᵃ) zu seinem Werke genannt
sein und etwas von dem inneren Kleinleben des Convents bringen,
worüber ein Jahrhundert später Jocelin so ergötzlich plaudert;
es ist kein Gegenbeweis, wenn er die Klostergeistlichkeit für
gottgefälliger hält als die weltliche (§ 20), für das Stift warm
mit empfindet (§ 23), und mit der Wunderaufzeichnung beauf-
tragt wird (§ 1). Mehrfach ist er in* capitulo fratrum *(§ 53),
ohne dass sein Rang erhellte; dass er aber eine hohe Stelle im*

---

[18] *Dass er unter Eadward wenigstens nicht in S. Edmundsbury lebte,
folgt aus § 29—31.*

Dienste des Abtes einnahm, folgt daraus, dass er neben dem letzteren zur Vesper des Edmundstages beim Magnificat-Gesang das Weihrauchfass trägt: ein Amt, das Ende des 13. Jh. laut Ms. Harley 1005 [19] *f. 104 v. Prior und Supprior zukommt. Nun nennt ihn eine freilich zwei bis drei Jahrhunderte spätere Titel-Bemerkung* archidiaconus. *Sie stützt sich vielleicht auf die ursprünglich in Kreide vorgeschriebenen Worte, welche bunt auf die offen gelassenen Anfangszeilen eingetragen werden sollten. Den Namen Hermann's freilich könnte sie aus § 55 geschöpft haben, wie sie die falsche Hinzufügung* circa a. 1070 *jedenfalls selbst combinirt hat. Sollte die einstige Stellung Hermann's zum Diöcesan von Ostanglien gemeint sein, so wäre auffallend, dass nicht der Name des Erzdiaconats und nicht ein 'vormals' hinzugefügt ist, und dass dann ein bischöflicher Archidiaconus zum titellosen Caplan des Abtes gesunken wäre, ohne Mönch zu werden. Vermuthlich war Hermann vielmehr* archidiaconus S. Eadmundi. *Freilich legt Ordericus Vitalis III, 310 diesen Titel dem Abte Balduin selbst bei; vielleicht aber nur, um dessen Exemption aus der Diöcese auszudrücken. Zweifelsohne hatte der viel auswärts beschäftigte Abt einen Vertreter für die richterlichen Geschäfte seiner Immunität; und dass ein solcher allgemein Mönch des Klosters war, ist erst für spätere Zeit nachweisbar. — Spuren von Rechtskenntnissen bietet Hermann allerdings (§ 43—5), die Ungenauigkeit der Laien im Eigenthumsprocesse verachtet er (§ 56). So mag er, der den Sheriffs vorwirft, sie freuten sich, wenn das Volk fehle, da es ihnen dann Gerichtssporteln zahlen müsse (§ 4), zu jenem Stande der Archidiaconi gehört haben, dem Johann von Salisbury (Ep. 164) zwei Menschenalter später genau denselben Tadel anhängt.*

Hermann beendete unsere Schrift nach Anfang 1097 (§ 1), hatte sie aber noch auf Balduin's Aufforderung begonnen. Das letzte Ereigniss, dessen Erwähnung geschieht, datirt vom November 1095 oder Mai 1096 (§ 67). Er schreibt (§ 55) ein wol 1091 geschehenes Wunder, das er 'voriges Jahr' erfragt hat. Dass das Werk vor 1101 fertig war, folgt aus der

---

[19] *Freundl. Mitth. von Herrn E. Bishop.*

Nichterwähnung von Bischof Herbert's Streben, in Rom die Exemption umzuwerfen (1101): das dazu nöthige Geld ward ihm bei Lyon abgeraubt[20]*, was die Partei des Klosters doch wol als Wunder bemerkt hätte. Auch hätte § 49 Anfang anders gefasst werden müssen, wenn die Verpflichtung, die der Abt 1109 einging, während seiner Anwesenheit die Klostergäste zu unterhalten, schon gekannt war. Von Wilhelm II. († 1100) Regierung ist (§ 55) im Präsens die Rede.*

Die Miracula schliessen sich an die Passio S. Eadmundi an, die mehrfach (§ 3, 60) doch ohne Abbo's Namen citirt wird. Vf. benutzte bis 1066 (§ 34) und übersetzte z. Th. wörtlich eine Handschrift der Angelsächsischen Annalen (§ 2, 3, 8, 22), die mit keiner der erhaltenen gleichlautend war (s. unten Anmerk. 1, 7, 10, 12); er beschreibt sie § 8. Er kannte mehrere dem Kloster ertheilte Urkunden: von Eadmund I. (§ 3), Cnut (17), Eadward III. (23), Harald II. (33), Alexander II. (39, 62), Wilhelm I. (47, 62) und vielleicht die Leges Canuti (17). Ausserdem aber scheint ihm eine frühere Localgeschichte oder Mirakelsammlung „harten Stiles" (§ 1 vgl. 3 Ende) vorgelegen zu haben. Dennoch sieht er sich für fast alle Ortsgeschichte (§ 2, 14, 15) auf mündliche Ueberlieferung (§ 14, 15) angewiesen.

Hermann's Sprache steht im Ganzen nicht auf der Höhe seiner Zeit. Citate finden sich aus der Bibel viele, sonst äusserst wenige. Ovid's Verwandlungen (§ 57) erscheinen ihm lächerlich gegenüber denen, die er von den Visionen seines Heiligen kennt. Ambrosius ist § 58 citirt. Die folgenden Sprüchwörter geben vielleicht auch einen Aufschluss über des Verfassers Muttersprache: § 17 Nequaquam lupum sicut putatur tam magnum fore; § 38 Sapiens verbis innotescit paucis; § 40 s. S. 226; § 50 Dum minus speratur pro foribus Dei misericordia prestolatur; § 55 Pro uno bono aliquem multa bona consecuturum. *Bei pathetischen Stellen, vornehmlich den Anrufungen zu Ende der Abschnitte bringt er die Satzenden in Assonanzen oder Reime, wie die Lütticher Schule*[21]*, aber auch*

---

[20] *Eadmer bei Migne CLIX, 433, den Malmesbury Pontif. 107 abschreibt.* [21] *Wattenbach, Deutsch. Geschq. II, 122; cf. Archiv d. Gs. f. ä. Dtsch. Gesch. XII, 146.*

*viele andere Gelehrte damals pflegten. Er liebt gesuchte Wen-
dungen, Einschachtelungen (28), pomphafte Häufungen (26
Anfang), lange, hochtrabende, gräcisirende Wörter, wie sie
namentlich statt der vulgären Titel* [22] *damals auch sonst begegnen; er bildet z. Th. wol selbst Zusammensetzungen (pontificus 50 zur See gehörig); andere gewöhnliche Vocabeln gebraucht er in etwas abgewandelter Bedeutung. Declination und
Genus sind nicht selten falsch. Zum obliquen Casus begegnet
die Apposition im Nom., die Präp. in wird häufig mit Acc.
statt Abl. verbunden. Im Abl. absol., der mehrfach den Acc.
cum Infin. ersetzt, kommt manchmal das Subject im Nomin.
und ein ganzer Nomin. absol. nicht selten vor. Den Infinitiv
vertritt öfters Acc. Gerund.; sehr gewöhnlich geht die Endung
-nte (Abl. Sing. Part. Praes. Act.) in -ndo (Abl. Ger.) über.*

*Das Autograph unseres Werkes ist verloren. Ms. Cotton
Tiber. B. II fol. 19—84, dem der nachstehende Text folgt,
das Prachtexemplar des Klosters zeigt grosse kalligraphische
Buchstaben der Zeit um 1100 von derselben Hand, die die
unmittelbar vorhergehende Passio von Abbo geschrieben hat.
Wie so oft in mittelalterlichen Codices steht die Correctheit
weit unter der Schönheit: der Abschreiber hat seine Vorlage
häufig nicht verstanden, wie besonders sinnlose Abbrechungen
der Wörter zeigen, z. B.* more *statt* in ore, in aniam *statt*
maniam, aroma *statt* a Roma, in somnis *statt* insomnis, *was
in den folgenden Anmerkungen hervorzuheben nicht immer
nöthig schien; in § 50 ist für ein dem Abschreiber unleser-
liches Wort eine Lücke. In einigen Fällen sind der Name des
Heiligen* Eadmund *und Initialen in dickem Golde, dem acht
Jahrhunderte nichts von seinem Glanze genommen haben, aus-
geführt, häufiger ist bloss die Kreidevorzeichnung und meist
eine blosse Lücke dafür da. Der gedankenlose Copist hat
auch die Namen anderer Eadmunde gleich behandelt. Diese
Lücken und ferner die am Anfang des ganzen Stückes und
jeden Absatzes für die Ueberschrift offen gelassenen Zeilen sind
von späteren Händen in Kreide oder Tinte ausgefüllt, ebenso einige (ohne ersichtlichen Grund, wol weil dem Copisten unver-*

---

[22] major domus *(§ 30), für den* stallere *ebenfalls festländisch.*

ständlich) leer gebliebene Stellen (§ 10). Diese späteren Ein-
schaltungen fügen sich zu gut dem Texte ein, als dass man
sie für neue Erfindungen halten könnte, sie entstammen viel-
leicht dem damals noch in der Abtei erhaltenen Originale:
wenigstens besass man noch um 1400 ein Buch, das sechs
Wunder mehr enthielt als das nicht vollendete Tiberius-MS.,
wie die Bemerkung an dessen Schlusse besagt. Häufig sind
auch Randnotizen (wovon § 3ᶦ original?) beigefügt; eine
ändert bei der 'Assise in Bury' das 'in' in 'bei'. Die Ue-
berschriften sind nur in Kreide geschrieben, verwischt, oder
beim Binden verschnitten.

   Auszüge aus Hermann wurden im 15. Jahrhundert in
das Urkunden-Registrum Rubrum B eingetragen. Diese sind
gemäss den späteren Jurisdictionsansprüchen gegenüber der
Diöcese und der Krone stark interpolirt. Daraus hat Bat-
tely, Antiquitates S. Edmundi Burgi 142, 162 gedruckt. Da
sich gerade diese Stücke auf denselben Folien im MS. Ff.
II, 29 der Cambridger Universität laut deren Catalog befin-
den, so ist dies zweifellos ²³ᵇ mit jenem identisch. Sie haben
für die Kritik unserer Hds. keinen Werth.

   Baker's Abschrift im Jesus College zu Oxford No. 75 ist
laut Coxe's Catalog gleichfalls nur aus Tiberius entnommen.
Mehrere spätere Biographien S. Edmund's und Wundersamm-
lungen kennt Hardy, Descr. Cat. I. p. 528 ff., von denen ei-
nige Hermann folgen. Ebenfalls aus der Redaction des Ti-
berius-MS. floss das MS. der Pariser königl. Bibliothek s.
XIII (laut Hardy ib. 535: No. 2621), das mehrere lange
Abschnitte ohne ersichtlichen Grundsatz auswählt und von
Martene ²³, Collectio Amplissima VI, 821 abgedruckt ist. Auf
diese Stücke durfte unser Text unter Angabe der wenigen
Varianten einfach verweisen; in dem obigen Inhaltsauszuge
findet man sie mitberücksichtigt. Wo im Nachfolgenden ein
Absatz gemacht ist, bietet MS. Tiber. mehrere Zeilen Zwi-
schenraum. Paragraphenzahlen hat es nicht.

   Neuerdings haben Turner, History of the Anglo-Saxons

---

²³ *Der Vf. gilt dort als ein unbenannter Mönch.*   ²³ᵇ *Cf. Monasti-*
con Angl. III, 129.

und namentlich Rokewode in seinen vorzüglichen Anmerkungen zum Jocelin de Brakelonde MS. Tiber. benutzt.

ᵃ (Incipiunt miracula scripta [ab Hermanno archidiacono] tempore Baldewini abbatis circa annum Christi 1070).

§ 1. *Prolog* ᵇ . . per sanctum enim *Martene c. 821 letzte Zeile* — § 2 *c. 824* fidelis Eadmundi.

§ 3. Qui regioni Aestengle, cui fuerat quasi eptarcha, patrocinator permanens cum Dei gratia suffragari non destitit, circumcirca apud Omnipotentem promerens, ut credimus, nullum ᵇᵇ post se preter Deum successorem in illis partibus. Partiebatur enim Anglia tunc temporis regum plurium regimine, sed acciderat in Westsaexe majoritas regiminis cuidam [1] Edered ᶜ nomine, jamjam manente Christianę fidei ritu, preter fines Orientales concussas, ut prelibatum est in [2] Passione Sancti, gentilium impetu. Quę vesana tempestas et Deo odiosa gentilitas crebro circumquaque qua potuit impulit in locis navalibus fines Anglię per quinquennium Ederedi tempore, semper cedendo adverse raro vero prospere. Etiam, ut memoratur, torva gens appetiit fines Francię gloriosę, perveniens Parisius [3], qui locus vernat ut Domini paradysus in omni re (nec mirum illud, quia permittit Deus fieri, quod non vult); sed repulsa duris insecutionibus Francorum cogitur ad mare, quod sibi erat solitum; fitque canis reversus ad vomitum [4]; sic iterum annis ferme duodetri-

---

ᵃ *Am unteren Rande der Seite um 1400 eingetragen; die Worte* [ab H. arch.] *nachträglich eingeschaltet.* ᵇ *Die ersten Zeilen sind für den Illuminator freigeblieben, stehen aber am oberen Rande s. XIV eingeschaltet. Die Beschneidung hat davon nur lesbar gelassen:* „Cum in seculum confiteamur Domino per sanctum enim Edmundum memoriam Dominus etc.“ *Darunter:* Incipiunt mir[a]cula.   ᵇᵇ *Am Rande in Kreide s. XIII (?):* Nota quod nu[llus . . *verschnitten.*   ᶜ vel Ethelred *Hand s. XIII über der Linie.*

[1] *Aethelred I 866—71. Diese Form in Ags. E. Vf. lag also eines der älteren MSS. mit* ÆÑered *vor.*   [2] *Abbonis V. S. Eadmundi in Migne, CXXXIX c. 515 A.*   [3] *a. 886.*   [4] *2 Petr. 2, 22.*

ginta, qua potest infestans Angliam, Elveredo [d], predicti
Ederedi fratre, tenente monarchiam. Hujus tempore dexterę
Excelsi mutatione [4a] dispertitur, minuitur et adnullatur py-
ratica improbaque gens Danica a sua infestatione. Jam enim
ultio Dei per sanctum [Eadmundum] debebat propalari, sanctus quoque manifestari, cujus apud Deum foret meriti. Qui
jam non admodum mundo manifestatus signis miraculorum
in loco, ubi divinitus venerabillimum sibi delegit mausoleum,
credimus ac credendo tenemus tum pro incuria scriptorum,
tanti martyris signa parvipendentium, si qua fuerunt, more
rudium, tum propter offensa presentialis populi, nondum veniente tempore ejus miserendi. Inter hęc siquidem abierit
quorundam regum tempus, quos hic apponit calamus: Ederedi [e] predicti, suique fratris ac successoris Elveredi [f] veridici [5], cui papa Martinus [6] direxit partem ligni, quo Christus
fuit affixus, et Romę scolam Anglicam dedit liberam [7] prece
ipsius. Hac etiam etate fulciebatur Francia decora Caroli
Calvi [8] regimine. Post Elveredum [g] quoque venit in regnum
Eduardus [h], habens Senex cognomentum. Sequendo hunc
Aedelstanus [9] regnat, Angliamque diu partitam solus sibi
subjugat. Sequitur Eadmundus [i], et Ędered [10] debilis pedibus, necnon Ędwi rex, in brevi tempore Edgaro fratre partim cum eo sceptrigerante, eoque post eum [11] plenius regnante. Nunc demum tempore propinquante misericordię,

---

d vel Aluredo *s. XIII übergeschrieben.*   e vel Ethelredi *s. XIII
über der Linie.*   f vel Aluredi vel Aelfredi *s. XIII über der Linie.*
g vel Aluredum vel Aelfredum *s. XIII über der Linie.* h filius suus
ins. s. XIII über der Linie. i *Ueber der Seite man. s. XII:* Iste Edmundus frater Athelstani, felix equivocacione, nostri protectoris locum,
ubi condigne requiescit revisit, humilitate mentis regio dono munificavit, hilaritate cordis queque loco pertinencia cirographi sui caractere
firmans ratissima, que nostris temporibus eadem adhuc servat ecclesia. Facta est autem hec prefata donacio anno verbi incarnati 945°
et anno 5° regni ipsius; *vgl. Kemble, Cod. Diplom. 404. Diese Anmerkung ist ganz im Stile des Vfs.*

[4a] *Ps. 76, 11.* [5] *Dieser Beiname nur hier, benutzt von Turner, Anglo-Saxons V, 5.* [6] *Marinus I, 883. Die Nachricht fehlt Ags. Ann. A.*
[7] *Uebersetzt aus Ags. 885.* [8] † *877.* [9] *924—41.* [10] *Eadred 946—55.
Nur Ags. E: Aedred; den Beinamen kennt Turner.* [11] *959—75.*

rex Eduardus martyr et sanctus succedit in culmine, nostro patrono par et ęqualis gloria passionis et honore debitę venerationis. Hinc ad Anglorum provehitur regimen Ędelredus, anno sub eodem [12] honorifice diadematizatus in regis villa, Kingestune [13] nomine, a suis primoribus multis in imperium participatus prosperitatibus, nec minus, ut memoratur, lacessitus adversitatibus. [Prefato itaque Aedelstano regna] [k] moderante, Deique gratia condonante, Orientalis rex et martyr [Eadmundus] in Beodrici Villa [13b] pulsans sibi propria, jamjam declaratur sanctus, virtute signorum splendescens, usquęquaque notificatus. Hoc desiderio desiderabili clericorum aggregantur personę paucorum servientium inibi, quorum nomina prelibamus pro veraci testimonio, quęque sine testibus dantes exterminio. Fuerunt quippe diaconus Leofricus [13c] et alter presbiter ejus equivocus, Alfricus sacerdos, Bomfild [13c] quoque ipsius ordinis compos, Kenelmus levita [13d] ac Eilmund vivens sacerdotii vita. Dioceseus autem episcopus ex ipsis servientibus unus vocabatur Adulfus [14], regionis Grantebrigie ortus. Ad laudem ergo Redemptoris et in honorem sui martyris miracula disseramus nostri protectoris, fisi de munere Domini creatoris! ✎

[1] [De vicecomite extrahente mulierem de ecclesia.]

§ *4.* Quia ergo in tempore *Mart. 824 B bis c. 825 Z. 8* saeculi. Eia, tyro Dei [Eadmunde], tyrocinii jam signum exere et hostes sanctę Dei aecclesię comprime! Captivatam releva, cujus apud Deum sis potentię, revela! Interea *ib. — 825 C.* arboris.

§ *5.* Plausu manuum lętitię spiritualis Deo proferatur ju-

---

k *Spätere Hand auf einer Lücke. Offenbar soll es* Aedelredo *heissen s.* § 5. 1 *s.* XIV *über der Seite in Kreide. Hier und vor jedem Capitel 3 Zeilen für die Rubrik offen, die manchmal in Kreide s.* XIII—XIV *oben oder am Rande steht, doch selten ganz lesbar ist.*

[12] *Dies nur in Ags. C.*   [13] *Kingston upon Thames, Surrey, 978.* [13b] *Der Name* Beodricsworth *(s.* § 5) *noch in Alexander II. Privileg von 1071 s. u.* § 38. *Doch schon in Eadward III. Urkunde* Seynt Eadmundesbiri *(bei Rokewode ad Jocelin de Brakelonde 148).* [13c] *Sie treten für S. Edmund's Asylrecht ein, s.* § 4. *Die Namen erinnern an die Gesch. von S. Bennet of Holm, Monast. III, 135.* [13d] *d. h. Diacon.* [14] *Adulf von Elmham urkundet a. 956—64.*

bilum vocis materialis, quoniam rex et martyr Eadmundus
prepollens magnificus Edelredi regis temporibus refulsit miris
virtutibus. Qua ętate *825 C.*[m] *— 829 Z. 3* fidem verbis faciens morem morientis. Jam nunc *829 Z. 4—11* amen.

§ 8. [n] Ad roborandum superioris facti regis pervasoris
sanctique nostri procuratoris miraculum, ne cujuslibet mens
vacillet dubia, presens habeatur Anglorum Cronica, in qua
per annos dominicales regum Anglorum repperiri possunt annales, inter quos et Sweyn. Vorax invasio decennalis fuit
Anglis detestanda confusio, preter fines Orientales, sancti
Eadmundi protectione vigentes. Ubi locis in quibusdam, ut
nobis Aelfwen religiosa reclusa quędam apud Sanctum Benedictum in Holm solitarie vivens, memoratę ętatis reminiscens [o], nec tributum concessum nec collectum, in quibusdam,
ut in regione, quę dicitur Flec [15], congregatum ac Teotfordi
a patre predictę recluse, Thurcytel nomine, deportatum sed
minime persolutum, potius regis [16] intellecto fine, redditum
unicuique suum fuisse.

§ 9. Sicque grassante *Mart. 829, 12—20* finetenus.

§ 10. Rege regum exalto [17] virtute dominationis, prostrato
simul rege confusionis, instabat utique inscriptio millenarii,
millesimus 14 annus incarnationis Domini, redit Aedelredus
a Normannia cum decentis navigii manu valida, pretermissi
jam regni recipiens gubernacula, laude ac voluntate compa-
triotarum, [laboriose] [p] postea quamvis parum vigens in regnum, [q] [Eadmundo] Ferreo Latere suo successore, sed non
amplius anni unius regimine, [p] [Cnutone tamen cum eo scep-

---

m *828 D Z. 10 lies* Aestsexsse.   n *Am Rande in Kreide:* De . . .
te re[gum?] ma[xima?] croni[ca?].   o *Ergänze:* retulit.   p *Auf einer
Lücke in Hand s. XIII.* q *Lücke, wol um den Namen, als wäre der
Heilige gemeint, in Gold einzufüllen.*

[15] *Flegge, Norfolk gehört S. Bennet of Holme (Monast. Angl. III,
97), das ebenso wie S. Edmunds, welches von dort aus reformirt war,
von Thurketel und Aelfwen beschenkt ward (Kemble, Cod. Diplom. No.
959—61). — Eine so entwickelte Steuerordnung wird sonst den Angelsachsen noch nicht zugeschrieben. — Ueber Thetford's Bedeutung s. Freeman, Norm. Conq. I, 380.*   [16] *Swen † 2. Febr. 1014.*   [17] *In der Bedeutung* exaltatus, *erhöht.*

trigerante, corona vero regni Aedmundo remanente. Nocte
siquidem sequentis diei festivitatis sanctissimi Andree apostoli [18], quintadecima indictione perimitur insidiis Eodrici
Streone [19] perfidissimi ducis, sed cum avo suo rege pacifico
Aedgaro [20] sepultus. Cui] ᴾ si vitę cursus foret socius, multa
[beato martyri] ᴾ bona impertisset attentius, quod quia non
explevit, effectu operis tamen non frustrabitur, munere bonę
voluntatis, dicente de quibusdam bene volentibus Scriptura:
Sufficit voluntas bona.

§ 11. Verum quia *Mart. 829 B* ʳ — *830 C* hospitalitas.
Legerat hic scriptum [21], sed non intellexerat vere: hospita-
lem se fieri debere sine murmurationis angore. Istic redu-
citur memorię ratio Loth et Gomorrę [22], salvati unius, ira-
que Dei pereuntis alterius. Nec abest Segor intellectus, id
est martyr Eadmundus, in quo et per quem Loth salvatur,
typo cujus Egelwinus memoratur. *§ 12.* Itinere citato *Mart.
830 C — E* prefulgeat.

§ 13. Nunc viam intendendo verisimilium et, ut ita fa-
teamur, argumentorum probabilium, qua solent argumentari
videlicet magna magnis conveniri, letare jam Lundonia!
Urbs Anglię opulentissima, magna quidem tuis magnatibus,
sed fies major ac maxima, martyris [Eadmundi] magnitudi-
nibus! Satis et admodum gemuisti cum non pariente ste-
rili [23]; verum ecce sterilis letare, quę non paris, quę nullos
parturis vel habes sanctos, clama et erumpe laudis exhibendo
moelos, quia venit tibi suffragator ab Eastengle, felix sui
nominis nuncupatione! Jam secure zacharizabis [24] cum Za-
charia: 'Visitavit oriens ex alto nostra.' *§ 14.* Cujus visitationis *Mart. 830 Z. 5 r. u.* ˢ — *832 letzte Z.* diversarum.

§ 17. Quo tempore hereditarius Sweyn, Chnut dictus no-

ʳ *829 Z. 8 r. u. lies:* Aestsexe.   ˢ *830 letzte Z. lies:* Ealsegate; *832
Z. 4 r. u.* qual. aerum.

[18] *30. Nov. 1016; Ind. XV nach Beda.*   [19] *Die vielen anderen Autoren, welche Eadric zum Königsmörder machen, schreiben sämmtlich
erst nach a. 1100. Das Gerücht findet sich hier wol am Frühesten.* [20]
zu Glastonbury.   [21] *1 Petr. 4, 9.*   [22] *1 Mos. 19, 30 (Segor in Vulg.).*
[23] *Jes. 54, 1.*   [24] *Lucas I. 68.*

16*

minc, intentans malum Anglię nisi ejus dominetur, ubique in malitia factus omnibus opinabilis, tamen ad hoc, Deo protegente, fit inexplebilis quia non patrizavit in rebus iniquis; efficiens verum illud proverbiale: nequaquam lupum sicut putatur tam magnum fore. In regnum sic promotus, quo voluit prosperatur totus, instinctu bonę mentis stabiliens sequi quęque optima legis, ad Windlesors [25] habito concilii termino, disponit confirmandum quicquid potissimum sanctarum legum invenerit, esse tenendum. Demum quippe protectorem suum post Deum invisens, Sanctum Eadmundum [26] actu regali xeniavit locum donis ac reditibus propriis munificavit liberumque omni consuetudine chyrographizavit. [27]

§ 18. Nec pretereundum silentio, hic rex bonus quid helemosinę fecerit: modo videlicet sicubi monasteria vel castella [28] nominata petiit, clericali et monastico ordini ex suo sumptu pueros docendos [29] tradidit, non quos invenerat de libertinis, verum ex elegantioribus de paupertinis. Quosdam etiam, sic incedens, regio more liberos dabat propria manusdatione, reminiscens paginę divinę: de pulvere egenum suscitare pauperemque de stercore erigere. [30] Pape! talis est mutatio Excelsi [31] dexterę, que Saulum mutavit in Paulum, in eodem lupum in agnum, nunc habet ferum hominem in Christianissimum regem. *§ 19.* Qui ad augmentum boni et ut foret expeditioris animi, implendo statum publicę rei, sequens illud Moysei, quod enarrat liber Exodi [32], partiendo videlicet Aaron et Ur sub Moyse laborem populi, isdem rex per omnia sollers, sollicitudinem regni quadrifarie partiens [33],

----

[25] *Von Cnut's Gesetzgebung zu Windsor ist sonst nichts bekannt. Die Beschreibung passt jedoch auf die zu Winchester erlassene Sammlung, die mit meist Äthelred'schen Kirchengesetzen beginnt.* [26] *Cf. Malm. Pont. p. 155 und Reg. p. 306. Die Reform geschah 1020, die Kirchweihe 1032, s. S. 127.* [27] *Monast. III, 137; Kemble, Cod. Dipl. 735.* [28] *Die Englischen Burgen sind fast ohne Ausnahme nach Cnut's Zeit entstanden.* [29] *Die Sorge für den Unterricht, ein neuer Characterzug Cnut's, hing nothwendig mit jeder grossartigen Staatsorganisation, als eng mit der Kirche verknüpft, zusammen. Man denke an Karl und Alfred.* [30] *1 Sam. 2, 8.* [31] *Ps. 76. 11.* [32] *17, 12.* [33] *Aus Ags. Ann. 1017.*

tetrarchas stabilierat, quos fidelis voti reppererat: Westsaxe
sibi ipsi, partem majorem; Aedrico cuidam Myrcen secundam
portionem; Yrco ᵗ tertiam, Northymbre vocatam; Thurkyl-
lo ³⁴ comiti Aestengle quartam, quo redundabat copia aureo
cornu plena. *§ 20.* Quo tetrarchizante sanctique martyris
[Eadmundi] veneratione pullulante, clericalis ordo famulatus
sancto in ordinem monachicum mutatur in eodem loco, in-
dagine veritatis commutando felici commertio, ut rex et
martyr venerandus frequentiori famulatu necnon digniori ve-
neraretur. Nec hoc absque regis concessu et optimatum ejus
fuit assensu, sed et monitu sani consilii Aelfwini presulis
diocesiani, Eliensis ³⁴ᵃ quidem monachi, amatoris autem ordinis sancti tunc tempore concessis et datis martyri sancto
multis donariis, anno millesimo 20ᵐᵒ Domini generationis,
comitatu vero Thurcilli ³⁴ᵇ comitis, ad honorem sancti sup-
peditantis. *§ 21.* Ita Chnut boni regiminis rex, senium vitę
cursu felici peragens, ad Scaftesbyri pridie idus Novembris ³⁴ᶜ mutat hominem se mortalem mortalis, inde delatus
Wintonię ibidemque tumulatus cum regali decoramine, Anglia dolente ex magna suae prosperitatis amissione. Quę
viduata rege unius anni progressione demum post annum
suscipit duorum filiorum regis memorati sceptrigeratum, scilicet Haroldi duobus annis ³⁴ᵈ ac semis, post quem ³⁴ᵉ Har-
dechnut tribus ᵘ dimidiis quorum progressu temporis non viguit Anglia sed viluit; parum enim eis bonitas patris emolu-
mentum fuit (martyr vero [Eadmundus], ostensione virtutum
mundo pretiosus, locum suę pausationis diatim ditabat cu-
mulo meliorationis, illuc abbatizante Uvio ³⁴ᶠ sub monachili
constitutione primo), quoad tempus iterum propinquabat mi-

---

t *Yrto cod.* u *Vielleicht* ac dimidio *gemeint?*

³⁴ *S. § 11. Er wurde 1021 verbannt.* ³⁴ᵃ *Dass der h. Alfwin von Elm-
ham aus Ely kam, scheint sonst nicht bekannt zu sein.* ³⁴ᵇ *cf. Freeman
I, 486.* ³⁴ᶜ *Ags. Ann. 1035. Der Ort nur in D. Cnut war noch kein
Greis: 1014 juvenis erat. Encom. Emmae ed. Pertz, SS. XIX, 514.*
³⁴ᵈ *Vf. rechnet freilich ungenau von 1037 an: her man geceas Harald
ofer eall to cinge Ags. Ann. C, D.* ³⁴ᵉ *Harold † 17. März 1039:
Harthacnut 8. Juni 1042. Letzterer bestätigt die Immunität des Klosters
Yates p. 74; cf. Cod. Diplom. 761.* ³⁴ᶠ *1020 — c. 44.*

sericordiae gentis Angligenę miserentis miseriae. *§ 22.* Quo
tempore, in orationem humilium jam Domino respiciente [35],
non spernens suorum precem, Anglię providit utillimum regem, scilicet Eadwardum, nobilem Aethelredi regis inclitam
sobolem, qui post patrem calamitatibus actus plurimis, die
paschali inthronizatur hereditarius [36] rex, supervivens regibus predictis. Hujus sceptrigerium anno millesimo quadra-
gesimo tertio [37] Dominicę carnis habuit initium, quod Anglię totiens afflictę maximum fuit refrigerium, felix quidem,
eo vivente, bonarum legum observatione. *§ 23.* Is votivus
omni bonitate mentis bonum dilexit; effector factus operatio-
nis, adiens Sanctum [Eadmundum] vix effari potest, cum
qua veneratione descenderit ad illum. Eques rex imperialis
fit modo pedes via miliarii, adventans cum optimatibus suis,
venerando martyrem sanctum, tum impetrans regni guber-
nationis suffragium. Qua tunc suffragatorem reditibus im-
perialibus honorat, centurias [38], quas Anglice hundrez vocant, octo et semis sibi circumcirca se donat, regiamque
mansionem nomine Mildenhale [39] his adauget, ut cętus fratrum illuc commanentium, Deo sanctoque famulantium, ex
his usualiter victitet. Quę omnia caractere perpetuo cara-
xata, stabilit locum cum suis appenditiis, libertate regia
data, qua locus adhuc fruitur; melius quoque frueretur, si
non mala mente hominum perturbaretur.[39b] Sed non perdet[40]
fructum mercedis exsecutor cujusque operis. *§ 24.* At rex
Eadwardus cultor justitię factus, regnat famosus Dei ęcclesię nimium gloriosus, sic, ut ejus amoris liberalitate gaudeat
Anglia multarum doctorum artium adventatione.

---

[35] *Ps. 101, 18.*   [36] swa him wel gecynde waes *Ann. Ags. C. D.*
[37] *Edward der Bekenner folgte Harthacnut sofort, ward aber* gebalgod
to cinge on Easter daeig 1043 *Ann. Ags. C. Seine Besitzbestätigung
für Abt Uvi (Kemble, Cod. Diplom. 868) gewährt freie Abtswahl und
Exemption aus der Diöcese 895.* [38] *Die Latein. Uebersetzung der Angelsächs. Gesetze behält* hundred *stets bei. Die Uebersetzung mit* centu-
ria *wird erst seit Will. Malm. Reg. II, 122 häufig.* [39] *Urkunde: Monasticon III, 138, cf. Cod. Dipl. 883, es ist das Wittum der Emma-
Aelfgifu mit dem § 4 erwähnten Gerichte. Phillips in Wiener Akad.
Stz. 4S. 136.* [39b] *Mildenhall ward von Stigand, dann von der Krone occupirt und erst 1190 zurückgekauft.* [40] *Matth. 10, 42.*

§ 25. Hujus itaque temporis aetate viguit suffragator noster [Eadmundus] virtutum vigore, omnium affectu provo-
cato in se, infirmis beneficus sanitatum impensione, juxta
fidem se petentium, sine qua nullus salvatur hominum. ᵛ Ex
partibus *Mart. 833 A.* ʷ *bis zu Ende, 834 C.* seculorum.
Amen!

§ 26. Benedictus Dominus, die cotidie representans suis
suum salutare [41], per prophetam promissum omnes fines terre
visurum [42], iter salutarium nostrorum prosperando, jamque
fide multiplicata, mortis exitus propulsando! Cujus gratia
[sanctus Eadmundus], ejus athleta, Orientalium Anglorum decus et parma, victrici virtutum fulget in gloria, Eadwardo
rege regni modificante sceptrigeria. Hujus lenis simplicitas
mireque pacis securitas suos sibi sic propagavit compatriotas,
devinxit ac intime foederavit regiones finitimas, ut illius
quondam Davitici pacificique Salomonis more regnaret in
regnum pacificus, omnibus divitiarum inexplebilium ditatus
honore. His premissis temporibus abbatizabat apud Sanctum
[Eadmundum] pater Leofstanus [43], vir sagacis ingenii et, ut
tunc moris erat, preditus in ordine monachili. Virtus autem
sancti martyris, si non erat, ut consueverat, frequens ac
presentialis, tamen pro raritate verantium ʷᵇ operabatur etiam
salutem se petentium. *§ 27.* Unde cuidam Aelfgeth nuncu-
pate, a territorio Wintoniensi progresse, mute, ut ajunt, a
nativitate, dono Dei dignatur misereri, soluto vinculo totius
impedimenti, impendens ei modolos loquele mirabiliter, quos
natura dempserat casualiter. Quam cum mutis gemitibus
accubuisse ante pignora sancti personati fratres aecclesie vide-
rant, sepissime verborum locutione carentem omnino, modo
vero martyris miraculo verbositantem balbutiendo. O, mirum
ac repetitum prodigium! Nunquam loquens loquitur, [ir]ra-
tionale ratione utitur, qua si caret ad horam, reparatur per
Dei misericordiam. Huic adjacet diversum ac simile illud

ᵛ *Am Rande in Kreide:* De mu[liere] contracta. ʷ *Lies 833 Z. 3*
experiuntur, *14* Aelfveve, *18* Brunstanus, *27* viri habitus vener., *30*
reserat; *834 Z. 25* repperit fidelis matrone. ʷᵇ *sic cod.*

[41] *Psalm 67.* [42] *Jesa. 52, 10.* [43] † *1065.*

Balaamite [44] loquentis asine: quodammodo preter naturam
rationalitas rationale animal facit asinam. Verum ibi pro
suo populo Deus, hic cum Deo in muliere operatur martyr
[Eadmundus]. *§ 28.* Haec firmiter usa viribus lingue vivens-
que post hec circa sanctum religiose ad laudem martyris,
miraculum in ea patrantis, strenue habebatur a multis, tum
quia sancto adherebat sedula, tum pro ejus plus solito san-
ctiore vita. Dicebatur enim humana fiducia habere cum sancto
sepe colloquia, sive pro quorundam interveniendo profectibus, seu quedam intelligens placita sancti voluntatibus. Etiam
tempore misericordie mundo pleniter imminente, decursis que
fuerunt ante legem et sub lege, dum plena [45] esset terra
Domini misericordia, justitia autem minus cure in humana
diligentia, voluit sciri victoriosissimus martyr per mulierem,
cui longam abripuerat taciturnitatem, qua neglegentia venerationis afficiebatur a veneratoribus suis. *§ 29.* Imperat deinde sanctus competentibus horis muliercule et imperans semel, bis ac ter, sub interminatione indicit potenter, ut suapte revelet patri monasterii sine dilatione ullius interstitii,
qua venerationis incuria jaceant ipsius sacra pignora: tele
aranearum sunt sibi tegmina, ipse aranee ligniquc charies
indecens nausia; jacet incultus omni decore, non respectus
multorum dierum transcurso ‘tenore; et, quod Deo constat
displicentius, omni venerationis honore veneratur minus ab
hominibus, oblita Dei misericordia per eum totiens magnifice
suis exhibita. Haec prelato monasterii relata tercio, incul-
cata quoque sermone timido [46], tandem in medio fratrum,
sanum devenit consilium, communiter pro hoc triduanum celebrari jejunium; in proxima quinta feria pretiosi martyris
pignora fore digniter respicienda. Itaque secunda feria in-
stante, tertia, quartaque, Ninivitarum [47] more, additis vigiliis, orationibus cum psalmodiis, jam adest quinta feria presentialis: ad opus dispositum quasdam personas [48] fratrum
disponit abbas secum. Reseratur ergo locellus, in quo san-

---

[44] *4. Mos. 22, 28.*   [45] *Ps. 32, 5.*   [46] *Den Rest dieses § 29 druckt
Rokewode zum Jocelin de Brakelonde p. 151. — Das Kloster feierte
den Jahrestag dieser Translation, s. u. § 57.*   [47] *Jon. 3.*   [48] *= fratres
personati Mönche mit geistlichem Amte.*

ctum quiescit corpus. Illuc adducitur Aegelwinus [49], sancti
fidelis monachus, jam pre senectute caligans visibus: roga-
tur, ut manibus probet, si sic martyr, ut olim dimiserit,
jacet. Palpat manibus Aegelwinus, et invenit ut dimiserat;
deintus scilicet crucis dominicę philacterium, a collo dependens supra pectus sanctissimum, quod archipresul et martyr
Domini [50], Aelfegus ʸ, olim Lundonię desiderans comparare
multo auri pondere, sed nequit propter Aegelwinum custodem martyris, etiam si proferret secum aurea dona Tharsis.
Hoc signo sancti corpore palpato, abbate cum fratribus asstante, cum laudis ymnodio, exponitur gleba martyris super
scabellum cum honore decenti. Jacet integer, ut dormiens,
jam jam decus resurgentis innuens. Quantus et quam dulcis
tunc efferbuerit odor suavitatis, preter odoramenta incensi
vel thymiamatis, non lingua valet proferre cujusvis, cum non
solum in ipsa domo fraglaverit orationis per diem totum,
verum in inclaustro, quo confluebat psalmodiando monachorum confessio, etiam in officinis redundabat odoratio suavis.
Exuitur itaque sanctus sancti martyrii vestibus, partim ru-
beis rubore sanguinis, partim perforatis ictibus telorum crebris, sed tamen reponendis saluti credentium profecturis.
Pulvillulus quoque, qui alio nomine dicitur auricularis, sub
sancto capite repertus est; talis non ex plumis vel bombice
alicuius generis, sed solummodo tenuissimis lignorum dolatu-
ris. His visis, sanctoque revestito novis quibus competebat
induviis, rememoratur abbas sancti sanctę decapitationis, ac
remorans, suis innuit monachis, utrum, ut alias legitur, caput hujus martyris decollatum cum corpore jam sit solidatum, et memorans temptat, temptando probat. Caput acci-

---

ʸ *Ueber fol. 44 r. schreibt eine Hand s. XIV*: Hic patet, quod translacio sancti Edmundi de Beodricesworthe ad Londonias precessit occisionem Suani, licet hic superius in processu habeatur contrarium:
quia sanctus Alfegus, qui voluit crucem ab Ailwino Londoniis com-
parasse, martirizatus fuit fere per tres annos ante occisionem Suani.

[49] *Hierauf soll sich S. 101¹³ beziehen, was nach 127²⁰ zu corrigiren.
Aethelwin erscheint auch noch § 31. Sonst heisst er camerarius, secre-
tarius, auriga des Heiligen (§ 6, 11, 12).* [50] † 1012. *Das hier Erwähnte gehört also zu § 14—16, s. S. 205¹². — Lanfranc's Zweifel an
Aelfeah's Heiligkeit hatte Anselm beschwichtigt.*

pit inter ambas manus, trahit, totumque sequitur corpus.
Quam mirabilis Deus! Operatur mirabilia solus; resolidavit
ac redintegravit, quod solidum dudum integrumque creavit.
Expavefactus abbas ad hoc miraculum, in locello reponit
priori pignus sanctissimum; ejus manibus torpore perpetuo [51]
captis in reliquum, fortasis quod fuerat actum Deo nec
sancto beneplacitum. Exuviæ vero martyris in servatorio re-
conduntur cum phylacteriis, unde de sacrario divinitatis
presto sunt beneficia multis, ad laudem eius, qui cum Patre
et Spiritu Sancto vivit et regnat Dominus.

   [De Osgoth demoniaco]. [y]
   § 30. Etiam levi narratu stili quislibet concinne valet re-
ferre plenitudinem veri, quia plurium versatur in ore [z] Anglorum et Danorum relatione comitum principumque, littera-
torum et inlitteratorum his adaucta multitudine. Michi
quoque minimo omnium auditu fit credibillimum, gloriosum
patronum nostrum [Eadmundum] apud Deum sic operari fa-
cillimum, cum in varia vice calamitatum crebro compertus
sit ab invocantibus cum et hoc nostra etate quam plurimum.
Superioris autem relatus, ut percepimus, talis habetur tractatus. *§ 31.* Aestate quadam imminente et in ipsa una dominica die fortuito casu devenit Eadwardum regem in Beodrici villa tenere mansionem, juxta precepti sui regiam vo-
luntatem, quo cum libitu regis letitia fuit genialis Danis et
Anglis, hac usquequaque potitis cum optimatibus illiusque

---

   [y] *Am Rande in Kreide, über der Seite in Tinte, s. XIV geschrieben.* z more *cod.*

   [51] *Will. Malm. Pontif. (ed. Hamilton) p. 156 kennt ein zweites Sta-
dium dieser Legende:* Leofstan betet, falls ihn der Heilige strafen
wolle, es hienieden zu thun. Zur Heilung des Chiragra sendet ihm
König Edward den Baldwin. Letzterer erblickt in der Erfolglosigkeit
seiner Cur die Stärke des Heiligen, bleibt in S. Edmunds und wird
Leofstan's Vertreter, dann Nachfolger. *S. dagegen Anm. 62.* — *Wibert
von Nogent, De pignoribus sanctorum p. 337, kennt diese Bestrafung
der Neugier des Abtes ebenfalls, jedoch aus mündlicher Erzählung* [ut
ea quae in ejus Passione (d. i. Abbo) leguntur taceam] *und wünscht,
solche Strafen möchten dem Reliquien-Streit und Schacher ein Ende
machen.*

terrę satrapis. Inter quos quidam major domus [52], Osgod Clap [53] cognomine, vocitatus quodam mane pedetenus decoratus mastrugarum decore, armillas quoque bajulans in brachiis ambobus superbe, Danico more, deaurata securi in humero dependente, sed postmodum tali suo decore verso in infami dedecore. Is cum fastu superbię sic progressus ab hospitio majorum domus incompetens sancti basilicam intrat, stupefactus vocibus multorum, conclamatus, cur incesserit sic infatuatus, securi de foris a domo Domini non dimissa vel, quod levius erat, ad hospitium unde venerat derelicta. Intrans autem martyris domum inreverens et infrunitus, transit ęcclesię chorum, qui properans ad sancta sanctorum, non sincere conatur securim a collo deponere, vel se arroganter super eam appodiare. [54]. Sed resilit a manu viri virtute sancti, ac si decussa foret humo alicujus vi. Ipse etiam allisus ad ęcclesię maceriam amens prosilit ad terram, volutans humo velut maniam [a] passus debachando. Accurrit videre quid hoc sit populus: erat enim seculo vir famosissimus, sed rebus martyris infestissimus; inter hęc rege Eadwardo, gratia intentionis devotę, capitulo monachorum presente, pro assequenda et confirmanda societate. Dum ad id intendunt operis, profuturi presentibus ac futuris, auditur in ęcclesia strepitus clamoris auditusque cognoscitur ex mandato regis et nutu monasterii patris. Quo se strenuus vertens rex secumque cum suis Leofstanus coenobii pater, vident miseria captum hominem, videlicet passum mentis alienationem — sive pro gloria Dei, ut de cęco nato verba testantur evangelii [55], sive Deus voluit cum suo sancto punire,

---

a inaniam *cod.*

[52] Majores domus *(s. 6 Z. weiter) hier nur = Grosse vom Hofe.* [53] *Bei der Hochzeit von dessen Tochter stirbt 1042 Harthecnut; er ist königlicher Marschall (stallere); wird 1046 verbannt als zur Dänischen Partei gehörig, sucht 1049 vergeblich, die Rückkehr zu erzwingen, segelt nach Dänemark. Später muss er doch nach England zurückgekommen sein, wo er 1054 starb. Ags. Ann. s. a. Die Inventio S. Crucis Waltham. gibt Osgod den Character eines viri venerabilis et ditissimi c. 13 — parteilich für den Vater einer Beschenkerin.* [54] appoier *altfranz.* = appuyer, stützen. [55] *Ev. Joh. 9, 3.*

quod infelix homo meditatus erat inique. Et quoniam fuerat de regis primoribus, petit pro eo regalis majestas, ut
reconcilietur divinitus asspersione aquę benedictę perfusus
psalmis ac lętaniis, multis quoque fusis precibus. Sed et
assecla sancti, frater Aegelwinus [56], hortatur, quod proba-
verat de similibus hujus, ut talis energuminus ad tumbam
martyris deportetur bajulantium manibus, si forte fratrum
orationibus sibi Deus propitietur et sanctus. Quo facto, dealbati fratres, circumcirca genu flectendo, septem psalmorum
cantu lętanięque progressu intercedunt pro eo, donec de
pietatis Dei sacrario et martyris [Eadmundi] merito prodiret
illi salvatio, scilicet quinque sensuum recuperatio. Sic sal-
vatus ergo se peccasse recognoscit homo; laus et ymnus per-
solvitur Deo et sancto. Stat post hęc recuperatus amplec-
tens sancti lecticam brachiis ambobus, jurat spondendo, spon-
det jurando se deinceps obsecundari sancto fideli modo, nec
ullatenus, quoad vixerit, suis adversari rebus. Verum cum
Dominus noverit, qui vel cujusmodi ejus sint, et ex prospe-
ritate peccantium plerumque tergiversetur animus eorum, in
signum futurorum remanet hic debilis virtute manuum am-
barum, forte luens punienda quinque sensuum commissa
quinta linea. [57] Memoratur in libris prophetarum, quid ex-
actionis habuerint extendentes stolide manus supra Dei sanc-
tuarium, et ecce hic justissime luit, quod sensualiter commisit: ut in omnibus glorificetur Deus, reddens unicuique
juxta suum opus. [58]

     [b] [Qualiter Baldewinus p[re]fuit . . .]

    § 32. Et quia ruunt ad occasum cuncta, vergentibus an-
nis confectus senio Leofstanus abbas, simul et manibus ob-
sessis chyragra, ad patres apponitur, mutans hominem in
hac vita, adhuc Eadwardo piissimo tenente regalia jura.
Cujus in curia regali demorabatur per id temporis quidam
Baldewinus ex Francię partibus gloriosis, monachus Sancti

---

[b] *Ueber der Seite, zum Theil verschnitten, s. XIV.*

[56] *s. § 6, 11, 12, 14, 16, 29*   [57] *Damit ist die Hand gemeint, viel-*
leicht weil das Pentagramm die Form einer Hand hatte (??).   [58] *Ps.*
61, 13.

Dionisii Parisiacensis [58a] , prepositus vero Lebraha monasterii in Alemannia in territorio Elysacn [59], sed et medicina [60]
peritus, ex hoc quoque a rege Anglorum cum multa diligentia habitus. Cognito autem obitu predicti abbatis in au-
ribus regis, cogitat prefatus rex, quem ejus in locum sub-
roget [62], cogitandoque memoratum Baldewinum in abbatem
promovet. Sic enim vult Deus, quod et efficitur celerius.
Mandando pervenit ad abbatiam regis mandatum, indicit
priori fratribusque personatis cum loci diocesianis [63] curiam
fore petendum, recipiendo sibi Dei dispositione regisque voluntate preutillimum patronum. Venitur Windelesoriis ad
locum regii decoris; aperit rex secretum suae voluntatis et
aperto dicit et jurat, se locum diligere [Eadmundi] pretiosi
martyris, tum pro linea sancti consanguinę [46] proximitatis,
tum causa debitę societatis; et quoniam carebant provisore,
ait ex suis curialibus sese eis optimum previdisse. Presen-
tialiterque monstratus Baldewinus communi favore fit abbas
electus, prosecuta ejus ordinatione die assumptionis sanctę
Mariae [65], rege cum suis presente. Sic deinde preficitur ab-
batię, in illam ingressus cum quibusdam regis legatis, bono
omine feliciter abbatizans, vivente suo domino rege Eadwardo quamvis tempore parvo. *§ 33.* Quo trahente decur-
sum versus ęvi declinium infirmatur apud regium, quod ex-
truxerat, Westmonasterium et infirmatus finit hominem vigilia Epiphaniorum [66] fere ad Anglię totius exterminium.
Quo regali tumulato more ante diei missam, Theophaniorum

[58a] *Zeichnet 1059 als Vertreter von S. Denis und königl. Arzt Edward's Schenkung der Celle Teinton; Doublet, Hist. de S. Denys 831,
erhält von Edward Deerhurst in Gloucesters. (später auch Celle von S.
Denis) ib. 225, und 1065 S. Edmunds, giebt seinem Bruder Frodo Land
(Domesday 368), zeichnet W. Fitz Osbern's Urkunde für S. Denis (Félibien, Hist. de S. Denys p. 132). — Cf. Ellis, Introduction to Domesday I, 304.* [59] *Leberau zwischen Schlettstadt und Markirch, eine Celle
von S. Denis.* [60] *Baldwin als Arzt s.* § *35, 41/2, Ep. Lanfranci 20/2.*
[61] *Offenbar weiss Vf. nichts davon, dass Baldwin Leofstan's Arzt und
länger schon sein Vertreter gewesen, s. o. Anm. 51.* [63] *Eingesessene der
Diöcese cf. Du Cange.* [64] mine maege *Kemble, Dipl. 874. 883, 895.*
[65] *15. Aug. 1065.* [66] *5. Jan. 1066.*

die, statim [67] cum introitu missę inthronizatur in solio regni
Haroldus filius comitis Godwini callida vi veniens ad regnum,
ideoque passus in eo detrimentum: rex manens non amplius
decem mensium. Hic locum martyris [Eadmundi] venerans
dilexit prefatoque Baldewino patri libertatem [68] loci, prout
reges ante se dederant, concessit, votisque satisfecisset, si
non fortunę possibilitas obstitisset. Sed interim Willelmus
comes Normannicus, plur*im*a navium copia fretus, cum gen-
tium multitudine qua potuit navigio regem predictum et Angliam appetiit et, quasi boni Eadwardi suique quodammodo
consanguinei justior hereditarius, possedit. Rumor [69] enim
habebatur plurium bonę memoriae regem Eadwardum jam
dicto duci Normannico denominasse regnum tam consangui-
nitatis causa quam etiam, quia non erat ei successionis so-
boles ulla. Quibus de causis appetitu sic promoto Anglici
regiminis, et Haestinges navibus appulsis Normannicis, fit
bellum die statuta [70], quo perimitur rex Anglorum, vice eorum variata. Quod regni discidium vere quędam prognosti-
caverat cometes, in tra*n*sacta estate [71] ejusdem anni fere
per octo dies apparens. *§ 34.* Hic demum reor huic operi
supersedendum breviter epylogizando tot regimina regum,
quot superius exaravimus post pretiosi martyris Eadmundi
martyrium videlicet XV, ut Cronica [72] testatur Anglorum,
usque ad tempus Willelmi prioris, sub quo Francorum mos
per Angliam inolevit, res etiam Anglorum variabiliter alte-
rari coepit.

§ 35. Igitur anno Dominici hominis millesimo LX^mo VI^to,
a martyrio autem pretiosi martyris Eadmundi centesimo

---

[67] *6. Jan. Diese Einzelheit findet sich in sonstigen Quellen nicht.*
[68] *Dies scheint sonst nicht berichtet. — Bei Senlac kämpften viele Mön-*
che für Harold, von S. Edmunds indessen keiner, sondern nur ein
Lehnsmann der Abtei, Freeman III, 425. Ob Balduin auch Harald's
Arzt gewesen? Heinrich III. hatte diesem früher Adelard von Lüttich
als Arzt gesandt, Freeman II, 155/9, 443. [69] *Die Normannischen*
Autoren geben dies als Thatsache: die gleichzeitigen Engländer wissen
nichts davon. Cf. Freeman, Norm. Conq. II, 296; III, App. R. [70]
14. Oct. [71] *24. Apr. — 1. Mai 1066.* [72] *Des Vfs. Ags. Ann. schei-*
nen bis 1066 gereicht zu haben und mit keiner der erhaltenen Hand-
schriften identisch zu sein; s. S. 228.

LXXXX^{bb mo} VI^{to}, Willelmo comite Normannico in regem Anglorum [73] coronato, comes et rex quoad vixit utrique patrię
prefuit, tali modo promotus in regimine dextere Excelsi mutatione. Ejus quoque temporibus abbatizans erat apud Sanctum [Eadmundum] domnus Baldwinus loci pater [74] verus ac
restaurator inclitus, placens regi premisso bonitatis ostensione et officio consuetę medicine. [75] Horum prefatorum vicibus viguit virtutibus Domini martyr [Eadmundus], suorum
patronus piissimus, obstantibus autem sibi suisque refragator
constantissimus, ut in quibusdam nostris patuit etatibus.

§ 36. ^c [De ulcione facta in militem invadentem et deti-
nentem quoddam manerium sancti Eadmundi.]

Quidam Normannicus premissi regis aulicus, ceu moris
est gentis illius, ut queque viderint, cupitis velint gestibus,
quoddam manerium sancti adjacens sibi invasit, invadendo
etiam suo vicino copulavit. Unde ab abbate verbis oratoriis
pulsatus persepe, rectitudinem de die in diem procrastinat,
inde usus voce corvina, nescius quid futuri pariat dies cra-
stina. Conventus demum a loci seniore fratribusque in inclaustro eorum, a rectitudinis tergiversando tramite, negat,
quod invaserat se dimitti debere, inquiens in fratres et in
sanctum verba probrosa, non usus discretiva sed voce fellita.
Dum enim abbas et fratres orarent, ut sancto [Eadmundo]
suam terram, quam vi tulerat, redderet, effreni lingua profert se nescire, quid [Eadmundus] dormiens de terra faceret, sed sibi profectibus ac regiis insistenti negotiis hęc et
alia utilior esset quam martyri vel suis monachis. Sicque
datus in reprobum sensum predictus miles discedit. Super
quem martyr [Eadmundus] revera vigilavit: quem ultio divina post paucos dies cefalargica passione percussit, quę

---

bb LX *cod.* c *Ueber der Seite in einer Hand, s. XIV*

[73] *25. Dec. 1066.* [74] *Dass Balduin auch als Geistlicher Ansehen genoss, beweist Anselm's Ep. II, 4, der seine Mönche (aus Bec) von ihm
berathen und geprüft, ev. bestraft sehen will.* [75] *S. Anm. 60, 68. Wilhelm I. archiater ist Gilbert von Lisieux, Ordric II, 312. Andere Aerzte
der Zeit: Johann von Tours (1088 B. von Bath); etwas später Faritius,
Abt von Abingdon, Chron. Abingd. II, 287.*

etiam usque ad diem mortis in oculo dextro signum sibi permansit. Macula enim fuit alba, supercooperiens oculi pupillam in modum pisi grossissimi habens figuram. Qui dum superiori torqueretur passione, recenti potius suorum, ut putamus, instinctu quam spontaneę voluntatis meditatu dirigit sancto per suos cereum pulchrę magnitudinis, ut medelam reciperet tanti doloris. Verum quia sancti sciunt quodammodo, quę cordium intima patent Deo, recusat Deus et sanctus cęreum, quem mittit mala mens vel malus animus et, ut relatu videntis, qui affuit, didicimus, decidit ad terram, fractus in novem partibus. Probatur hic scripturę [76] veritas inditiis talibus, inquiens: iniquorum dona non probat Altissimus, ideo multatur male permanens insipiens in suo corde. Ecce sancti miraculum ad quoddam nos ducit ridiculum, quia rebelli et tumido imprimitur macula malę passionis in oculo, veluti quondam cauteriabatur in fronte teta mortis alicui reo.

d [De Arfasto . . . .]

§ 37. Etiam exercuit Deus vindictam et martyr sanctus in quadam majori persona nostris temporibus, videlicet quodam nomine Aerfasto [77], duarum Eastengle vicecomitatuum e episcopo, secundum seculum strenuę probitatis viro; sed, quia corrumpunt [78] mores bonos colloquia mala, irretitus consilio quorundam suorum et aliorum per devia. Consiliantur enim tales suos dominos more Achytofel non ad alicujus profectus honorem, verum ad adulationis humanę favorem, dicentes contra naturam album nigrum, vel quod nigrum est album, omniaque vertentes in contrarium. Idem presul pulsat sacrosanctam abbatiam f, quibus non deberet questibus; vult redigere consilio suorum et aliorum quorundam in ser-

---

d *Ueber der Seite und am Rande s. XIV, beides verschnitten.* e voce comita tuum *cod., mit Kreide corrigirt.* f albatiam, *mit Kreide corrigirt.*

[76] *Eccli. 34, 23.* [77] *Caplan Wilhelm's, hatte er im Mai 1070 auf Ermenfrid's Synode das Bistum Elmham erhalten. Will. Malm. Pont. 150 schildert Herfast als weltlich, ruhm- und rachsüchtig, ohne die seit Lanfranc geforderte Bildung, äusserlich pomphaft.* [78] *1 Cor. 15, 33.*

vitute[m] ᵍ, quod reges [79] ac sui precessores firmaverant in
libertatem. Partem suae diocesis locum dicit esse pretiosi
martyris; querit [80] injuste seculari modo potius preesse quam
secundum Deum, ut deberet, prodesse. Insectatur lupi more
caulis ovium, scilicet gregi monachorum adversans inique,
introgestiens ponere pedem primum, sic ut ingerat deinde
corpus totum. [81] Contra quod abbas Baldwinus, gregis martyris [Eadmundi] pastor fidissimus, animam dare paratus pro
ovibus, fisus suo protectore, repellit instantiam calamitatis
hujusce. Pauca respondit ad hęc illata, securus regum cy-
rographizatione sui loci, suis a predecessoribus habita. Nec
propter hoc quiescit episcopus; adauget calamitatem eo amplius, fit loco locique pertinentibus importunus, grassatur in
malitiam modis omnibus, nullius habens episcopii sui scriptum antecessoris vel cyrographum testimonio suae calamitatis. Utitur solummodo quarundam vilium testimoniis personarum, etiam non legalium dictis bacularium. [82] Hoc idem
aures regis [83] nausitans, donec ejus licentia baculum quendam a monasterio rapit usurpans, sed nec sine labore, dato
pro eo, ut ajunt, multorum denariorum pondere. Putat siquidem injuriosus sic per baculum, cujusdam sui antecessoris quondam sustentaculum [84], vendicare sibi loci sanctissimi
participium. Sed tantum fit longius, quantum [85] distat ab
Ynacho Codrus ʰ, vel quantum ab occidente prolongatur Eous.
§ 38. Hęc inter pater Baldwinus regis licentia Romam profectus [86], illuc [87] etiam promotus [88] a papa Alexandro secundo
ad ordinem presbiteratus (qua vice quoque Romam fuere Lan-

---

g c; *darüber Kreidestrich.* h *mit Kreide in* Cedrus *geändert.*

[79] *S. Anm. 27, 37, 39, 68.* [80] *Dies Stück zog im s. XV ein
Mönch im Registr. Rubr. B fol. 38 aus, woher es Battely Antiq. S.
Edmundi Burgi p. 142 druckt, s. S. 230.* [81] *Er beabsichtigte, den Bi-
schofsitz dorthin zu verlegen, cf. § 38, 39.* [82] bacularius *der dem Bi-
schof den Stab trägt.* [83] *Wilhelm I. beförderte jedoch Balduin's Exem-
ptionsbestrebung durch die Romreise: § 38.* [84] *Das Symbol der von
Aelfwin bewilligten Exemption, s. Anm. 34.* [85] *Horat. Od. 3. 19. 1.*
[86] *Balduin's Aufenthalt in Lucca s. § 48.* [87] in vigilia Pasche *schiebt
Battely unrichtig ein.* [88] *Erwähnt in Gregor VII Ep. an Lanfranc,
Reg. I, 31.*

17

francus Cantuariensis ac Thomas Eboracensis pro infule pontificalis honore) redit domnus[i] et abbas Baldwinus, etiam aposto-
lico privilegio[89] munitus, juxta libertatem suo loco concessam
a regibus. Omnia quę. propter exardescit presul supradictus,
indesinenter iram multiplicans in tribulando, super memoratum abbatem insurgens synodaliter proclamitando ajens,
eum petiisse Romam, dedignando sui pontificis querere licentiam. Adversum quod abbas, bonę responsionis usus verbo
cujusdam dicentis: sapiens verbis innotescit paucis, synodali
voce respondit: regis et archipresulis[90] sui quod *de*[k] licentia profectus sit, sicque ex hoc eorum audientiam appellavit.
Ad quod frangitur annullatus episcopi sermo, cujus exulta-
tio, sicut ejus qui devorat pauperem in abscondito[91], perti-
naciter instat proposito, traditus in sensus improbitatem,
zeli mali circa locum sancti gestiens amaritudine[m][l]. § 39.

---

i *Mit Kreide in* dompnus *geändert.* k *Loch im MS.* l *Kreidestrich
über* e.

[89] *Auf Bitten Balduin's und Wilhelm I. nimmt die Römische Kirche
die Abtei in ihren Schutz: dieselbe solle stets Mönchskloster, nie Bi-
schofsitz und keinem Bischofe unterworfen sein, sondern nur dem Primas. 1071, Oct 27: Jaffe, Reg. Pont. 3462, erwähnt auch von Malm.
Pont. p. 156 und p. 107:* multis laboribus, incertum an et muneribus
adquisierat. — *Nach Battely's Auszug habe Alexander II. ausser Ring und
Stab auch einen von ihm selbst geweihten, s. XV noch erhaltenen Altar
geschenkt, als Zeichen, dass S. Edmunds Messe feiern dürfe, wenn einmal
ganz England interdicirt wäre (Monast. III, 140). Das scheint eine spätere
Fälschung zu sein. Cf. Bromton 967:* 1069 abbas S. Edmundi Romam
perrexit, unde papa virgam pastoralem et annulum sibi dedit. [90] *Zehn
bis fünfzehn Jahre früher hatte Lanfranc in Bec den pomphaften her-
zogl. Caplan Herfast wegen dessen geringer Bildung verhöhnt und dieser
den Groll Wilhelm's gegen ihn geschürt Malm. Pont. 150; Freeman III,
104. Jetzt war Lanfranc wahrscheinlich der Auflösung des Diöcesan-Ver-
bandes durch die Abtei-Exemptionen abgeneigt. Jedenfalls nahm er dem
Abte das päpstliche Privileg fort und gab es ihm erst kurz vor dem
Tode wieder, Eadmer, Nov. III. p. 62. Gregor VII. tadelt 20. Nov.
1073 Lanfranc, weil er S. Edmunds nicht gegen den Bischof verthei-
dige: auch der König solle sich nicht durch letzteren beschwatzen lassen.
Vermuthlich erst hierauf schrieb Lanfranc an Erfast, Ep. 19, 26, der
den ersten Brief verlacht hatte, nochmals, er solle die Abtei nicht belä-
stigen und seinen Bann über die Cleriker des Abtes lösen, bis der Process entschieden sei; cf. S. 259 Anm. 41. [91] Habac. 3, 14.*

Nec preteribo silenti caractere, confusionis deterso rubore, quod, audiente me, presul idem tractaverit sepissime regi predicto propter eandem abbatiam ad sedem [92] suam constituendam, me dictante dictatasque scribente litteras, trans mare miserit, remissas quoque legerim, quales susceperit; quae remissę consilio quorundam aliquando fuerunt allectivę, aliquando etiam virtute sancti recusativę.

§ 40. Et quia omnia Romę [93] venalia, ad hoc est audax promota presulis lingua, promittens regi centum marcas auri [94], si sibi concederet placitationem enarrandi, inreverens confisus in nichilo, ac nescius, sancti vindictam pro [m] foribus fieri presto. Sed superius regis ad aures oblatum alta mente credo fuisse reservatum, non publice concessum, vel omnino refutatum, juxta vulgare proverbium: ludere porcellum, dum constat velle [n] catellum. [95] *§ 41.* Interea tamen diu [96] tolerans martyr [Eadmundus] pro suis infert vindictam ad tempus. Equitante per silvam episcopo, dum de predictis ab eo cum suis injuriose fieret sermo, ramus impegit ejus in oculo: sancti videlicet effectualis ultio, ponens hominem in inopinatę passionis angorem oculis vérsis ambobus in multiplicis sanguinis suffusionem. Visi sunt deintus oculi carnis putridę pleni, non a quoquam viro vel muliere sibi potest [o] auxiliari. Jacet pene et vere cecus, non ut pre-

---

[m] *Mit Kreide geändert in* pre.   [n] *So am Rande.* Caṣtellum *Text,* Kreide — *Punkt unter* s.   [o] potem *cod.,* valebat *Exc. Battely.*

[92] *Gemäss der Vorliebe continentaler Prälaten für grosse Kathedralen in volkreichen Orten verlegten die Ostanglischen Bischöfe nach dem Beispiele ihrer Amtsbrüder ihren Sitz 1075/8 von Elmham nach Thetford; 1095/1101 nach Norwich. Dass Herfast aus Ruhmsucht handelte: Malm. Pont. 150.* [93] *Sprichwörtlich von der Englischen, nicht der Römischen Curie zu verstehen.* [94] = 600 £ *Sterling (und nach der gewöhnlichen Annahme, dass der Werth des Silbers damals 10—15 mal so hoch als heute gewesen) mindestens soviel als Mark 120,000.* [95] *Wol altfranzös. Ableitung aus* catulus; *über deren einstige Existenz s. Littré, Dictionn. unter* chatouiller. [96] *Also längere Zeit nach c. 1072 (Baldwin's Heimkehr aus Rom), nach der Verlegung der Kathedrale nach Thetford (s. Anm. 92) und einige Zeit vor 1081 (§ 43. 47), also 1078—80.*

sul, sed ceu quidam miser [97] effectus, tantillumque refrige-
rii potitur quod sanguis purulentus ab oculis cum spica or-
dei detrahitur. Hęc dum viderem quodam mane superve-
niens, et omnium membrorum oculos in homine debiliores
sciens, tactus ejus miseratione et quadam quę post patuit
salubri devotione, audacibus ajo verbis ad eum, exspes factus ex suorum sospitate visus oculorum: 'Domine presul, in
vanum super te laboratur, nullum quippe collirium tibi prodesse videtur, non Ypocras vel Galienus, si viverent, ad hoc
proficerent, nisi Dei misericordia subveniret.' Et etiam su-
peraddens, premeditatus: 'verum gratiam Dei requirens devotus simulque sanctum [Eadmundum], qui in his patrocinatur comitatibus, dirige citissime versus abbatem Baldwinum cum pacis humilitate, ut tibi post Deum velit medica-
mentum sanitatis impendere.' Cujus desperans ammonitionis
nec non ammonitę impetrationis propter preteritam exhibitionem malę voluntatis, tamen in medio suorum tale depo-
nit consilium. Consiliamur omnes, parum profici terrenos
honores, quo defuerint corporeę valitudines; ideoque consilium datum prosequi debere, omni inter episcopum Aerfas-
tum et abbatem Baldwinum remota calamitate pro justitię
tenore. Imponitur ergo super me [98] talis legatio [p], quam et
eadem die, festo [99] apostolorum Symonis et Judę perficio,
memorato abbate me sui gratia luculenter suscipiente, lucu-
lentius quoque coram testibus respondente, luculentissime et
impetranda concedente. *§ 42.* Quibus benigne concessis, descendit ad abbatiam presul debilis, cum omni susceptus ap-
paratu decoris; fruitur etiam abbatis alloquio salutari com-
monentis, si quid offensionis erga Deum vel sanctum sua
parte [q] sit [r], se debere premeditari, quatinus peccatis primo
leviatus [s], impensura medicina celerius foret leviandus. [t].

---

p Ligatio, *von späterer Hand corrigirt.*   q *So Battely,* suapte *cod.*
r *Durch Rasur später in* sic *geändert.* s leniatus *Batt.* t alleviandus
Batt.

[97] *d. h. geblendeter Verbrecher.* Arfastus sedem sibi vult fore martyris aedem Cassatur nisus, privatur lumine visus. *ins. Battely p. 143*
[98] Hermannum *ins. Batt.* [99] 28. *Oct.*

Annuit episcopus verbis boni consilii. Dies adest, quo mancipatur istud effectui, eo deducto in [1] consessorio, quod tunc erat in sacri monasterii [2] vestiario, presentibus ejusdem loci majoris ętatis fratribus, sed et accitis illuc ab abbate quibusdam regis primoribus, qui dictante justitia in eadem villa [3] regia tenebant placita. Quorum nomina, quamvis auditoribus tedio, tamen sunt verę rationis testimonio, videlicet Hugo de Mundford [4], et Rotgerius cognomento Bigot, Richardus Gisleberti comitis [5] filius ac cum eis Lincoliensis Turoldus [6] simul et Hispaniensis [7] Alveredus cum aliis compluribus. Audientibus his, profert presul causam suae necessitatis, memoratur quoque calamitatis, quam adversus locum habuerit injuste; vicibus multis verbo se dicit et velle in Deum et sanctum [Eadmundum] peccasse; solius ablationis baculi superius [8] dicti reminiscitur, pro quo Theotfordi mittitur; ex omni facta calamitate se fatetur culpabilem; clamat in audientia sua vice locum quietum ac liberalem; dampnat sub anathemate, quos consiliarios habuerit inde; voto constringit sese, tale quid amodo repudiare. Sic publice confessus, ac ad majus altare cum fletuum gemitu progressus, ibi desuper pro dictis offensionibus episcopalem ponit baculum, scilicet duplicis causę vadium: tum pro reddendo memorato baculo pignoris certitudinem, tum Deum et martyrem impetrans offensi remissionem. Ad altaris crepidinem deinde prosternitur, psallendo septem psalmos, ab abbate vel fratribus absolvitur — vere felix, si, quoad vixisset, hujus perstitisset compunctionis! Tandem medicinam ingressus abbatis, fomentationibus medicinę fotus crebris et, ut

---

[1] *Capitel?* [2] *Kleider- und Schatzhaus.* [3] *Ein auf die Freiheit des Stifts eifersüchtiger Mönch durchstreicht c. v.; am Rande s. XIII [verschnitten ? curia]les prope villam; Battely fehlen diese Zeilen. Cf. Malm. Reg. § 213 = Pont. p. 154* Exactores citra fossatum S. Edmundi litigationes sistunt. [4] *Vgl. über ihn Ellis, Introduction to Domesday I, 454; Freeman III 155, 287, 499, IV 73, 366.* [5] *Clare, Urenkel Richard I., s. S. 160, 1, bezeugt Wilhelm I. Urk. für S. Edmunds Monast. Angl. III, 141. Cf. Ellis I 477, 494, II 378.* [6] *Ein Turold tenens in capite in Norfolk: Ellis 497.* [7] *Ellis I, 370.* [8] *S. o. Anm. 84.*

vidi, cauteriationibus ac colliriis usus peroptimis, etiam fratrum precibus apud Deum et martyrem [Eadmundum] adjutus, sospitati redditur in breve tempus, tamen remanente
quiddam tenebrositatis in medio pupillę oculi unius, in posterorum signum posterius. [9] Ipse autem pretiosi martyris
die festo [10] de recuperatione sua verbum facit populo, invitans eum ad sancti devotionem. [11] § 43. Sed, quod sibi pejus, postea fregit omnem promissionem. Quia enim valuit [12],
linguam non compescuit; dum voluit minime potuit, sed partim coactus, partim consilio malorum illectus, prevaricator
factus, calamitatem .pristinam renovavit, quod spoponderat
in regis audientia denegavit, ejus indurato corde, velut legimus [13] induratum cor in Pharaone. Qua discutienda calamitate et, ut intelligeretur comitatus exinde [14], mittitur ad
suburbium martyris Eadmundi regi[o] [u] jussu Lanfrancus,
Cantuarię presul. Hac pro re terminato ibidem novem comitatuum cetu, Aelfwino [15] Ramesiensi abbate tunc pleno
dierum ac sene, cujus testimonium ex tempore regis Cnuti
prolatum, vocequo novem comitatuum [16] obfirmatum, abbatia
viguit prenominata, tunc temporis libertate testificata. Ad
quod invitatus presul [v] injuriosus venire rennuit, ne fieret
dedecorosus, evomens secum flammas irę, retromordens venenose, acriter morsurus quandoque. § 44. Et jam processu

---

[9] Et hoc est, quod canitur in festo Translationis S. Edmundi: Ad
sedandum consilium discordiae conantis honorem alienum invadere,
Edmundus digna sanctione pontificem percussit caecitate, sed paenitenti paenae partem donavit, partem pro audacia eidem servavit *ins.
Battely.*   [10] 20. Nov.   [11] *Hier wiederholt Batt.: Arfast habe gebeichtet
und den Process aufgegeben.*   [12] restitutus sanitati *Batt., wo hier gleich*
§ 44 *folgt.*   [13] 2 *Mos.* 8—11.   [14] *Um* 1080 *nach dem zu* § 41 *Gesagten. Auf diesen Process bezieht sich Lanfranc Ep.* 22.   [15] *S. o.* § 11.
Aelfwin, der 38 *Jahre Abt gewesen, starb bald darauf.*   [16] *Königliche
Inquisition durch Lanfranc als Assisenvorsitzer. Der Abt gibt den
Wahrspruch ab an der Spitze einer Beweis-Jury von legalen Zeugen
aus neun Grafschaften.*

temporis appendente Deo stateram ęquitatis, calumpnians [17]
presul calumniose pulsat aures regis, iterum clamat abbatiam
redigi debere sub sui dominio juris, confisus in injustitia,
ignarus autem quorsum vera tendat justitia. Dabit centum
marcas auri vere, quas pollicitus est stolide, nec novissimus
quadrans perdonabitur inde, quin ultra decuplum [18] exigetur
hoc justitium, revera fortunatus, si non exigeretur amplius.
Igitur anno millesimo octogesimo primo Dominici hominis in
diebus Pasche [19] festivis ventilatur hęc calamitas [20] ex precepto regis, presentibus Anglię optimatibus cunctis: archiepiscopis, episcopis, abbatibus, comitibus singularumque regionum Majoris Brittannię principibus. Presul nimium pertinax clamat, quod sepe frustra clamaverat; carens privilegiis viles personas pro privilegio revocat, habere se dicit in
testimonium sui[w] antecessoris [21] custodem canum [22], quo
dicto stupefit in medio verbo inscius, quid dixerit omnino:
sic virtus sancti operatur in illo. Hujus itaque frustrato calamitatis eloquio [23], quia legali nequaquam fulciebatur testimonio [24], palam privilegia leguntur abbatis, profertur libertas
data Sancto [Eadmundo] regibus ab antiquis. [25] Etiam ca-
nonicalem monstrat abbas auctoritatem: fore scilicet inviola-
bilem, quam locus idem quinquaginta et uno tenuisset anno
libertatem [x], abbatibus ordinatis a quibus voluerunt episco-

---

w antecessores, *corrigirt.* x *Am Rand, z. Th. verschnitten, in Krei-*
de, Hand s. XIV: Quod abbates [? a quibus] voluerunt c[onsecrati]
fuerunt.

[17] *Dies scheint formell ein neuer Process zu sein, nicht eine Fort-*
setzung des vorigen. [18] *S. u.* § 46. [19] *4. April 1081 Ostern ist eines*
der drei jährlichen Hoffeste, die zugleich als Gerichtstage dienen: apud
Wintoniam ins. Batt. *144, aus* § 47 *Ende.* [20] *Der König ist Richter*
(blosser Vorsitzender), die Grossen des Reichstages sind Urtheilfinder
in der Curia Regis. [21] *Aethelmar von Elmham seit 1047, 1070 abge-*
setzt. [22] *Ein Hundewärter galt wol nicht als* testis legalis. *Vermuth-*
lich ist dieser hier nur Klagzeuge, während die Beweispflicht dem Be-
klagten zufällt, der als Beweismittel Urkunden und Verjährung benutzt.
[23] *d. h. förmliche Klage. Indessen der Bearbeiter s. XV versteht fa-*
cunde. [24] *Der Auszug s. XV bei Batt. 145 schiebt hier ein: Baldwin's*
Berufung auf Cnut's Einführung von Mönchen und des Diöcesan Ayl-
win Verzicht auf alle bischöflichen Jurisdictions- und Weiherechte. [25]
Nämlich Cnut und Eadward, Batt.

pis: Uvio primo a presule Londoniensi benedicto, Leofstano secundo per Wintoniensem episcopum dedicato, semet ipso quoque Baldwino Windelesoriis a Cantuariensi [26] pontifice consecrato. [27] *§ 45.* Hoc ventilato in publicum, jubet rex teneri judicium, causis auditis amborum. Nunc inter fideles veritas orietur de terra, deque cęlo justitia prospiciet vera. [28] Descendunt ad judicium ęcclesię [29] causarum ventilatores: cum episcopis archipresules, non desunt abbates vel docti causis forensibus comites. Omnibus est una voluntas, rethoricę Cyceronianas incedere vias, cujus artis duo genera, demonstrativum ac deliberativum transcurrentes, in tertio, dicto judiciale, ponunt pedes. In quo genere, fulti rethorica matre, locus sumitur controversię qui dicitur ab auctoritate, commemorando abbatiam martyris [Eadmundi] quante Deo fuerit curę et eis regibus, quorum auctoritas gravissima debuit esse, quo tantus martyr suusque locus tanta potiretur libertate. Nec infringi fore licitum devotorum regum necnon plurium annorum bonum stabilimentum, potius in pace sanctę Dei ęcclesię ratum constare debere, quicquid boni Deo digni antecessores deposuere. [y] Hoc judicio omnium assensu communi versato, defertur regi Willelmo, jam gratia Dei inspirato.

§ 46. Quo assurgit contrarie jam dictus presul, inpatiens mentis et exul, falsificat [31] judicium suum, videlicet infortunium, pro quo dicto vadium [32] cum baculo episcopalem anulum [z], fere non jam episcopus, sed pro vindicta quasi depo-

---

y *Mit Kreide s. XIV in* disposuere *corrigirt.*   z *Ergänze* dat.

[26] *cf. § 32. Anselm beansprucht für Canterbury die Weihe der Äbte von Bury. Ep. IV, 14.* [27] *Der Auszug knüpft hier gleich Wilhelm I. Privileg § 47 an.* [29] *Psalm 84, 12.* [29] *Es handelt sich jedoch nicht um einen canonischen Process, sondern der König als Richter wählt, weil Kirchengut im Spiele, neben den weltlichen auch geistliche Urtheilfinder.* [30] *Diese Dreitheilung aus dem Römischen Recht begegnet auch in zwei Rechtsbüchern der folgenden Generation: Cooper, Ancient Records II, 412 und Leges Henrici I c. 4.* [31] *Erklärt für falsch, schilt.* [32] *Das Symbol des königlichen Lehns: (als Pfand für die wegen Scheltung des Königsgerichtes zu zahlende Busse). Aehnlich behandelt Wilhelm II. Arfast's zweiten Nachfolger Herbert, s. u. § 62.*

situs. Hinc dedecorosa sibi nascitur confusio: etiam ad diem
ejus mortis hujus vadii duravit persolutio, dando libras num-
morum undecies centum [33] neque sciens in dando ullum nisi
modum indefinitum, ut michi suspirans retulit diebus octo,
priusquam obierit. [34]

§ *47.* Taliter secundum altitudinem cęli a terra [34b] super se
timentes Dei corroborata misericordia, juxta modum justitiae
prostrato calamitatis capite, regis quoque bona voluntate, suorum et optimatum concordi favore, fit cum cyrographo privilegium. [35] Cyrographizatur martyris [Eadmundi] locus in
perpetuum, rege glorioso Willelmo primo volente et volendo
viva voce concedente; cujus et inclite Mathildis reginę signum
ceterorumque consignantium idem locus adhuc cum privilegio servat in testimonium, gaudens, regio more digna se frui
libertate, liber de subjugo diocesiani presulis, ut est notum
et notificandum omnibus seculis. Data fuit hujus confirma-
tionis kalendis Junii anno milleno octogesimo primo Incarnationis Domini Christi, indictione quarta, quintodecimo anno
regnante glorioso Willelmo primo apud Wintoniam in palatio regio, in Dei nomine feliciter. Amen!

§ *48.* [a] [E]x sacri martyrii exuviis pii protectoris [Ead-
mundi] martyris in diversis mundi partibus vectis, (quia de
sancto et intemerato corpore pars nulla potest partiri, jacet
enim imputribilis, communem prestolans diem resurrectionis)
domnus et abbas Baldwinus Romam [37] proficiscens [b] secum
de supradictis sancti spoliis tulit, pluribus impertiens tam
sanctę devotionis gratia, quam ut dilataretur [38] sanctus opi-

---

a *Die Rubrik über der Seite und am Rande in Kreide, s. XIV,
durch Beschneidung unlesbar.* b *proficiens cod.*

[33] *ultra decuplum der 100 Mark oben Anm. 94. Hier können doch
wol nur Mark Silber zu ⅔ £ gemeint sein?* [34] *Um 1086, s. S.75.* [34b]
Psalm 102, 11. [35] *Battely 146, druckt Wilhelm I. Urkunde über die
Entscheidung der Grossen im Processe über Kirche und Dorf z. G. des
Abtes. Die (interpolirte) Charte mit den Zeugen, welche die alten Frei-
heiten wiederholt, steht Monast. Anglic. III, 141.* [36] *Wol zum Zeichen der
Exemption spricht Ordericus Vitalis (ed. Le Prévost III, 310) von Balduinus als archidiaconus et abbas S. Edmundi, s. S. 227.* [37] *Vermuthlich die Romreise 1071 § 38.* [38] *Ueber die Verehrung S. Edmund's
ausserhalb Englands vgl. Piper, Kalendarien der Angelsachsen 115.*

nione vera. Quibus pignoribus sacris in Italia in civitate, quę Lucas dicitur, quibusdam fidelibus impertitis, et Dei nomine Christique testis [Eadmundi] veneratione in porticu quadam ęcclesię eximii confessoris Christi Martini [39] consecrato altare, provenit gratia Dei invocatione martyris [Eadmundi]. Erat enim in civitatis pręfatę vicinio predives quidam, pollens splendore divitiarum eximio, unius tantum filii cum uxore fretus solatio, quem possidentes unicum unice super omnia diligebant, ut est mos talium. Sub quo patris ac matris affectu tenerę dilectionis infirmatur infans, manens infirmus diuturnitate longi temporis. Tristantur pater et mater ad hoc nimium quęrentes medicorum auxilia plurium, circumferentes etiam ad loca sanctorum plurima, pro pueri medela portando luminis ac reliquę[bb] oblationis xenia. Verum nec medicinę cura profuit debili, nec, quicquid circa eum gesserant, mancipari poterat effectui, quia Deus hoc [Eadmundo] suo martyri reservaverat, ut notificaretur[c] notificatus in nationes exteras. Hoc modo vita comite puero vix vivente, simul ac anxietate meroris utroque depresso parente, supervenit eis quidam athleta Domini venerabilis, interrogans utrum quicquam ex [Eadmundo] martyre pretioso noscant, pro quo quiescente in Anglia multa a Deo miracula fiant. Respondentibus autem, se nil inde novisse, prosequitur divinus vir imperanti voce: 'Accipientes filium vestrum citissime in hanc urbem vicinam deferte in beati ęcclesia Martini, ante martyris [Eadmundi] altare, illuc excubias noctis agentes cum eo devote. Pro certo, quę Deum in veneratione sancti petieritis humili voto, consequimini cum omni desiderio.' Quod opus dantes effectui, mixtis precibus cum lumine vigilant inibi, ante sacrosanctum altare sancti martyris puerum debilem ponentes, et ut ejus misericors martyr misereretur orantes, miserans etiam liberator ipsius fieret potens. Ecce fere decursa nocte, illuc vigilantes, sopori dant sese, tedio depressi vigilię et, evigilantes in aurora, infirmi jam pueri revisunt lectisternia, sed sanum repperiunt et alacrem

---

bb reliquię *cod.*   c mortificaretur *cod.*

[39] *Dom von Lucca; dortiger Localgsch. scheint dieser Altar unbekannt.*

solum in medio pavimenti residentem. Sic medicinatur puero
virtus deifica, intercessione martyris [Eadmundi] subrogata:
ut qui fuerat hactenus encleticus ac debilis, subito repperia-
tur sanus et incolumis. Ita pueri recuperabilis exstiterat
elegantia, ut rectus sedens congaudendo caperet manibus
ambabus a pavimento thimi folia: fuerant enim hęc tunc
temporis illius ęcclesię stramina. Quod pater et mater videntes, magnifice Deum laudant omnipotentem, talia pro
meritis [Eadmundi] sui martyris operantem. Relatores hujus
nobis fuere miraculi domnus Eadricus prepositus ac cum eo
presbiter Siwardus [40], quibus Romam [41] euntibus in memo-
rata civitate retulit hospes eorum Petrus, affirmans se vidisse puerum debilem, sicque, prout referebat, postea verę
virtute martyris incolumem; gratia cujus miraculi populus
annaliter eandem frequentat ęcclesiam ad laudem Dei vene-
rationemque nostri patrocinatoris.

§ 49. [d] Aliud item comperimus miraculum ex sancti martyris [Eadmundi] pignoribus vestimentorum [e], quod juxta verbum cujusdam veridici fratris illud referentis annotari non
inmerito videtur nobis. Temporibus regis Willelmi prioris
venit ad abbatiam pretiosi martyris [Eadmundi] Warnerius
Francigena quidam abbas Resbacensis [42], homo quidem religiosorum morum, sed et pollens dignitate litterarum cum
dulci modulatione neumarum. [43] Is denique susceptus illuc

---

d *Rubrik wieder fortgeschnitten.* e t*uestimentorum cod.*

[40] *Vielleicht identisch mit dem Dorfpfarrer in Bury § 57.* [41] *Wahrscheinlich handelt es sich um eine Bitte an Gregor VII., S. Edmunds
vor dem Diöcesan und dem Könige zu schützen. In diesem Sinne
schreibt Gregor an Lanfranc 20. Nov. 1073. Vielleicht erst hiernach
warnte Lanfranc den Herfast vor fernerer Bedrückung der Abtei (Ep.
26) und Bannung ihrer Cleriker (Ep. 19), bis er (L.) den Process
höre; o. Anm. 90. -- Indessen könnte gerade in Lucca eine andere Beziehung die Engländer aufgehalten haben: die (jetzt in England unbe-
achtete) Correspondenz des Bischofs Anselm mit Wilhelm I., die in dem
Briefe von c.* 1081 *gipfelt: Wilhelm solle Rom von den Antigregorianern
befreien. Sudendorf, Berengar p.* 237. [42] *Rebais, Arr. Coulommiers,
Gallia Christ. VIII,* 1683; *wol verschieden von dem (c.* 1130 †?) *Heili-
gendichter des Namens Hist. Littér. XI,* 97. *Die Tochter Wilhelm I.
und ein Engländer durch S. Agilus dort geheilt: Mabillon, A. SS. Ben. II,*
331f. · [43] pneuma. *Langgezogener Jubelgesang am Schlusse der Antiphona.*

officiosissime (ut moris est fratrum inibi cohabitantium sepissime, viget enim virtus caritatis inter eos intime) compo-
sita quattuor antiphonarum cantilena suavi ad honorem sancti, sic de die in diem ad ipsius amorem cepit accendi, ut
promereretur a Baldwino patre de pignoribus sancti, quibus
martyr in exteras regiones posset venerari, veneratus etiam
circumquaque virtutibus notificari. His ergo susceptis venerabiliter reliquiis, et, auspice sancto, cursu transito maris,
Pontivum ingrediens pagum, versus Sanctum Richarium vertit itineris gressum. Sed antequam illuc perveniat, malorum
hominum videlicet raptorum patitur impulsum: depredatur
enim ab eis ab omni sua suppellectili, vix cum vię compli-
cibus eques viam evadit periculi. Ita perturbatus abbatiam
intrat Christi confessoris Richarii. Illic tunc preerat domnus
abbas Gerwinus [44], vir vita sanctitatis orbi famosus, ideoque
per cuncta timendus et amabilis hominibus. [45] Qui depredati fratris intelligens angustiam, predonum quoque signis
quibusdam agnoscens essentiam, post ipsos impiger equitat,
inventisque requirit minis cum precibus mixtis, quę rapue-
rant. Quae suscepta caritative, quia condignę venerationis
erat in ea regione, redit domum, fratrem solatur desolatum,
reddit quę perdita receperat; sed de pignoribus martyris
[Eadmundi] nullus in amissione sermo fuerat. Solent enim
perdentes plurima minus dolere singula. Sic itaque receptis
rebus perditis, diligenter quęque respicit exhilaratione mentis, memoratur tunc primum sancti martyris reliquiarum, sed
nil invenit earum. Dolet ac moeret, et vere perdidisse cę-
tera maluisset, si pretiosa solum pignora repperisset. Verum apud homines dicitur perditum iri, quod nullatenus
potest inveniri. Attamen, o munache fortunate [f], reperies

---

f fortunato *cod. Der Reim beweist, dass der Autor* fortunate *schreiben wollte.*

[44] *Hiermit kann nur S. Gerwin I. gemeint sein, nicht sein gleichnami-
ger Neffe, der 1071 geweiht, 1096 abgesetzt wurde, laut der Schilderung Hariulf's Chron. Centulense bei D'Achery, Spicileg. fol. II, 341
resp. 354. — Gerwin I. erhielt von Wilhelm von der Normandie schon
1048 eine Bestätigungsurkunde ib. 342, dann in England 1067 ib. 346.
Hier hatte ihn schon Edward III. beschenkt ib. 345.*   [45] *Gerwin I.
Einfluss beim Adel ib. 341.*

ac insperate, quo tanto mentis turbaris angore, solum sis
memor vocis dulcis psalmistę: 'Timentibus Deum nil defore
posse!' [50] Igitur tali modo ab eodem die demenso, noctem
proximam parte majori ducit insomnem dolendo, dolens jacet in cripta [51] perpetuę Virginis orando, orans incusat sui
neglegentiam, rem perditam deflendo [g], deflens inexplebiliter
veniam precatur omnino. Etiam ante diei crepusculum las-
sus ab insomnio se vertit ad lectisternium, membra quan-
tulocumque committens sopori, meretur in ipso sopore divinitus relevari. Ecce adest in somnis [h] ei vir venerandę spe-
ciei, tangens eum verbotenus interrogat, quę causa meroris
sic eum afficiat. Cui cum more soporifero responderet, quod
pro amissione reliquiarum martyris [Eadmundi] doleret, subsequitur venerabilis persona: 'Tange, dicens, pectoris tui su-
periora, percipiendo manus tuę dexterę interiora, repperies
enim illic quę tibi doles esse remota.' Ecce Dei pietas, omnis cui subditur ętas, nullum fraudavit quem se rogitare rogavit! 'Querite, dixit enim, sic invenietis' [52]; et olim: 'Et
justum petite, quod et accipietis'; abinde: 'Qui petit, acci-
piet'; quęrens similis quoque fiet. Hoc idem prefatus frater
ambiens desiderantissime, in somnis [h] promissa fuit expertus
verissime: ex promissis experrectus, exerit manum ponens
supra pectus, sentitque dulcissimum munus, illuc, credo, de-
positum divinitus. Cum quanto denique surrexerit a stratu
gaudio, vel quę gaudia gestierit in animo, si stilo committe-
remus scribentis, fortasis fastidirent verba legentis. Sed
quod in hac re videtur verum et summum, talia fuerunt per
Deum et sanctum [Eadmundum]. Quę reinventa [i] dum frater devote recepit, postmodum in altare gestatorio decentissime collocavit, laudando Deum in martyrem [Eadmundum]
qui veneratur per Deum in secula seculorum. Amen!

§ 50. [d] Adhuc instamus tradere scripto quędam nobis
relata sub testimonio, virtute[m] martyris [Eadmundi] con-
tingentia, pro quo Deus operatur mira, sic in mari velut in

---

g ideflendo *cod.*   h insomnis *cod.*   i Quęre inv. *cod.*

[50] *Psalm. 34, 10.* [51] *Ein Bau Gerrin I.,* satis insignis *Hariulf ib.*
341. [52] *Matth. 7, 7 f.*

terra. Pater sepedictus Baldwinus, curis creberrime regali-
bus intentus, tam pro medicina regi regisque primoribus [53]
impensa, quam etiam circumcirca terrarum legationis regię
fungens hofficia, cum ipso Willelmo rege [k] suaque conjuge
Mathilde bonę memorię moras agebat in Normannia, obse-
cundans eis strenuissime. Quo tempore miserat quendam
suum legatum nomine Normannum [54] ad gloriosi martyris
[Eadmundi] coenobium, ut sibi deferret quod erat necessa-
rium, mandans quoque propter quoddam, quod dare dispo-
suerat filacterium. Quo secum assumpto miles prefatus festi-
nat ad mare, quam potest citius, sed, reperta navium raritate, vix dato naulo unam [l] cum equo permittitur intrare.
Erant enim in ea homines fermę LX[ta], animalium quoque
numero sex et triginta, necnon sedecim equi cum mercato-
rum sarcina gravi. Navis etiam, quamvis rerum foret tan-
tarum capax, maris surgentibus procellis minime poterat contra fieri tenax. Invalescunt penitus undę, pontificus fervor
crescit, ubique demerguntur in ęquore suppellectilia, quęque
etiam dicta superius quadrupedia extra navim proiciuntur
ad maris ima. Navis quippe nunc ad cęlos ascendit, nunc
ad abyssos descendit, omnis ibi navita naufragans tabescit,
quia turbatus ac motus sicut ebrius dehiscit. Tale fere per
triduum viris instat naufragium, cum in tertio diluculo miles
Normanus juxta navium transtra residet somnolentus; adhuc
equo retento proprio dormitat, oblivioni tradito philacterio.
Eo vero dormitante conquiniscendo, adest sibi elegans in
somnis persona somniando, tangitque eum manu plena
p[rope][m] humero dicendo: 'Dormis? heus, Normanne, surgens expergiscere, palpa philacterium reminiscens, quod tibi
pendeat ad collum et invocans Deum nullum patieris naufragium.' Somniculo taliter excitus, propere surgit Normannus, stansque in pedes manibus amplexatur philacterium a

---

k regię *cod.* l *Vielleicht* una *zu lesen.* m *Raum für 4 Buchstaben
frei cod.*

[53] *So befiehlt ihm Wilhelm I., den kranken Lanfranc zu behandeln.
Auch sonst begegnet er häufig als Arzt. Lfrc. ep. 20, 21.* [54] *Dieser
Name ist nicht selten, auch für Engländer, z. B. Anselm Ep. IV, 8*

collo dependens, rectore navis nominatim vocato, Deum orant
et sanctum Eadmundum affectu devoto. Sic pacato mare
exeunt illud ea die. Gaudet Normannus jam suis salvatis
rebus, qui si nescit, ut laicus, quid collo gestaverit, tamen
ejus virtutem percipit, cujus insignitum nomine fuerit. Adest in mare martyr Eadmundus, prodest in eo periclitantibus, ut olim nautis tempestate quassatis beatus Nicholaus:[55]
clamantibus illis sanctum Nicholaum, apparet quidam dicens:
'Ecce adsum.' Isti non memoranti patrocinatur patrocinium
martyris Eadmundi, quia dum minus speratur, pro foribus
Dei misericordia prestolatur, cui sit laus et gloria per infinita secula. Amen!

[De . . Ed[mund] [n] . .]

§ 51. Eodem vero Normanno portu, qui Barbefleot[56] dicitur, appulso et quasi jam in tuto cum suis rebus posito,
dum falerat[57] equum, cupiens inde facere digressum, furtivę
manus manticam rapiunt ejus, quam velut amissam, dum
repperit nusquam, dolens, socio sibi presbitero quodam, descendit ad villam. Subtristis itaque incedit per viam, sed
fretus spe vera, petit ęcclesiam oransque Deum ac martyrem [Eadmundum] pro re perdita, exiens aecclesiam de foris
solamen invenit ita: Verbis affatus blandis vetulę cujusdam
mulierculę: 'Cur, heus, sic tristaris, vel quasi lacrimans va-
dis?' Respondet: 'Heu, quid sic interrogas?' Ait: 'Quia
fortassis per me solari poteras.' Prosequitur damnum perpessus: 'Mare egressus perdidi manticam, quam nescio, qualiter aut ubi requiram.' Indicat solatrix a Deo[o] domun-

---

[n] *Von der Rubrik in Kreide nur vier Buchstaben lesbar.*   [o] adeo *cod.*

[55] *Vf. schreibt wenige Jahre, nachdem 1087 südital. Normannen den h. Nicolaus aus Myra nach Bari brachten (s. S. 46, 52, 75, 92, 130) und benutzt vielleicht Johann von Bari. Kaum eine continentale Nachricht jener Zeit ist in mehr Englische Geschichtsbücher übergegangen als diese Translation. Ueber den Cult vgl. Pauli, Hansa und Kirche in Preuss. Jahrbücher XLI, 271. Anselm schrieb noch als Abt eine Oratio ad s. Nicolaum Ep. II, 51. Noron, eine in England begüterte Celle S. Ev-roul's besass Reliquien von Nicolaus laut Ordric (der hierüber sehr aus-führlich) III, 220.*   [56] *Barfleur bei Cherbourg.*   [57] „Legt die phale-rae an."*

culam de prope ore et digito; intrat tacite quęsitor intus,
videt quod perdiderat in angulo domus et accipiens ambabus
manticam manibus, domum exit absque repulsione ullius.
Quę gaudia gestierit, quamque lętus fuerit non scripto no-
tare sufficit, cum omnis noscat natura, quanta pro rebus
reinventis ᵖ sepe constet lętitia.

[De tra[nsitu] aque liqu[ide]]. ᑫ

§ 52. Hinc quem nominavimus iter movens Normannus,
retro se super equum consesso ᑫᵃ socio presbitero, manticam
ante se tenens cum gaudio experitur virtutem martyris [Ead-
mundi] tertio. Vada regionis cum mantica socioque nitens
transvadare, viam habet, qua nemo transierat ante. Miran-
tibus autem hominibus patrię, retro monetur redire, ne sub-
mergatur vadi insoliti profunditate. Tamen securus cum socio transit, sive tranans sive gradiens, ejus se fiducia muniens, cujus filacterium ferebat in collo dependens, glorifi-
cans Deum in secula seculorum.

§ 53. Alio quoque tempore defertur ad eundem piissimum
protectorem nostrum [Eadmundum] in gestatorio lecti stra-
mine quidam Francigena Willelmus, Ascitilli filius cognomine,
ab Hereford comitatu, fama sancti cognita, requirens eum
multiplicis annaliter et eo plus infirmitatis attritus molestia:
quippe febrium omnium genera exhauserant membra corporis
ejus debilia. Ad tumbam igitur Christi martyris suorum manibus deportatus et cum oblatione quantulacumque Deum et
sanctum Eadmundum exoratus, ut ab eo post annos plures
in capitulo fratrum audivimus, dum ad hospitium delatus ab
ęcclesia, decubat in lecto, membris omnibus confectis febrium typo, patitur agoniam oculis fixis in extasi suorum
in medio. Fuerat enim hora diei prope media, cum asstat
sibi cum baculo quasi re vera nobilis persona, ętate subju-
venis staturaque mediocris quasi adverti posset aliquis regię
dignitatis. Is tangens eum, interrogat, quid illic jaceat.
Respondet encleticus, |visus a suis velut mentis alienus: 'in-
firmitate depressus medelam Dei ac sancti [Eadmundi] pre-
stolor attentus.' Subsequitur asstans: 'surge jam sanus et

ᵖ re inv. *cod.*   ᑫ *In Kreide, s. XIV.*   ᑫᵃ confesso *cod.*

exhilarans, equos ascende properans, domumque descende
repedans!' Quęrit jacens, quis ipse sit alloquens. [Ead-
mundus] se nominat, indicens iterum quod indixerat, scilicet
sanum se fore totum, suamque descendere domum. Audiunt
presentes verba jacentis, sed esse putant eum alterius mentis, non percipientes personam alloquentis. Surgit protinus
a stratu sanus et incolumis, preparat se jussu visę visionis;
credit se pretiosum martyrem [Eadmundum] veraciter vidisse,
credens hoc percipit, omni recepta sospitate. Petit aecclesiam ad gratiarum actionem reddendam. Mirantur sui, mente
putantes eum alienari, sed ipse sub veritatis assertione indicat, quid et quomodo viderit quaeque; eadem die sanus
petens viam juxta monitionem sancti versus regionem suam,
ad gloriam Domini laudem quoque martyris [Eadmundi].

§ 54. [d] [N]atione Normannicus cum rege Willelmo priore
quidam fuerat aulicus, Rannulfus quidem nomine, ceu tunc
moris erat, militari perversus in opere, complice sibi socio,
Cicestre id operis intenderat aliquando. Equitans ergo effre-
nis, quęque de via meditando nimis, parum quę Dei sunt
meditatur, quia palatinorum more mundialia sectatur. Sed
jam [58] securis ponetur ad radicem arboris; jam robur ejus
conteretur juxta quod [59] Daniheliticem [r] legitur; jam cogno-
scet omnis natio, Deum esse solum [59a] in omni loco. Dum
sic devius deviat miles devians, capitur capitis alienatione,
taliter itinerans, velit nolit, effectu caret operis illectus per-
suasione mentis, octonis diebus gravedine doloris lecto participatus, frustratur requie, cibo, potuque, vivit solum vigi-
lans, nil eque degustans. Octava post hęc nocte operatur
Deus cum [Eadmundo] martyre, sive meminerit eger martyris hujus, sive prescius misereri voluerit ejus. Pausat quidem somniculo pressus preparvissimo, somniat quod equitans
fugam iniat, et sanctus martyr [Eadmundus] eques insequu-
tor fiat ejus armatus. Lancea dorso deorsum affixa, donec,
ab equo resupinans eum supra sepem, velut miles ei desuper intentaverit mortem. Sicque, veluti dabat visio sibi, re-

---

r *sic cod.*

[58] *Matth. 3, 10.* [59] *Dan. 4, 11.* [59a] *Jesa. 37, 20.*

supinus jacens in sepe plena florum amoenitate, sancto com-
pugione [60] superasstante, precatur miser veniam, et ne mo-
riatur sancti ipsius impetrat gratiam. Cui superimminens
sanctus verticem capitis tangit amplitudine dextere manus,
demumque desuper crucis signum imprimens, mitis ita fatur
inquiens: 'Si tibi sic fieri faceres, posses liberari.' Sic infirmo sanctus et sancto sic ait infirmus, scire volens nomen
ejusque rogando juvamen. At sanctus [Eadmundus] se nominat, liberationem vero nisi priorem abnegat, videlicet ut
signum crucis faciat fieri suo infirmo capiti, cum his verbis
disparens, infirmoque meliorationem ingerens. Qui pauxille
soporatus, evigilans divinum sentit levamen, martyrem [Ead-
mundum] gratificans, fluente putrida sanie ab ipsius aure
utraque, quod somnians attactu sacrosancte manus dextere
revera credidit sibi profuisse. Hocque mane proximo clericis de curia regis notificato, Samsonis [61] videlicet et aliis
quibus idem notus fuerat eger, effectualiter omnibus placet
modus visę visionis, ut benedictione percepta tonsorationis
alteretur habitu religionis. Id vero consumans opere fideli
voto, fuerat enim litteratus antea scolarium modo, sed, re-
tracto pede, causa laicali vitam duxerat jure militari, modo
conversus monachus et sacerdos, a nobis est visus Deum lau-
dans in martyrem [Eadmundum] et ipsum martyrem pretiosum venerans in omnipotentem Deum. [s]

[De puero . . . oculorum . . sanato]. [t]

§ 55. Jamjam seculo sancti meante providentia Dei, Anglorum rege Willelmo eodemque duce Normannico in Normannia defuncto, anno millesimo octogesimo septimo incarnati Domini, ut ajunt, dono patris, regnum suscepit Angliȩ
Willelmus cognomento Longus Ensis, [62] cujus temporibus

---

s *Rest von fol. 68 r. und 68 v. leer.* t *In Kreide am Rande, s. XIV.*

[60] pugio *Kämpe im gerichtlichen Zweikampf, doch geht dieser Traum
auf ein Turnier.*   [61] *Bruder des § 38 erwähnten Thomas von York,
Domherr von Bayeux. Nachdem er 1082 Le Mans ausgeschlagen — in-
times Gespräch mit Wilhelm I. bei Ordric II, 249 —, seit 1096 Bischof von Worcester.* [62] *Der hier von einem genauen Zeitgenossen Wilhelm dem Rothen gegebene Beiname begegnet sonst nicht. Von den Nach-
kommen Rollo's führen ihn dessen Sohn und ein Bastard Heinrich II.*

etiam martyr [Eadmundus] plura prestat beneficia pluribus. Ad quem adducitur quidam puer oculorum visu debilis, ut circa sancti corpus excubaret in vigiliis suę sanctę sollempnitatis, [63] impedito patre versus Scotiam in expeditionem regis. [64] Qui dum foret profecturus, filii periculo tactus imperat familię proprię sub sancti fiducia, ut ad sanctum deportaretur infantis presentia, fortassis illuc celerius quam alias sanitati restituendus. Excubuerat enim pro sospitate recuperanda quindenis diebus et eo amplius in aecclesia ad Binneham [65], quo morabatur Hermannus monachus quidam, cujus fuerat infantulus scolaris ac clericellus [66]; sed dum nil prodest, fit quod fieri pater jubet. Contra quod indignatur monachus, egre ferens alias si feratur puerulus, nec credens corde, sed dubius fide, [Eadmundum] martyrem Anglicum [67] in talibus prodesse. Hoc quidem frater idem retulit michi, ęquivoco sibi [68], lacrimis suffusus, erga sanctum se peccasse confessus, dum anno transacto miraculum hoc essem scripturus, inde sciscitans ab eo, quicquid esset verius. Qui hujus pueri modum infirmitatis enarrans, in medio oculorum verrucas dixit concretas, rufas atque pilosas, sed postea se vidisse detersas [u], virtute sancti, Deo gratias. Addiditque, se sanctum persepe dehinc in suis necessitatibus effectualiter probavisse, juxta proverbium vulgi veridicum: pro uno bono aliquem multa bona consecuturum. Ad vigilias itaque sancti pernoctans, de quo sermocinamur, infans, primo noctis crepusculo juxta sanctum corpus suavi capitur somno, in quo dulci sopore celesti medicatur virtute, sancto sibi propitiante, oculorum omni detersa labe. Sic dulciter soporatus ante matutinorum pulsum evigilat expergefactus, clareque lucem aspiciens candelarum, taliter fatur ad eum, in cujus dormiens caput declinaverat sinum: 'Heus tu, satis lucide circa

---

u vidisse *wiederholt cod., wie der Reim zeigt, irrig.*

[63] *Vorabend des 20. Nov.* [64] *Vermuthlich Wilhelm II. Schottenfeldzug September 1091.* [65] *In Norfolk, Celle von St. Albans durch Abt Paul erworben; dies wohl die früheste Erwähnung.* [66] *Altfranz.* clergeau. [67] *Vgl. S. 225* [16]. [68] *Die einzige Stelle, aus der der Name des Vfs. hervorgeht.*

nos hic lucent lucernę.' Quod audiens alter letatur exhila-
ranter, sicque de uno ad alterum tale patefit |miraculum,
donec lucescente die rumor hujusmodi propalatur ubique, ac
post evangelium majoris misse, facto verbo ad populum inde,
redditur Deo et sancto laus exultationis magnę, puero sa-
nato presentialiter asstante, vocabatur is enim   ᵛ
nomine, populo tunc Deum per suum sanctum [Eadmundum]
in omnibus glorificante.

ᵂ[. . . [Sut]hwol[de] . . .]

§ 56. [A]postolus prohibens Thessalonicensibus ⁶⁹ fratrum
supergressionem ac in negotiis circumventionem, de illis, qui
in his excesserint, affirmat omnimodis Deum esse vindicem.
Quod et efficaciter hodie creditur fieri super appetentes res
servorum Dei, quae maxima et illicita supergressio valet nun-
cupari, quam sepe vindicta prosequitur Altissimi. Hoc et in
vicecomitatu ˣ Northfolc contigit, primo anno regni Willelmi
regis secundi, motis erga eum quibusdam suis primoribus intentione rebelli ⁷⁰, confluentibus in castris militibus consuetudine militari appetendo non appetenda apud dominos cu-
piditate seculari. Quod nimis audacter inhians quidam Rodbertus de Curzun ⁷¹ cognominatus, quęrit apud suum dominum Rocgerium Bigotum ⁷¹ᵇ supergressionem cujusdam mane-
rii nomine Suthwalde ⁷², quod habet et habebat hic noster
sanctus: dicendo rogans inreverenter id sibi concedi pro suorum equorum pabulo, quod servitores sancti tenebant in suo
dominio. Hoc, ut diximus, quęsito et, ut assolet inter lai-
cales fieri personas, non accurate concesso, quesitor cum
suis die disposito versus manerium eques vadit, quod ei stolide concessum fuit, ante se nescius proximam fore vindictam

---

ᵛ *Lücke, vielleicht um* Eadmundus — *wie sonst den Namen des Heiligen — in Gold einzufüllen, wie oben § 10 für den Namen Edmund
II. Raum offen.* ᵂ *Am Rande in Kreide, s. XIV.* ˣ invoce comitatu
erst von späterer Hand corrigirt.

⁶⁹ *1 Thess. 4, 6.* ⁷⁰ *Erhebung des Normannischen Adels in England
Ostern* 1088 *z. G. Herzog Robert's.*   ⁷¹ *cf. Domesday, Norfolk 330.*
⁷¹ᵇ Roger . . se hleop into tham castele aet Nordhwic and dyde git
eallra waerst ofer eall that land, *Ann. Ags.*   ⁷² *cf. Monasticon III.
102. Southwold an der Blythe-Mündung in Suffolk.*

Dei, virtutem quoque martyris [Eadmundi]. Sed in ipso
male cepti primordio itineris assurgit horror magni turbinis,
laxantur habenę ventorum, carceribus laxis imperat Eolus
rex [72b] per aera spiraminibus duris. Ante equitantes intentat
periculum grando; cadit et imbrium spissitudo, tonitrus ac
fulgur [y] eos territat et ultra si procedant, mortem minitat.
Perculsi terrore, verbositant inter se, dicentes ire se male,
Deum et sanctum erga se commotos esse, hanc tempestatem
hoc etiam designare. Intrant ad diverticula, si forte facies
cęli sit ei[s] propitia, quod dum fit paululum, iterum iter
intrant stolidum. Sequitur statim assurgens intemperies ele-
mentorum, eos hebetes reddens confusione mentium, donec
retrocedens eorum dominus, videlicet predictus Rotbertus,
stuporem mentis incidit, iter inceptum perficere non ausus.
Cujus signum stuporis in ejus visu denotare postea potuit
omnis, cujus est mens aliquomodo physicalis. Reliqui vero
scilicet duo, Turolfus dapifer ejus ac Gyreneu [73] de Mounceyn
miles alius in impacata mente persistentes et ad manerium
una cum scutariis pervenientes, rapiendo quę potuerunt. Tamen numquam inde gavisi fuerunt, uno ex eis in amentiam
verso, alio quoque, ut postea multis vidimus diebus, frenesi
affecto. Redeuntes cum mentis stupore, non ulterius in predicto manerio ausi sunt simile quid attemptare. Sic itaque
vindicta Dei necnon meritum martyris [Eadmundi] circumven-
tores propulsavit, supergressores retrogradavit, omnes, qui
ad hoc inconveniens ierant, stupore mentis affecit, nec aliquis eorum sine signo notabilis remansit, quia vindex est
Dominus de his omnibus, ut apostolus [74] predixit, ut gloria
sit ei, qui in secula seculorum vivit. Amen!

    [De m . . . mirab[il . . .] . . [ope]ratur]. [z]

    § 57. [M]agnus Dominus et laudabilis nimis, magnitudinis
enim ejus non est finis, exultationem universę terrę fundan-

---

y furgur, *von späterer Hand corrigirt.*   z *Am Rande in Kreide, s.*
XIV.

    [72b] *Aeneis I 52, 54, 64.*   [73] *Wenn dieser Name mit dem des Gur-*
nueu (Gir. Cambr. VI, 102) Eb. von S. Davids identisch ist (??), so
wäre vielleicht an einen Walliser zu denken.   [74] *S. Anm. 69.*

do, montis Sion latus aquilonis perpetuante martyre [Ead-
mundo]. [75] Cujus in parrochia per sua florens insignia, fit
remediabilis commanentibus in ea, Deum querentibus in eum
ex intimi cordis querela. Quod expertum cognovimus ocu-
lisque vidimus in quodam Wulmaro villano ejus, vita comite
reverso a via Romana [a] cum aliis pluribus, suoque patroci-
natori [Eadmundo] martyri oblato super altare lapide mar-
moris necnon cristalli pro sua reversione salubri. Qui sic
reversus vespertinali hora quadam die dominica, exiens atrium
sancti cum sospitate sua, in ipso egressu circumvallatur quodam subitanei horroris impressu, deficiensque residet quo
valet consessu, vicinis volentibus eum deducere domum, pro
eo gestiendo exhilarationis progressum. Sed residens quasi
passus extasim, positus in mentis excessu, angustiatur vicis-
sim, sicque vix deducitur domum, collocatus in lectisternio
in medio suorum. Quo decubans eger quatriduanus egrotat
in proxima 6 feria sic, ut in eo pene remaneat alitus. Ac-
cersitur propere Godingus [76] presbiter parrochię, qui cum
suis veniens scolaribus, jam morti proximo prebet visitationis
opus, viaticum salutis impertiens, omnique consuetudine Christiana absque inunctione muniens. Sic decubat egrotus qua-
triduo, videlicet sexta feria cum Sabbato, dominica non minus ac secunda feria eo modo, clausis oculis velut in mortem, membrisque torpentibus in aeternum rigorem. Nequibat pedes vel manus ad se trahere, neque genua vel brachia
quoquo motu ad se exerere. Quid plus? Truncus est per
omnia; solus spiritus palpitat in interiora. Servantes vigilant circumcirca, servatur cum excubiis, ut mos est jacen-
tium in agonia. Nunc vero in ipsa, ut diximus, secunda feria, presens erat sancti martyris, de quo loquimur, quędam
memoria, quam ymnodiis sollemnibus sollemnizabat suus ce-
tus monasticus, sed reliqua villę populositas minime capta-
bat hujus exhilarationis delicias. Erat autem dies festiva [77],

---

a Romano *cod.*

[75] *Psalm 47, 3 und 144, 3.*   [76] *S. 2 Seiten weiter.*   [77] *S. o. § 29.*
Der Tag der Erhebung scheint nicht bekannt zu sein.

qua domnus abbas Leofstanus ejusdem sancti sancta corporis
respexit pignora, in quo respectu vera Dei cognovit magna-
lia, scilicet corpus sanctum ab omni putredine salvum, ca-
putque cum corpore solidatum divina virtute. Hac decursa
festivitate diurna, operari vult noster protector [Eadmundus]
propinqua nocte futura, quasi bene operans super infirmum,
vel volens augere cum lętitia diem suum. Jacet, ut diximus, languens jam per octonos dies somni participatione
carens, sed nunc media noctis tertię ferię percipit auditu
matutinorum synaxim [78] apud ęcclesiam sancti pulsare, audito pulsu delectatur, ad otia somni membra languida decli-
nare, declinatus in hoc incipit sibi salubria multumque sua-
via somniare. Videt in somnis acsi visibilibus oculis hostio
suae domus aperto intus advolare columbam nivei candoris,
assidentem supra sedile domus, quo jacentis lectulus capite
erat adnixus. Quę columbina simplicitas versa versus infirmum, prout sibi fuerat visum, subito mutatur in cujusdam
venusti hominis vultum, sedensque respicit ad egrotum mise-
ricordissime. O nova et inaudita metamorphosis, satis altera
quam pandat quivis liber Nasonis! Hec spiritualis et ho-
mini proficua, ille vero corporales ac risum moventia. Surgit a sedile talis ac cęlestis vir metamorphosicus, appropians
egroto condolet infirmitati ejus, dicens humiliter: 'Heus puer,
multum infirmaris duriter'. Quod sic esse jacens sub eodem
somno partim respondens, partim hoc idem torpore membrorum innuens, spiritualem alter effert manum, duobusque di-
gitis prioribus capit decubantis dextri oculi palpebras cilio-
rum, aperiens ei oculum dulcissima voce, fatur ad eum:
'Jam sanus effectus surge concitus, ęcclesiam festinus petens
quoque Deo michique gratias redde!' Sic somnolenter ex-
hilaratus alter affectuose querit, quis et cujus nominis sit.
Indicat se respondens [Eadmundum] esse inquiens, sed in-
culcat iterum: 'Dei pete domum, Deo et sibi reddendo actiones gratiarum!' O novum genus medendi! o bona voluntas
boni medici! o sanitas celerrima prestita sola Dei gratia!

---

[78] *Ebenso in § 25, was Du Cange VI, 469 aus Martene VI, 834
citirt.*

Conficiat quivis Ypocraticus [79] confectiones cum suis medica-
minibus: vel dabit sanitatem longum post tempus, vel parum erit infirmo levius. Hic autem noster sanctus puro corde
quęsitus, sola Dei clementia dabit festinus, si quid infirman-
tum rogaverit indiga virtus. Quod et huic egroto annuit
pius, dum frequens invocaretur ab assidentium vocibus, dicendo: 'Domine et sancte [Eadmunde], tuo misero propitius
succurre!' Jam effectuose patebit, quod egrotus potius vi-
sione vidit, quam somno somniaverit. Surgit diluculo imminente, refocilatus dulci sopore, induit se vestibus, calcians
et pedes quasi nil mali passus. Videres obstupefactos quosdam assidentes, ex ejus tam subita motione mirantes, quosdam etiam eum reprimere volentes, velut froenesy captum
putantes. Quos id susurrare percipiens, negat se freneticum,
potius se sanum dicens; et sic stans in pedes cum his, qui
in domo ejus erant, ad domum Dei vadit pergens. Offert
sancto quatuor cristallinos lapides, quos a Roma [b] detulerat
nuper, et orans perficit imperata celeriter, gestiens gratiarum actiones Deo et sancto gratulanter. Dehinc ad se vocato aecclesię matriculario [80], fratre Tolino, bonę religionis
viro, seriatim sibi pandit malum et bonum, quod ei accide-
rit, cautus hoc nulli primitus nisi sacerdotibus dicere, ut de
leprosis a Domino precipitur in Lege. [81] Tandem ab ipso
secretario fit notum patri venerabili Baldwino, qui conveniens
fratres virosque fideles in inclaustro, [c] unde loquimur coram
posito, audit ab eo rem omnem ex integro. Assunt et testes ex hoc ipso Siwardus [82] ac Godingus [83] villę presbiteri
duo, sed et de familia fratrum sartores quidam testantur id
ipsum pro certo, dicentes eum per omnia, sicut diximus, in-
firmasse, eosque inibi per noctes ac dies excubias pro necessitate proximi impendisse. Ipse vero sanatus, jurans tes-
tem vocat Deum et sanctum veluti referebat se sospitati da-

---

b *aroma cod.*   c *Ergänze:* eo.

[79] *Aehnlich § 41.*   [80] *Kirchenhüter cf. Du Cange ed. Henschel IV,
323. Vermuthlich identisch mit dem Sacrista Tolinus, unter dem 1095
die Translation geschah, Monast. III, 162.* [81] *3 Mos. 13.* [82] *s. S. 259.*
[83] *s. S. 270.*

tum, quod et domnus abbas suscipiens verum, populo con-
venienti in aecclesia pro hoc miraculo facit [84] fieri verbum,
prosequendo cum pulsu signorum devote incipiens laudationis [85] ymnum, laudando Deum in secula seculorum. Amen!

^d [[De] puella vi[sum reci]piente].

§ 58. [V]idimus etiam in Nativitate gloriosę Virginis Marię [86] puellulam quandam sospitatis visum recepisse, quam
pater Willelmus nomine, clericus et Colecestris inhabitator,
miserat ad sanctum martyrem cum nutrice. Fuerat quippe
fere triennis, sed casu fortuito nil viderat ebdomadibus qui-
nis. Igitur ad sanctum delata in perpetuę Virginis Nativitatis vigilia, in crastinum clare videt omnia; pro testimonio
sistitur in medium ad sacra solennia missarum; decantat
ordo monasticus jubilum 'Te Deum laudamus'; magnificatur
a populo Deus, necnon genitrix ejus ac presens martyr
[Eadmundus]. Sed quivis verbositat fidelis tactus intentione
bonę mentis, cujus glorię potius debeat asscribi predictum
miraculum hujus diei, vel pro ejusdem festivitate Dei genitrici vel [Eadmundo] pretioso martyri cum corpore presen-
tiali. Ad quod respondemus illud Ambrosianum [87]: sanitati
frequenter restitui membra languentium ad sacra monumenta sanctorum; potens est etiam Deus quo vult operari
pro genitricę ipsius, quia in omni loco [88] dominationes
ejus. ^{dd}

§ 59. [A]d pretiosi testis Christi martyris [Eadmundi]
translationem seu sacri corporis ejus remotionem nostrę mentis vertamus intentionem, prout imbrificaverit Spiritus Sancti
gratia nostri meditatus interiora. Invocetur ad hoc ipse, qui
novit hominum cogitata, cujus oculis omnia nuda sunt et
aperta[89], ad quem nobis sermo, quo potente viget omnis humana conditio! Exsequentes ergo diem translatum nostri pa-

---

d *Am Rande in Kreide, s. XIV.*   dd *fol. 76 v. leer.*

[84] *Er predigt nicht selbst; vielleicht konnte der Franzose sich den
Ostanglischen Bauern nicht verständlich machen.* [85] *Te Deum.* [86] *8.
Sept.* [87] *S. Ambrosius vertheidigt die Reliquien-Wunder Ep. I 22 (ed.
Bened.) II p. 879, wo sich jedoch der citirte Satz nicht wörtlich findet.*
[88] *Psalm 102, 22.* [89] *Hebr. 4, 13.*

trocinatoris apud Deum, hujus facti continuemus primordium;
coram ponentes causam effectus, quę planissime rebus patet
in omnibus. *§ 60.* Ut in exarato continetur sanctę Passionis
[Eadmundi][90] Deo dilecti martyris, magno tabulatus opere multitudo fidelis in Beodrici villa sibi basilicam condidit in pri-
mis. Quam tempore Cnuti piisimi [91] regis et Emmę ejus bonę
memorię conjugis, posteritas monachilis delectatione majori
lapideam reparavit, quae etiam ab Eadnodo [92] Cantuariensi
archiepiscopo dedicata, adusque tempora nostra duravit; haec
quoque simplici facta scemate, non sic artificalis, ut quędam
construuntur hoc tempore. A gloriosissimi regis Anglorum
Willelmi primi suasu, monitu, jussu jussa est alia construi,
promittendo se regaliter in hoc profuturum, et ut amicum
patris Baldwini fideliter adjuturum. Quod non incassum accipiens, memorandus pater Baldwinus, rerum fundator strenuus,
secundum evangelicum [93] dictum sedens cogitat per dies neces-
sarios sumptus, cogitansque fidit in Deum qui habet ac dabit
quę sunt ad perficiendum. Sic jactis etiam fundamentis, in-
choatur basilica, Deo domus ac suo martyri vel testudinali
sculptu non impar templi Salomoniacis cultu, quam oculis
qui vident vel viderunt speciosiorem [94] se nusquam vidisse
dixerunt. Ecce prosecutione facta causę pii martyris [Ead-
mundi] translationis sanctę, prosequamur translationem eandem
succincte, tempus ponentes ac personas sequentes idioma
linguae.

[De trans[latione] sancti E[admundi]] [e]

§ 61. [A]nnis humanę salvationis millenis nonagenis atque
quaternis, ex his etiam progressis ducentis bisque duodenis [95]
a die passionis [Eadmundi] martyris, venerabilis abbas Baldwinus ad unguem perduxerat suę novę et inceptę ęcclesię
presbiterii opus, multifariam compositum modis omnibus;

---

e *Am Rande in Kreide s. XIV. — Ueber der Seite in Tinte, s. XIV,
z. Th. verstümmelt* [? Dedicatio basilice?] ejusdem petita sed non concessa et sic manet adhuc non dedicata.

[90] *Abbo c. XIII.*   [91] *s. S. 21, 127, 236.*   [92] *Aethelnoth.*   [93] *Marc.
2, 6.*   [94] *Malm. Pont. p. 156 über Balduin's Bauten:* Edifitiorum decus, quale et quantum in Anglia nusquam.   [95] *a. 870 + 224 = a.
1094.*

quale decuit esse regium decus. Cujus capitis ęcclesię dedicationem et sacrosancti martyris remotionem requirens idem dominus abbas apud regis Willelmi secundi regiam exactionem, gratanter promeruit licentiam. Sed quamvis data non potuit duci ad efficatiam; nam regia voluntas alterata prędicto patri Baldwino mandat in hęc verba: translationem sancti martyris se concedere, dedicationem vero minime fieri debere. Sic, sic contingit sepius, effici tardius quod humanus appetit animus; sed vere credat omnis aetas, fieri sinc dubio quod vult pia Dei voluntas! Interea prefatus rex Anglorum mare transmeat [96], beneficus abbas sumptus ac diversos apparatus apparat, neutrum autem effectui datur eo anno, vel quę desiderabatur dedicatio, nec pretiosi martyris [Eadmundi] translatio. Reservat enim Deus fortassis in melius, quando et quomodo fiat et dignius. *§ 62.* Tamen humana salvatione per annos mille nonaginta quinque procedente, Willelmo secundo regimen Anglicum moderante, inter quosdam palatinos [97] oritur malus ac invidiosus murmur, male ruminans dicendo, in Beodryci villa non, ut dicebatur, incorruptibiliter manente martyre [Eadmundo]. Quod nefas quivis dixerit susurro, credimus luit ac luet perpetuo. Nobis verumtamen, qui talia subdidimus scripto, retulerunt, qui se rumori talium interfuisse dixerunt. Rumor quippe malus extitit, qui lingua venenifera sanctum inibi non esse presentialem dixit; opusque fabrile suo scrinio consertum consiliatus est ad militare rapi stipendium. Verum Deus judex justus mutabit consilium Achitofel in melius [98]! Dum rumor talis inter infideles serpit, assunt ad suburbium martyris sancti Walkelinus presul Wintoniensis ac cum eo Randulfus [99] capellanus

---

[96] *Im Frühjahr 1094 war Wilhelm II in England (Eadmer Nov. Migne CLIX, 377), versuchte dann vergebens die Normandie zu erobern, und war Anfang 1095 wieder in England (ib. 379).* [97] *Wilhelms II Skepsis gegen den Glauben der Zeit und seine Neigung, aus dem Kirchengute seine kostspielige Eroberungspolitik zu bezahlen sind bekannt. Dass er sich aber seiner Umgebung (nicht etwa bloss wenigen Werkzeugen) gegenüber nicht im Gegensatze befand, geht aus Gaimars Schilderung hervor.* [98] *2. Sam. 17, 14.* [99] *Zweifellos der berüchtigte Flambard, der 1099 B. von Durham wurde. Er war mit Walchelin 1097 Reichsverweser als Wilhelm II in der Normandie war. Ann. Winton.*

regis, vicesima quinta die mensis Aprilis, datarum autem die
Mai septimo kalendis [1]. Venientes siquidem in ebdomade
quarta feria, disposuerant inibi tribus reliquis diebus se regis
tractare negotia. Sed vere summi tractant negotia regis!
Dum quidam inquit obvians venientibus eis, bonum fore,
si^f fieri posset translatio martyris in presbiterio sue nove
constructionis, respondet veniens praesul, ad hoc se presto
futurum; subinfert et capellanus, si voluerit domnus abbas,
nil hoc moraturum. Quod dum audit abbas venerabilis, tale
quid committit voluntati Dei sanctique martyris, satisfaciendo
viris prenominatis, qui se palam confirmant munitos in hoc
opere precepto regis. Convenientes quoque in quinta et sexta
feria [2], tractant et intimant quibusdam, se facturos talia.
Grave fert Herbertus [3] episcopus dioceseus, qui non ad hoc
interpellatur, ut sit ex eis unus; vetitum vult inferre sed cassatur inde, velut nomen Sathane de libro vite. Viget enim
eadem abbatia privilegio regali [4] fulcita, sed et corroboratur
auctoritate privilegii domni et apostolice sedis pape Alexandri
secundi [5]: non debere eam subigi sub dicione alicujus diocesiani, nisi quo libuerit abbatem predicti loci vel sub metro-
politano Cantuariensi. Id etiam amantissimus pater Baldwinus ingenio sagaci discussit, discutiendo nec non deratio-
nando firmiter conquisivit, conquisitum testimonio totius curie
gloriosi regis Willelmi [6] omnibus modis conservavit. Tandem
praesul Wintoniensis sextam feriam ac Sabbatum [7] ducens in
abstinentiam, secularibus rebus minus his diebus inhibens curam, nocte dominica cum suis ante corpus sancti celebrata
venerabiliter psalterii psalmodia, intimis precibus orat Deum,
orando praeparat se ipsum, quo digne possit transferre martyrem sanctum. Ecce adest dies dominica [8], pululat in Beo-

---

f *se cod.*

[1] *Mittwoch, 25. April 1095.* [2] *26., 27. April.* [3] *Als Abt von Ramsey kaufte er 1091 das Bisthum Thetford, dessen Sitz er dann nach
Norwich verlegte. Als er heimlich bei Urban II Absolution für diese
Simonie suchte, so nahm ihm Wilhelm II den Bischofstab (Flor. Wig;
laut Chron. de Bello 41:) Febr. 1095.* [4] *s. S. 257.* [5] *Von Lanfrancs Auftreten gegen und Gregor VII Briefe für die Exemption der
Abtei sagt Vf. Nichts s. S. 250, 259.* [6] *s. S. 255.* [7] *28. Apr.*
[8] *29. Apr.*

drici villa multiplex virilis ac sexus femineus, specialis [Ead-
mundi] gloria, sic totiens ad ejus merita confluere solita.
Quid, si prescisset Anglia plurium dierum termino, quis et
quantus conflueret populus subito, cum tot confluxerint in
trium dierum curriculo? Adest praenominatus presul jam hora
tercia [9] intrans ęcclesiam, more pontificali, presenteque Baldwino abbate felici, aquam consecrat benedictam, spargit circumcirca et per tot quot apparatus dederat altaria, congre-
gatione tota cum populo devote circa sancti corpus excubando.
Detegitur locellus ligneus, in quo intaminatum ac venerabile
quiescit corpus, sicque domnus pontifex humili voce inchoans
antiphonam 'Iste sanctus' sancti lecticam cum pio affectu thuri-
ficat, imperans patri monasterii, ut sanctum fratribus remo-
veri jubeat, velut quibusdam fuit visum, indignum [10] ad hoc
judicans semet ipsum. Appropiant jussi fratres contriti corde
cum fletibus, pretiosam removent margaritam accipientes in
manibus, ulnis appositis ac demum scapulis, bajulant cum
omni exhilaratione mentis. Quam se felicem estimat [g] omnis,
huc valens [h] vel audens semet extendere conatu bone voluntatis! Transfertur ergo sanctus rex et martyr [Eadmundus]
in magna gloria, ut diximus, in die dominica, hora tercia,
millesimo nonagesimo quinto anno Domini, ducentesimo vige-
simo quinto a passione Christi martyris [Eadmundi], indictione
vero tercia, epacta duodecima, concurrente quoque septimo,
cyclo decennovenali tercio decimo, datarum tertio kalendas
Mai, sole morante in tertiadecima parte Tauri. Transferuntur
etiam cum pretioso martyre in sua decenti, quam ut diximus,
basilica Christi confessorum pignora: Botulfi pontificis almi
ac Jurmini [11] clitonis et confessoris Domini. O gloriosa et

---

g estimant *cod.* h valent *cod.*

[9] *8 Uhr Morgens.* [10] *Zu Kirchweihen und Reliquienübertragungen
forderte man* munditiam manuum, *und berief daher gern einen Mann
wie Gundulf von Rochester (V. Gundulfi III).* [11] *Dieser Translation
Botulf's und Firmins (sic) erwähnt auch die Sacristangeschichte der Abtei Monast. III, 162. Will. Malmesbur. Pont. 156 weiss von ihrer Verehrung zu S. Edmunds, aber ihre* gesta *nec ibi nec alibi haberi me-
mini. Ueber Botulf Abt von Icanhoe und Jurwine, der mit seinem Vater, König Anna von Essex gegen Penda fiel, s. Angelsächs. Ann. a. 654.*

precelsa regis translatio, quam regaliter antecedit presulis et
athletę precessio, subsequitur ac precedit canentium canora
jubilatio, populique sexus utriusque lacrimosa devotio! Dicite
tam precelsę latores margaritę, quid oneris vestrę videntur
gestare scapulę? Videmini quippe nunc levi progredi pede,
quasi quiddam gestantes leve, nunc vero lento proceditis in-
cessu, sanctum sentientes onus vestro dulci bajulatu. Fuerant
siquidem sex fratres a loco sanctę remotionis eum bajulantes,
quos audivimus assere[re] sub veritatis voce, nil levius eos
aliquando gestasse, ponderosius etiam nullam se umquam
sensisse sarcinam, ut in exitu meridiani hostii prędictę veteris
ęcclesię, quo bajulantes sanctum vix quadraginta et eo amplius suffecere. Mos enim fuerat ipsius dilectissimi sancti in
eodem ęcclesię statu se majoris ponderis fieri, quotiens effere-
batur alicujus necessitate[12] rei, quod et personati fratres sepissime sunt attestati. *§ 63.* In quo nunc exitu multorum-
que pro desiderio magnatorum impressu[13] operatus est martyr sanctus virtutem, quam retŭlit nobis quidam miles testimonio legalium virorum in veritatis assertionem. Dum miles
Hamtuniensis[14] quidam manum desideranter apposuisset in
exeundo ad sancti lecticam, impressus vi plurium, ad allisio-
nem lapidis hostii sub manu seminudum lesit brachium, sic
ut pars quędam brachii ab ipsa manus junctura videretur
usque ad os excoriata. Lesus itaque timens, ne fluxio sanguinis stillaret circa sanctum, vel ne novi presbiterii violaret
pavimentum, videntibus quibusdam, suę lesioni reponit ap-
tando cutem propriam, obvolvens circa dolorem pilosam atque
suavem mastrugarum oram. Sedens itaque intendebat pars

— *Histor. Eliensis (Anglia Sacra I, 595) sagt*: Anna . . in Blydburgh
sepelitur . . ibi veneratur. Illic etiam sepultus est Jurminus . . sed apud
Betrychesworde quod nunc S. Eadmundum appellant, postea translatus est. *Ueber Botulf's Reliquien in S. Edmunds cf. Acta Sanct.
Bolland Juni VI, 343. Sein corpus hatte S. Aethelwold nach Thorney
übertragen, und Folcard aus St. Bertin, der c. 1068—82 Thorney ver-
waltete, widmete eine Vita S. Botulfi dem in unserem Texte fungirenden
Walchelin. Vgl. Hds. und Drucke bei Hardy, Descr. Cat. I p. 374
ff und II, 32.* [12] *vgl. § 16.* [13] *Gedränge.* [14] *Dies heisst wol: Grafschaft Northampton in der Nachbardiöcese Lincoln, und nicht Southampton oder eines der vielen Dörfer Hampton.*

quędam populi ante sacrosancta pignora sancti; in altaris cre-
pidine fit sermo de sancta fide, presul de foris in atrio verbum facit populo. Lesus jam dictus brachium discooperit ᵏ
timidus, timet esse reus offensionis, si solo defluxissent guttę
sanguinis. Videt, videntibus sociis secum consedentibus, le-
sionem brachii sanam, de cicatrice quoque vix invenit viam,
plenus fide Deum et martyrem [Eadmundum] glorificat inde.
§ 64. Demum intro redit episcopus, vult ac precipit, ut extra
deferatur sanctus, populo fortassis et aridę terrę quid a
Deoⁱ misericordię prebiturus. Exaruerat jam ante facies terrae
nimium affecta siccitatis anxietate, fuerat exspes omnis homo,
terra fructus suos tardius proferendo. Quapropter finitima
vicinitas regionum intimis orationibus requirit et orat sanctum
[Eadmundum]. Qui martyr insignis iterum deportatus deforis
cum dęcenti processione decoris, stabilitur in plebis medio
in eminentiori loco, ejus toto discooperto locello, videtur sacri
locelli longa qualitas, intelligi potestⁱ introjacentis veneranda
proceritas. Incipit voce pręsul precelsa, de martyre sancto
plebi sermocinatur dulcia simul et utilia, redigens omnia ad
animę corporisque necessariora, scilicet ut presens sanctus
apud Deum veniam presentibus impetraret et absentibus, plu-
vięque jam diu deficientis affluentiam condonaret salutarem
indigentibus. Sic previus pontifex ante sacro ter Kyrri Eley-
son intonat ore, subsequitur et populus hoc idem humili voce,
non abest in tanto populo cordis humiliati contritio; quin et
exauditur dulcissimi sancti merito, pretioso martyre preces
deferente intra sacrarium Divinitatis, proque populi penuria
reportante gratiam exauditionis. Ecce, dum Deus oratur,
sanctus etiam in Deo interpellatur, aeris facies mutata quod
desideratur minitat: pluvię guttulas super hominum facies
gratissime distillat, dat fidem, nil defore Deum timentibus,
quod et imminens postea ¹⁵ probavit annus. Nam interventu
sancti, velut credimus, secuta est aeris tanta temperies, quanta
desiderari potuit ab hominibus in dies. Nunc nunc psalmista ¹⁶
profiteatur verus, dicens 'esse prope Dominum eum invocan-

---

i adeo *cod.*   k disco op. *cod.*   l potem *cod.*

¹⁵ *Herbst 1095.*   ¹⁶ *Psalm 145, 18.*

tibus: prope est enim in veritate se invocantibus; sed est propior, sanctis intervenientibus, quia quo boni presto sunt interventores, dulciores subsequuntur exauditores. Sic tanta producta lętitia, domnoque memorato presule populo dante benedictionis suę gaudia, gratia sancti presentis presentibus et eum requirentibus dat veniam de peccatis, levamen determinans indulget eorum pęnitentiis, ut quicumque sanctum, inde terminato temporis spatio, requisierit non ingratus tantę benedictionis vel remissionis abierit. Posthac defertur cum laude et gloria martyr Domini sanctus in sua nova predia, cęlebrantur ibi pontificaliter cum tripudio sacra missarum sollennia. Lęta temperies anni prosequitur; e regionibus Anglię a plurimis inibi indulgentia episcopalis predicta requiritur; per martyrem sanctum laus Dei procedit in augmentum, cujus tropheum manet in aevum in secula seculorum. Amen.

§ 65. [H]ujus gloriosi sancti meritis quedam sanatur paupercula festo sancti Baptistę Johannis [17]. Requisierat itaque sanctum cum cohabitatoribus suis, sustentata duobus baculis, ut expedit sepe debilibus membris. Haec sana sine baculo sistitur in medio pro testimonio; testes etiam assunt, qui debilem eam se vidisse dicunt; laudem adaugent [Eadmundi] martyris, virtutem videntes Omnipotentis.

§ 66. [E]odem vero anno in die predicti martyris [18] festo sanatur quędam puella nomine Lyeveva in eadem Dei et sancti [m] domo nova, recipiens visum sanitatis dum cęlebratur hora vespertinalis. Amiserat enim fortuitu visum magis quam per annum, sed fidens in Deum ac martyrem [Eadmundum] cum parentela et suę villę plebicula venerat ad sanctum. Quam vidimus laborantem in illuminatione solo presbiterii decubuisse, dum ad Magnificat procederemus cum thuribulo cum venerando abbate Baldwino, sancto sanctorum thurificando [19]. Haec pernoctans in oratorio nocte sequenti, pleniter recipit visum merito sancti, sistitur in medium ad missę majoris officium; post verbum inde populo factum redditur

---

m sancta *cod.*

[17] *24. Juni.* [18] *20. Nov. 1095.* [19] *s. S. 227.*

Deo laudationis votum. Quod revera factum, ne quis dubitet, ut scribimus actum, sciat et sciendo credat, quod eundem caraxerimus annum a die passionis martyris [Eadmundi] fore cc^mum^ vicesimum quintum, in laudem Ejus, qui vivit in secula seculorum.

§ 67. [Deu]s, cujus in sancto via ejus, faciens mirabilia solus essentialiter Deus, in populis suam notificat virtutem, etiam in inrationabilibus invocatione fidelium dans exhibitionem. Quod dum asscribitur ad laudem Dei, non minus dicitur a laude sancti, quia quo Deus invocatur per sanctos, eo sua gratia mirificat eos, indigentibus prebendo beneficia, periclitantibus etiam prestando levamina. Hoc, ut auditu revera percepimus, a Roma [n] redeuntibus Angliamque petentibus in mari magno contigit aliquibus, qui septimodecimo Junii kalendarum, nocte sextę ferię proximę diei dominicę ante diem Rogationum [20], mari se credentes, in navi capiente multitudinem sexaginta quattuor et eo plus hominum, medię noctis in spatio periclitantur [o]

[p] [Deficiunt hic 6 miracula, que sunt in libro domini [21] Johannis de C. [q] prioris.

---

n aroma *cod.* o *das folgende Blatt fol. 85 zur gleichen Lage gehörig und gleich liniirt ist leer, die Abschrift scheint also unvollendet zu sein.* p *Am unteren Rande von fol.* 84 *v. s. XIV ex.* q *Kann auch* T *gelesen werden.*

[20] *Die Nacht nach Freitag 16. Mai vor Sonntag Rogate. Dies passt 1096 (und 1091, das der chronologischen Reihenfolge wegen hier nicht anzunehmen ist).* [21] *Wol John of Cambridge, der im Aufruhr von 1381 umgebracht wurde (oder, wenn* T *gemeint ist, der gleichzeitige Supprior John of Tymworth, der als Abt* 1839 *†).*

XVI. Eadmeri
Miracula sancti Anselmi.

II.

Inhalts-Uebersicht.

Prolog. Am Ende der Vita Anselmi wollte ich die Träume über S. Anselm fortlassen, weil Vollständigkeit unmöglich war; Auswahl aber hätte beleidigen können, als glaubte ich einigen nicht. Da bewiesen wirkliche Wunder, dass jene Träume himmlische Visionen gewesen. So wähle ich hier allgemein Bekanntes aus, dessen Nichtaufzeichnung man mir vorwirft, lasse aber Volksgerüchte fort. Der erste Theil enthält die Wunder, die ich bald nach Anselm's Tode erfuhr, und ist der Vita angehängt, der folgende aber die, welche mir erst lange nachher bekannt wurden. Da die Exemplare der Vita längst weit zerstreut sind, und ich sie nicht mehr alle ändern kann, sei hiermit ein neuer Anfang gemacht.

§ 1. Elias ein frommer Mönch von Christchurch träumt drei Monate vor Anselm's Tode, er sehe diesen an Dunstan's Grabe beten, und letzterer reiche zum Zeichen der Erhörung einen Goldring hin, den Anselm am Mittwoch vor Ostern empfangen solle. Ich wollte damals diese Prophezeiung nicht verstehen. — § 1 b. In Anselm's Todesstunde träumt ein Mönch von S. Austin's, am Sterbezimmer rufe ein hehrer Bischof einer geschmückten Schaar Seliger zu, Anselmen zu empfangen. Der Bischof muss Dunstan gewesen sein.

§ 2. Ein Mönch betet um Aufschluss, wohin Anselm gegangen sei. Dieser kündet: zur Seligkeit. — Soweit Visionen, nun Wunder, doch nur Unbezweifeltes.

§ 3. Einem todtkranken Bürger in Canterbury wird prophezeit, er werde, da Anselm zum ewigen Leben eile, nicht sterben.

§ 4. Ein kranker Priester will als Mönch in Christchurch sterben, betet, da sein Leiden sich hinschleppt, zu Anselm um Tod oder Heilung, genest und lebt jetzt froh.

§ 5. Ein weit bekannter Ritter Humfred siecht an der Wassersucht, gedenkt Anselm's und lässt einen alten Freund Haimo, Mönch von Christchurch, rufen, der als mein Schwestersohn den Gürtel Anselm's für mich hütete. Der Gürtel macht die Geschwulst gänzlich und ohne Ausfluss sinken. Humfred erzählt mir das später in Christchurch, wo ich den Gürtel zurückfordere; ich muss jenen aber besuchen und schenke ihm einen Riemen davon, der, wie ich erfuhr, als ich nach langer Zeit auf die Nachricht eines Rückfalls zu ihm kam, ebenfalls geheilt hatte.

§ 6. Eb. Ralf von Canterbury verweilt auf der Romreise einige Tage zu Lyon, einst Anselm's Zuflucht. Die Klausnerin Athalis bei S. Irenäi erzählt mir, die Himmelskönigin habe sie in einer Vision versichert, beide Erzbischöfe Hugo von Lyon und noch mehr Anselm seien im Paradiese.

§ 7. Anselm antwortet seinem einstigen Begleiter auf dessen Frage im Traume: 'Ich lebe wo Schauen, Freude, Genuss'. Jener vergisst das vorletzte, das ihm eine Vision wieder offenbart.

§ 8. Auf Bitten König Alexanders von Schottland übernahm ich S. Andrew's. Eistrilde, von edler Englischer Abkunft, wird in meiner Gegenwart durch Anselm's Gürtel geheilt.

§ 9. Mein Gewissen zwang mich zur Rückkehr nach Christchurch, meiner Mutter seit der Kindheit; den dort gesuchten Rath fand ich nicht, da Eb. Ralf schon an seiner letzten Krankheit siechte. Ein fiebernder Mönch genest sofort durch den um den Hals gehängten Gürtel Anselm's.

§ 10. Einzelbeschreibung der Wunder des Gürtels wäre lästig. Ueberall bitten Kranke darum, namentlich in Geburtswehen; keinen, dem ich ihn anvertraute, täuschte die Hoffnung.

§ 11. Einem Mönch in Christchurch heilt der Gürtel eine Geschwulst unter dem Nabel.

§ 12. Elias, Abt von Mont S. Trinité zu Rouen, auf Besuch in Canterbury, erinnert mich, als ich obiges Wunder erzählte, dass ich ihn zu Anselm führte, als dieser einst in Rouen ordinirte, und dass seine Kniegeschwulst sofort nachliess. Ich schäme mich, den Vorfall in der Vita übergangen zu haben.

§ 13. Ein nach Anselm's Tode in Christchurch eingetretener Mönch zweifelt, ob er für oder zu Anselm zu beten habe, liest schlummernd die Worte 'Sanctus Anselmus' was ihm Duft aus Anselm's Grabe bestätigt.

§ 14. Vor wenigen Tagen erzählte mir ein lange befreundeter Bruder, wie beim Brande von Bury S. Edmund's das Haus eines einstigen Dieners Anselm's (der nach des letzteren Tode verarmt aus Kent zu dem gleichnamigen Neffen Abt Anselm von S. Edmunds gezogen war) gefährdet schien, aber nach einem Gebete zu S. Anselm, sich der Wind drehte.

§ 15. Epilog an S. Anselm. Vieles überging ich aus Rücksicht auf Deine ungläubigen Neider, die sagen, ich hätte dich zu sehr gelobt. Mein Alter verbietet das fernere Schreiben. Was nach meinem Tode hier noch zugefügt werden mag — ich ende hier.

Ueber Eadmer.

Mehr als eine Wissenschaft sollte den Namen Eadmer's kennen. Denn einige theologische Werke[1] von ihm sind in der Appendix zur Mauriner-Ausgabe Anselm's[2] längst gedruckt. Ferner besitzen wir Lateinische Gedichte zum Lobe (Anselm's?[3]), Odo's, Dunstan's, Eadward des Märtyrers.[5] — Sodann hat er eine Anzahl Biographien Angelsächsischer Heiligen überarbeitet und neue Mirakel hinzugefügt. — Für die Geschichte des Verhältnisses von Kirche und Staat hat Eadmer als langjähriger Freund und Berather Anselm's, als Kämpfer für Canterbury's Patriarchat gegen York und Schottland Bedeutung. — Endlich und hauptsächlich interessirt er uns als Vf. der Historia Novorum[6] und der Vita Anselmi.[7]

Eadmer's Name und Gesinnung beweisen seine Angelsächsische Abstammung. (Schon sein Schwestersohn trug einen continentalen Namen: Haimo; der war ebenfalls Mönch in Christchurch und bewahrte für ihn Anselm's wunderthätigen Gürtel § 5). Eadmer ist um 1060 geboren: denn um 1071 ist er puerulus in scholis[7a], *1078* adolescens *(Ans. 74 B). Er war* puer, *als Greise von ihren* primordia adolescentiae *unter Cnut erzählten (416 B), und besass von der Eroberung keine eigene Erinnerung (351 D).* Jam senui et incanui *sagt er 1120 (Dunst. 421), und drei Jahre später erwartet er bald seinen Tod (§ 15).*

Ab infantia (§ 9, 501 D, 511 D) im Kathedralkloster zum Mönche erzogen, genoss er die beste Bildung der Zeit und nicht (512 C) bloss theologische (516 D). Er hatte dort unter Lanfranc[8] zum Mitschüler Nicolaus (der später[9] als Prior

---

[1] *Aufzählung seiner Schr. Hardy, Descr. Cat. II 110; vgl. Stubbs in Memorials of S. Dunstan. XLIX, im Folgenden als (Dunst.) citirt.* [2] *ed. Gerberon 1675, 1721.* [3] *Migne CLVIII, 119 und Hardy ib. No. 167, 171.* [4] *Am Ende der V. Odonis und Dunst. 424. Die gleichzeitige V. Gundulfs sagt, es sei beliebt, einer prosaischen Vita eine Zusammenfassung in Versen anzuhängen.* [5] *MS. Corp. Chr. Coll. Cambr. 371.* [6] *ed. Selden 1623, daraus Gerberon und Migne CLIX, der im Folg. gemeint ist, wo blosse (Zahl) citirt wird.* [7] *Vor Opp. Anselmi. Im Folg. ist Migne CLVIII gemeint, wo (Ans.) citirt ist.* [7a] *Dunst. 413* [8] *Malmesbury, Wulfstan III, 17.* [9] *Er schreibt ihm c. 1120 de matre Eadwardi martyris (Dunst. 422) und s. S. 291; † 1124 (Cont. Wigorn.).*

von Worcester sein Rathgeber war). Dorthin sehnt er sich stets zurück, dort möchte er sterben (502 A).

Laut dem Obituar [10] *seines Stiftes und einer gleichzeitigen Rubrik seiner Werke (MS. CCCC 371) war er Priester und Cantor (Precentor)* [11]*; letztere Würde bekleidete noch nach 1089 (der jedenfalls vor 1050 geborene [Dunst. XXXI]) Osbern; doch arbeitete Eadmer schon neben* [12] *diesem. Unter ihre Pflichten fällt die des Armarius* [13]*, d. h die Besorgung der Arbeit im Scriptorium. Die Biographien der Heiligen, von denen Canterbury Reliquien besass, sind also amtliche Schriften. Beide haben wenigstens in der Vita Dunstani denselben Stoff behandelt und Eadmer hat neben Osbern auch dessen Vorlagen benutzt; daher ist manchmal Osbern zugeschrieben worden, was Eadmer gehört.* [14]

Eadmer sah in Lanfranc den strengen Herrn, dessen Verachtung der Angelsachsen ihm wehe that; er schien den Zeitgenossen auf Lanfranc zu wenig Ehre gehäuft zu haben (486 A). Anselm dagegen liebte er, seit er ihn, schon bei dessen erster Reise nach England c. 1079 (Ans. 74 B), kennen lernte. Er wird (Ep. III, 25) von Anselm 1094 monachus Becci genannt, war doch also wol zwischen 1079 und 94 in Bec gewesen. Aber 1087 (361 A) und kurz nach [15] *1089 war er sicher in Canterbury. Er selbst (§ 15 501 D) nennt sich auch nur während dessen Pontificat Anselm's Schüler und auch sonst einen Nicht-Beccenser (Ans. 98 C). Vielleicht ist Ailmer, welchen Anselm (Ep. I, 60) als Prior einmal grüsst, mit Eadmer identisch.*

Sobald Anselm Erzbischof geworden, ist unser Vf. sein Caplan (Orderich IV, 14) und steter Begleiter zu den Reichs-

---

[10] *Dart, Canterbury App. XII; Wharton, Angl. Sacr. II. XII. So auch Gervas. Dorob.; vgl. Joh. Sarisb. V. Ans. Prolog.* [11] *Er heisst irrig Prior schon im Ms. Lamb. 159, vielleicht durch eine Verwechselung mit einem jüngeren Zeitgenossen, Prior Ailmer von Christchurch, dessen Briefe ed. Anstruther 1846.* [12] *Eadmer, Reliq. S. Audoeni bei Hardy I, 290.* [13] *Hardy III, XIII.* [14] *Die bei Wharton II, 75 dem Osbern zugeschriebene Vita Bregwini ist des John of Tinmouth Auszug aus Eadmer. — Surius druckt Eadmer's V. Dunstani unter Osbert's Namen.* [15] *Rel. Audoeni l. c.*

tagen und Romreisen: z. B. Febr. 1094 (379 B), März (382 A) und Mai (390 C) 1095, Pfingsten (397 D) und October (398 A) 1097 und Zeuge der wichtigsten politischen Verhandlungen. Auch zu Rouen 1106 ist er bei ihm (§ 12). Meist erwähnt er seine Anwesenheit nicht ausdrücklich, sie erhellt nur aus der ersten Person Pluralis. — Er spielte dabei keine blosse Bedientenrolle: 1104 stand er im Verdacht, in Anselm's Interesse England verleumdet zu haben, gegen welchen Vorwurf jener ihn eindringlich in Schutz nimmt (Ep. III, 90), wie er denn von Anselm 'Stütze meines Alters, liebster Sohn' (Ep. III, 25) genannt wird, unter dessen Brief (IV, 117) einen Gruss unterschreibt, in Lyon (498 A) einflussreiche Bekanntschaft macht, in Glastonbury ehrenvolle Aufnahme (Dunstan. 412) findet. Für seine Wichtigkeit sprechen auch der Reichthum der ihm zu Gebote stehenden Acten, die genaue Kenntniss und Einsicht in die politischen Vorgänge, vor Allem Anselm's eigene Hülfe bei der historischen Arbeit (120 A); er selbst verschwieg in rührender Bescheidenheit, dass er Anselm's Gewissensbisse wegen Verspeisung eines rohen Härings hob (quod sal cruditatem excoxisset), *und dass Urban II. ihn Anselmen zum Lebensführer bestellte* [16]: *wie denn der (§ 7 erwähnte) Geleiter des letzteren wol nur Eadmer selbst ist.*

Er stand am Sterbelager seines Herrn (Ans. 115 C), erlebte das Wunder an der Leiche (116 B), sehnt sich (§ 15) mit ihm vereinigt zu sein und rühmt sich oft, sein Exil getheilt zu haben (501 D, 511 C, Ep. Ans. IV, 117 u. s. w.)

Schon zu Anselm's Lebzeiten hat er mehrfach literarisch gearbeitet; die Vacanz des Erzstuhls war nun für ihn eine Zeit der Musse: er schloss damals Buch IV der Historia ab.

1114 geht er unter den Abgeordneten der Kathedrale an den Hof zur Wahl des Primas Ralf, der dem Beccenser Kreise angehörte und dem er wie Anselmen in allen Beziehungen zum Könige und Papste zur Seite stand (501 D, 511 C, 512 C). Im Herbst 1116 reiste er mit ihm nach Rom (497 D), wieder handelte es sich darum, Canterbury's Hoheit über

---

[16] *Malm. Pont.* § 65. *Malmesbury ist nicht Ende des XI. Jh., sondern kurz nach der Eroberung geboren.*

*York zu verfechten (und noch stand die Krone zum Primas),
im December erneuerte er alte Bekanntschaften zu Lyon (§ 6,
498 A). Nachdem 1117 Papst und Kaiser (499 A, C) besucht
waren, kehrte man nach der Normandie zum königlichen Hofe
zurück (499 D, 501 D). Dort erkrankte Eadmer 1118 und
wurde Anfang 1119 (502 C) mit einer warmen Empfehlung
Ralf's in seinen Convent zurückentlassen. In weltlichen Ge-
schäften erfahren (512 C), galt er in Canterbury zu diesen
Romreisen unentbehrlich (502 C, D). Diese letzte Fahrt war
erfolglos gewesen, eine neue verhinderte der Tod Gelasius II.
(501 B).*

*Ebenso scheiterte ein anderer gegen York gerichteter Ver-
such, in Schottland Canterbury's Patriarchat zur Geltung zu
bringen, bei dem Eadmer die erste Rolle spielte.* [17]

*Im Jahre 1072 erkannte ein Englisches National-Concil
der Provinz York das Gebiet nördlich vom Humber zu (so
berichtet Lanfranc's Autobiographie in Malmesbury, Pont. §
27). Indessen 1073 (1077? Hdd.* [18] *162) und 1080 konnte der
Erzbischof von York zur Weihe seiner Suffragane für die
Orkneys resp. Durham die Assistenz Schottischer Bischöfe nicht
erlangen (laut der Lateinischen Canterbury-Appendix zu Ann.
Anglosax.). Dass Fothadh II. von S. Andrews († 1093, es
war der letzte Keltische 'Ardepscob Albain', Ann. Ulton.) damals York Profession geleistet habe, berichtet zwar nur der
Yorkist T. Stubbs, aber Paschal II. befahl 1101 den Schottischen Bischöfen, York zu gehorchen (Jaffe, Reg. Pont. 4404).
Der folgende Primas von Schottland, Turgod, stammte allerdings aus der Provinz York und erhielt die Weihe 1109 von
jenem Erzbischofe, aber er leistete (wenn dem unparteiischen
Historiker von Durham gegen Th. Stubbs zu glauben ist) keine
Profession, indem beide Theile ihr Recht reservirten (Hdd.
170). — Nun hatte zwar Lanfranc für Canterbury die Ober-
hoheit über York von Rom und dem Englischen Staate ge-*

---

[17] *Ausführlichkeit schien geboten gegenüber der neulichen Aeusserung
eines grossen Historikers:* Alexander insisted on [*Eadmer's*] receiving
[*consecration*] from York. [18] *Haddan, Councils and eccl. doc. rel. to
G. Britain II pars 1. — Historische Scheingründe für York's Recht
über Schottland p. 160.*

*währleistet erhalten, auch Anselm setzte 1101 durch, dass der
andere Metropolit ihm Profession leiste, und ward von York
1108 gebeten, bei der Weihe für S. Andrews für eine Unre-
gelmässigkeit Dispens zu ertheilen (474 B). Indem er dies
letztere ablehnte, anerkannte er ausdrücklich, dass zunächst
jenem die Weihe für S. Andrews zustehe und erst bei dessen
Fortfalle auf ihn selbst devolvire (Ep. III, 183=474 C). Auf
diesen letzten Anspruch ist eine Antwort Yorks nicht erhalten.
Jedenfalls dachte Canterbury an eine Verdrängung desselben
aus seiner Beziehung zur Schottischen Kirche damals noch
nicht. König Alexander I., der wie seine vor und nach ihm
regierenden Brüder das Streben der Mutter (der h. Margarethe aus Angelsächsischem Königsstamme), die bisher Keltische
Kirche durch Anglonormannische Geistliche in Römischem Sinne
zu reformiren fortsetzte, meldete nun 1115 Turgod's Tod nach
Canterbury, erbat von dort einen neuen Candidaten und wie-
derholte seine frühere (495 D) Aufforderung, dem Erzbisthume
York die Weihe der Schottischen Bischöfe zu entreissen, die
ja — dies ist völlig aus der Luft gegriffen (Hdd. 191) — bis
zu Lanfranc von Rom oder Canterbury vollzogen worden sei
(495 C). Es ist klar, dass die Schottische Kirche lieber in
unmittelbarer Beziehung allein zum Brittischen Patriarchen
stehen, als dem von diesem abhängigen Metropoliten gehorchen wollte, dessen örtliche Nähe jedenfalls auch drückender
erschien. Und Canterbury liess sich auf geheime Intriguen
mit der Schottischen Regierung ein, wenigstens geschah das
fünf Jahre später (512 D), trotzdem ihm der Papst die von Lanfranc und Anselm festgehaltene Obedienz York's 1119 entzogen
und deutlich den Schottischen Bischöfen [19] befohlen hatte, sich
York zu unterwerfen. Absichtlich verschweigt Eadmer diese
Bullen Roms, ebenso die Suspension seines Erzbischofs Ralf
(Jaffe 4955). Aus dieser Zeit (Ende 1119) stammt Ralf's
Brief an den Papst, in dem er mit Berufung auf Gregor den Gr.
den Primat über Schottland beansprucht (Hdd. 193).*

    *Schwerlich unverhofft — wie er betheuert — wurde Ead-
mer im Frühjahr 1120 (510 C) von Alexander (Brief 510 D),*

---

[19] *Jaffe 4962; Hdd. 192, was Jaffe fehlt.*

der allerdings auch schon mit Anselm (Ep. III, 132) befreun-
det gewesen, zur Uebernahme des Bistums von S. Andrews
eingeladen und auf Canterbury's Antrag (511 C, es heisst
darin, Clerus und Volk haben ihn gewählt, d. i. von einer
damals noch von Keledei besetzten Kirche eine bedeutungslose
Phrase) von der Englischen Regierung (512 A) in das Schot-
tische Recht entlassen. Ein Begleitschreiben des Erzbischofs
an Alexander (512 D) machte ihn omnino liberum, ut a vobis certius discat, si ad honorem Dei et Cantuariensis ecclesiae spectet petitio vestra *und bat, ihn insgeheim eiligst zur*
Weihe nach Canterbury zu senden. Am 2. Juli ward Ead-
mer formell gewählt, ohne Ring und Stab oder Homagium
mit dem Bistume bekleidet (513 A), aber schon folgenden
Tages dissaisirt (522 A), da er sich, mit nicht besseren Grün-
den als sein Erzbischof, auf die Weihe durch Canterbury —
wahrscheinlich mit Profession — steifte, die Schotten aber jetzt
jenen Römischen Verboten zum Trotz ihre Kirche gänzlich
unabhängig zu machen und ihren Primas von Schottischen Bi-
schöfen consecrirt zu sehen wünschten (513 A, D). Im Au-
gust wurde er freilich eingesetzt, indem er den Stab vom Al-
tare nahm (513 D), dem Könige aber Fidelitas leistete (515
C) und den Ring von ihm empfing (514 D, 515 A) — die
beiden letzten Momente verschweigt Eadmer an den Haupt-
stellen (513 B, 521 D) wiederum tendenziös; den Ring wollte
er nicht als Symbol irgend welcher Macht (515 A) betrachten,
die ja kein Laie einem Geistlichen verleihen könne — eine Re-
servatio mentalis, die den Investiturstreit umging. Doch nach
wenigen Monaten, in denen Seelsorge ihm Freunde (§ 8) er-
warb, machte der Erzbischof von York bei der Englischen
Regierung, mit der er sich eben versöhnt hatte, seinen An-
spruch geltend, dessen Untergang ja auch ihre Grossbritanni-
sche [20] *Politik schädigte. Diese Intriguen — so sagt Eadmer*
(513 D) — veranlassten sein Misslingen. Er berief sich auf die
letzte Clausel Ralfs, nichts gegen Canterbury thun zu sollen,

---

[20] *Ein Schottischer Historiker leugnet das grundlos. Nicolaus schreibt*
Eadmern: Dissolve litigium Cantiae et Eboracae principumque Angliae
Scotiaeque, *Migne CLIX 812 A.*

Schottland auf die vorletzte (514 C), dass er frei von Canter-
bury sei. Alexander erbot sich umsonst, mit seinem Schwager
und Schwiegervater Heinrich I. direct zu verhandeln (515 C).
Eadmern sagte auch wie seinem Vorgänger die 'Barbarei' des
Volkes nicht zu (514 D) — es steckt wol die Abneigung ge-
gen die Keledei dahinter — und er verlangte in Canterbury
Rath zu holen (516 A). Jedoch nur nachdem er den Ring
dem Könige, den Stab dem Altare zurückgegeben hatte, ward
er der Fidelitas entbunden und entlassen. Alexander — und
ebenso die Historiker von Durham und Melrose — betrachtete
das Bisthum wiederum vacant; Eadmer dagegen will sich sei-
nes Anspruches nur begeben haben, falls nicht England und
Canterbury ihm anders riethen (515 A). Alexander schrieb
dem Erzbischofe — der übrigens auf die Rückberufung des
'Erwählten' nicht zu dringen wagte (516 D) — Eadmer habe
Schottlands Staatsrecht (514 D, 515 C) nicht anerkennen wol-
len: dieselbe Sache erschien von anderem Standpunkte Ead-
mern als gewaltsame Spoliation (522 A). Anfang 1121 (Sim.
Dun.) ward Letzterer in Canterbury wieder freudig empfan-
gen (515 B). Aber Eadmer verschweigt auch hier wieder,
dass der Papst Canterbury's wirksamster Gegner war: überall
den Nationalkirchen feindlich, vernichtete er durch Hebung
York's den Grossbritannischen Patriarchat Lanfranc's. 1122
befahl er der Schottischen Regierung und Kirche wiederum,
York zu gehorchen und verbot den Bischöfen, einander selbst
zu weihen (Jaffe 5074/6; ferner im Mai und August über
Glasgow's Obedienz). Eadmer ist zwar nicht genannt, musste
sich aber mit gemeint fühlen. Weitblickend rieth ihm daher
(Migne CLIX, 809) sein alter Freund Nicolaus (s. S. 284)
zur Romreise ohne Yorks und Englands Wissen — schon Tur-
god hatte das geplant (Sim. Dun.) —: er, Schreiber, wolle
Schottlands Unabhängigkeit und S. Andrew's erzbischöfliche
Stellung[21] *verfechten. Eadmer sagt, andere Freunde hätten*
ihm vorgestellt, ein Erwählter dürfe nicht zurücktreten (521
A) und nach anderthalbjährigem 'Exil' — er schwelgt darin,
von sich ähnlich zu erzählen wie von Anselm — bewarb er

---

[21] *Dessen Streben nach dem Pallium Hdd. a. 1125.*

sich (521 B) im Sommer 1122 um die Rückkehr nach Schottland, dessen Unabhängigkeit von England und Canterbury er,
nun anders belehrt (522 B), anerkennen, wie er denn auch
betreffs der Weihe nachgeben (d. h. sich York fügen) wolle.
Es ist eine Redensart, wenn er sagt (522 D), er wolle nicht
episcopari. Noch auf dem Sterbelager schrieb (522 D) Erzbischof Ralf für Eadmer an Schottland, kein anderer dürfe
bei des Letzteren Lebzeiten S. Andrews erhalten. Es ist frag-
lich, ob (wie Stubbs, Dunst. XXXIII und Hdd. 209 jedoch
annehmen) auch nur dies beobachtet worden ist. Denn noch
Alexander [22], der schon Anfang April 1124 starb, drängte den
Prior von Scone aus der Diöcese York (Cont. Wig. 1128) dort
ein und Eadmer ist laut dem Obituar von Canterbury erst am
13. Januar gestorben, frühestens 1124. Den Neugewählten
weihte 1128 der Erzbischof von York — nach mehrjährigem
Streite gegen die Schotten — mit Reservation der Rechte (Hdd.
215). So hatte Eadmer's Bemühung Canterbury nichts genützt,
nur vielleicht York's Metropolitan-Ansprüchen auf Schottland
geschadet: 1188 wird die Schottische Kirche unmittelbar unter
Rom gestellt (Hoveden II, 360).

Als das Bisthum Worcester am 20. October 1123 vacant
geworden war, ermahnte Eadmer den Prior N[icolaus] (†1124)
und den Convent zur Frömmigkeit und zur Neuwahl eines
Mönches — (doch folgte 1125 ein Weltgeistlicher). Cogitate,
schreibt der Benedictiner, in quantam invidiam quorundam
malignorum hominum ordo monachicus hoc tempore venit et
quantum nitantur eum saltem ab episcopatibus exstirpare
(807 C). Im Februar hatte nämlich die Partei der weltgeistlichen Beamten unter Roger von Salisbury, ausdrücklich um
einen Anselm'schen Streit zwischen Kirche und Staat künftig
zu vermeiden, dem heftig sich sträubenden Convente von Christchurch einen Regular-Canoniker zum Erzbischofe aufgedrängt;
jene Zeilen Eadmer's — es sind die spätesten, die wir von ihm
besitzen — zeigen, wie ihm am Lebensende auch die liebste
Verbindung, die mit seinem Erzbischofe, abgerissen war.

---

[22] *Simeo sagt 1124, 4 ante suam mortem mensibus. Selbst wenn 4
ungenau ist, müsste sich der König ungewöhnlich beeilt haben.*

Zwischen 1095 und 1109 [23] *schrieb Eadmer* Vita et Miracula s. Dunstani *(Dunst. 162). Dies Werk ist inhaltlich fast ganz aus Osbern geschöpft (ib. XXXIII, LXVII) und früher unter Osbert's Namen gedruckt. Doch sind daneben Osbern's Vorlagen und die Biographen S. Aethelwold's benutzt; einige Nachrichten lieferten ihm Aegelred (einst Präcentor von Canterbury, dann Prior von Worcester), dessen einstiger Freund Aegelric von Chichester (ib. 163), endlich Nicolaus von Worcester (ib. 213, s. S. 290 f.). Um 1120 schrieb er eine scharfe Epistel (ib. 412) gegen Glastonbury, das Dunstan's Leiche zu besitzen vorgab, wozu er das Leben Aelfeah's benutzte (ib. 419). Die Miracula s. Dunstani hatte schon Malmesbury vor sich, der vielleicht die Vita nicht kannte und auch sonst begegnen sie oft separat (ib. 223, XXXV). Im Epilog giebt sich Eadmer als jungen Mann — im Gegensatz zum Schlusswort im § 15. Nur dieses unbedeutende, vielleicht sein frühestes Werk erfreut sich einer kritischen Ausgabe (durch W. Stubbs). —*

Kurz nach 1089, cum in claustro ex more sederem, occupatus libro scribendo, venit *Osbern und forderte zur Aufdeckung der* Reliquiae s. Audoeni (Ouen) *auf. Von Eadmers Abhandlung darüber sind nur Auszüge veröffentlicht (Hardy I, 290). Ein interessantes Fragment Eadmers über die Kathedrale vor Lanfranc und ihre Reliquien ist von Gervasius c. 1291 aufgenommen. — In der ungedruckten* Vita s. Petri, *des ersten Abtes von S. Austin's (ib. 207) ist Beda benutzt. — Für die zuletzt bei Migne CXXXIII, 931 gedruckte* Vita s. Odonis [24] *lag ihm vielleicht eine Arbeit Osbern's in dem jetzt verbrannten Ms. Cotton Otho AXII vor (ib. 566/8) — sie ist letzterem bei Wharton und Mabillon irrig zugeschrieben — sicher aber die um 1000 entstandene, noch handschriftliche* Vita s. Oswaldi *in Ms. Nero E I, oder eine gemeinschaftliche Quelle, welche von Malmesbury's Gewährsmann abwich. — Aus dem genannten Nero Ms. hatte er schon früher die zuletzt bei Migne CLIX, 762 A herausgegebene* Vita s. Oswaldi [24b] *(ib. 612),*

---

[23] *Nach Wulfstans und vor Anselm's Tode.* [24] *Abfassungszeit erhellt nicht.* [24b] *Interesse für Canterbury zeigt die Erwähnung der Translation des älteren Wilfrid Mabillon A. SS. Bened. s. V, 732 (aus Capgrave).*

des Neffen Odo's, geschöpft. Vielleicht von Eadmer sind die ungedruckten Miracula ejusdem (ib. 613). — Die 1121[25] *verfasste* Vita s. Wilfridi *(ib. 400) beruft sich (Migne CLIX, 714 B, 752 A C) auf Beda und das Werk, in dessen Vorrede Erzbischof Odo von seiner Translation S. Wilfrid's sprach. Dies Citat stimmt zu Odo's Briefe vor Fridegod's Gedicht über Wilfrid (zuletzt bei Migne CXXXIII, 945). Eadmer pries zwar (in der V. Oswaldi) Fridegod's Gelehrsamkeit, kannte aber dieses Werk nicht als Fridegod's sondern als Odo's Arbeit. Er soll daneben Aeddi benutzt haben; das ist jedoch wenigstens nicht nachgewiesen. — Die für die Geschichte Canterbury's seit Lanfranc wichtige* Vita s. Bregwini *(ib. 484) erwähnt noch des Reichstages von Woodstock Anfang 1123. Wharton II, 184 = Migne CLIX, 753, publicirte sie mit vielen Lücken, deren Stoff die Acta SS. Boll. Aug. V, 830 aus einem Excerpte ergänzen, das Johann von Tinmouth dem Eadmer entnahm und das irrig als 'Osbern', also als Eadmers Quelle, gedruckt worden war.*

In allen diesen Heiligenleben besteht des gehorsamen[26] *Praecentor geistige Arbeit, wie beim gewöhnlichen Legendenschreiber fast bloss im Satzbau. Nur durch die* Vita s. Anselmi *schliesst er sich würdig den historisch so verdienstlichen Schülern und Biographen Angelsächsischer Kirchenhelden an.*

Vielleicht erst 1115 auf Erzbischof Ralf's Befehl vollendet (Ans. 119 D), will diese die Historia Novorum ergänzen durch Angaben über Anselms Jugend und Mannesjahre, sein Leben im Kloster und im Freundeskreise, seine Frömmigkeit und Wunderkraft, seine Predigten und litterarischen Werke, deren Chronologie sie nicht zu erwähnen vergisst (Ans. 100 B 107 A etc.). War doch Eadmer auch in den theologischen Arbeiten Anselm's Famulus: so copirte er 1094 Cur Deus Homo *für Bec (Ep. III, 25), von desselben Predigt* De Beatitudine *zu Cluny Weihnachten 1097 fertigte er für den Mönch Wilhelm bald darauf eine Nachschrift (Migne CLIX, 587), die Anselm durchsah (604 D); er sammelte einen* Liber de s. An-

---

[25] *MS. Cott. Cal. A VIII s. XII.*   [26] *S. Pro- und Epilog zu Bregwin und Oswald.*

selmi Similitudinibus *(ib. 606).* — *Die Vita will auch der Mitwelt Neues, Internes bringen (49 A) und so neben der Historia, die für die Nachwelt das den Zeitgenossen Bekannte bewahrt, ein unabhängiges Ganzes bilden, aber nur ihr erstes Buch bis zu Anselm's Episcopat ist selbständig, während das andere für die öffentlichen Verhältnisse nur die Historia excerpirt — z. B. 109 B in 16 Zeilen was dort eben so viel Columnen füllt — und im Uebrigen auf sie verweist. — Durch Kenntniss und Fähigkeit war Eadmer seinem Stoffe gewachsen wie selten ein mittelalterlicher Biograph. Aber er spricht wie der Hofkanzlist amtlich vom König: von der Unfehlbarkeit des Helden durchdrungen, giebt er sich keine Mühe, den Standpunkt der Gegner zu verstehen. Die kleinen menschlichen Schwächen sind vertuscht, das Idealbild zeigt unvollkommen wie Anselm war, aber getreu wie er sein wollte. — Schon kurz nach Anselm's Tode sammelte Eadmer einige Mirakel, die er der Vita (117) anhängte; eine zweite Reihe — die im Folgenden gedruckte — erwähnt noch eines Ereignisses von 1123. Er wurde einst vom Meister selbst beim Uebertragen der Notizen vom Wachs auf's Pergament ertappt und — wiewol jener anfangs daran gebessert, gekürzt und erweitert hatte — später verpflichtet, die Schrift zu zerstören. Er gehorchte buchstäblich — nachdem er Copie genommen (Ans. 120 A).*

Die erste Edition der Historia Novorum mit Buch IV, 1109 endend, wie sie Malmesbury im Prolog zu 'Reges' [27] *citirt, ward nach Gundulf's Tode 1108 (355 C) ausgearbeitet, und wol kurz nach 1109 beendet; jedoch der Schluss (483 B) ist nach 1114 geschrieben; wol nur das Ende ist gleichzeitig aufgezeichnet, denn z. B. das Jahr 1093 (372 A) erscheint im Lichte des Streites von 1100. Die letzten zwei Bücher entstanden nicht in Einem Zuge: es heisst z. B. a. 1119* ad praesens separatus sum *von Erzbischof Ralf (502 D), dessen Rückkehr Januar 1120 dann (505 D) gemeldet wird, und dessen Tod, 20. Oct. 1122 die Historia im letzten Satze erwähnt. Auf ein späteres Ereigniss ist auch sonst nicht angespielt. Wahrscheinlich versiegte mit dem Antritte eines ihm fremden*

---

[27] *In Pontif. ist das vollständige Werk benutzt.*

Erzbischofs die Quelle von Eadmers Kentnissen und das In-
teresse an Canterburys äusserer Geschichte.

[Wäre Florenz der alleinige Verf. der Worcester'schen
Fortsetzung zum Marian — wie man aus den Worten zu
1118 folgert: Non. Julii obiit Florentius; hujus industria
praeeminet cunctis haec Chronicarum Chronica — *so müsste*
Eadmer mitten in B. V (ähnlich wie Huntingdon in B. VIII)
eine Edition in und mit dem Jahre 1118 abgeschlossen, nach
Worcester gesandt und Florenz sie sterbend eiligst copirt haben:
denn noch zu 1118 ist jener reichlich in Worcester abgeschrie-
ben. Solche Geschwindigkeit ist unmöglich. Nun bricht frei-
lich Thorpe ohne handschriftliche Grundlage das Werk des
sog. Florenz vor 1118 ab und schreibt das spätere einem Fort-
setzer zu; aber 1116 stimmt Eadmer ebenfalls mit dem sog.
Florenz und auch da deutet nichts auf einen Absatz in seiner
Historia. Wahrscheinlich sind also die Eadmer-Stücke, we-
nigstens der späteren Edition nach 1114, in die Worcester-
Chronik erst nach Florenz' Tode eingetragen und vermuthlich
aus der vollständigen Ausgabe von 1123; denn auch nach 1118
hat Worcester lange Stellen aus Eadmer abgeschrieben, die
heute gewöhnlich als unabhängig von ihm citirt werden].

Der Titel[28] Historia Novorum in Anglia *(485 D) er-*
weckt eine falsche Vorstellung vom Inhalte: sie bringt keine
Neuere Englische Geschichte, sondern die Darlegung der kirch-
lichen Bestrebungen Anselm's gegenüber dem Englischen Staat.
Die ersten vier Bücher bleiben dem im Prolog gesetzten Thema
getreu und bilden daher eine für jene Zeit einzig einheitliche
Monographie. Uebergangen sind daher innere und äussere
Kriege, die Verhältnisse bei den Kelten und auf dem Fest-
lande, auch wenn sie so nahe liegen wie z. B. der Deutsche
Investiturstreit (von dem man sicher in Canterbury ebensoviel
wusste als in Worcester oder Malmesbury), innere Staats-
reformen wie die Leges Willelmi I *(352 C), kosmische, poli-*
tische, kirchliche Einzeldaten, locale oder internationale Vor-
gänge in Canterbury oder Palästina, Anekdoten und Wunder.
Anselm selbst erscheint nahezu nur im kirchenpolitischen Ver-

---

[28] *Ms. Cott. Tit. A IX und wol die anderen auch.*

*hältnisse — selbst seine Küstenwache (Ep. III, 35) bleibt un-
erwähnt —; von sich selbst redet der Vf. fast nie.*

*Die zwei letzten weniger künstlerisch angelegten Bücher
verfolgen, statt einer durchgehenden Idee grossartigen Interesses,
in chronologischer Ordnung die äussere Geschichte Canterbury's
von 1110—22. Vollends L. 6, offenbar unvollendet, ist fast
eine blosse Autobiographie. Da sich aber das Leben der Erzbischöfe zum grossen Theile auf dem Festlande und in Beziehungen mit Rom abspielt, so ist Eadmer auch für continentale Dinge (z. B. das Concil von Bari, Briefe der Päpste)
eine wichtige Quelle. Ab infantia beobachtete er (416 A) die
Zeitereignisse, namentlich die kirchlichen aufmerksam. Da ihn
seine äussere Stellung vor Allen befähigte, Anselms Leben zu
kennen, so hielt ihn die Mitwelt moralisch verpflichtet, (folg.
Prol.) es darzustellen; die Liebe zu Anselm ist die Haupt-
veranlassung seiner Arbeit (485 B).*

*Seine Gewährsmänner sind neben seinen Erzbischöfen (Ans.
120 A. 367 B, 501 D) die Bischöfe Gundulf von Rochester
(370 B, 422 B), Richard von London (484 A), Walo von
Paris[29], die Ritter Ilgyrus (461 B) und Humfred (§ 5) Abt
Elias von Rouen (§ 12), die Prioren von Worcester Aethelnoth und Nicolaus (s. S. 292), die Klausnerin Adelheid von
Lyon (498 A = § 6), neben vielen ungenannten Brüdern Alexander (Ans. 111 A) und sein eigener Vorgänger Osbern (s.
S. 285), die Beccenser Mönche Boso, Riculf (119 B), Balduin (97 A) auch für Ereignisse auf den von ihm selbst mit-
gemachten Reisen. Ueber einst besuchte Orte Schiavi (101 A)
Florenz (110 B) hat er später Nachricht erhalten. —*

*An historischen Büchern benutzte er Beda, Heiligenleben
(s. S. 292 f.) und Chronica: das heisst die Angelsächsischen Annalen (348 C) und zwar nicht oder nicht allein die Codices
A, B, G (laut 349 A) sondern vielleicht die Vorlage des später in Christchurch geschriebenen F. Er kannte ausserdem
(345 B) Lanfranc's kurze Kirchengeschichte seiner Zeit —
wol dasselbe Werk, das Sigebert[29b] citirt und Wilhelm von Malmesbury (Pont. 24) benutzte.*

---

[29] *Ans. 111 B. cf. 477 B = Ep. Ans. III, 152.*   [29b] *Illustr. SS. 156.*

*Bei Weitem das meiste Material aber entnimmt er Ur-
kunden Heinrichs I., der Päpste, seiner Kathedrale (506 C,
s. jedoch 356 C) und der Erzbischöfe. Die Sammlung* [30] *der
Briefe Anselms, um deren Aufbewahrung sich dieser selbst
kümmerte, ist in mehreren Hdss. der Mitte des Jahrhunderts
erhalten, also schon von einem Zeitgenossen, vielleicht von Eadmer selbst angelegt; indessen kennt dieser mehr Urkunden als
in die Sammlung Aufnahme fanden, obwol er nur eine Auswahl des ihm Vorliegenden giebt. Wo er von seinem Erzbischof getrennt ist, ihm daher die Acten fehlen, bekennt er sein
Nichtwissen (1119, 501 D). Daher schloss er auch seine erste
Ausgabe, als er bei Anselm's Tode in's Privatleben trat
(485 D).*

*Eadmer will nicht bloss der historischen Wissenschaft son-
dern auch Gotte* bono zelo *dienen, auch praktisch zur Nach-
eiferung spornen (und wirklich beschäftigte sich Becket eifrig
mit Anselm, den er dann verdunkelte). Er giebt sich offen
als Anselm's Vertheidiger (486 D) ohne darum die Feinde zu
begeifern; er spricht fast ausnahmslos mit Achtung oder doch
Höflichkeit von der Regierung — diese überall, nicht der König persönlich erscheint als Gegner Anselm's. Wie er die allgemeine Tragweite des Investiturstreits (424 D) vollkommen
versteht, ist er fähig die Einzelwindungen einer Verhandlung
zu erzählen (426). Er liebt die dialogische Einkleidung;
diese ist selbstverständlich nicht wörtlich wahr — aber der
Sinn, die characteristischen Wendungen harmoniren zu wohl
mit einander und mit den Urkunden als dass der Gesammt-
eindruck falsch sein sollte. Einzeln mag er sogar eine wört-
liche Uebersetzung der französischen Rede überliefern z. B.
wenn (401 B) Graf Meulan gegen Anselm's salbungsvolle un-
sachgemässe Antwort im Reichstage:* haec est praedicatio non
ratio *ruft.*

Zwar verkehrt Eadmer die Wahrheit nicht geradezu (falsa
in sacris historiis . . nefas Ans. 119 c): *dass unter Anselm
Canterbury ökonomisch sank, die Sittlichkeit der höheren Ge-*

---

[30] *Ueber die Gewohnheit, Briefe zu sammeln spricht damals Herbert
Losinge ed. Anstruther Ep.* 1.

sellschaft durch seine Vorschriften nicht stieg, auf die Errungen-
schaft des Cölibats nur ärgere Laster der Priester folgten,
leugnet Eadmer nicht — nur sei eben Anselm nicht Schuld
daran gewesen (Anf. B. V.). Aber wie er die autokratische
Kirchenpolitik Wilhelm I. (352 B), die diplomatischen Kniffe
Wilhelm II (389 A) durchschaut, so weiss er ähnliche Künste
des Verhüllens und Verschweigens für seine Sache anzuwenden;
z. B. in den Stellen über Lanfrancs Zerwürfniss mit dem
Papste (379 C) oder Anselm's höchst uncanonische Erhebung
zum Erzbischof[31] *(more Lanfranci 372 A) oder die Profession*
Yorks vor Canterbury, wo die Reservation von Seiten Tho-
mas I verschwiegen ist. Gänzlich fehlt die Sendung des Ja-
rento von Dijon nach England, die uns dessen Begleiter Hugo
von Flavigny mittheilt und die ein abweichendes Licht auf
Anselm wirft. Dass Eadmer seine eigene Wahl für S. An-
drew's beträchtlich schön färbt, ist schon erwähnt.

Auf die hohe Gesellschaft seiner Zeit hatte Eadmer man-
nichfache Rücksicht zu nehmen: er lobt z. B. 504 A den
Bruder seines Erzbischofs Ralf, Seffrid, dessen Unsittlichkeit
(z. B. aus Huntingdon) bekannt ist. Er will den Adel nicht
gratis offendere 428 C. Was er über die eidliche Aussage
der Braut des Königs denkt, sagt er nicht, er will nur keine
Verantwortung für ihre Wahrheit übernehmen (500 D); die
Unsittlichkeit bei Hofe liess sich nicht ganz verschweigen (518
A), obwol man sich wol hütete Heinrich I. selbst anzugreifen.
Selbst der arge Feind Wilhelm II. wird freilich fast als Usur-
pator dargestellt, aber das Schlimmste über ihn giebt sich doch
nur als Gerücht und reicht an die späteren Uebertreibungen
nicht heran; auch betont Eadmer, dass Wilhelm Anselm's Per-
son achtete, seinen Kampf gegen dessen Ideen nicht auf Canter-
bury übertrug (376). Er hegt eine hohe Meinung vom König-
tum[32], *das an periodischen Hoftagen (sie sind hier mehr als*
irgendwo regelmässige Fortsetzungen der Witena-Gemote) seine
wichtigen Staatsgeschäfte erledigt. Ganz deutlich erscheint An-

---

[31] *Anselm's Reise nach England 1092/3 enthält innere Widersprüche.*
[32] *Si rex nominandus est,* qui nec se nec alios regere novit *von Edwi*
V. Odonis 14.

selm im Kampfe gegen den Staat, auf dessen Seite Anfangs auch die Bischöfe stehen, nicht gegen eine Partei, alleinstehend; nur an seiner Persönlichkeit nimmt das Volk (385 B auch ein miles) *Antheil — die wurde ja aber auch von den höchsten regierenden Kreisen geehrt und geliebt. Ueberhaupt nicht (wie andere kirchliche Zeloten) revolutionär gegen das Gewohnheitsrecht (375), billigt Vf. die grausame Strafjustiz (470 C, Dunst. 202). Trotz aller Rücksicht macht sich mancher Seufzer des Altengländers über den Druck der Normannenherrschaft (352 C, 412 C, 490 D) Luft; erst mit ihr habe auch die Kirche die Freiheit verloren, mit Schmerz sieht er zu den Aemtern nur Ausländer befördert (469 C, 490 C D), die er aber allerdings damit als* novi cives *d. h. naturalisirt (356 B, 357 B, Ans. 74 B) betrachtet. Umsomehr freut er sich Angelsächsischer Tapferkeit (351 D), der Anerkennung der alten Heiligen (Ans. 75 cf. Dunst. 415), der Verbindung seiner fremden Erzbischöfe mit Dunstan (357 B, § 1).*

Eadmer glaubt an Reliquienwunder, aber er bringt nicht eben viele, nicht besonders merkwürdige. Ueber Cölibat und Transsubstantiation[33] *denkt er orthodox; von der Unbefleckten Empfängniss Mariae*[34] *weiss er so wenig wie sein Meister. Kirchenpolitisch ist es bezeichnend, dass er es für nöthig hält, Anselmen bei den Zeloten, nicht bei den Laien in Schutz zu nehmen (z. B. 425 C.). Er stimmt nicht für die Absolutie des Papstthums: eines Königs Wort vermöge auch der Papst nicht zu lösen (505); dass aller Verkehr mit dem letzteren durch den König gehe (was Hugo von Flavigny erzürnt, Mon. Germ. SS. VIII, 475), dass Römische Legaten — die ja Canterbury's Macht schwächen — möglichst fernzuhalten seien (497 C), wenn er auch ihre Berechtigung grundsätzlich zugiebt (519 C), dass der Reichstag auch kirchliche Angelegenheiten entscheidet, (358 A) erscheint ihm in der Ordnung. Der Primas dürfe allerdings vom Papst allein gerichtet werden (385 A) bei dem er nur zu wenig Hülfe fände, wie denn die Bestechlichkeit der Curie häufig beklagt wird (390 A, 418 D, Dunst. 201). Wo es sich um Rechte der Suffragane oder Yorks oder*

---

[33] *V. Odonis* § 10.   [34] *De Excell. Mar. III Migne CLIX,* 561 *C.*

der Weltgeistlichen handelt, hört man den anspruchsvollen Mönch von Christchurch.

Eadmer ist für seine Zeit ein geschickter Schriftsteller. Er entwickelt logisch und stellt deutlich, oft dramatisch dar. Er baut die Perioden nicht classisch aber leicht und einfach und schöpft aus vollem und reinem Wortschatze ohne Schwulst. Citate entnimmt er aus der Bibel nicht übermässig viele, von anderen äusserst wenige; zu erhabenem Schwunge steigt er fast nie. Seine Sprache beansprucht keine antike Schönheit, aber sie ist wie sein Werk gleichmässig, beinahe bis zur Eintönigkeit, sachlich angemessen, in ihrer Art vollendeter als die barbarische Buntheit eines Malmesbury und Huntingdon. — Von seinen Zeitgenossen haben ihn Wilhelm von Malmesbury [35], Orderich [36], der Vf. der Vita Gondulfi [37] benutzt und warm gelobt, ebenso die Chronisten von Worcester (s. S. 295); später und noch heutzutage wird er im Verhältniss zu seinem Werthe wenig gelesen, wol zunächst weil jedes handliche Jahrbuch leichter verwendbar ist als eine ausführliche Monographie. — Verglichen mit den Historikern seines Landes und Jahrhunderts, erreichen ihn an Fülle der Urkunden nur Benedict und Hoveden, an intimer Beziehung zum Stoffe bloss Johann von Salisbury, der aber classischer schreibt, an Urtheil über Englische Verhältnisse allein Diceto; an grossen historischem Blicke übertrifft ihn Newbury, wie denn alle jene sich ein weiteres Thema stellen; an einheitlicher Entwickelung des Inhaltes thut es ihm keiner gleich.

Der II. Theil der Miracula [38] s. Anselmi schliesst sich eng an die Vita an, welcher ihn Eadmer ebenso wie den I. zugefügt hätte, wenn nicht inzwischen die Exemplare zu weit zerstreut gewesen wären; er schloss ihn nämlich erst 1123 (§ 9) — also etwa ein Jahrzehnt nach dem I. — ab. Der Prolog wiederholt die Ausdrücke der Vita und Pars I Mir., deren Wahrheit er betheuert (auch § 15). Fast in jedem Paragraphen erwähnt der Vf. seiner selbst; in § 7 verbirgt er vielleicht seinen Namen aus Bescheidenheit. Den

---

[35] *Reg.* 315, 413 *Pont.* 45, 59.   [36] ed. *Prévost IV*, 14, 55, 298.
[37] *Migne CLIX*, 826 D.   [38] *Ueber Wunder im Allgemeinen s. vor. Einl.*

Meister stellt er als wunderthätig schon bei Lebzeiten' (§ 12), jetzt als Dunstans Gefährten im Paradiese[38a] *(§ 1, 1*b*) vor. Niemals erscheint Anselm als strafender Rächer, stets hilfreich und besonders für die, auf welche er auch im Leben am Tiefsten gewirkt: Mönche und Frauen; er wird auch hier vertheidigt, theils ausdrücklich (§ 15), theils gilt es Zweifel an seiner Heiligkeit (§ 1—3, 6, 7, 13) zu heben. Ausserdem begegnen folgende Personen: Erzbischof Ralf (§ 6, 9), die Mönche Elias und Eadmers Neffe Haimo (1, 5), ein Mönch von S. Austins, ein Bürger von Canterbury (1*b*, 3) — also die meisten Wunder geschehen in Canterbury (auch 4, 11) —, ferner die Aebte Anselm von S. Edmunds und Elias von Rouen (14, 12), Ritter Humfred (5), Klausnerin Athalis und Erzbischof Hugo von Lyon (6), die Adliche Eistrilde und König Alexander von Schottland (8, 9). Obgleich Eadmer sagt, die Erzählungen von Visionen über S. Anselm habe er lange abgelehnt aufzuzeichnen, erst wirkliche Wunder hätten ihn verpflichtet zur Feder zu greifen (Prol.), und wiewol hinter § 2 die letzteren beginnen sollen, sind doch auch § 6, 7, 13, also die Hälfte der Erzählungen blosse Träume. In § 1 wird Anselm's Todesdatum richtig prophezeit; diese einzige Unwahrscheinlichkeit mildert auch der Umstand nicht ganz, dass Eadmer erst nachträglich die Prophezeiung verstanden zu haben zugiebt. Dass nach einem Gebete zu Anselm der Wind bei einem Brande sich dreht, dass eine Krankenheilung auf eine Vision folgt, das sind an sich je zwei mögliche Momente und die Verknüpfung, das allein Wunderbare, hat erst der Beobachter hineingetragen; die in § 12 erzählte plötzliche Heilung ist vielleicht durch starken Gemüthseindruck zu Wege gebracht. Die übrigen Wundercuren (ausgenommen die ohne Nebenumstände erzählte in § 4) geschehen durch Anselms Gürtel, den Eadmer besitzt. In dem Fieberfalle (9) verführte wieder nur die zufällige Zeitfolge der Genesung nach der Berührung der Reliquie dazu, letzterer Wunderkraft beizumessen. In den übrigen Fällen dagegen handelt es sich stets um Leibesanschwellungen (11) auch der Gebärenden (§ 10, vielleicht 8?); möglich, dass da die medi-*

[38a] *Dante nennt Anselm im Paradies XII, 136.*

cinische Wirkung der Umbindung einen Erklärungsgrund lie-
fert. Der Erfolg ist nicht immer andauernd (5). Aengstlich
wählt Eadmer aus, ob wer den Gürtel erbittet, auch fromm
gläubig sei; und sämmtliche Visionen und Wunder geschehen
(mit nur zwei Ausnahmen 3, 5) an Mönchen und Frauen,
die ja phantastischen Einbildungen an sich zugänglicher sind.
Wir haben es auch hier wie in XV nicht mit naturwidrigen
Vorgängen zu thun, sondern mit Erzählungen deren Thatsächliches wahr sein kann, die aber allerdings in der Absicht
überliefert wurden, als Wunder zu erscheinen, wofür Eadmer
sie selbst hielt. Zu legendenhafter Uebertreibung in der Dar-
stellung (§ 3) war er geschickter als Hermann.

Johann von Salisbury excerpirte mit der Vita auch beide
Theile der Miracula, indem er Eadmers Tendenz, eine Heilig-
sprechung Anselm's zu erlangen, fortsetzte — es ist das bekanntlich damals nicht gelungen, dann vor dem Ruhme des
Märtyrers Becket über drei Jahrhunderte vergessen worden.

Wharton Anglia Sacra II, 181 führt unser Werk an,
ebenso Hardy II, 112, wo jedoch nur einige Hdss. erwähnt
sind. Dies gab den Anlass von drei Codices zunächst zu be-
nutzen:

T: Cotton Tiber. D III f. 40, s. XIII in. Die hier durch
Verbrennung entstandenen Lücken sind ergänzt, und alle Abweichungen notirt aus:

L: Lambeth 163 f. 100, s. XIII in. Dann wurde aus
äusseren Ursachen das Ganze leider nur flüchtig, T's Lücken
aber gründlich verglichen mit:

C: Corpus Chr. Coll. Cambridge [39] 371 f. 379 s. XII in/
med., welches W. Stubbs für vielleicht autograph erklärt.
C's Lesarten ist der Vorzug gegeben. Möchte es bald einer
Gesammt-Ausgabe Eadmer's zu Grunde gelegt und so auch
diese oder jene gewiss nur kleinere Abweichung vom nachfolgenden Texte nachgetragen werden!

---

[39] *Dessen Bibliothekar Rev. S.S. Lewis hier bester Dank gesagt sei!*

Incipit prologus in descriptionem quorundam miraculorum gloriosi patris Anselmi archiepiscopi ª.

Cum Vitam venerandi patris Anselmi scribendi officio jam terminarem [1], et me ea, que circa obitum ejus quibusdam visa sunt, inibi scriptitare ᵇ negarem — eo quod omnia, que admiratione digna de eo revelata fuerunt, scribere, infiniti negotii judicarim ᶜ; nec hec scribere et illa non scribere ᵈ (quasi huic quam illi magis crederem tanquam digniore revelacione glorificato) adquiescere voluerim — ęquus arbiter hanc in me, ut verum eloquar ᵉ, stulticiam mentis examinans, quedam, non per somnium visa, sed re ipsa pro eodem patre in obitu et post obitum ejus operari dignatus est, que et evidentem scribendi materiam subministrarent et, que dormientibus quasi per somnium visa sunt, non phantasiis somniorum sed indiciis certę rei potius esse ascribenda premonstrarent. Unde, quę tunc pretermisi ᶠ pauca ex multis scribere coactus sum, que non solum mihi, sed et pluribus in tantum innotuerunt, ut ea in populis predicent, et me, quod ea non scripserim, nimiae simplicitatis accusent. Quedam igitur que visa fuerunt, quedam vero que facta probantur, sub uno statui scribere, omissis pluribus, quę popularis rumor jactitat vera quidem esse, sed mihi non omni ex parte comperta. Et quidem, quod de comite Aernulfo ᵍ ejusque comitibus in mari factum miraculum [2] retuli, quodque de fratre, bonę videlicet vite, Roberto monacho [3] in fine ipsius

---

a Inc. — arch. *aus C. Den Paragraphen entsprechen in den codd. Absätze, jedoch ohne Ziffern.* b scripturum *L.* c judicaverim *L.* d et i. n. s. *fehlt L.* e ut v. el. *verbrannt T.* f pretermissi *L.* g Ernulfo *T,* Arnulfo *L.*

[1] *Die Ausdrücke vom Ende der Vita sind in diesem Prolog wiederholt.* [2] *Wharton Anglia sacra II,* 181: *Ein Sturm bei der Ueberfahrt nach England legt sich nach dem Gebete zu Anselm, was Arnulf Sohn Rogers von Montgomery vor Heinrich's I Hoftage erzählt: wol 1110.* [3] *Ihm fällt sein Pferd von der Londoner Brücke, mit dem Gepäck, worin sich ein Werk Anselms befindet, das aber auf Roger's Gebet zu diesem trocken bleibt. So erzählt Roger in Eadmers Gegenwart seinem Herrn B. Ralf von Rochester (seit Frühjahr 1114 Eb. von Canterbury).*

operis scripsi, ea re contigit, quia mox post transitum ⁴ ipsius facta fuerunt et mihi e vestigio enotuerunt. Nunc autem
que, juvante gratia Dei scripturum me ʰ fore confido, licet aut prius
aut ferme per idem tempus gesta extiterint, ideo tamen illis non
continuavi, quia nonnisi post evolutum longi temporis spatium
in noticiam nostram perlata sunt. Quoniam ergo liber Vite
illius jam a multis transscriptus et per diversas ęcclesias est
dispertitus ⁱ, nec facile est omnia volumina me habere et eis
demere quid vel augere, iis ᵏ que scribemus aliud exordium
constituemus.   Magno siquidem opere desideramus ut, qui,
qualem vitam vir Deo amabilis Anselmus duxerit, ex scriptis,
vera fateor relatione compositis, agnoverunt, quam pretiosa ˡ quoque in conspectu Domini fuit ᵐ mors ipsius, non minus vera
rerum descriptione cognoscant!
     ⁿ Explicit prologus.

     Incipit quedam º parva descriptio miraculorum gloriosi
patris Anselmi Cantuariensis.
     § 1. Helias ⁵ quidam nomine monachus fuit ecclesię Can-
tuariensis bonis quidem moribus et simplicitate decoratus
vite innocentis ᵖ. Huic pene tribus mensibus ante obitum
patris Anselmi quadam nocte visum fuit se in oratorio solum
stare et, prout Deus dabat, orationi intendere. Inter que
aspexit, et ecce pater Anselmus ante sepulcrum beati Dunstani
precibus incumbebat. Vidit igitur, eo orante, qua claudebatur sepulcrum superiorem partem moveri et quasi loco
paulatim cedere. Ad quem motum cum Anselmus ab oratione
concitus ᑫ surgeret, vidit beatum Dunstanum in sepulchro sese

---

h gr. D. s. me *verbrannt T.*   i et per — disp. *fehlt L.*   k his *T*
L.   l prec. *T.*   m sit *L.*   n *statt der folg.* 3 *Z. Lücke L.*   o
quidam *T.*   pvi. i. de. *T L.*   q conscius *T* consitus *L.*

     ⁴ 1109 *Apr. 21. Ebenso Prolog zu dem hier citirten I. Theile der
Miracula Anselmi.*   ⁵ *Vielleicht derselbe, der von einer Bank in der
Kirche fiel weil er dem Grabe Bregwin's den Rücken zugekehrt. Wharton, Anglia S. II,* 75 *(d. i. nicht Osbern's sondern des Joh. von Tinmouth aus Eadmer geschöpfte) V. Bregwini. § 1 und* 1ᵇ *zieht Johann
von Salisbury, V. Anselmi c.* 16 *aus.*

quasi ad sedendum sensim erigere sed prepediebatur operi-
mento sepulchri, quod necdum suo recessu locum ei sedendi
effecerat. Anselmus autem toto conamine nitebatur molem
evellere, sed nequicquam [r]. Innuit igitur nominato fratri [s] emi-
nus stanti propius accedere et quod ipse [t] nequibat solus,
communicato secum labore [ta] perficere. Accessit, et quod unus
non poterat, potenter ambo pariter perfecerunt [u]. Amoto [v]
itaque obstaculo, erexit se sanctissimus pater et sedens verso
vultu ad Anselmum dixit illi: 'Amice karissime, scias me
preces tuas exaudivisse'. Et extensa dextera sua obtulit ei
anulum aureum, dicens: Hoc habeas signum, memet tibi vera
locutum'. Cumque Anselmus ut anulum susciperet, manum
extenderet, retraxit manum beatus Dunstanus et dixit ei:
'Hac quidem vice istum anulum non habebis, sed, me ser-
vante, quarta feria ante Pascha de manu Domini illum re-
cipies'. — Hanc visionem idem frater mihi familiari affatu
sequenti die enarravit. Sed ego, vitam quam mortem patris
et domini mei plus desiderans, eam non eo quo evenit modo
tunc quidem interpretari conatus sum. Verum cum ad diem
illum ventum fuisset, re ipsa patuit, quid visionis ipsius figura
pretenderit. Aurora siquidem diei illius illucescente, huic
vitę pater ipse sublatus et, sicut quam subscribimus [x] alia
visio declarabit, superne remunerationis gloria donatus est.

§ *1[b]* Eadem quippe hora, qua de hac erat vita [y] exiturus,
quidam monachus in vicina Beatorum Apostolorum Petri et
Pauli et Sancti Augustini abbatia de transitu patris sollicitus,
subito ut fit pre eadem sollicitudine sopore gravatus, obdor-
mivit. Visum ergo illi est, se camere, in qua ipse Anselmus
jacebat jam moriturus, comminus astare, et quendam pulcher-
rimum albatarum personarum cuneum eandem cameram hinc
inde miro decore circumvallare et quasi alicujus ad se cito
transituri adventum prestolari. Quidam vero pregrandis ex-
cellentie pontifex, pontificalibus ornamentis insignitus, hujus
cunei magisterio ac dispositione fungebatur, et nutum ejus

---

r nequaquam *L* nequaquam potuit *T.* s fr. no. *T.* t acc. et q. i. *rerbr.*
T. t[a] lab. se. *T.* u effecerunt *L.* v Moto *T.* w extenta *T.*
x subscripsimus *T.* y vi. er. *T.*

omnes pariter expectabant. Hic videbatur ingredi et egredi, et eos[z], qui foris jam[a] erant, ne tedio suę expectationis afficerentur[b] exhortari. Et jam Anselmo obeunte festinus[c] exivit et ait: 'Ecce adest, quem expectatis; suscipite illum, et quo Dominus jussit, efferte in voce laudis et exultationis!' Quod dum fieret, frater, qui hec videbat, expergefactus a somno est et patrem Anselmum intellexit presentem vitam vita mutasse perhenni. Quis[6] autem pontifex ipse, qui presidebat aliis fuerit, ex figura et habitu ejus beatum Dunstanum fuisse apertissime patuit, qui promissum anulum, sicut prediximus, ei cum honore et gloria reddidit.

§ 2. [7]Alius quidam frater[d], patrem Anselmum affectu valde sincero[e] diligens, et ideo magnopere nosse desiderans, in quam partem Dei vocationis translatus[f] de hac vita sumptus fuisset, oravit Deum, quatinus rei hujus certitudinem sibi revelare dignaretur. Ecce autem fratri eidem, corpore dormienti non spiritu, ipse vir Domini astitit, pronuncians se velle illum omnibus modis certum esse, quia statim, ut corporis onere fuit exutus, gloriose susceptus et stola fuerit jocunditatis indutus. — Hec interim de visis dicta sint. Ad ea, que manifeste facta sunt, hinc veniemus, nichil, unde animum nostrum vel levis dubitatio mordeat, ulla ratione scripturi.

§ 3. [8]Erat igitur vir quidam divitiis mundi non adeo locuples, sed spiritu serviendi Christo non mediocriter pro suo captu habundans, qui, obeunte patre Anselmo, gravi corporis infirmitate pressus, Cantuarie moriebatur. Et ecce, dum jam putaretur a corpore solvi, in hora qua gloriosus Domini servus huic vite decedebat, juvenis quidam ei speciosus apparuit, quid haberet inquisivit. At ille: 'En morior' inquit 'ut perspicis, et queris quid habeam!' Respondit: 'Pater civitatis istius et totius patrię hujus jam nunc ad Deum, relicto seculo, in ęternum victurus properat, et tu morere-

---

z omnes *L.*   a *fehlt L.*   b afficerent *L.*   c omnes par exp. —
festinus *verbr. T.*   d fr. *fehlt L.*   e sereno *C.*   f necessaria *ins. L.*

6 *Diesen letzten Satz unterdrückt Joh. Saresb.*   7 *Bei Joh. Sar. 17.*
8 *ib.* 16.

ris [g]? Nequaquam! Immo surge sanus [h] et glorifica Deum
patrem hec in te operantem et jam predictum patrem vestrum pro meritis suis perenniter [i] glorificantem.' Stupentibus itaque cunctis, qui funus ejus convenerant, homo convaluit et quonam modo sit tam subito sanitati restitutus,
percunctantur. At ille, quid viderit, quid audierit, quid de
patris Anselmi glorificatione didicerit clara voce cunctos edo-
cuit. Igitur eo relicto concite currunt ad ecclesiam Domini
Salvatoris et inveniunt, sicut audierant, jam de hac vita
translatum fuisse predictum Domini vas electionis. [9]

§ 4. [10]Quidam est ex monachis Cantuariensibus, in Dei
servitio strenuus. Hic in seculari adhuc habitu [k] positus et
gradu presbiterii functus, gravi corporis infirmitate correptus
est, ut mortis metum quam vite spem magis haberet. Unicum igitur anime sue presidium, si monachus fieret, esse
confidens, rogavit, se in ecclesia [kk] Christi Cantuarie monachum fieri, utpote cita inter fratres morte vitam fini-
turus. Adquieverunt illi precibus ejus et religiosa veste indutum in domum infirmorum susceperunt. Non ergo, juxta
quod putabatur, cita morte presenti vite subtractus est, sed
qua gravabatur corporali molestia divina vexatione detentus
est. Per vices tamen nonnumquam melius habebat [l], quod [m]
in eo non diu [n] consistebat. Igitur inter vitam et mortem
medius, ignorabat quid certius sperare deberet. Oneri ergo
non solum aliis, sed et sibimet ipsi erat. Concepit tandem
apud se, sibi forte non iuutile consilium [o] fore, auxilium super hac sua magna necessitate a reverendo patre Anselmo
requirere. Ductus itaque a suo quodam familiari amico est [p]
ad tumbam illius, ubi stratus humi infortunii sui querimo-
niam lacrimabili voce deprompsit, ac, ut suam ecclesiam ad
quam moriturus magis quam victurus venerat, de se liberaret, (hoc est vitam sibi vel conferendo vel funditus auferen-

---

g moreris *L.*   h queris quid — sanus *verbrannt T.*   i perhen. *T.*
k hab. adh. *L.*   kk ecclesiam *T.*   l habebatur *T.*   m sed *L.*   n diu
ñon *T.*   o concilium *T.*   p fam. am. e. *verbrannt T.*

    [9] *Act.* 9, 15.   [10] *Die sämmtlichen Wunder, welche folgen, excerpirt*
Joh. Sar. im letzten c. 18 *der V. Ans.*

do) supplici prece poposcit. Mira Dei bonitas, mira potestas q! Non longis et inportunis precibus egrum fatigari passus est, quod sincera fide petivit, celeri effectu secus quam putabat, illi largitus est. In brevi namque convaluit, et ex eo usque huc in conventu fratrum sanus et alacer vivit.

§ 5. Vir quidam nobilis, miles fortis, multis Angliẹ partibus notus, Humfredus r nomine, gravissimo morbo percussus, eo scilicet, quem quidam ydropim nominant, a medicis desperatus, morti, ut estimabatur, propinquus jacebat. Hic olim Anselmo notus, sanctitatis ejus insignia multa cognoverat. Prẹdicta igitur molestia pressus, semper ipsum in ore habebat, ipsius meritis et precibus Deum sibi propicium fore plena fide postulabat. Erat huic quidam s ex antiqua amicicia notus t, Haimo dictus ecclesie Christi Cantuariensis monachus. Hunc ergo, missis nuntiis ad priorem ecclesie, rogans fecit venire ad se, quoddam corporis et anime sue remedium autumans esse, si eo et u fratre, qui secum venturus erat, assistente, in extremis suis solatiaretur. Veniens ergo illuc frater idem, cingulum domini et patris Anselmi secum detulit. Nepos etenim meus ex sorore natus erat, et ipsum cingulum a me sibi commendatum custodiebat. Qui videns hominem nimio languore toto corpore intumuisse et in tantum, ut jam rumpi ab omnibus, qui eum videbant, putaretur, tradidit illi cingulum, indicans cujus fuerit et a quo illud sibi commendatum acceperit. v Ingemuit ille et sanctitate beati patris ad mentem reducta, ac ut sui w pius Deus ob merita ejus misereretur devota prece premissa, acceptum cingulum x deosculatus sibi y circumposuit. Summitatibus autem ejus ob inmoderatam viri distensionem sese vix contingentibus, paululum ita sustinuit. Et ecce mirum in modum corpus sensim cepit z detumescere, et parvissimo intervallo plene longitudine virilis pedis quod appositum erat cingulum sibi connexum b est. Quod ipse sentiens c illico cingulum illud per turgentia membra hinc inde deduxit, et

---

q potentia *T.*   r Hunf. *T, L.*   s q. h. *T.*   t no. ex a. am. *T.*   u et *fehlt T.*   v accepit *T.*, acceperat *L.*   w sibi *T.*   x ci. *verbr. T.*   y sui *L.*   z ce. se. *T.*   b annexum *T.*   c sumens *T.*

omnis tumor inordinatus, qui ea invaserat, ad tactum illius statim evanuit. Nec abundantia pravi liquoris, unde tumebat, aliquo meatu effluxit [d] sed, quod magis forte stupeas, in nichilum redacta deperiit. Convaluit ergo [e] homo, et post dies Cantuariam veniens et patris tumbe gratiosus sese presentans, in conventu fratrum hec omnia retulit, ac ut pro se Deo et beato servo ejus gratias agerent, rogavit et obtinuit. Ego autem, his auditis, fateor gaudio gavisus sum vehementi, et conversus ad hominem: 'Cingulum' dixi 'nostrum est; volo, [ut] [f] restituas, ut vos decet.' At ille: 'Scio, scio, ita sicut asseris esse. Verum sine dubio noveris, quod [g] illud non tam cito recuperabis, si domum meam pro eo ipse non iveris [h]'. Adquievi dicto; post dies paucos, aliis nichilominus quibusdam necessariis actus, illo vehi et cingulum a viro recepi. Ad preces vero ejus dedi illi ex eo corrigiam unam admodum strictam sed ad mensuram ipsius [i] cinguli longam et divisi ab invicem sumus. Cum igitur de sanitate [k] illius nos [l] securitas quedam certa teneret, emenso non modico [m] temporis intervallo, relatum nobis Cantuarie est, eundem virum pristina invalitudine correptum, acri dolore vexari. Propere [n] itaque perrexi ad eum, sed qua ferebatur molestia non inveni obpressum. Miratus igitur [est] [o] cur venerim et ego [p], utrumnam infirmatus fuerit, juxta quod audieramus [q], sciscitatus sum. At ipse vere quidem se infirmatum testatus est, et percunctanti mihi, quali modo convaluerit confessus est: [r] dicebat ergo, quod, languore nimio pressus, quid dudum perpessus qualiterve fuerit curatus ad mentem reducto, in spem sibi venerit, quoniam, tametsi integrum cingulum, per quod convaluit, non haberet, parte tamen illius, quam habebat, illum cujus erat sicut toto si vellet sibi posse mederi. 'Qua spe', inquit 'fretus, quam dedisti michi corrigiam circumposui, et ilico prout vides, ecce [s] sanitati sum restitutus.' Hec ita de his.

---

d affluxit *T.* e igitur *L.* f *fehlt C.* g quoniam *codd.* h veneris *T.* i illius *T.* k civitate *L.* l nos de s. i. sec. *T.* m modici *L.* n pro re *L.* o et *L, fehlt T.* p *fehlt L.* q audieram *T.* r sciscitatus — conf. est *verbr. T.* s ecce vides *L.*

§ 6. Cum is ᵗ, qui patri Anselmo in pontificatum succes-
serat, Radulfus scilicet archiepiscopus, Romam pergens, Lugdunum ¹¹ venisset, ubi ipse pater Anselmus olim ab Anglia pro
justicia pulsus, non sicut exul, aut peregrinus, sed sicut in-
cola et ipsius loci presul et dominus fuerat habitus, mansit
ibi per aliquot dies, ratione ¹² qua ita fieri erat, necesse detentus. Una igitur horum dierum pro nota mihi locorum et
hominum familiaritate ad Sanctum Hireneum ¹³ ascendens,
diverti ad oratorium Beate Marie Magdalene, duabus an-
cillis Dei, juxta idem templum pro Deo reclusis, locuturus.
Quarum una, Athaleidis ᵘ nomine, familiari affatu michi innotuit, se post obitum prefati patris Anselmi quadam vice,
orationibus ac lacrimis intentam, subito velut in mentis excessu
supra se raptam et tribunali gloriosissime regine celorum a
quibusdam reverendis personis adductam. Quam cum debita
veneratione salutasset et jussa ante pedes ejus consedisset,
post plurima que audivit et vidit admiranda patrie celestis
preconia, quasi quadam fiducia constantior effecta, ᵛ inter
alia, que a domina rerum inquisivit (nec michi que illa fuerint patefacere, ut fatebatur, potuit), de Hugone ¹⁴ Lugdunensi
pontifice sciscitata est, quomodo scilicet aut in qua sorte ju-
dicii Dei esset constitutus. At illa : 'bene' inquit 'filia, bene
illi per Dei gratiam erit.' 'Et de Domino meo' ait 'Anselmo
Cantuariorum archiepiscopo ᵂ, pia domina, quid sentiemus?'
Respondit : 'De illo certissima esto, quod sine dubio in magna gloria Dei est.' ¹⁵ Hec illa michi tanta lacrimarum in-

---

t Cum his *L*, Dum his *T*.   u Adelaidis *T*.   v const. esset et inter
T.   w pontifice — archiepiscopo *verbrannt T.*

¹¹ *Decemb.* 1116 *cf. Hist. Novorum V (Migne CLIX c. 498), mit
der dieser § grösstentheils wörtlich stimmt. Der dortige vollere Bericht,
der eine andere Erscheinung Anselm's zur Schlichtung des Zanks der beiden Klausnerinnen voranschickt, ist das Original.*   ¹² *Wegen der
Witterung, der nahen Weihnachten und der freundlichen Aufnahme H.
Nov.*   ¹³ *Bald nach* 1100 *hatte Eb. Hugo dort statt der Mönche Regular-Canoniker eingesetzt. Gallia Christ. IV,* 213.   ¹⁴ *Dieser eifrige
Gregorianer († 1106), Anselm's Rathgeber und Zuflucht, hat auf den
Englischen Investiturstreit bedeutenden Einfluss geübt.*   ¹⁵ *Dieser Schluss
des § fehlt H. Nov.*

undacione perfusa narravit, ut fidem verbis ejus non ˣ adhi-
bere, perfidie videatur posse ascribi. Quid hic dicemus?
Quis de eterna beatitudine illius, queso, amplius dubitabit?
quem suo ʸ testimonio illa ipsius beatitudinis mater sub tanta
certitudine denuntiavit!

§ 7. Illud quoque, quod cuidam [16], qui ei viventi familiariter adherere consueverat ᶻ, ut siquidem visum fuit, idem
pater per id ferme temporis dormienti dixit, his subjungere
placuit. — Videbatur itaque ᵃ illi se patrem ipsum, alba
candidissima indutum, et pontificali infula decoratum, per
dexteram, sicut viventem solebat, quasi missam celebraturum
ad ecclesiam ducere et in eundo ipsum de presenti vita as-
sumptum, ut sepe contingit, advertere. Nichil igitur hesitans,
allocutus eum 'care' inquit 'pater, scio te mundo exemptum
vitam presentem vita mutasse perhenni. Quapropter oro, in-
dica michi, ubinam degas, quomodo vivas, quidve agas?'
Ait: 'Ibi vivo, ubi video, letor, perfungor.' Ad quod ipse,
mox expergefactus, que audierat ne memoria elaberentur ᵇ
secum volvere cepit. Et ecce, dum in hoc totus esset, unum
e quattuor, que sibi dicta recordabatur, animo suo elapsum
egre ferebat. Sollicitius ergo meditans, nec quid fuerit certe
apprehendere valens, repente sompno pressus parumper oculos clausit et ilico vocem sibi dicentem audivit 'Letor.' Hoc
enim de quattuor que patrem sibi dixisse tenebat, videlicet
'vivo, video, letor, perfungor' unum erat quodque memoriam
suam ᶜ fugisse dolebat. Verum ubi id, modo quo dixi recu-
peravit, eo magis gavisus est, quo se per hoc certiora vidisse cognovit.

§ 8. Post hec dum, petente ᵈ Alexandro rege Scottorum,
ad pontificatum Sancti Andree in Scociam [17] essem translatus
et ibi aliquantum temporis degens, incolis regionis illius notus fuissem et acceptus, contigit, quandam matronam de
nobili Anglorum prosapia ortam et in Christiana religione
circumquaque probatam, Eastrildem ᵉ nomine, gravi corporis

---

x nolle *L.* y sub *L.* z consuevit *T.* a igitur *T.* b laberentur *T.*
c ejus *T.* d repente *T, L.* e Aestrildem *L.*, Estryldis *Joh. Sar.*

[16] *Hier meint sich Eadmer vielleicht selbst.* [17] *Eadmer war vom 27.*
Juni bis Ende 1120 in Schottland, H. Nov. 513 A.

languore vexari, et in tantum, ut nichil ei preter mortem superesse, quicumque accederet, testaretur. Hec olim fama sanctitatis Anselmi patris audita, sed tunc per me (nam bonis aliorum magnifice delectabatur) plenius inde edocta, cingulum [f] ipsius patris, de quo supra nonnulla retulimus, sibi (quamvis dissolvi et esse cum Christo magis optaret) circumponi permisit. Quo facto, mox meliorari incipiens, post paucos dies integerrime sanitati, stupentibus cunctis, restituta est. His affui, hec [g] vidi; pro his tali ratione administratis non solus ego, sed et multi mecum plurimum exhilarati laudes Deo et gratias egimus.

§ 9. Dehinc cum me zelus timoris Dei et amor salutis anime mee cogerent, Scotiam [h] ad horam relinquere et ad totius Anglie matrem, ecclesiam dico Cantuariensem, que ab infantia me nutriverat, querendi de his, que me valde gravabant, consilii [18] causa revolare, illo veni, sed eorum, que me [i] illuc egerant, nichil inveni. Radulfus siquidem archiepiscopus infirmabatur, nec ulla eum sanitas secuta est, donec [19] presenti vite superfuit. His diebus quidam de fratribus, acuta febre correptus, plurimorum corda magni doloris mucrone suo incommodo consternebat. Juvenis enim erat et bonorum in se morum indicia [k] preferens, fructuosum se ecclesie Dei futurum bone spei fiducia presignabat. [l] Is [m] ergo, crescente languore, a semetipso pene et ab aliis desperatus ad Deum modis omnibus conversus est [n] ac ut anime sue de corpore migranti nil adversi obsisteret quanta potuit sollicitudine operam dabat. Aderamus sui [o], vota ipsius pio studio prosequentes. Interea occurrunt animo, que vel quanta beatus Anselmus alumnis beneficia prerogare consueverit. Inde ad verba prodimus, et que etiam per cingulum suum, mundo exemptus, mira sit operatus, retractamus. Nec mora rogatus ab infirmo et assistentibus, cingulum attuli et collo

---

f singulum *T.*   g et *L.*   h Scociam *T.*   i *fehlt L.*   k in se m. ind. *verbrannt T.*   l presignabatur *T.*   m *fehlt T.*   n conv. e. omn. *L.* o illi *L.*

[18] *cf. II. Nov. 521 A.*   [19] † 1122, *Oct. 20.*   *Ueber seine letzte Krankheit vgl. Ende der Hist. Nov. und V. Bregwini, Migne CLIX, 759 A.*

est appensum languentis. ᵖ Eadem hora febris conquievit
nec ulterius eum invasit. Convaluit ergo frater ille et salvatori omnium Deo grates per fidelem famulum suum persol-
vimus inde.

§ 10. Quid faciam? Si ea solum, que per memoratum
mira facta sunt cingulum, singulatim ᑫ scribere voluero, pro-
cul dubio cunctis his intendere volentibus oneri ero. So-
lemne etenim jam hominibus quaqua versum egrotantibus ex-
tat (et maxime mulieribus in partu periclitantibus) ipsum
cingulum devota mentis intentione expetere et firma spe sibi
pollicentibus, indubiam sospitatem se consecuturos, si ʳ illius
solummodo usu ad tempus potiri mereantur. Nec aliquis sua
spe in hoc fraudatus hucusque nobis nunciatus est, ab his
scilicet quorum diligentie ipsum cingulum pro remedio illud
plena fide expetentium credere non dubitavimus.

§ 11. Illud tamen pretermittere nulla ratione possum persuadere animo meo, quod nuperrime quidam ex fratribus
ecclesie Cantuariensis, magno quodam tumore in modum am-
ple ac teretis spere ˢ sub umbilico ᵗ ejus crescente, graviter ᵘ afflictus mox ad tactum cinguli ipsius, et dolore sedato, qui ᵛ jam ad cor usque pertinxerat et post modicum,
tumore penitus detumescente, pristinae sanitati redditus omnino convaluit. — § 12. Nec alicui incredibile videri debere
pronuntio, tantum virum vultui Dei assistentem talia facere
posse: cum opus huic simile, eo adhuc inter undas vite la-
bentis gemente, Divina majestas pro designanda gratia ejus
facere dignata sit, sicut ego per id temporis, quo hec longe
post obitum illius scripsi, indubia penitus relatione accepi,
immo jam cognitum, sed a memoria oblivione deditum, in
mentem letus recipere merui. Venerabilis siquidem abbas ²⁰
Montis Sancte Trinitatis Rothomagi, Helias nomine, his diebus Cantuariam veniens, cum, me referente, miraculum, quod

---

p lang. app. e. *L.*   q singillatim *L.*   r *fehlt L.*   s d. i. sphaerae,
wie Joh. Sar. liest; specie *T;* pere *L, womit wol Birne gemeint.*   t um-
biculo *L.*   u pariter *L.*   v et *ins. C. In T ist das Ende des § verbrannt.*

²⁰ *Wurde gegen Ende* 1120 *ex priore* abbas, *Gallia Christ. XI,* 127.

nuperrime retuli, audisset, sciscitatus est, utrumnam memorie mee inesset mirabile factum in se[w], tempore quo pater Anselmus Rothomagi morabatur, ob merita ipsius patris perpetratum. Cui cum respondissem, me nec quid animo volveret, aut quid dicere vellet, quovis pacto animadvertere, 'mirabilis homo' ait 'recordarisne saltem, ipsum patrem beatum, cujus obsequio sedulus insistere solebas, sacros ordines Rothomagi aliquando administrasse?' 'Magis', inquam, 'hoc scio firmissime[x], quam recordor.' 'Qualitcr', inquit, tunc elapsum a memoria tua est, quod mihi ad sacrum ordinem suscipiendum inter alios, pre aliis, gratia tua obsecutus fuisti, utpote quem gravissimo dolore et ultra quam credi possit, genu[y] turgente afflictum vidisti, non nisi a duobus fratribus sustentatum posse in ordinis susceptione subsistere? Et utique tunc tibi innotuit, quemadmodum mox, ubi me manibus presentis antistitis sacrandus humiliavi, ac dominum Christum, ut ordini suscipiendo aptus existere corporisque sanitatem propter merita et intercessionem ipsius patris mererer adipisci, pro posse devotus oravi, ilico sedato tumore ac fugato dolore, totus convalui.' Que ubi audivi, confestim agnovi et[z] intelligens cuncta verissima esse, fateor erubui meque ipsum valde reprebendi eo quod tam evidens et grande miraculum in ordine Vite beati viri locum suum, desidia mea prevalente, perdiderit. Hic itaque licet sero dictum et creditum sit!

§ 13. Inter hec tanti viri insignia facta diebus ac noctibus frequens ad tumulum[a] ejus fratrum[b] accessus erat, singulis dulce habentibus, nocte pietati sui karissimi patris suas, si que emergebant necessitates animarum vel corporum quasi vivo depromere, et inde pro modo causarum ab eo consilium et auxilium implorare. Que unus[c] ex his, qui post obitum suum ad conversionem venerant, fieri cernens et vitam viri non omni ex parte notissimam habens, cogitare cepit intra se, quidnam certi de sanctitate defuncti fratres acceperint, quorum devotionem circa tumulum ejus cernebat ita

---

w se in *L.*   x firm. sc. *L.*   y genus *L.*   z tumore ac — et *verbr.*
T.   a sepulchrum *L.*   b jam *T.*   c cujus *L.*

assiduam esse. Cupiens itaque eorum, ad quos relicto seculo venerat, actus imitari, tumbe patris more aliorum se
prosternere gestiebat, sed utrum pro eo an, ut ipse pro
se Deo preces offerret, precaretur, hesitabat. Nullum igitur
habens, qui eum ab hac sua hesitatione ad plenum evolveret,
ad sinum gratie Dei se convertit, obsecrans, ut ipse, cui
omnes hominum vie patent [21], et qui secum gradientes sanc-
tificat, sicut ipse sanctus est, aliquo certo inditio sibi revelare dignetur, quid de Anselmo verius amodo sentiat: sanc-
tusne videlicet sit, qui pro aliis ad Deum intercedere digne
possit, an adhuc talis, pro quo potius intercedendum sit ab
aliis. Orat semel, orat secundo, — o mira bonitas Dei, mira
benignitas, et vere clemencia Domini mira! Non passa est
hominem diutius in hesitatione sua languere; sed quam pie
petebat rei veritatem, ne longiore ut fit mora fatigatus cepto
desisteret, dignata est certa revelatione mox iterata prece
docere. Nam ubi precibus secundo [d] incubuit, subito, ut sepe
contingere solet lenis oculos ei somnus oppressit. Et ecce
ante illum volumen apertum, in quo deducto lumine vidit
decentissime scriptum 'Sanctus Anselmus.' Ilico expergefactus
oculos a somno levavit et vere nomen patris Anselmi in libro
vite [22] scriptum, apposito quod nosse querebat sanctitatis pre-
nomine, intellexit. Alia post hec die, dum idem frater illic
missam celebraturus ante sepulchrum [e] ipsius sancti patris
pertransiret, tantam miri odoris et inestimabilis suavitatis
fraglantiam [f] sensit ex ipso manare, ut nullus eam munda-
narum specierum odoribus aut suavitatibus comparari posse
putaret. [ff] Qua in re plane advertit prime visioni sine omni
dubitatione fidem habere, quam subsequens divinus odor testatus est verissimam esse.

§ 14. [23] A quodam fratre mihi in fraterna dilectione dudum familiariter juncto non multis evolutis diebus accepi
quod narro: Villa Sancti Eadmundi [g] nuper ex insperato igne

---

d sec. pr. *T*, *wo die zwei vorigen Zeilen verstümmelt.* e sepulchrum
T. f fragilantiam *T*. ff putares *T*. g Aedm. *T*. Edm. *L*.

[21] *Prov.* 16, 2. [22] *Apoc.* 17, 8. [23] *Das Folgende bezieht Battely
(aus Joh. Sar. Wiederholung) irrig auf* 1140, *cf. S.* 133.

succensa, seviente incendio quaqua versum in destructionem
vertebatur. Turbatum vulgus in ea consistens turbatis dis-
cursibus suis rebus consulere laborabat, sed non multum pro-
ficiebat. Ventus etenim vehemens erat et hinc inde longius
ignem propellens, priusquam percipi posset, edificia ab ar-
dentibus domibus plurimum distantia flamma volans occupa-
bat. Juvit hoc infortunium claritas solis, qui discurrentem
flammam, ne videretur, suis radiis obtenebrabat. Erat autem inter alios ibi juvenis quidam, quem sua paupertas,
quam ex obitu patris Anselmi pontificis Cantuariorum se in-
currisse gemebat, illuc a Cantia egerat. Solebat namque in
familia ipsius venerandi antistitis pro suo officio ministrare,
et sibi queque necessaria propagare. Quo defuncto, abbatem
Sancti Edmundi [h] adiit, sperans suo commodo conversationem
illius magis profuturam quam quorumlibet aliorum. Erat
enim abbas idem nepos [24] beati Anselmi ex sorore natus et
ipse Anselmus nominatus. Juvenis igitur ille tunc, cum incendium eruperat, noviter sibi domum satis accommodam fa-
bricaverat, eamque tunc primo consummaverat. Ecce autem
vis incendii vento impulsa domui incubuit [i] et in tantum, ut
postem porte consumptura flamma teneret. Aderat frater
ille, a quo ista accepimus, qui hominis dolori compaciens,
monuit illum et diligenter hortatus est, quatinus in mentem
revocaret dominum suum Anselmum, qui eum nutriverat et
dominicam orationem in memoriam nominis ejus decantaret,
eique domum suam commendaret a presenti periculo defen-

---

h Aedmundi *L.*   i incumbit *L.*

[24] *Sohn des Burgund und der Richeza, denen S. Anselm III, 43
über ihn schreibt, studirt c. 1102—1105 in Canterbury (ib. 77, 82, IV
31/2, 52), zu welcher Zeit er der Königin Mathilde empfohlen wird (III
96/7). [Ueber Richeza IV 114]. Eadmer grüsst ihn IV 52. Als Abt
von S. Saba sorgt er beim Papst 1115 für Eb. Ralf's Pallium, das er
nach Canterbury bringt. Dann Geschäftsträger zwischen Rom und England, kommt er 1116 als päpstlicher Legat für England nach der Normandie, wird jedoch nicht hinübergelassen (Eadmer reist deshalb mit
Ralf zum Papst) und kehrt (c. Ende 1119) heim (H. Nov. 492 C—505
D), wird 1121 Abt von S. Edmunds, begleitet 1123 den Erzb. Wilhelm
nach Rom zur Erlangung des Palliums (Flor. Wig., Ann. Agsax.).*

dendam.[k] Adquievit ille et flexis genibus fecit quod monuit. O clementia Dei, o insigne meritum famuli Dei! Necdum precem ad plenum absolvit, et ecce, totum incendium a domus lesione ventus ab alia parte surgens evolvit. Mirabile itaque factum ostendit ibi omnipotens Deus, cum ad invocationem fidelis famuli sui Anselmi domus sibi commendata in medio ignis stabat illesa et, ceteris omnibus eam circumcirca vallantibus in favillam cineremque redactis, manebat intacta.

§ 15. Hec pro designanda qualitate vite tue, reverende pater Anselme, qualicumque stilo digessi ex industria multa preteriens, que magnitudine gratie Dei, que tecum operabatur, sullimi preconio possent ascribi.[l] Peperci enim incredulitati quorundam, qui usque hodie tibi non sincero animo detrahunt et quę scripsi nimia esse contendunt. Jam cani [ll] capitis, digitique trementes me a scribendo [m] compescunt et, ut meritorum tuorum aliquam partem in vita perenni [n] merear adipisci, continua prece insistam, suadent atque compellunt. Quod utinam miseratio Dei michi concedat efficaciter consequi! [o] Amen! Vale igitur, mi pater et advocate dulcissime, et esto pro me, Edmero [p] videlicet alumno tuo, et, donec pontificatui Cantuariensi presedisti, assiduo et indefesso ministro tuo! Si ad hec quivis, me defuncto, aliqua que [q] fortasse per te facturus est Deus, scribendo adjecerit[25], illi, non mihi ascribatur, qui [r] hoc fecerit! Ego hic finem inposui.

[s] [Explicit Vita Sancti Anselmi archiepiscopi].

---

k a pr. p. def. comm. *L.* l asscribi *L.* ll *Ergänze* sum. m hodie — scribendo *verbrannt T.* n perhenni *T.* o exequi *T.* p Aedm. *L.* q fort. q. *T.* r *sic C, T, L.* s *fehlt C, L.*

[25] *Joh. Sar. fügt hinzu:* Elphegus . . a nativitate caecus, surdus, mutus . . claudus . . ad sepulcrum b. Anselmi . . recepit sanitatem.

XVII Matthaei Parisiensis
Vita sancti Stephani archiepiscopi Cantuariensis.

Fragment.

Sir F. Madden hat unter den inhaltreichen Anmerkungen zu seiner Ausgabe der Historia (Minor) Anglorum des Matthaeus Paris III, LII auf ein am Ende des Ms. Cotton Vespasian B XIII eingeklebtes Blatt als ein Bruchstück einer Matthäus'schen Biographie Stephan Langton's hingewiesen. Darin wird der Liber Additamentorum citirt. Als ich deshalb in dem Ms. Cotton Nero D I herumsuchte, fielen mir zufällig das dem Maddenschen Fragment unmittelbar vorausgehende und folgende Blatt auf. Alle drei sind nicht aus dem Hefte herausgerissen, sondern Zettel, die einzeln in einen Band hineingeklebt waren oder werden sollten: dafür spricht das ungewöhnliche Format (quer 8⁰ bei zweien und klein 12⁰ beim dritten), das Fehlen der Paginirung, hauptsächlich aber die Rückseite: beim ersten Stück, Nero fol. 196 enthält sie die Quittung des Abtes von St. Albans, Sept. 1252, über eine von den Florentinern in London erhaltene Summe, beim zweiten, Vespas. die Copie des Briefes der Aebte von Bury S. Edmunds und Waltham, 12. Nov. 1253, welche dem Erzbischof von Canterbury den päpstlichen Befehl vom 26. Aug. 1253 [1] einsenden, die Belästigung von S. Austin's zu unterlassen. (Die Rückseite des dritten kleinen Zettels ist leer). Daraus folgt, dass die Blätter in den letzten Jahren des Matthäus († 1259) geschrieben sind, auch ist bereits die Historia Minor darin benutzt. Stil und Schrift sind flüchtig, häufig fehlerhaft. Madden hielt das Vespasian-Stück für autograph; mir scheinen alle drei Blätter Originale in der Schreiberhand von S. Albans mit des Autors Correcturen zu sein. Im folgenden sind sie in der vom Vf. beabsichtigten Ordnung gedruckt und nur Paragraphennummern vorgesetzt.

---

[1] Fehlt Potthast Reg. Pont., cf. dort 15120, 15136.

In § 1 erscheint Langton als Teufelaustreiber und zwar auf der Romreise vom October 1215 jenseits der Alpen, als er ermattet von Strapazen — er muss schon ein Greis gewesen sein, denn er stirbt 1228 „hochbetagt" — in 'Thusicano' darniederlag. Dies sollte man für Toscanella bei Viterbo halten, doch ist die Ortssprache Französisch, was eher auf Piemont deutet. Freilich auch dorthin könnten die nordfranzösischen Formen unseres Textes nicht passen. — Matthäus lässt hier Innocenz III. dem Erzbischofe grollen wegen dessen Opposition gegen den im Mai 1213 England auferlegten Tribut; während er in H. Angl. II, 146, 147 nur allgemein Stephans Widerspruch gegen die Unterwerfung des Reiches unter Rom erwähnt und in Wendovers Zeilen Chr. Maj. II, 546 den Satz einschaltet, Stephan habe reclamirt, als der Legat den Tribut mit Füssen trat. Erst da, wo von Englands Sträuben gegen die Römische Erpressung 1245 die Rede ist, sagt Matthaeus in Chr. Maj. IV, 419, das Land habe nie die von Johann übernommene Tributpflicht anerkannt; und nur in Hist. Angl. II, 507 fügt er der entsprechenden Stelle hinzu, Stephan sei darin seines Volkes Vertreter gewesen. Dass in Wahrheit der Zwist zwischen Erzbischof und Papst mit den Eingriffen der Legaten in Canterbury's Vorrechte begann, verschweigt er in dieser Vita gänzlich. [Bei dieser Gelegenheit sei die unbeachtet gebliebene, aber doch wol durch irgend einen — nur unausgeführten — Plan veranlasste Aeusserung des Bernhard Iterii von Limoges erwähnt: Johannes . . . absolvitur, sed Stephanus de Lengatona in Alemannnia fit archiepiscopus; in sede Cantuariensi quidam consanguineus domini papae elevatur. *Dann später:* Stephanus . . . cum Johanne pacificatur, *Bouquet XVIII, 231]. — In dieser Biographie behauptet Matthaeus § 1, Stephan sei unter Drohungen nach Rom vorgeladen worden, während er in beiden Chroniken (Maj. II, 615 = Min. II, 168) aus Wendover übernimmt, dass gerade auch die Romfahrt als ein Zeichen des Ungehorsams gegen die Curie galt. Langton war nämlich bei der Abreise zum Concil suspendirt worden, weil er sich weigerte, die Barone der Magna Charta zu bannen; dies meinte Paris im Heiligenleben ganz unterdrücken zu sollen.*

§ 2 spricht von dem 'alten' Hass des Papstes, was im grellen Widerspruch mit der schnellen Beförderung Langtons und mit allen sonstigen Nachrichten steht. Innocenz des III. Absicht, den Erzbischof abzusetzen kommt in der älteren Chronik noch nicht, aber schon in einer Randbemerkung zur kleineren Historie II, 174 vor, die auch des Widerspruchs der Cardinäle gedenkt. Dass unter letzteren einige die Excommunication der aufständigen Englischen Barone missbilligten, erwähnt auch Wilhelm der Bretone; doch wird das lediglich die Französische Partei im Collegium gewesen sein, und die Reden im Einzelnen sind sicher eine Erfindung der Schreibstube von S. Albans. Falsch ist, dass Langton in Frieden entlassen sei, vielmehr wurde am 4. November 1215 seine Suspension bestätigt (Potthast Reg. 5005/6) und Anfang 1216 zwar aufgehoben aber die Rückkehr nach England vor dem Frieden zwischen Krone und Adel verboten, was Matthäus früher in den Chroniken (Maj. II, 634, 648 = Min. 169, 174) aus Wendover richtig abgeschrieben hatte.

Langton kehrte 1218 zurück (s. S. 188; Stubbs, Episc. succession 38; cum gratia apostolica Robert von Auxerre app. Bouq. XVIII, 286) und zwar im Mai (Chr. Melros. 196). [Die Angabe der späten Annalen von Bermondsey, Langton habe 1216 Heinrich III. Weihe vollzogen, beruht auf einer Verwechselung mit einer späteren Krönung; er habe sie anbefohlen, behauptet der Annalist von Burton, vielleicht nur um Canterbury's Recht zu salviren]. — Nach § 3 hat Langton mit Erfolg in Ober-Italien gegen die dualistischen Ketzer, (Gieseler Kirchengsch. 1828, II 2 p. 504, Hahn, Gsch. d. Ketzer 149 ff) vulgariter Bugaros — in dieser Abwandlung ist der Name der Bulgarem in England noch heute ein schlimmes Schimpfwort —, dann in Frankreich und Flandern namentlich bei Arras und S. Omer gegen die Wucherer gepredigt. Diese Thätigkeit muss also 1216 und 1217 angesetzt werden; für damals ist aber seine hier behauptete Verbindung mit zwei anderen berühmten Ketzerpredigern Robert von Courçon und Jacob von Vitry nicht wol mit der Chronologie vereinbar. —

Schon von den Pariser Studien her müssen die drei Gelehrten einander gekannt haben. Robert war wie Langton ein

*Mitschüler des späteren Innocenz III. und ein Engländer (M.
Paris nur H. Angl. II, 229; Albric Mon. Germ. XXIII,
898; Peter von Vaux de Cernay: vielleicht ist der Gleich-
namige, o. S. 268, sein Ahn); er selbst nennt sich Johann's
Unterthan, Rymer I, 68. Er predigte seit etwa 1213 (Brief
von Innocenz 19. April; Reiner M. G. XVI, 667) als Kar-
dinallegat in Frankreich das Kreuz gegen Albigenser und Saracenen. 1214 vermittelte er — wie Matthäus in H. Angl. II,
152 nachträgt, cf. Will. Brito — einen Waffenstillstand zwischen England und Frankreich. Dann reformirte er die Pariser Universität (Boulay III, 81, 82). Uebereifer zog ihm
von der Geistlichkeit und der Krone Frankreichs Klagen und
vom Papste auf dem Lateran-Concil Tadel zu (Brito, Coggeshale). Im Februar, März, April 1216 steht [sein Name auf
Innocenz' Bullen (Potthast I, 465); dann scheint er wieder in
Südfrankreich gewirkt zu haben, denn Innocenz verzeiht Ca-
hors eine ihm, wol damals, angethane Beleidigung am 5. Juli
(ib. 5123). Am 12. August und dann [1] erst wieder am 4.
Nov. zeichnet er päpstliche Briefe. Von da begegnet seine
Unterschrift bis zum Herbst 1217 alle paar Tage] ausser [2]
zwischen 17. Jan. und 4. März, [3] 24. Juli und 25. Sept.
Nachher unterzeichnet er erst wieder [4] am 5. Dec. 1217
und [5] 3. Febr. 1218. Bedeutete nun auch ein jedes dieser
5 Intervalle seine Abwesenheit von Rom — was gar nicht aus-
gemacht ist — so reicht doch höchstens das erste zur Hin-
und Herreise und einiger Thätigkeit in Flandern aus, und
auch diese müsste weit kürzer gewesen sein, als man aus § 3
schliessen würde. [Robert landete im September 1218 in Damiette, wie auch Wendover-Paris (Chr. Maj. III, 40 =
Min. II, 229) aus Oliver weiss und starb 1219. Einiges über
ihn Hist. Littér. XVII, 395]. — Jacob von Vitry hatte man-
nichfache Beziehungen zu Flandern. Er war zu Oignies Regular-Canoniker; später beschrieb er das Leben der dortigen
Localheiligen Maria von Nivelles († 1213). Etwa von 1210
—7 predigte er gegen die Albigenser, [doch erst später 1227
auch gegen die Belgischen, als er damals vielfach am Nieder-
rheine auftrat (Ann. Colon. Maximi; Albrich; Reiner; Philipp de
Mouskes). Obwol er als Cardinal zu Rom 1244 starb, wollte*

er in Oignies begraben sein: Albrich]. Im Juni 1216 langte er zu Innocenz III Begräbniss in Perugia an. 1217 verliess er Südfrankreich (Guil. de Podio) zum Bistum Accon abberufen, von wo er im Mai 1218, wie auch Wendover — Paris (Maj. III, 35 = Min. II, 227) anders woher abschreibt, nach Damiette segelte. [Die Geschichte über Damiette hat Wendover nicht aus Jacob von Vitry geschöpft, sondern aus dessen Quelle, auf die Paris Hist. Angl. II, 232 als Liber Templariorum *verweist. Dass Jacob 1220 Legat für Irland war (Albrich 910) bemerken Wendover und Paris nicht. Ausführlich über ihn: Hist. Littér. XVIII, 210]. Sicher ist also richtig, dass Jacob in Flandern gepredigt hat, in demselben Lande und Jahrzehnt (nur schwerlich an genau demselben Orte 1216/8) mit Courçon und Langton; dass er auch gegen den Wucher gepredigt hat, ist aus dem Wirken seiner Berufsgenossen an sich wahrscheinlich: wie er denn im zweiten Buche seiner Geschichte von Jerusalem heftig dagegen eifert. Dort erwähnt er auch unter den erfolgreichen Predigern seiner Zeit Courçon neben Langton; aber er spricht da nicht von einem Jahre, sondern von einer Periode; und so wird auch unser § 3 zu fassen sein. — Für die Prediglen und Wunder der drei genannten Männer verweist Paris auf den* Liber Additamentorum. *Es findet sich jedoch, wie das so oft der Fall ist, nichts davon weder in Wats' Ausgabe noch in Ms. Nero D I. Von Langtons zahlreichen Schriften ist bei vielen Zeitgenossen die Rede (weniger beachtet: Emo, Mon. Germ. XXIII, 474) — doch nirgends von den hier genannten über Sirach und Magdalenens Busse — und existirt noch eine Reihe von Handschriften, so in Oxford, aber kein Druck. — Als Gewährsmann für § 2 und 3 wird Gervasius von Melckeley, (Lateinisch De Saltu Lacteo, Madden Hist. Angl. III, XLIII) citirt, der also auch schon für den entsprechenden Theil in Hist. Angl. benutzt war. Er heisst Hist. Angl. II, 232* optimus astrologus. *Dort und Chr. Maj. III, 43; IV, 493 sind zwei Verse von ihm auf Wilhelm Marschall abgeschrieben, andere stehen auf den letzten Blättern des hier benutzten Vespasian Ms.; zwei Handschriften von Gervasius' Gedicht Ars dictandi (versificatoria) liegen im Balliol College 263, 271 zu Oxford.*

In § 4 erzählt Paris, wie Langton 1220 den h. Thomas übertrug, zum Theil mit wörtlicher — doch stillschweigender — Benutzung bald seiner Grossen, bald seiner Kleinen Chronik. Doch ist die Pracht des Festes und der Neubauten selbständig geschildert, auch der Ablass für die Pilger und Langtons (bei Giles, Opp. s. Thomae, II, 169 gedruckte) Lectionen darüber erwähnt, denen auch das Jahrbuch von Waverley folgt. Dort und in dem von Dunstaple findet man einige ergänzende Einzelheiten. —

Schwerlich kann Matthaeus beabsichtigt haben, mit dieser Vita in Rom eine förmliche Canonisation durchzusetzen, dazu macht sich viel zu sehr der aus seinen übrigen Werken bekannte Grimm gegen die Habsucht der Curie Luft. Vielmehr zum volksthümlichen Heiligen wollte er den 'treuen Vertreter des Reiches England' — wie Stephan hier und auch sonst in S. Albans genannt wird — stempeln. Er arbeitet 1258 oder kurz vorher; aus den Kämpfen der Gegenwart heraus versteht er die Zeit der Magna Charta. Natürlich dass er die Neigung zur persönlichen Anekdote (s. S. 319) und Uebertreibung, (wie sie Madden III, XXVI in der Kleinen Chronik im Gegensatz zur ursprünglichen Grossen schon nachgewiesen hat) hier noch weiter fortsetzt: schreibt er doch eine Legende und vergisst nicht den Titel Sanctus. Soweit unser Fragment zu urtheilen erlaubt, im Einzelnen ungenau, fasst er dennoch Langtons Bedeutung im Ganzen richtig; er theilt ja mit ihm das lebendige Nationalgefühl, das Streben gegen jene 'fremden Einflüsse, die zu beseitigen das grosse Ziel Langton's gewesen war'. (Stubbs Const. Hist. II, 31).

ᵃ [§ 1] De quodam demoniacho mundato et liberato per signum crucis. ᵇ

Contigit quod, cum archiepiscopus Cantuariensis Stephanus, postquam papalem offensam propter tributum Anglie, cui constanter contradixerat, incurrisset, Romam peteret, citatus ab ipso papa sub terribili comminacioue, unde quasi

---

a *Die ersten Seiten aus Cott. Nero D 1 f. 196.* b *Rubrik.*

inter duas ᶜ contritus molas ¹, hinc nocivas magni adversarii
Innocencii pape, inde tirannicas regis Johannis sustinens per-
secuciones, usque ad amaritudinem spiritus torquebatur. Sed
vir sanctus, fidelis regni Anglie advocatus de causa confidens
auxilium consolacionis a Deo incessanter orans et lacrimans
flagitabat. Et cum transalpinasset, cogente quadam infirmitate, ut a labore itineris respiraret, moram per aliquot
dies in quodam prioratu, qui in quadam civitate est, cui
nomen Thusicano, moram continuavit. Quadam autem ᵈ [*die*],
dum ibidem perendinaret, ductus est ante eum quidam demoniacus, miserrime et miserabiliter a demone vexatus et
prodigialiter exagitatus. Erat quippe propter immanem fu-
rorem vinctus et compeditus. Et pecierunt qui ipsum ad-
duxerant, archiepiscopum, ut orans pro eo liberaret precibus
pacientem. Habebatur enim in omnibus partibus illis pro
sancto et nominis erat celeberrimi ipse archiepiscopus et predicando multos informarat. ᵉ Inquirenti autem sancto, quonam genere dementie et qualiter vexaretur, responderunt
custodes: 'graviter et incessanter, nec cibum benedictum ᶠ
vult quomodolibet, licet per multos dies jejunet, comedere,
sed ad nares ponens, quasi fetidum abicit.' Certificatus igitur, quod ab iniquo demone vexaretur, imperavit in virtute
Sancte Trinitatis, ut exiret. Cui ille cachinnans et frendens
dentibus et torve respiciens respondit lingua patria et ait:
'Nun pas pur toi, Cristianelle.' Quod archiepiscopus, erum-
pentibus singultibus et lacrimis graviter accipiens, respondit
dicens: 'O demon, non credidi, te tam bene velle dicere aut
sic verum loqui, cum sis mendax et pater mendacii. Vere
enim Christianellus sum, hoc est Christianus parvus, dimi-
nutus et mutilatus et vereor imperfectus.' Et ilico intravit
in oratorium; ubi prostratus in oratione devotissime ac pro-

---

c *Die Buchstaben* si inter duas *auf einem aufgeklebten Streifen.*   d
*Das Zeichen für eine vom Rande zu entnehmende Ergänzung steht im
Texte, über den Rand ist aber ein Streifen geklebt.* e informaret, *aber
corrigirt.* f *Das Folgende am Rande bis* abicit *von anderer Hand.*

¹ barones inter duas molas contriti pape et regis *in dem Stephan's
Verurtheilung unmittelbar vorhergehenden Satze Abbrev. Chron. III 234.*

pensius lacrimans et suspirans, Deum oravit, ut Dominus in
ipsum respiciens, suam suppleret in fide et moribus miseri-
corditer imperfeccionem, simulque curaret demone laborantem. Nec potuit nec voluit tota nocte sequenti nec in crastino ab oratione vel vigiliis impediri. Et doluerunt super
hoc capellani, clerici et ministri ejus, ne pro labore ledere-
tur in capite, vehementer formidantes. Tercia vero die quidam vicinus de civibus attulit senescallo archiepiscopi ᵍ pro
civili xenio pruna pulcherrima, quod acceptans senescallus,
optulit domino suo, dicens: 'Domine, de hoc fructu novello,
qui placidissimus est, potest bene quis jejunus comedere,
decet enim ut a jejuno pruna comedantur. Timemus enim
ne hoc continuum ac diuturnum jejunium cum labore caput
vestrum non mediocriter debilitaverit.' Erectus igitur archiepiscopus ab oratione et fletu quibus incubuerat, inquisivit,
si adhuc esset in curia sua demoniacus memoratus. Respon-
sum est ei: 'Utique adhuc retinuerunt eum custodes ejus;
aliquod sperantes remedium illi celitus destinandum.' Et
quia archiepiscopus antea audierat et expertus fuerat, dictum demoniacum quicquam cibariorum oblatorum, cui bene-
diccio infusa esset, licet per plures dies prejejunasset, nolle
quomodolibet gustare, immo omnia gustanda olfactu narium
more simie pretemptare et benedicta, quod mirum est dictu,
quasi fetida respuere, jussit archiepiscopus afferri sibi quoddam vasculum arctum et profundum. Et attulerunt quoddam quippe vas predicti scematis, videlicet unam situlam
parvam quam Broc ᵃ vulgariter appellant, vel Brochet. Et
unum illorum prunorum benedixit devotissime et posuit illud
in fundo vasis superposuitque alia non benedicta. Et jussit
advocari demoniacum et offerri eadem pruna eidem ad eden-
dum. Ipse igitur unum prunorum arripiens et suis apponens,
prout consuevit, naribus et olfactui et sentiens, illud non
benedictum, injecit ori suo avide nimis et vix dentibus con-

---

g *am Rande.*

ᵃ *Kanne, Krug, wie oben Französisch (während Italienisch* brocca*).*
Brochet *bedeutet schon s. XIII Hecht. Verkleinerung von* broc *ist* bro-
chette. *Diez, Littré s. v.*

tritum ilico deglutivit. Inde aliud consequenter raptim accipiens, apposuit naribus ut prius et nec inveniens illud benedictum, patulis h rictibus injectum devoravit. Et sic tercium
et quartum. (Nota piam decepcionem!) i Et sic credens
omnia ipsa pruna non benedicta perproprie k et inordinate
omnia sine apposicione ad nares facta, reliqua comedit uni-
versa, ita scilicet, quod ipsum benedictum comedit ante ex-
pectatum cum non benedictis. Omnibus igitur prunis co-
mestis, stetit quasi attonitus et deceptus et velut ad se reversus, emisso rugitu horribili in hunc clamorem erupit:
'Heu mi, heu mi misero! Iste sacerdos fraudulenter et pro-
diciose me decepit et prodidit intoxicando', et quasi piscis
ab aqua extractus se huc illucque distorquens, in terram
tandem corruit et ilico in dulcem sompnum resolutus, qui
insompnis antea ᵖer plures noctes et dies l clamosus exti[ti]t
et jejunus per aliquot horas placide requievit. Et cum a
sompno surrexisset, omnino sanus effectus, flexis genibus et
junctis manibus et abortis lacrimis gratias suo reddidit libe-
ratori. Quod videntes Ytalici, licet duri ac semichristiani,
sancti archiepiscopi piam laudabant decepcionem, humilita-
temque ejus attollentes, caritatis commendarunt sinceritatem.
Porro ipse liberatus a demone nunquam postea quicquam
edulii sumere voluit nisi benedictum et, si posset, ab aliquo
sacerdote.

[§ 2] Inde vero profectus Romam, accusatus est graviter
ab Innocencio papa archiepiscopus, quod nitebatur ecclesiam
Romanam irrestaurabiliter dampnificare, contradicendo tributo quod m persolvendum rex Johannes sponte se obligave-
rat. Unde, ut asserebat papa, qui eum ab antiquo oderat
et eidem inviderat, dignus erat omni privari hon[ore] n et dignitate et anathemate innodari. (Secundum magistrum Ger-

---

h patilis *cod.* i *Rubrik am Rande.* k *Wol* propere *gemeint.* l *Die folgenden 16 Zeilen sind auf dem unteren Rande der Rückseite hineingeklemmt,
deren oberen Theil eine Quittung des Johann von St. Albans füllt (über
eine von Londoner Kaufleuten aus Florenz empfangene Summe Sept. 1252).
m* qd *dazwischen oben i (?); später dahinter ein unten durchstrichenes
q über der Linie eingeschaltet, vielleicht* quidque. n *Die von hier an
folg. 2¼ Seiten* bis exultatione *aus Cott. Vesp. B XIII letztes f.*

vasium de Melkeleie). ° Cui sic hostiliter et invective pape
accusanti respondit inclinato capite cum summa humilitate
coram confratribus suis cardinalibus archiepiscopus: 'Domine,
manus vestre fecerunt, et sic repente precipitas me?' ²ᵇ Mi-
serentes igitur cardinales super hoc, secretum et diffusum
habentes colloquium, dixerunt ad invicem: 'Et quis admirari
super hoc debeat, si doleat, quod Anglia, sua natalis patria,
princeps provinciarum, facta est sub tributo? Pocius laudabilis est in ipso facto quam reprehensibilis. Sed rex Anglie
nullo nullior est, qui, eo renitente, se nititur inclinare ser-
vituti.' — Accusante tamen adhuc proterve nimis domino
papa, excusabant cardinales archiepiscopum satis civiliter,
eo quod confrater [*erat*] ᴾ, socius et concardinalis. Nec voluerunt aliquatenus sustinere, ut vir tante auctorita[*ti*]s in
tantam precipitaretur confusionem, quam proposuerat papa
tam impetuosus. Videns igitur papa tale in suo proposito
contradiccionis repagulum, dissimulavit. Archiepiscopus tam
papali quam regali destitutus presidio, conniventibus oculis
et sub silencio dolens, ultra de tributo Anglie non obloque-
batur. Et in pace dimissus de tanta tribulacione respiravit
et, qui misericordiam infirmo, ut predictum ³ est, fecerat,
misericordiam a Domino consequi promerebatur.

[*§ 3*] Qualiter archiepiscopus Stephanus mundavit in magna
       parte ab usuris Ytaliam et Franciam; secundum ma-
       gistrum Gervasium de Melkeleie. ۹

Rediens autem Stephanus archiepiscopus Cantuarie ʳ per
partes Ytalie versus partes Anglicanas, tot errores infidelium,
quos Bugaros vulgariter appellamus, predicando, disputando,
exhortando et pro e[is] ˢ Deum exorando a cordibus pericli-
tantium expulit, ut ᵗ tot animas perituras a faucibus Dia-
boli liberaret, ut sic a Deo sibi commissa talenta propen-
sius multiplicasse ³ᵇ videretur. In partibus autem Cisalpinis et

---

o *Rubrik über der Seite.*   p *Ein eingeschobenes Zeichen für* et *ist in*
s *geändert und beginnt das folg. Wort.*   q *Rubrik, davon die letzten 5*
Worte am Rande.   r arch. Cant. Steph., *aber corrigirt.*   s eo, o *halb*
ausradirt.   t ubi *cod.*

²ᵇ *Job* 10. 8.   ³ *Bezieht sich wol auf die Heilung des Besessenen* § 1.
³ᵇ *Matth.* 25. 27.

in regno Francorum maxime apud Atrabatum et Sanctum
Aodemarum et in partibus Flandrie, juvante eum quodam
profundi pectoris magistro videlicet Roberto de Curcun, viro
scientissimo, ecclesie Romane cardinali, adeo usuras elimi-
nando usurarios persequebatur, ut illius turpissimi questus,
in utroque Testamento prohibiti, usum radicitus extirparet
et regnum Francorum ab illa eluvie mirabiliter emundare[t].
Cujus sermones, parabolas et virtutes, quas Dominus pro
eodem archiepiscopo et magistro Roberto memorato, necnon
et magistro Jacobo de Vitriolo ᵘ, que speciales exigunt tractatus, [*qui*] legere desiderat, librum Additamentorum annalium, que apud Sanctum Albanum sunt, adeat inspecturus. —
Ad ejus etiam meritum et memoriam spectat immortalem,
quod quosdam tractatus laudabiles Super Ecclesiasticum et
De Penitentia Magdalene et alias scripturas cum sermo-
nibus specialibus theologicis magistrales tam magistraliter
composuit, ut Augustino, Gregorio et Ambrosio equiperari
videretur, et eisdem precellentium theologorum corda instau-
rentur erudita, et infinitorum turbe ᵛ fidelium ad melioris
frugem vite revocarentur.

[*§ 4*] ᵂ De translatione beati Thome martiris.

ˣ In ejusdem autem beneficiis preclaris judico recolen-
dum, quod anno Domini 1220 in ⁴ crastino octabarum Petri
et Pauli, die Martis, quinto anno regis H[enrici] tercii, presente eodem rege H[enrico] ⁵, archiepiscopis transmarinis et
cismarinis et episcopis, abbatibus, prioribus et populo infi-
nito, anno videlicet a passione ejus quinquagesimo, transtulit memoratus archiepiscopus Stephanus corpus beati Thome
archiepiscopi et martiris, predecessoris sui, de subopaco
cripte loco in eminenciorem ecclesie locum et ʸ in feretro,
auro primo et purissimo et gemmis preciosissimis artificio in-
comparabili composito, collocavit. Nec vidisse se quivis me-

---

u *Ergänze* fecit.   v *Am Rande von derselben Hand, die den folgenden Paragraphen schreibt.*   w *Rubrik.*   x *Das Folgende von anderer,
im MS. Corp. Chr. Cambr. XVI und XXVI ebenfalls oft begegnender
Hand.*   y trans[tu]lit *am Rande wiederholt, z. Th. verstümmelt.*

⁴ 7. *Juli.*   ⁵ *Die folg. 8 Zeilen meist aus Hist. Minor Angl. II,* 242

minit tot prelatos, tot magnates, tot populos alicui unquam ᶻ
interfuisse translationi. ⁶ Nam dignissimum videbatur universis, ut sanctum Christi martirem generaliter honorarent, qui
pro universali ecclesia sanguinem suum fundere et ad finem
usque fideliter non timuit decertare. Die quoque, quo regem
Henricum secundum, sub quo scilicet passus est, sinus terre ⁷
suscepit, quod sine alicujus hominis providentia evenit, translatum est corpus beati martiris Thome et in feretro, cui non
credimus aliud posse comparari, collocatum. Die quoque ea
in palacio inestimabili, quod consumavit archiepiscopus ᵃ,
coepulantur prelati et magnates cum solempni exultatione ᵇ
tante sollempnitatis celebrantes. Adquisivitque dictus archipresul omnibus ecclesiam Cantuariensem adeuntibus infra
quindenam translationis illius indulgentiam unius anni et 40
dierum de injunctis penitenciis perpetuis temporibus annuatim, auctoritate Honorii tercii valituram. Composuit insuper
stilo eleganti et succincto dictus archipresul de hac translatione proprias lectiones. ᶜ Quibus omnibus feliciter consuma-
tis, cum vidisset feretrum perfectum et palacium et utrum-
[*que*] ᵈ incomparabile ᵉ, junctis manibus et oculis in celum
elevatis ᶠ: ⁸'Nunc dimittis, Domine, servum tuum in pace,
quia viderunt oculi, quod cor meum, longo desiderii sitiens
proposito, thesaurizaverat.' ᵍ

---

z alicui *wiederholt.* a q. c. a. *nachträglich von derselben Hand unter
die letzte Zeile geschrieben.* b *Das Folgende steht wieder in MS. Nero
D 1 f. 196 b auf einem kleinen Zettel.* c pprias (*über dem ersten p
ein i*) lces (*über c ein Strich*). d ? ncm *oder* utm *oder* ncin, *über* c
oder t *ein* a *oder* u. e incomparabilem *cod.* f *Ergänze* dixit. g *Rest
der Zeile und Rückseite leer.*

⁶ *Der folg. Satz aus Wendover Chr. Maj. III*, 60. ⁷ *Hist. Minor.
im Texte:* anniversario, *am Rande:* qua obiit. *Unser Stück ist genauer: Heinrich II. † 6. Juli, begraben am 7.* ⁸ *Luc. 2. 29 f.*

Aus Lambeth 118 *hinter den Leges Edwardi Confessoris, man. s. XIII:*
    Complevi totum scripsi librumque peregi
    Et solus totum. Sit summo gratia Regi!

Verzeichniss

erwähnter Handschriften.

	Seite
Brüssel. Excerpt der Fontanellenses	98
Cambridge Corpus Christi College 371	284, 302
„ Universität Ff. 2. 29	230
London British Museum 14250	25
Cotton Caligula A XV	2
„ Cleopatra E I	92
„ Claudius C IX	32
„ Domitian XIII	192
„ Faustina A VIII	34, 174 ff.
„ Julius A I	157
„ Nero A VIII	57
„ „ C VII	58
„ „ D I	318
„ „ D II	32
„ „ D VIII	157
„ „ E I	292
„ Otho A XII	292
„ Tiberius B II	203, 229
„ „ D III	302
„ Titus A IX	295
„ Vespasian A XVI (Nachtr.)	200
„ „ B XIII . . .	318
„ „ B XXII . . .	32
„ „ E IV	174
„ Vitellius A XVII	84, 120
„ „ C VIII	16
Harley 447	97
„ 1005	97, 141, 227
„ 1132	97, 156
„ 3667	13
Regius 4 B VII	32
„ 8 E XVIII	9
„ 13 E VI	166
Lambeth 118	329
„ 159	285
„ 163	302
Oxford Balliol College 263; 271	322
„ Corpus Christi College 157	16
„ Jesus College 75	230
Paris 2621	230
„ Anc. lat. 5530	33
Rom. Vatican 553	98

Literarisches Register

zu den Einleitungen und Anmerkungen.

Seite

Abingdon, Chronik   32, 225
Aeddi, V. Wilfridi   293
Aethelred von Canterbury   292
Aethelric von Chichester   292
Aethelwoldi Vita   292
Ailmer von Canterbury   285
Ailwin von S. Edmunds   100, 127
                                   cf. 244
Ambrosius   273
Angelsächsische Annalen 2, 56 ff.,
                 85, 226, 228, 296
Angelsächsische Salutationes
    auf Edmund Martyr   100
Anselm von Canterbury 1, 130 f., 224,
        282—6, 288, 293—8, 300 f.
Auxerre, Robert von   31
Battle, Annalen   32, 50
Bec   31, 285
Beda   15, 35, 84, 103, 293, 296
Sg. Benedict von Peterborough   300
Berengar von Tours   223
Bermondsey, Annalen 103, 179, 320
Besuenses Ann. s. Nachträge.
Brakelonde, Jocelin de 97 ff. 135
Bregwini Vita   285, 293, 312
Brompton   159, 165, 250
Brut y Tywysogion   151 f.
Burton, Annalen   320
Caen, Bücher dorther 31, Ann. 25,
                             33, 70
Cambriae Annales   151 f.
Canterbury, Eb. s. Bregwin, Odo,
    Dunstan, Lanfranc, Anselm, Lang-
    ton. Christchurch, Annalen 1.
    Obituar 62 f., 75, 285, 291; s.
    Eadmer, Gervasius, Osbern.
    S. Austin's Annalen 58, 76 s. A.
    Peter, Gotselin.
Chichester, Annalen   57, 84 ff.
Cluny, Notizen   34, 85
Coggeshale, Radulf von 101, 103 f.,
                             107, 157
Colchester, Annalen   156
Cotton, Bartholomäus   174

Courçon, Robert   320 ff.
Coventry, Walter von   107
Dares Phrygius   15
Diceto, Radulf de   99, 166, 300
Dijon, Annalen (s. Nachträge)   31
Dionysius d. Kl.   13
Durham, Simeo von   287—291
Dunstani Vita   3, 292
Dunstaple, Annalen   102, 323
Eadmer   282 u. s. w.
Eadmunds Mirakel   203
Edward Martyr   284
Eudonis Genealogia   158
Everisden   97
Évreux, Annalen   31
Fécamp, Annalen   31, 50
Flavigny, Hugo von   298 f.
Fleury, Abbo von 228, Hugo
    von   31, 84
Folcard   225
Fontanellenses, Annalen s. S. Wan-
    drille.
Fontévraud, Necrolog   143
Fridegod   293
Gaimar, Geoffroi   56, 275
Gervasius von Canterbury 59, 292
Giraldus Cambrensis   173
Glastonbury   84, 292
Gloucester, Annalen cf. Nachtrag.
Gotselin   225
Gratian, Decreta   58
Gundulf v. Rochester 277, 296, 300
Hales, Ann.   32
Heinrich I. Urkunden   297
Herbert Losinge   297
Hermann von S. Edmunds 225, 302
Horatius benutzt   249
Hoveden, Roger von   300
Huntingdon, Heinrich von 91, 215,
                         295, 300
Jumièges, Annalen   31
Kirchengründungen, Englische 15
Lanfranc   1, 31, 285, 296
Langton, Stephan   318

Lincoln, Obituar   82
Loch-Cé, Annalen   153
Lüttich   228
Malmesbury, Wilhelm von   15 f.,
    35, 41, 84 f., 97, 156 f., 238, 242,
              286, 292—296, 300
Mapes, Walter   III, 173, 216
Margan, Annalen   165
Marianus Scotus 31, 58 f., 156 ff.
Melckeley, Gervasius von   322
Mirakel, über   214 ff., 300 f.
Monmouth, Galfrid von   15, 157
Mont S.-Michel, Annalen   98
Newbury, Wilhelm von   300
Nicolaus von Worcester 284, 290 ff.
                                         296
Nogent, Wibert von   215
Normannische Annalen   9, 25, 31,
              50, 56, 84, 98, 179
Odo von Canterbury   284, 292 f.
Ordericus Vitalis   225, 300
Osbern von Canterbury   285, 292
Osney, Annalen   102, 173
Oswaldi Vita   292
Ouches (s. Ordericus), Ann. 33, 59, 98
Päpste, Catalog der 31, 32, 60, 84,
                                         100
    „   Briefe der   297, 318
Paris, Matthäus   103 f., 171, 173,
              190, 193, 318, 328
Petri abb. Cantuar. Vita   292
Peterborough (s. Angels. Ann.),
    Annalen   13
Plympton, Annalen   25
Reading, Annalen   9
Sg. Rishanger   198
Rochester (s. Gundulf), Ann.   32,
                                      49, 58

Rouen, Annalen 31, 60, 85, 98, 179
Saint Alban's (s. Wendover, Paris)
    97.   Additamenta 322.   Gesta
    abbatum 166. Abbrev. Chronic.
                                         324
S. Bennet of Holm   233
S. Denis, Necrolog   203
S. Edmunds (s. Ailwin, Hermann,
    Jocelin, Taxter, Everisden), An-
    nalen   97, 156, 228
S. Evroul s. Ouches.
S. Wandrille, Ann. 33, 46, 62, 98
Salisbury, Johann v. 173, 300 ff., 317
Sigebert   31, 296
Southwark, Ann. 34, 103, 173, 178 f.
Sulcardus   17
Stubbs, Thomas   287
Südenglische Annalen 34, 98, 179
Taxter   97 f., 102, 156
Tewkesbury, Annalen   9, 95, 180
Tinmouth, Johann von   285, 293
Torigni, Robert de   98
Troppau, Martin von   31
Virgil benutzt   269
Vitry, Jacob von,   321
Waverley, Annalen   107, 173 ff.
Wendover, Roger von 97, 101 ff.,
         107, 166, 171, 319 ff., 329.
Westminster, Matthäus von 174 ff.,
                                         201
Wilfridi Vita   293
Winchcomb, Annalen   19
Winchester, Ann. 56 ff., 85 f., 173 ff.
Worcester (s. Oswald) 15 f., 32, 35,
    58 f., 85, 156, 174 f., 180, 219,
                              295, 300
Wykes, Thomas   173

I n d e x.

A. Abt. B. Bischof. bgb. begraben. Br. Bruder. Eb. Erzbischof. er. erobert.
erw. erwäblt. F. Fürst. G. Graf. gb .geboren. gf. gefangen. Gm. Gemablin. gr. gründen.
h. heirathet. H. Herzog. K. König. Kai. Kaiser. M. Mönch. P. Papst. Pr. Prior
Pt. Priester. S. Sohn. Schl. Schlacht. T. Tochter. v. von. verh. verhandelt.
† stirbt. ⨯ umgebracht.

A- s. auch Ha-.
Aachen, dort gekrönt: Ludwig I.
    39, Otto II. 43, Richard 197.
Abingdon gegr. 17; Edmund v., s.
    Canterbury Eb.

Accon, Eb. Balduin † zu, 7; er.
    136, 183.
Adalard s. Canterbury Eb.; Rouen
    Eb.
Adalbert und Conradiner 42.

Adel- s. Aethel-.

Adela s. Devon; Löwen G.

Ademar s. Winchester B.

Adeodatus s. Rom P.

Adulf s. Ostanglien B.

Aed- s. Ead-.

Aedbert s. Selsey B.

Aegidius s. Salisbury B. Giles.

Aelfeah s. Canterbury Eb.

Aelfgar Schwiegervater Harold II. 24.

Aelfgeth, S. Edmund's Wunder u. Vision 239 f.

Aelfgifu Gm. Eadmund I. 20; Tochter Eadward I. 124; s. Emma.

Aelfleda Gm. Eadward I. 124.

Aelfred s. England K.; A. Aetheling aus der Normandie gesandt 91, in England ermordet 72, 91; v. Spanien, Justiciar 253.

Aelfric s. Canterbury Eb.; S. Edmunds Pt.

Aelfrida s. Winchester, S. Mary's.

Aelfsi s. Canterbury Eb.; Winchester B.

Aelfthryde mordet ihren Stiefsohn Eadward II. 20, 44, 89, 126.

Aelfwen, Klausnerin bei Holm 234.

Aelfwine s. Ostanglien B.; Ramsey A.; Winchester B.

Aestengle s. Ostanglien.

Aethelbald s. England K.

Aethelbert s. England K.; Kent K.

S. Aetheldreda 119.

Aethelgar s. Canterbury Eb.

Aethelhard s. Canterbury Eb.

Aetheling Eye, Alfred's Kloster Athelney 19.

Aethelm s. Bath B.; Canterbury Eb.

Aethelmar s. Ostanglien B.

Aethelnoth s. Canterbury Decan; ib. Eb.

Aethelred s. England K.; Mercien K.

Aethelwin s. Canterbury Decan; Ostanglien H.; S. Edmunds M.

Aethelwold s. Winchester B.

Aethelwulf s. England K.

Africa, K. Gormund von 158.

Africanus, Julius 111.

Agallus d. i. A. Gellius 109

Agapet s. Rom P.

Agathe Gm. Eadward's, des S. Eadmund II. 24.

Agatho s. Rom, P.

Aidan s. Lindisfarne B. v.

Aigrold s. Harold.

Ainard A. [von Cluny?] 42.

Akemannus, nach ihm Akemannesceastre (Bath) benannt 19.

S. Alban bekehrt 163, Passio 112, Reliquienfund 63.

Albemarle VII. G. † 198.

Alberich s. Rom Legat.

Albigenser 148 cf. 327 f.

Albold s. S. Edmunds A.

Album Monasterium d. i. Whitchurch.

Alcuin 159.

Ald- s. Eald-.

Aldhelm s. Malmesbury A., Sherborne B.

Alemannen gegen Gallien 115.

Alemannien, Karl der Gr. dort 38, 122; Elsass in, 245.

Alexander s. Lincoln B.; Rom P.; Schottland K.

Alexandria B. Cyrillus 114; Origenes dort, 111.

Alexius s. Constantinopel Kai.

Alf- s. Aelf-.

Alienor s. Eleonore.

Alpen, Eb. Aelfsi † dort 69.

Alu-; Alv- s. Aelf-.

Alured d. i. Ealdred, s. York Eb.

Alwin 127, 204 f.

S. Amand 118.

S. Ambrosius 113, citirt 273, Eb. Langton ihm verglichen 328.

S. Amphibalus, Reliquienfund 163.

Anastasius s. Constantinopel Kai.; Rom P.

Andelys gegr. 137, er. 142 f.

S. Andreas 108, 112.

Andreas s. Winchester Pr.

Angeln er. Britannien 16, 35, 114 f.

Anglia Orientalis, vielmehr Essex, 159.

Angoulême, Isabelle Gm. K. Johann's 139.

Anjou, Mathilde T. Heinrich I. dort 11; K. aus dem Hause s. England K. Heinrich II; für Frankreich er. 143.

Anlaf von K. Aethelstan besiegt 68, 88.

Ansbert s. Rouen Eb.

Anscher s. Reading A.

Anselm s. Canterbury Eb.; Pershore
　A.; Röm. Legat, S. Edmunds A.
Antiochia er. 26; B. Petrus 108;
　Ignatius 109; F. v., Bohemund I.
　† 26.
Apulien, Otto IV. er. 150.
Aquitanien s. Guienne.
Arator 116.
Archelaus Sohn Herodes' 107.
Arfast s. Ostanglien B.
Argentan, Johann dort 140.
Arles, Concil 112.
Arnulf s. Franken, Karolinger.
Arras, Ketzerbekehrung 328.
Arthur s. Bretagne H.; Britannien,
　K.
Arundel, Brand 95; Gr. Wilhelm
　† 183; Wilhelm III. † 189.
Ascalon er. 29.
Ascelin s. Rochester B.
Assandun Schl. 71, 90; Kirchweihe
　90.
Athanasius 112.
Athel- s. Aethel-.
Attigny, Wittekind's Taufe 38, 62,
　121.
Audoen (S. Ouen) Uebertragung 40;
　s. Rouen, Eb.; s. Wales, F. Owen.
Augum s. Eu.
S. Augustin 114, Eb. Langton ihm
　verglichen 328; s. Canterbury
　Eb.; Waterford B.
Australes Saxones s. Sussex.
Avallon, Arthur's Grab 158, 165.
Avitian s. Rouen Eb.
Avranches, B. Johann wird Eb. v.
　Rouen 26.
Baiern er. von Karl d. Gr. 38, 122;
　von Ludwig d. Sachsen 42.
Baldewynus 159 d. i. Bedwine, s.
　Ostanglien B.
Balduin s. Canterbury Eb.; Devon
　G.; Jerusalem K.; S Edmunds A.
Barfleur, Diebstahl im Hafen 263,
　Schiffbruch bei 78.
Bari, S. Nikolaus dorthin 46, 75,
　92.
Barking 17.
Basilius 66 f. (nicht Papst) s. Con-
　stantinopel Kai.
Bath, s. Akemannesceastre, Bistum
　dorthin 19; Eadgars Krönung 43;
　Rebellenkrieg 1088 22; Brand 95.
　B. (s. Wells) Johann 19. Robert
　I. 27. Jocelin 168.

Battle, K. Johann dort 55. Ä
　Gausbert 52. Heinrich ib. Ralph
　ib., † 53. Werner. Walter 53.
　Odo ib., † 55. Johann 55.
Bayeux von Heinrich I. verbrannt
　47, 131. B. S. Hugo I. s. Rouen
　Eb.
Bdrocenus d. i. Cadiocenus.
Béarn, Gaston Vizg. untw. sich
　Heinrich III. 194.
Beathfrid s. Selsey B.
Beauvais, B. Hilderich Geissel für
　Louis IV. 44.
Bec, A. Herluin, - Lanfranc 128.
　Gilbert dorther, s. Colchester A.
　Rohaise Gm. Eudos dort begb.
　162. Heinrich I. dort 131.
Becket s. Canterbury Eb.
Beda schreibt 37, 117, 119; † 18
　120; wird citirt 117.
Bedford, Heinrich III. er. 189.
Bedfordshire 19, 23.
Benedict s. Monte Cassino; Peter-
　borough A.; Rochester B.; Rom
　P.
Benedictiner Capitel zu Oxford 195.
Beodricsworth d. i. S. Edmunds-
　bury 233, 274 f.
Beorht, Berht- s. Briht-
Berkshire 23, Blutsee 47, 130, cf.
　Finchampstead.
Bernhard s. Italien K.
Bernicia 17.
Berno s. Cluny Ä.
Bierne s. Béarn.
Bigot Roger, Wilhelm des I. Richter
　in S. Edmunds 253; spricht Va-
　sallen Abteigut zu 268; s. Nor-
　folk G.; Hugo Br. des Vten G. Rei-
　serichter 197.
Bingham s. Salisbury B.
Binham, M. Hermann zu, bezweifelt
　S. Edmund's Kraft 267.
Birin s. Winchester B.
Biternum d. i. Viterbo.
Blanca Gm. Ludwig VIII. † 195.
Blaydon Schl. 9.
Blois G. Theobald IV. † 82; Ste-
　phan von s. England K.; Hein-
　rich von s. Winchester B. Wil-
　helm aus s. Lincoln B.
Blyburgh, Gilbert dorther, s. But-
　ley Pr.
Bobbio 117.
Bodmin, Pr. Reinald † 29.

Bomfild s. S. Edmunds Pt.

Bonifacius s. Rom P.

Bordeaux, G. Cornwall dort, 189.

Bosel s. Worcester B.

Botulf's Translation 277.

Boulogne, Heinrich III. dort 196. G. Stephan s. England K.; Eustach s. d.; Reginald fällt von Frankreich ab 149, in England's Bund 151, gf. 187.

Boves, Hugo, in Engl. Sold 151.

Boyton s. Butley Pr.

Brabançonen gegen Schottland 151.

Braose, Wilhelm flieht nach Irland 146, † 49; Gm. und Sohn Wilhelm ⨯ 149, 186; Wilhelm ⨯ in Wales 190.

Bregwin s. Canterbury Eb.

Bretagne, Ludwig des Fr. Züge 40, 64, 122; von den Normannen verwüstet 123; K. Morman ⨯ 39, 64, 122; G. Conan, Grossvater Robert II. 90; H. Gottfried, S. Heinrich II., Ritter 163; seine Gm. Constanze gebiert Arthur 164; dieser mit Philipp II. verbunden 141 f., gf. 8, 142, 183; G. Peter bei Heinrich III. 190.

Brewer, Wilhelm, † 190; d. Jüngere † 191.

Brewes s. Braose.

Briccius Messe 70, 126.

Bridport s. Salisbury B.

Brihteag s. Worcester B.

Brihthelm s. Canterbury Eb.

Brihtric s. Wessex K.

Brihtwald s. Canterbury Eb.

Brinstan (Byrnstan) s. Winchester B.

Bristol im Aufstande 1088 22; Stephan dort gf. 81; Johann dort 147; Schatz dort gefährdet 153.

Britten Urbewohner 16; Römer 17, 35, 108; Bekehrung 16, 35; Englische Eroberung 35, 114; K. Lucius 35, 110; Wicht 17; Arthur 116, 158, 165, 182; Monarch Br. heisst Eadgar 69; s. England.

Bruere s. Brewer.

Brunhild 116.

Bruningafelda d. i. Brunanburh, Schl. 68, 88.

Bruno s. Rom P. Leo IX.

Brut, Buch vom, 158.

Bulgaren, Eb. Langton predigt gegen, 327.

Burchard s. Schwaben H.

Burgh s. Kent G.

Burgund H. Richard besiegt Rollo 42, beim Bonner Vertrage 43.

Butavant Philipp II. er., nach Verhandlung mit England dort 140.

Butley gegr. 163 f.; Pr. Gilbert 164 f.; Wilhelm 165.

C- s. auch Ch, K.

Cadalus s. Rom, Gegenpapst.

Cadiocenus s. York Eb.

Caen K. Johann dort 142; S. Étienne geweiht 26; A. Wilhelm wird Eb. v. Rouen 26, 46.

Caesaraugusta s. Saragossa.

Caesarea B. Theophilus 110.

Calais, Flotte Philipp II. dort 186.

Calibi, -burn, Arthur's Schwert 158.

Calixt s. Rom P.

Cambridge, Elmhamer B. dorther 233; K. Johann dort 151; Johann v., s. S. Edmunds Pr.

Campanien, Hadrian Abt in, nach England 36.

Candida Casa d. i. Whithern.

Cantelupe, Fulco und Robert Confiscatoren von Canterbury 145, 185; Wilhelm Gesandter an Otto IV. 152.

Canterbury 1011 er. 3. — Ebistum Verhältniss zu York 21, 92. Exempte Abtei unter ihm 276. Durch London oder Rochester vertreten 167. Palast des Eb. 329.

Christ Church — reformirt von Aelfric 21; empfängt die Reliquien Aelfeah's 3; 1067 Brand 4; 1073 Grundsteinlegung 4; (1109 ein Bürger geheilt 306 f.); Humfred dort 309; A. Elias aus Rouen dort 313 f.; 1130 Kirchweihe 5, 27, 79; 1174 Brand 6, 49; beschenkt von Ludwig VII. 7, 54, 83; Streit mit Eb. Balduin 54; 1194 besucht von Richard I. 7; Johann dort 8, 143; Mönche vertrieben, Gut confiscirt 145 f., 185. — Pr. Ernulf wird A. s. Peterborough; Suppr. Reginald erw. Eb. 145; Decane Aethelnoth, Aethelwin 3; Präcentor Eadmer 305 f., 308 f., in Lyon 310, s.

S. Andrews B. M. Haimo bringt Anselm's Gürtel an Humfred 308 f.; M. Elias träumt von Anselm 304; M. Herluin s. Leighlin B.; ungenannte M. 306 ff., 312 f. — Eb.: Augustin nach England 16, 23, 36, 117; Justus 118; Honorius 118; Deusdedit 118; Theodor 119, nach England 36, unter ihm Bosel s. Worcester B.; Tatwine 120, † 18; Nothelm 120, weiht Aedbert für Selsey 18; Cuthberht †, bgb. in Christ Church 61; Bregwine 62, 121; Jaenberht 62 f., 121, nicht in Christ Church bgb. 61; Aethelhard 122, nach Rom, † 63; Wulfred 63 f.: Feologild 64, 123; Ceolnoth 64, 123; Aethelred 65 f.; Plegemund 66, 124, weiht Beornege für Selsey 87; Acthelm 124, † 68; Wulfhelm 124, † 68; Odo 20, 68, 124 f., † 69, sein Neffe Oswald s. York Eb. 88; Aelfsi 69, † in Alpibus 69; Brihthelm erw., vertrieben 69; Dunstan 126, gb. 3, 68, Eb. 69, 125, in Rom 69, Klosterreform 69, † 44, 70, 89, Anselmen befreundet 304 ff.; Aethelgar 70, 89, 126; Sigeric 3, 70, 89, 126; Aelfric 3, 70 f., 89, setzt Mönche nach Canterbury 21; Aelfeah 3, 71, 126, Pallium 3, 71, 89, will S Edmund's Amulet kaufen 241, × 3, 21, 45, 71, 89, 127, Reliquien nach Christchurch 3, 71, 127, besichtigt 5; Lifing qui et Aethelstan 3, 71, 90, 126 f.; Aethelnoth 3, 71, 90, 127 f., weiht S. Edmunds 21, 127, 274; Eadsige 3 f., 72, 128; Robert 4, vertrieben 72, 74, † zu Jumièges 73; Stigand 73, 128 f, erh. Pallium von Benedict 4, 73, weiht Abt für S. Edmunds 256, abgesetzt, † 74.
Lanfranc in Bec 128, Caen A. 4, Eb. 4, 51, 74, 91, 129, erh. Pallium 74, 129, 249, gr. Christchurch 4, überträgt S. Eadburg nach S. Gregory's 4, hört Process zw. St. Edmunds und Diöcese 254, † 4, 10, 13, 26, 46, 52, 92, 130. Anselm 4, 10, 46, 75, 92, 130, Pallium 75, nach Rom 4, 75, bei Heinrich I. Krönung abwesend 22, zurück 5, Concil 76, ordinirt zu Rouen 314, 1106 zurück 93, † 5, 10, 13, 26, 47, 52, 76, 92, 131, 182, Wunder 282 ff., mit Dunstan in Beziehung 304, 306, dem Humfred befreundet 308, sein Neffe 316, sein Diener 316, sein Gürtel 308. Ralph B. v. Rochester 5, Eb. 5, 47, 76, 94, 131, Pallium 5, 77, in Lyon 310, † 5, 14, 27, 47, 53, 78, 94, 313. Wilhelm Pr. v. Chich 78, Eb. 5, 53, 78, 94, Pallium 78, 5, weiht Simon für Worcester 23, nach Rom 78, † 5, 27, 80, 95, 132. Theobald 5, 11, 48, 53, 80, 95, Concil 28, nach Rheims, verbannt, landet, interdicirt K. Stephan's Land 81, giebt seinem Br. Rochester 82, krönt Heinrich II. 82, S. Austin's Abt leistet ihm Profession 83, † 6, 49, 53, 96, 134. Thomas 6, 49, 53, 96, 163, Kirchenstreit 14, 96, 163, verbannt 14, 96, × 6, 30, 53, 83, 96, 163, Reliquien 7, 96, 189, 328, Pilgerfahrten s. Christchurch. Richard 49, 53, 134, in Rom 6, 53, † 49, 54. Balduin B. v. Worcester, Cistercienser 7, 54, inthronisirt 7, Streit gegen den Convent 54, Kreuzzug 165. Hubert Walter 7, 54, Feste 139 f., 144, krönt Johann 140, 167, widerräth franz. Feldzug 144, krank 167, † 144, 168, 184. Stephan Langton 145, 168, 185, Streit mit Johann 146 ff., 185 f., Weihe für Lincoln 148, 169, in England 170, absolvirt Johann 171, Weihen für Chichester, Worcester 171, opponirt Englands Tributpflicht gegen Rom 323, exorcisirt auf der Romreise 324 f., Innocenz will ihn absetzen 326, Cardinäle entschuldigen ihn 327, predigt in Italien gegen Bulgaren 327, in Flandern gegen Wucher 328, 1218 nach England 188, krönt Heinrich III. 189, überträgt S. Thomas 189, 328 f., Concil zu Oxford 189, Schriften 328, † 190. Richard Grant 190, zu Winchester 191, † 191. Ed-

mund 191, in Rom, Weihe für Norwich, im Exil, † 192, übertragen 194. Bonifaz 193 f., in Winchester 194, Streit mit London und Winchester 195, Reichsverweser ib., in Spanien 196, Convocation 197.

St. Martin's B. Godwin † 4.

Archidiacone: Roger s. York Eb.; Thomas s. Eb. 163.

Eb. Gericht entscheidet zwischen Waverley und Dummer 199.

St. Austin's Kirchweihe 70; M. träumt von Anselm 305; Wilhelm 1146 für Norwich geweiht; 1148 Benehmen 81; Mönche nach Christchurch 145; A.: Jaenberht 121; Wulfric † 4; Hugo † 82; Pr. Sylvester 82, leistet Eb. Theobald Profession 83.

St. Gregory's erhält Eadburge's Reliquien 4.

Capet, Hugo 126.

Capua, Karl d. Gr. dort 38, 122.

Cardinäle s. Rom, Legaten.

Carisiacum, Leo III. dort 39.

Cassiodor 115.

Castle-Maud von Heinrich III. befestigt 191.

Ce- s. Cae-, Coe-, Cea-.

Ceadwalla; Ceawlin s. Wessex K.

Cenel-Eoghain, Engl. Niederlage 153.

Cenewalh s. Wessex K.

Cenewlf d. i. Ceolwulf s. Northumbrien K.

Cenomann- s. Maine, Le Mans.

Cenred s. Selsey B.

Centwine s. Wessex K.

Ceolnoth s. Canterbury Eb.

Ceolric s. Wessex K.

Ceonwlf s. Mercien K.

Ceolwulf; Cerdic s. Wessex K.

Ch- s. C.

Chalcedon, Concil 114.

Chaluz Etymologie; Richard I. † vor, 183.

Chartres von Rollo belagert 42, 124; B. Waltelm 42, 124; Ivo 130.

Chertsey 17; Brand 192.

Chester verproviantirt 154; B. (s. Lichfield) Gerhard 49; Gottfried I. 183, † 169; Wilhelm I. 187, † 189. G. Hugo reformirt S. Werburghs 23; Sohn: Robert 130; Richard ertrinkt 1120 14, 78;

Ranulf Blundevil, Kreuzfahrt 188. Constable Roger † 150.

Chich, Pr. Wilhelm s. Canterbury Eb.

Chichester, Hofritter dorthin 265; Brände 94, 96; Bistum aus Selsey 19, 92. B. (s. Selsey) Stigand 19, 92; Gottfried 92; Ralf 93, † 94; Seffrid I. 94, abgesetzt 95, † 95; Hilarius 95; Seffrid II. 55; Simon I. 55, 184; Richard I. 171, 187; Ralph II. 188, † 189; Burgcaplan v., Johann 95.

Childebert; Childerich s. Franken, Merowinger.

Chinon, Heinrich II. † zu, 7; Frankreich er. 144.

Chlodvich; Chlothar s. Franken K.

Christchurch s. Canterbury.

Christine T. des Eadward Aetheling 24.

Christophorus s. Rom P.

Cicestrensis p. 183 Z. 16 cod. statt Cestr.

Cissa, Vater Ine's, s. Wessex, K.

Cistercienser von Richard I. beschenkt 164; dem Interdict ungehorsam 147 f., 168; besteuert 154; s. Canterbury Eb. Balduin.

Cl- s. Chl-.

Clap s. Osgod.

Clare, Richard unter Wilhelm I. Richter 253; G. Gilbert I. bei Gründung Colchester's 160; Wilhelm, S. des VIIten G., ✕ 197

Clarembald s. Feversham A.

Claudius s Rom Kai.

Clemens s. Rom P.

Clermont s. Concilien.

Cluny, P. Gelas II. † dort 47; Mönche von dort nach England: s. Lewes, Montacute, Reading. A.: Berno 39; Odo 125, geb. 38, Mönch 39; (Ainard? 42); Majolus 43, † 44, 126; Odilo 44, 126, † 45, 51; Hugo I. 45, 51, † 52, 93; Pontius 93, sendet Petrus nach Reading 10; Hugo aus Reading 183.

Cnut s. England K.; Dänemark K.

Coduba d. i. (?) Corbeuil.

Coelestin s. Rom P.

Colchester, T. Wilhelm's dorther 273; alte Capelle Joh. Ev. dort 159; S. John Bapt.: Gründung

159 ff.; Mönche aus Rochester dorthin 160; aus York 161; wird Abtei 161; Kirchweihe, Brand, Grab und Translation des Gründers 162. A.: Hugo 162; Gilbert I. 162 f.; Wilhelm, Hugo, Gilbert II. 163; Walter I. 163 f.; Osbert 164; Walter II. 162.

S. Columban 117.

Compiègne, Ludwig (VIII.) wird Ritter 147.

Conan s. Bretagne G.

Conon s. Rom P.

Concil zu: Arles 112; Chalcedon 114; Clermont 26, 130; Constantinopel 113; Frankfurt 39, 122; London 1075: 21; 1101, 1106 (vielmehr 1102, 1107): 93; 1129: 94; 1237: 192; Convocation 1257: 197; Lyon 194; Nicaea 112; Oxford 189; Reading 145, 168; Rheims 1049: 45, 128; 1148: 81; Rom 1139: 11; 1179: 54, 83; 1215: 187; Tours 96; Winchester 1070: 21; 1141: 28; Windsor 236.

Conrad s. Deutschland K.; Diche; Seneschall Otto des IV. in England 151.

Conradiner 42.

Constantin s. Constantinopel Kai.; Rom Kai.; Rom P.

Constantinopel, Concil 113; H. Sophia 116; Patriarch Nestorius 114; Paul, 36, 118. Kai. Arcadius bis Heraklius 113—8; Constantin III. 36, 118; Herakleonas 118; Constans 36, 118; Constantin IV. 119; Justinian II. 36, 119 f.; Tiber. III. ib; Philippicus 36 f., 120; Anastas. II. 37, 120; Theodos. III. ib.; Leo III., Constantin V. 37, 61, 120 f.; Nicephorus, Michael 39, 122; Leo VI., Constantin VII. 126; Alexius I. † 94; Balduin I. 143.

Constanze s. Bretagne H.

Corbeuil, Braose † dort 149.

Cornhill vertreibt M. aus Canterbury 185; s. Chester B.

Cornwall, Bistum s. Exeter; G. Richard gb. 169, in Marlborough erzogen, Gerücht dass er getödtet 153, nach Bordeaux 189, erh. Cornwall 190, Kreuzzug 192,

nach Gascogne, h. Sancha 193, in Lyon, Reichsverweser 195, s. Deutschland K.

Courçon, Robert lässt sich von Bigot Southwold übertragen, von Schreck geschlagen 268 f.; Robert, Cardinal predigt gegen Ketzer 328.

Coutances B. Laudus 115; Gosfrid, Aufruhr gegen Wilhelm II. 22.

Coventry B. s. Lichfield.

Cridiatune d. i. Crediton Bistum 19; B. s. Exeter.

Crescentius s. Rouen Eb.

Cronica Anglorum s. England.

Cumyn s. Dublin Eb.

Cuthbert s. Canterbury Eb.; Lindisfarne B.

Cuthred s. Wessex K.

Cynegils, Cynewulf s. Wessex K.

Cyprian ⋊ 111.

Cyrillus s. Alexandria B.

Dänemark, Harold zu Richard I. Hülfe 44. K. Swen er. England 71, 90, 127; Cnut, Harthacnut 24, s. England K.; Swen Estrithson 24; S. Cnut ib.

Dänen verwüsten England 21, 89, 126, 231; Bricciusmesse 70; bei Eadward III. Hofe 242 ff.

Dänengeld 126, 127, 234.

Dagobert s. Franken, Merowinger.

Damasus s. Rom P.

Damiette 1219: 188 f.; 1249: 194.

Daniel s. Franken, Merowinger Chilperich ib.; Winchester B.

David s. Schottland K.

Deira 17.

Derby, G. Robert beharrt bei den Oxforder Provisionen 198.

Desiderius unterliegt Karl d. Gr. 38, 62, 121.

Deusdedit s. Canterbury Eb.; Rom P.

Deutsche Nachrichten s. Agathe; Alemannen; Conradiner; Dänen; Duisburg; Flandern; Franken; Frankfurt; Friesland; Italien; Leberau; Löwen; Marian; Mathilde T. Heinrich I. von Engl.; Rom; Sachsen; Schwaben; Thüringen; Ungarn.

Deutschland, Mathilde dorther zurück 10; Richard I. dorther zurück 7; Langton dort Eb. 319.

K. Conrad I. 42, 88, † 43, 68, heisst Vater Heinrich I. 88; Heinrich I. 43, Bund mit Frankreich 43, gibt Otto (I.) Eadgyth zur Gm. 88, † 43, 68, heisst Kai v. Alemannien und Rom 88; Otto I. 88, K. 43 f., 68, er. Italien 125, Kai. 69, † 69, 89, 125, sein Sohn Ludolf 43; Otto II. 43, 69, 89, 126, † 44, 70; Otto III. 44, 70, 126, † 44, 51, 70; Heinrich II. 44, 51, 71, 126, † 45, 51; Conrad II. 45, 51, 71, † 51, 71; Heinrich III. 51, 72, † 45, 51, 73, 128; seine Verwandte Agathe 24; Heinrich IV. 45, 51, 73, 128, † 26, 131; Heinrich V. 26, 76, 131, gegen den Vater 131, heir. Mathilde 5, 47, 76, 131, nimmt Paschal II. gf. 10, 52, 93, † 53, 76; Lothar 78; Conrad III, Kreuzzug 6, 81; Friedrich I. 53, 133; Heinrich VI. hält Richard I. gf. 165; Philipp 147, 185; Otto IV. in England 146, Huldigung 147, Gesandtschaft nach England 147, 151, von dort 152, Kaiser 148, 169, 185, gegen Innocenz 149, 185, gebannt 149, durch Italien zurück, verh. mit Rom 150, heir. 152, von Frankreich besiegt 187; Friedrich II. Innocenz' Mündel 149, Zwist mit Gregor 190, heir. Isabelle 191, fängt Prälaten 193, abgesetzt 194; Richard erw. 196, gekrönt 197.

Devizes, G. Kent dort gf., befreit 191.

Devon Gf. Balduin beschenkt Plympton 29, † 29; seine T. Adelis † 29; Richard † 30.

Diche Otto IV. Gesandter 151.

Dionys d. Kl. Ostercyclus 115, 118.

S. Dionys 37, s. Paris B.

Diuma s. Mercien, B.

Domesdaybook 21, 130.

Donatus s. Epirus B.

Donus s. Rom P.

Dorchester, Bist. 17, 18, 120, nach Lincoln übertragen, 18.

Dorobernia s. Canterbury.

Dorset, Klöster in: Shaftesbury, Sherborne 23; Bistum s. Salisbury.

Dover, K. Stephan † 82; Ludwig

VII. landet 83; Johann verh. mit der Kirche 185 f.; Ueberfahrt der Des Roches gehindert 191.

Down B. Ralf, Thomas fungiren in S. Albans 167, 171 f.

Dublin Eb. John † 153, 186; Heinrich 153.

Duisburg, Normannen dort 42.

Dummer, Zwist des Rectors mit Waverley 199.

Dunstan s. Canterbury Eb.

Durham Johann verh. mit Schottland dort 151. B. (s. Lindisfarne) Ealdhun † 127; Edmund 127; Ranulf, Wilhelm II. Beamter 275; Philipp † 168; Richard Marsh † 190.

E-s. Ae-

Eadbert s. Selsey B.

S. Eadburg nach S. Gregory's 4.

Eadgar Aetheling seine Eltern 24.

Eadgife Gm. Eadward I. 124.

Eadgyth Tochter Eadgars 125.

Eadmer s. Canterbury Cantor, S. Andrews B.

Eadmund s. Canterbury Eb.; Durham B; England, K; Ostanglien, K; S. Eadmund des II. † 24; S. Heinrich III. gb. 194.

Eadred s. England K; s. Whithern, B.

Eadric s. S. Edmunds; Streone mordet Eadmund II. 235, erhält Mercien 237, ⨯ 71.

Eadsi s. Canterbury Eb.

Eadward s. England K.; S. Eadmund des II. h. Agathe 24.

Eadwi s. England, K.; Northumbrien, K.

Ealdfrid s. Northumbrien K.

Ealdgate s. London.

Ealdgytha, Gm. Harold II. 24.

Ealdhun s. Durham B.

Ealdred s. York Eb.

Ealdwine-Wor s. Lichfield B.

Ebalus s. Poitou G.

Eberhard s. Norwich B.

Ecci s. Ostanglien B.

Ecgberht s. England K.

Ecgfrid s. Northumbrien K.

Ecgwine s. Worcester B.

Ed- s. Ead-

Eilesdone, K. Eadmund gemartert zu, 159.

Eilmund s. S. Edmunds.

Eleonore Gm. Ludwig VII. 132 (Kreuzzng 182) und Heinrich II., gekrönt 82, in Mirebeau belagert 141 f., † 143, 184. Gm. Heinrich III. 192, Kinder ib. 196, nach Gascogne 193, 196, in Paris ib.

Eleutherius s. Rom P.

Elf, Elu- s. Aelf-

Elias s. Canterbury M.; Rouen A.

Elmham s. Ostanglien B.

Elsass Leberau im, 245.

Ely Kloster 17, M. Aelfwin s. Ostanglien B., Bistum ggr. 22, 131; B. Wilhelm I., Legat beruft Concil 136, † 7; Eustach interdicirt England, exilirt 146 f., 170, 185, verh. mit Johann 148, Abtsweihe für S. Albans 171; Nicolaus von, s. Worcester B.

Emma Gm. Aethelred II. 70, 89, Cnuts 24, 89, 274, vertrieben, † 72.

England: Chronik 16, 234, 246; Heptarchie 231.
　Steuer 136, 8, 9; 140, 2, 4, 6, 9; 184, 6, 9; 192, 6.
　K. (s. Wessex) Ecgbert 40, 159; Aethelwulf 40 f., 122, 159; Aethelbald 40, 123; Aethelbert 40, 65; Aethered I. 41, 66, 231; Aelfred 41, 66, 87, gb., Stamm 159, Klöstergr. 19, besiegt Dänen, 232, Verhältniss zu Rom 232, Beiname Veridicus 232, † 67, 87. Eadward I. 67, 87, 124, 232, Schottland huldigt 88, † 68, 88. Aethelstan 68, 88, 124, besiegt Anlaf 68, 88, vereint England 232, † 68, 88; Schwester Gm. Otto I. Eadmund I. 68, 125, 232, verleiht Cumberland 88, beschenkt St. Edmunds 125, † 43, 88, 125, von Dunstan bgb. 88. Eadred 43, 88, 125, Beiname debilis pedibus 232, † 68, 88, 125. Eadwi 43, 88, 232, † 69, 88, 125. Eadgar 43, 69, 88, 125, 232, befördert Dunstan 125, Weihe zu Bath 20, 43, 89, 125, Kirchl. Reform 20, 69, † 44, 69, 89, 126. Eadward II. 89, 126, 233, der Ermordung 20, 44, 69, 89, 126 folgt Pest 21. Aethelred II. 44, 69 f., 89, 126, 233 f., gegen Rochester 70, 89,

Vertrag mit Normandie 89, Dänengeld 126, h. Emma 70, 89, Bricciusmord 70, 126, flieht 71, 90, zurück 90, 127, 234, † 3, 45, 71, 90.
Swen 71, 90, 127, 234, † 241. Eadmund II. 21, 45, 71, 90, neben Cnut 234, liebt St. Edmunds 235, † 71, 90, durch Eadric 235; Kinder verbannt 23. Cnut 3, 21, 45, 71, 90, 127, neben Edmund 90, 234, Character 236, h. Emma 89, viertheilt England 237, Reichstag 236, in Norwegen, in Rom 72, 127, 90, reformirt St. Edmunds 21, 127, 236 f., 274 (Zustand präjudizirt für Wilhelm I. Zeit 254), † 3, 72, 90, 128, 237. Harold I. 24, 45, 90, Cnut's falso filius 90, 128, Character 237, † 3, 24, 45, 72, 90, 128. Harthacnut erh. Dänemark 24, 45, 90, 128, Character 237, † 3, 24, 45, 72, 90. Eadward III. 4, 24, 45, 72, 91, 128, Zustand, Leges, 22, 128, 238 f., Character 238, St. Edmunds 238, 242 ff., 245, gibt die Nachfolge Harold 24 oder Wilhelm 246, baut Westminster 245, † 4, 9, 21, 23, 46, 51, 73, 91, 129, 245. Harold II. 21, 51, 73, 246, in Ponthieu 91, Thronrecht 24, 91, 159, 195, 246, liebt S. Edmunds 246, siegt bei York 91; † 73, 91, 129. Wilhelm I. 24, 90, 247, s. Normandie; Val- ès Dunes; Norm. Eroberung; Rouen Concil; in England 22, 129, 247, Thronfolgerecht 91, 159, 246, Bistümer übertragen 18 f., in Normandie 262, sein Arzt 247, 262, Verhältniss zu St. Edmunds 249–57, 276, s. Domesday. Seines Hofes Ritter und Clerus 247, 265 f., † 4, 10, 13, 22, 26, 46, 52, 75. Wilhelm II. 4, 10, 22, 24, 26, 46, 52, 75, 92, 130, Thronrecht 266, Krieg 1088: 22, 92, 268, Schottenfeldzug 267, Stellung zu S. Edmunds 275, sein Hof skeptisch 275, Beiname Longus Ensis 266, † 5, 22, 26, 47, 52, 75, 113, 130. Heinrich I. 5, 10, 22, 24, 47, 52, 75, 93, 130, Re-

bellion 1102: 93, verbrennt Bayeux 47, (H. Robert gf. 26, 52, 131, geblendet 182) in Bec 131, gr. Ely 23, Newminster 23, 47, 52, (Huldigung für Wilhelm 77), gegen Ludwig VI. 52, 94, Söhne ertrinken 13, 78, 94, gr. Reading 10, h. Adela 14, 94, Huldigung für Mathilde 10, 78, giebt Winchester an Heinrich 79, nach Normandie '11, † 5, 11, 14, 27, 48, 53, 79, 95, bgb. 11, 79. Stephan 5, 11, 26, 48, 53, 79, 95, Usurpator 82, (s. Mathilde) gf. 6, 11, 27 f., 48, 53, 80 f., 132, Winchester und Oxford belagert 81, 11, gegen Roms Legaten und Theobald 81, Friede mit Heinrich II. 81, † 82, 96, 133.

Heinrich II. gb. 48, von Normandie und Anjou 29, Vertrag mit Stephan 48, 82, wird K. 6, 29, 48, 53, 82, 96, 133, gegen Wales 48, 133 f., belagert Toulouse 48, 53, 96, Zwist mit Ludwig VII. 96, belagert Fougères 53, Kirchenstreit 14, 96, 163, nach Irland 49, gegen die Söhne 53, schlägt Gottfried zum Ritter 163, empfängt Ludwig VII, 83, Kreuznahme 54, gegen Philipp II. 54, † 7, 12, 29, 49, 54, 329. (Heinrich III h. 49, gekrönt 14, 49, 53, 163, 183, gegen Heinrich II. 53 f., † 7, 49, 54) Richard I. 7, 54, Kreuzzug 137, 164 f., beschenkt Cistercienser 164, in Trifels 7, 54, 165, zurück 55, Reliquien aus Palästina 55, † 7, 55, 183.

Johann von Irland 138, 164; K. 7, 55, 138, in Normandie 139, 1200 beschenkt Battle 55, Steuer, Friede mit Frankreich, gegen Gascogne, Heir., Krönung, in Guilford 139; 1201 Neid auf Eb. Hubert, nach Northumberland, in S. Edmunds 139, Osterkrönung 8, 139, 167, Tewkesbury Reichstag, in Portsmouth, Paris, Argentan 140; 1202 Verhandlung mit Frankreich 140, entsetzt Radepont 171 und Mirebeau (s. Arthur) 8, 141 f., 183, in Caen 142; 1203 vom Adel verlassen, Verluste in Frankreich 142, in Portsmouth, S. Edmunds, Canterbury 143; 1204 Oxforder Reichstag 143, verliert französischen Besitz 55, 143, 184, sorglos, in Tewkesbury 144; 1205 Adel verhindert Franz. Feldzug 144, Münzänderung 184, zu Oxford 144; 1206 Beschenkt Battle 55, in Poitou 145, 184, in Winchester 145; 1207 Verh. mit Otto IV, 146, gegen Canterbury 145, 185, Steuer 146, 184, zu Windsor 146; 1208 Interdict 146, 168, 185, Confiscation des Kirchenguts, ausser S. Edmund's 146 f.; 1209 Verh. mit Deutschland 147 und Schottland 147, 185, Jagdgesetz 147, fordert Homagium 148, 185, verhandelt mit den Bischöfen 148, 185 f., gebannt, in Windsor 148; 1210 presst die Juden 149, 186, in Irland ib. 169, Steuer, in York 149; 1211 beruft die Mönche 169, gegen Wales, verh. mit Pandulf 149, 169, 186, Scutagium, in Windsor 150; 1212 macht Alexander zum Ritter 150, 170 in Cambridge 151, hilft Schottland 151, Gesandte von und an Otto IV., Bund mit Flandern 151 f., entsetzt Vipont 152, schreckende Gerüchte 153, Plan gegen Wales 154, fürchtet Aufruhr des Adels 154, straft Abtrünnige, besteuert S. Edmunds 155; 1213 in Rye, unterwirft sich dem Papst 186, dem Tribut opponirt Eb. Langton 323, 326, absolvirt 171, 186; 1214 in Poitou 171, 187, Interdict gelöst ib., Magna Charta 187; 1215 nimmt Kreuz, er. Rochester 187; 1216 in Winchester, † 188.

Heinrich III. gb. 168, 185; K., Huldigung, Siegel 188; Krönung, in Canterbury 189, bei Uebertragung S. Thomas' ib. 328, er. Bedford, Charta 189, verleiht Cornwall u. Kent, in Wales, Portsmouth, Winchester, Frankreich, Winchester 190; befestigt Castle Maud, bestellt Verwalter für Grafschaften und Schatz, entlässt sie 191. Heir., Parlament zu London 192. In Wales, Gascogne, gegen

Wilhelm Erw. von Winchester feindlich, Friede mit Schottland 193. In Wales, versöhnt mit B. von Winchester, Parlament zu London, und Winchester, zu Winchester, Béarn huldigt 194. Kreuznahme, in Winchester, Gascogne 195. In Gascogne, Paris, Boulogne, Parl. zu Westminster, vermittelt zwischen Bischof und Convent von Winchester, Fest bei Woodstock, Parlament zu London 196. In London, Wales, Winchester, Oxforder Provisionen, in Woodstock, versöhnt mit Edward 197, erbittet Lösung vom Eid auf die Provisionen 198. Edward I. gb. 192 in Gascogne, heir. 196, versöhnt mit Heinrich III. 197 K. 201, schafft in Winchester Frieden 200.

Eolla s. Selsey B.

Epirus B. Donat 113.

Erkenbricht s. Kent K.

Erkenwald s. London B.

Ernulf Prior von Canterbury s. Peterborough A.

Essex K. Sigehere 159; G. Gottfried fitz Peter † 171, 187; Wilhelm † 190; Heinrich von, Zweikampf 183.

Estangle s. Ostanglien.

Estrild, englische Adliche in Schottland 311 f.,

Eu Philipp II. er., 141; Wilhelm von, † 29; Hugo von, archidiacon, 30.

Eudo dapifer gr. St. John's, Colchester 159, kargt gegen die Mönche aus Rochester, die heimkehren, erhält Mönche aus York 160 f., † 162, übertragen ib.

Eugenius s. Rom P.

Euphemia s. Wherwell, Aebtissin

Eusebius von Caesarea 112; s. Rom P.; Rouen B.

Eustach s. Lewes Pr., London B.; Sohn K. Stephans, England huldigt ihm 82, heisst G. v. Boulogne 82, † 48, 82, 133.

Eutyches 114 f.,

Evesham gegr. 18, 36; Schl. 96.

Evodius s. Rouen Eb.

Évreux er., B. Sébar 42.

Exchequer Bannbulle gegen Johann verlesen am, 155.

Exeter Bistum aus Crediton 19, B. Living 19; Leofric Brito ib. f., 92; Wilhelm 93 reformirt die Kathedrale 20 und Plympton 27, (wo begraben), † 27, 95; Robert I. 27, 95, beschenkt Plympton, † 29; Robert II. † 30; Simon † 189; Wilhelm II. Kreuzzug 190.

Eyel- s. Aethel-

Eys d. i. Aachen.

F- s. Ph-

Falaise, Arthur dort gf. 142.

Falco s. Fulk.

Faldwin d. i. Aelfwig, s. London B.

Faramund s. Franken K.

Fécamp A. Wilhelm † 51; Johann 51; Wilhelm 52.

Felix von Urgel 39, 122; s. Rom P.

Feologild s. Canterbury Eb.

Ferentinus, Johann, s. Römische Legaten.

Ferrers s. Derby G.

Feversham gegr. 82; A. Clarembald 82; M. dorther nach Christchurch 145.

Finchampstead Blutquell 47, 131, cf. Berks.

Fitz Askitil, Wilhelm in S. Edmunds geheilt 264 f.
— Hamon, Robert † 10.
— Osbert, Wilhelm Aufruhr 183.
— Piers, Geoffrey s. Essex G.
— Walter, Hubert s. Canterbury Eb.; Robert Vertrag mit S. Albans 167, flieht vor Johann 155.

Flandern G. Robert Friso 51, 91; Balduin Kreuzzug, Kaiser, 142 f.; Ferrand Zwist mit Ludwig (VIII) 152, gf. 187. Wucherer dort 328; Heinrich III. in, 196.

Flandrische Söldner 83, s. Brabançonen.

Flavius s. Rouen Eb.

Flegge, Dänengeld dort 234.

Fleury, Germanus aus 20.

Flodoveus d. i. Chlodovech.

Florentinus, Johann s. Röm. Legaten.

Fontenelles A. Hugo s. Rouen Eb.

Formosus s. Rom P.

Forthbricht s. Pershore A.

Fougères, Ralf von, belagert 53.

Francien, H. Robert's Sieg bei Chartres 43, 124.

Franco s. Rouen Eb.

Franken, K. Merovingerreihe 35—7, 114—20; Arnulfinger Hausmeier 61,119 f.; Karolingerreihe 37—44, 61—7, 121—6, 182, 232. (Ihr Aussterben 44, 70, 87). Gesch. Karl d. Gr. 38 f., 61—4, 121 ff., 159, 182. Karl d. Kahle 232.

Frankfurt, Concil 39, 122; Karl d. Kahle gb. 40.

Frankreich von Arthur er. 158; Dänen in, 41 f., 65 f., 123 f., 231; Ketzer dort (s. Albigenser) 195, 328;
K. Erste Capetinger 44, 51, 90, 126 f.; Robert I., † 45, 51, 90; Heinrich I. 45 f., 51, 90, 129, Schl. bei Valesdunes, Mortemer 51, 91; Philipp I. 46 f., 51, 91, in Flandern besiegt 91, † 26, 93, 131.
Ludwig VI. 26, 47, 93, 131, von Heinrich I. besiegt 52, 94, † 95. Ludwig VII, 48, 54, 95, Gm. Eleonore 132, Kreuzzug 6, 48, 81, 182, Streit mit Heinrich II. 96, in Canterbury 7, 54, 83, T. Gm. Heinrich (III.) von England.
Philipp II. 54, gegen Heinrich II. 54, Kreuzzug 54, 137, 164 f., Friede mit Johann 139, empfängt ihn zu Paris 140, verh. mit ihm 141, stützt Arthur, er. Normandie 142, und engl. Besitz 55, 143 f., 184, Waffenstillstand 145, (engl. Bischöfe in Frankreich 186, Boulogne fällt ab 149) versöhnt Ludwig VIII und Flandern 153, Flotte zerstört 186, besiegt Otto IV 187, † 189. Ludwig VIII. heir. 139, wird Ritter 147, fängt Engl. Boten an Löwen ab 152; Zwist mit Flandern 152 f., in England ·187 ff., K. 189, † 190. Ludwig IX, 190, Kreuzzug 194 ff.
Röm. Legat für Frankreich gf. 193.

Friedrich s. Deutschland K.

Friese, Robert der, s. Flandern G.

Frithestan s. Winchester B.

Frithewald, K. von Surrey, 159.

Fulk s. Cantelupe.

Gainsborough, Swen † 127.

Galfrid, Gaufrid, Goffrid, Gottfried Bruder Heinrichs II, † 48; s. Chichester B.; Chester B.; Coutances B.; Essex G.; Jerusalem K.; Löwen H.; Lucy; Monmouth; Norwich; Perche G.; Plympton A.; Winchester B.

Gallia=Wales 186.

Gascogne Karl d. Gr. in, 62; Johann's Feldzug 139; Heinrich III. Feldzüge 193—6; Margarethe gb. 193.

Gaston s. Béarn.

Gausbert s. Battle A.

Gelagius d. i. Pelagius.

Gelasius s. Rom P.

Gerberga Gm. Ludwig IV, 44.

Gerbert s. Rom P. Sylvester II.

Gerhard s. Chester B.

Germanus s. Winchcomb A.

Gerold s. Tewkesbury.

Gerwin s. S. Riquier A.

Gilbert, Giselbert s. Butley Pr.; Clare G.; Colchester A.; London B.; Pembroke G.; Preston; Rochester B.; Rouen Eb.;

Gildardus s. Rouen Eb.

Gildas 116.

Gillelmus 171, Z. 7 cod. (Gill's) statt Gilbertus.

Gisa s. Bath B.

Gisela Schw. Karl d. Gr. 37, 61, 121; Gm. Rollos 43, † 67.

Glanvilla, Ranulf gr. Butley 164, Justiciar, Kreuzzug, sein Cleriker Hubert erhält Salisbury 165; Gilbert s. Rochester B.

Glaorna s. Gloucester.

Gastonbury Arthurs Grab 165; A. Dunstan 125, beerdigt Eadmund I. 88; Thurstan Kampf gegen ihn 10.

Gloucester S. Peter's ggr. 18, 20; A. Serlo † 76; Robert Kurzhose dort bgb. 79, 182; Heinrich III. geweiht zu, 188. G. Robert für Mathilde 5, 28, 80, nimmt K. Stephan gf. 6, 53, 80, in London 81, wird gf. 11, 28, 48, 81, 132, † 6, 29, 81; Richard bedroht S. Swithin's 197, für Oxforder Provisionen 198, s. auch Clare.

Gloucestershire 23, Winchcomb dort gegr. 19.

Goding s. S. Edmunds Pt.

Godwin H. von Wessex 24 (Gm. Gytha ib.; S. Harold II. ib. 246) † 4, 72; s. Canterbury, St. Martin's B.

Gothen gegen Italien 115.

Goulet Le, Engl. franz.Verhandlung 140.

Gournay von Philipp II. er. 141; Hugo von G. verräth Montfort 142.

Gormund s. Africa.

Grantebrigia s. Cambridge.

Gravesend, Stephan s. London B.

Gray, Walter Gesandter an Otto IV. 152, erh. Worcester s. B.

Gregor s. Rom P.

Griechische Kaiser s. Constantinopel.

Grimbald s. Winchester A.

Grippo s. Rouen Eb.

Grosseteste s. Lincoln B.

Gu- s. W.

Guildford K. Johann dort 139.

Gundbald, Gunthart s. Rouen Eb.

Gunnor, Gm. Richard I. † 72.

Gyreneu s. Mouneyn.

Gytha Gm. Godwins 24.

H- s. den Vocal ohne Aspirata.

Hadrian s. Campanien A.; Rom Kai; P.

Hagano Günstling Karl d. Einf. 42.

Hamonis filius s. Fitz Hamon.

Hampshire Gm.Cnuts dorther24; von Cynewulf Siegbert überlassen 61.

Hamstede d. i. Finchampstead.

Hamtona s. Southampton.

Hamtuniensis miles, Wunder 278.

Harold s. Dänen; England K; S. Harold des II. 24.

Harthacnut, s. England K.

Hasting nach England 67.

Hastings Wilhelm I. Landung 246.

Haugustald s. Hexham.

Haya, Hugo de, s. Colchester A.

Headda s. Lichfield B.

Hecca d. i. Aecci von Dunwich s. Ostanglien B.

Heinrich s. Battle A.; Deutschland K.; England K.; Essex; London B.; Rochester B.; Sachsen

H.; Thüringen Landg.; Winchester B.

Helit 23.

Hengist d. i. Hasting.

Heraclius, Heracleonas s. Constantinopel Kai.

Herbert s. Norwich B.

Hereford Bisthum 17; B. Robert Bethune † 81, Giles exilirt 147; Hugo I. † 188; Hugo Foliot 188 † 191; Graf Heinrich † 189.

Herefordshire W. Fitz-Askitil dorther 264.

Hereward widersteht den Normannen 129.

Herfast s. Ostanglien B.

Herluin s. Bec A.; Leighlin B.; Montreuil G.

Hermann s. Binham M.; Salisbury B.; II. archidiaconus 225 f.

Hexham 19; B. Johann 18.

Hida, Hyde Abbey s. Winchester

Hieronymus 107.

Hilarius s. Poitiers B.

Hildebert s. Rouen A.

Hildebrand s. Rom P. Gregor VII.

Hilderich s. Beauvais B.

Hildulf s. Rouen Eb.

Historia Britonum, s. Monmouth, Galfrid.

Holm St. Bennet of, Klausnerin Aelfwen 234.

Honorius s. Canterbury Eb.; Rom P.

Hormispla d. i. Hormisda s. Rom P.

Hospital (der Johanniter) s. London, Clerkenwell.

Hoxne, K. Eadmund d. Märt. dort † 159.

Hubert s. Canterbury Eb.; Kent G.; Salisbury B.

Hugo s. Bigod; Chartres B.; Chester G.; Cluny A.; Colchester A.; Eu; Frankreich; Gournay; Hereford B.; Lacy; Lewes Pr.; Lincoln B.; Lyon Eb.; Montfort; Röm. Legat; Rouen Eb.; S. Austins A.; S. Edmunds A.; Waverley A.

Humphrey durch Anselm's Gürtel geheilt 308 f.

Hungerford, Wilhelm s. Waverley A.

Huntingdon, Archidiacon v., verhaftet 155.

Huntingdonshire 23.
Hwiccia 17; Bistum s. Worcester; H. Osric 18.
Hwitta s. Lichfield B.
J- s. Hi-; Y-.
Jacob s. Vitry.
Jaenberht s. Canterbury Eb.
Idatius 115.
Jerusalem s. Kreuzzüge. Er. 1099: 13, 26, 47, 93, 130 Sieg 1177: 49. Verloren 1187: 7, 54, 164, Friedrich II. in, 190; Erdbeben 49. B. Simeon 109, Narcissus 110, Patriarch in England 54. K. Gottfried 93; Balduin I, 52, 77, 94; Balduin II, 94; Veit 164; Johann in England 189.
Ignaz s. Antiochia B.
Imma s. Emma.
Inguar tödtet K. Eadmund d. Märt. 159.
Jodocus' Reliquien in Winchester 87.
Johann d. Täufer 108, Reliquien 113 f.
— s. Bath B.; Battle A.; Chichester Pt.; Constantinopel Kai.; Dublin Eb.; England K.; Fécamp A; Hexham B.; Jerusalem K., Norwich B.; Rochester B.; Rom P.; Röm. Legat; Rouen Eb.; S. Edmunds Pr., Worcester B.
Joppe, Veit von, wird K. 164.
Joseph s. Leominster Pr.
Irenäus s. Lyon B.
Irland, Palladius dorthin 35; Johann dorthin 164; Braose flieht dorthin 147; K. Johanns Feldzug 149, 169, 186; Eb. von Dublin dorthin 153; G. Pembroke † dort 191.
Isabella Gm. K. Johann's, Kinder 169, 185, Gerücht dass entführt 153. Gm. Otto IV (Beatrix von Schwaben) h., † 152. Gm. Friedrich II. 191.
Isembard Neffe Ludwigs von Frankreich 158.
Isidor 117.
Italia = Lombardei 150.
Italien er. von Gothen 115, von Karl d. Gr. 38, 62, Karl d. Ka. 42, Otto I. 43, 125, Ludolf 43. K. Bernhard geblendet 39, 122. Erdbeben in, 39, 122; Eb. Lang-

ton predigt gegen Bulgaren 327.
Juden in Kreta 114; beschimpfen Christi Bild 121; ermordet in Rouen 47; kreuzigen S. Wilhelm 48; ermordet in England 136 f.; eingekerkert 149, 186; das ihnen Geschuldete confiscirt 153; kreuzigen Stephan 191; hingerichtet 202.
Judith Gm. Richard II. † 45, 51, 90.
Jüten in Hampshire 24.
Jumièges A. Hugo s. Rouen Eb.; s. Philibert Eb. Robert von Canterbury † zu, 73.
Jurwine Uebertragung 277.
Justin; Justinian s. Constantinopel Kai.
Justus s. Rochester B.
Ivo's Reliquien gefunden 128.
K- s. C-
Karl, Karlmann s. Franken Arnulfinger, Karolinger.
Katharina T. Heinrich III. gb. 196.
Kenelm s. S. Edmunds Pt.
Kent K. Aethelbert 17, 117; Ercenbert 118; Bruder Aelfred's herrscht in, 40 G. Hubert 190, in Devizes gf. 191. Unter Aethelred II verwüstet 71.
Kyngate, Thor in Winchester.
Kingston, Krönungen Aethelstan's, Eadreds, Eadward II. 124 ff., Aethelred II. 233.
Kreuzzug H. Robert 90. Erster 4, 10, 13, 26, 47, 52, 75, 93, 130; Zweiter 6, 48, 81, 133, 182; Dritter 7, 54, 136 f., 164 f., 183; Vierter 140, 142 f.; Johann nimmt das Kreuz 187; G. Chester, Damiette 188 f.; Friedrich II. 190 f.; G. Cornwall 192; Heinrich III. Kreuznahme 195; Ludwig IX. 194.
Lacy Roger † 150; Hugo aus Irland verjagt 186.
Landgraf s. Thüringen.
Lando s. Rom P.
Lanfranc, Langton s. Canterbury Eb.
Langobarden zerstören Monte Cassino 117.
Lanzo s. Lewes Pr.
La Rie d. i. Rye, Johann dort 186.

Laudus s. Coutances B.

Launceston Pr. Robert † 29.

Leberau Pr. Baldwin 245.

Leicester Bistum 17 getheilt 18, zu Lincoln 20; B. Totta 18; G.: Robert Meulan † 77; Simon Montfort hält zu den Oxforder Provisionen 198.

Leighlin B., bisch. Weihen in S. Albans 168.

Leo s. Constantinopel Kai; Rom P.

Leofric s. Exeter B.; S. Edmunds Pt.

Leofstan ib. A.

Leominster, Pr. Joseph aus Reading 11.

Leuknor, Hugo s. Waverley A.

Lewes Pr. Lanzo nach England 52, 92, † 52, 93, Eustach 93, † 94, Hugo 94; Mönche nach Reading 10. Schl. 96.

Leystone gegr. 164.

Lichfield Bisthum 17, B. Saxulf 17, Headda, Alwin-Wor, Hwitta 18.

Liming, Reliquien Eadburgs dorther 4.

Limoges B. Martial 109.

Lincoln Schl. 1141: 11, 28, 48, 80, 132; 1217: 188. Bisthum von Dorchester nach L. 18, 20. B. Remigius 18, Alexander † 81, Hugo I. † 8, 167, Wilhelm von Blois 167, 183, † 168, Hugo II. 148, 169, nach England 170, Robert Grosseteste 191 f., † 195. Archidiacon Thomas erhält S. Davids; Kanzler Richard erh. Canterbury.

Lindisfarne Bisthum nach Durham 21; B. Aidan 17, Cuthbert übertragen 182.

Lindsey Bisthum 17 f., 141.

Lissabon er. 133.

Liudger B. von Münster † 39.

Living s. Exeter B.

Llewellyn s. Wales F.

Löwen G. (H. von Niederlothringen) Gottfried 94; T. Adela h. Heinrich I. 14, 47, 52, 94; Gottfried von, auf der Botschaft von England an den Herzog gf. 152.

Lombardei Otto IV. dort 150; s. Italien.

London, Character 235; S. Edmund's Reliquien dort 235, 241; Aelfeah's Reliquien dort 3; Ead-

ward III. † bei, 24; Wilhelm I. gekrönt 26, 46; Kaiserin Mathilde dort 11, 28; Aufstand gegen Gloucester 81; Judenmord 136; Richard I. dort 137; Aufstand Fitz Osberts 137, 183; Exchequersitz 155; Johann nimmt Kreuz 187; Clare ermordet 190; Edward I. gb. 192; Bischof für Norwich geweiht ib.; Heinrich III. dort 197.

Concilien, Parlamente 21, 93 f, 169, 192, 194, 196 f.

Brand 153, 186; Sturm 46, 130.

Andreas v., s. Winchester Pr.

Northelm Pt. s. Canterbury Eb.

Aldgate 235. Clerkenwell Schott.

Thronfolger wird Ritter 150, 170. S. Paul's Brand 48, 95. S. Thomas' Brand 186.

Southwark Brand 153, 186; Pr. Wilhelm, Richard 184.

Themse trocken 77, 94.

Westminster gegr. 17 wo s. Bisthum 16; Eb. Theonus 158; B. Mellit 17, 117; Erkenwald übertragen 163; Aelfwig weiht Uvi für S. Edmunds 21, 256; Moritz weiht Heinrich I. 22, bei Gründung Colchesters 159, † 76; Richard I. weiht Colchester 162; Gilbert Universalis † 95; Robert de Sigillo † 82; Richard Fitz Neal † 138; Wilhelm S. Mère l'Eglise 138, weiht B. für Lincoln 167, für Bath 168, interdicirt England 146, 185, flieht 147, 170, verh. mit Johann 148, zurück 170, gibt Johann das Kreuz 187, dankt ab 189; Eustach 189; Fulk, Streit mit Canterbury 195; Heinrich I. 197; Stephan Gravesend erlaubt Translation Eudo's 162.

Lothar s. Franken, K.

Lucca Wunder an S. Edmund's Altar, Jahresfest 258 f.; B. Anselm d. i. Alexander II. s. Rom P.

Lucius von Arthur besiegt 158; s. Britannien K.; Rom P.

Lucy, Richard; sein Sohn s. Winchester B. 164; Gottfried v., verbrennt franz. Flotte 186.

Ludolf S. Otto I. 43.

Ludwig s. Franken, Frankreich.

Lupus, Robert von den Wallisern gf. 151.

Luxeuil gegr. 117.

Lyeveva Blinde wunderbar geheilt 280.

Lyon, Eb. Anselm's Zuflucht, Eb. Ralf dort, Eadmer dort 310. Concil 194; G. Cornwall dorther zurück 195; Entscheidung für Canterbury gegen London ib. B. Irenäus 110; seine Kirche 310; Eb. Hugo, selig 310. Klausnerin Athalis 310.

Lyons- la forêt Heinrich I. † 79; Philipp II. er., 141.

Macedonius 113.

Macwilliam's Aufstand gegen Wilhelm d. Lö. 151.

Magna Charta 187, 189.

Maine er. für die Normandie 46, für Frankreich 143.

Mainz, Marian † 74.

Majolus s. Cluny A.

Malcolm s. Schottland K.

Malmesbury A. Aldhelm 86; M. Wilhelm citirt 159.

Malso s. Rouen Eb.

Mamertus s. Vienne B.

Mandeville s. Essex G.

Marcellin s. Rouen Eb.

Marcion Gnostiker 110.

Margarethe d. H. von Schottland 24; Gm. Heinrich (d. J. III) 183; T. Heinrich III. 193.

Marian Scot gb. 72, Priester 73, † 74; citirt (d. i. Chron. von Worcester) 127, 159.

Marin s. Rom P.

Marlborough, Richard S. Heinrich III. dort erzogen, Gerücht dass überrumpelt 153.

Marsh, bei Exeter, Capelle Plymptons 29.

—, Richard treibt Judenschulden ein 153, s. Durham B.

Marshal s. Pembroke G.

Martial s. Limoges B.

Martin s. Rom P.; Tours B.

Massageten, Hauptstadt Worcester 17.

Mathilde I. Gm. Wilhelm I. 24, urkundet 257, † 26, 46, 52, 74, 92, 130; — II. Gm. Heinrich I. † 13, 23, 27, 47, 52, 77 f., 94, 131; — III. Gm. Stephans 80, † 48,

in Feversham bgb. 82; —T. Heinrich I. h. Heinrich V. 5, 47, 76, 131, zurück 10, empfängt Huldigung 78, 82, landet unter Stephan 5, 11, 28, 48, 80, in London, belagert 11, 28, † 49; — T. Heinrich II h. Heinrich d. L. 49.

Matthias s. Peterborough A.

Mauger s. Rouen Eb.; Worcester B.

Mauleon, Savary übergibt Winchester 188.

Maximin s. Trier B.

Mediterranei Angli, B. (von Lichfield) Diuma 17.

Meinard, Melantius s. Rouen B.

Melckeley, Gervasius Gewährsmann für Matthäus Paris 326 f.

Mellit s. London B.

Melun, B. für Lincoln dort geweiht 148.

Mercien bekehrt, Bisthum, B. Diuma 17, Sexulf 17 f. K. 24; Penda 118, 159; Aethelred beschenkt Gloucester, Pershore 18; Offa 61, 120, gr. Winchcomb 19; Ceonwlf 19. Verliehen an Eadric Streone 237.

Meroveus s. Franken K.

Merton regulirt 27; Pr. Robert † 29.

Merwell, A. Samson dort geweiht 135.

Michael s. Constantinopel, Kai.

Michelney gegr. 20.

Middleton gegr. 20; A. Wilhelm (s. Winchester Pr.) für Winchester erw. 198.

Mildenhall an S. Edmund's geschenkt 238.

Mirebeau, Eleonore dort belagert, Arthur gf. 8, 141 f., 183.

Modred, Neffe K. Arthur's 116, 158.

Mollent, Meulan, St. Edmund's A. dorther 131, 162.

Monmouth, Galfrid von, citirt 164.

Montacute gegr. 23; Erdbeben 183.

Monte Cassino von den Langobarden zerstört 117; Karlmann dort 37, 61, 121; Karl d. Gr. dort 38, 122; A. Benedict † 115.

Montfort von Philipp II. er. 142. Hugo von, Reiserichter 253; Robert v., besiegt Essex 183; s. Leicester G.

Montreuil, G. Herluin † 44.

Mont S.-Michel, A. Robert de Torigni 133.

Mont S.-Trinité s. Rouen.

Moritz s. London B.

Morman s. Bretagne, K.

Mortemer Schl. 45, 51, 128.

Moun? 187.

Mouneyn, Begleiter Courçons 269.

Mumbrai d. i. Mowbray s. Northumberland.

Mulebrok, Milbrook, Walfisch 192.

Münze: Heinrich I. 48; Heinrich II. 48, 144; Johann 144, 184, Heinrich III. 194, Edward I. 202.

Myra, S. Nicolaus dort geraubt 75.

Narbonne, Karl d. Gr. dort 62.

Narcissus s. Jerusalem B.

Naso, (Ovid) citirt 271.

Nestorius Ketzer 114.

Newark, Johann † dort 188.

Newforest Wilhelm II. † im, 24.

Nicäa, Concil 112.

Nicephorus s. Constantinopel Kai.

Nicolaus s. Rom P.

S. Nicolaus † 112; aus Myra nach Bari 46, 52, 75, 92, 130, 263.

Norfolk G. Hugo, auf seinem Gut landet der verbannte Eb. Theobald 81; Roger nach Gascogne 193; s. Bigod.

Norman d. i. Morman.

Normandie H. Rollo 42 f. 66 f., 87 f. 124, 182; Wilhelm I. 43, 67 ff., 88, 124 f., 182; Richard I. 43, 69, 88, 125, Dänische Hilfe gegen Frankreich 44, Vertrag mit Aethelred II. 89 (T. s. Emma) † 89, 44, 70; — II. 44 f., 51, 70 f., 89 f., 127; — III. 45, 51, 71, 90, 127; Robert 45, 51, 71, 90, 127, † 45, 72, 90. Wilhelm d. Er. 45, 51, 72, 90 f., 127, er. Maine 46, s. Val-ès-Dunes, Mortemer, Harold II., Norm. Eroberung, England K. — Robert Kurzhose 24, 52, 93, 130, Kreuzzug 47, 130, nach England 76, 93, gf. 26, 47, 52, 93, 131, geblendet 182, † 53, 79, 182; Sohn s. Richard. Heinrich II. 82 s. England K. Hungersnoth dort 47, 131. Aethelred II. und Familie flüchtig dort 90 f.; Wilhelm I. dort 262, † 22; Heinrich I. dort 11, 13;

Philipp II. nimmt Johann die N. 55, 139—43, 184.

Normannen, Verwüstung Frankreichs 40 f., 65, 123 f., s. auch Dänen.

Normannische Eroberung England's 1, 4, 9, 21, 24, 26, 46, 51, 73, 91, 129, 246.

Normannische Höflinge habgierig 247, Ritterspiel ergeben 265.

Normann Bote nach S. Edmund's 262 ff.

Northampton, A. von S. Austin's unterwirft sich dort dem Eb. Theobald 83; K. Johann dort 169.

Northaw Vertrag über das Gut, 167.

Northumberland G. Robert Rebell gegen Wilhelm II. 22; K. Johann dort 139.

Northumbrien K. Eadwine 118, Oswald 36, 118, 159, Oswiu 17, Ecgfrid 86, Ealdfrid 119, Ceolwlf 117; an Erich verliehen 237.

Norwegen K. St. Olaf ⋊ 90, 127, Cnut d. Gr. 72, 90, 127, Harold Hardrade † 73, 91, Sigurd in England 10, 93.

Norwich Kirchenbau 130; St. Wilhelm gekreuzigt 48, 133; Ralf Pr. s. Chichester B.; Galfrid von, ⋊ wegen Verlesung der Bannbulle gegen Johann 155. B. (s. Ostanglien) Herbert 130, gegen S. Edmund's 276, weiht Colchester 162, † 78, 132, Eberhard 132, Wilhelm Turbe 81, John of Oxford weiht Butley 164, John Grey für Canterbury erw. 145, in Irland geschlagen 153, Pandulf (s. Röm. Legaten) † 190, Thomas I. ib., Wilhelm Raleigh erhält Winchester 192 f.

Nothelm s. Canterbury Eb.

Nottingham, Johanns chliesst sich dort ein 155, Galfrid von Norwich dort gf. 155.

Novatianus Sectirer 111.

Novus Locus, Peter B. v. Winchester gr., 189.

Octavian s. Rom Gegenp. Victor IV.

Odilo s. Cluny A.

Odo s. Battle A.; Canterbury Eb.; Cluny A.; Ramsbury B.

Oesterreich überliefert Richard I. an Heinrich VI. 165.
Offa s. Mercien, K.
Olaf s. Norwegen, K.; Anlaf.
Orkneys Rom unterworfen 35.
Ork- s. Erc-
Origenes 111.
Orosius 107, 114.
Osbert s. Colchester A.
Osburh, Mutter Aelfred's 159.
Osgod Clap gegen S. Edmund hochmüthig, bestraft 242 ff.
Osmund s. Salisbury B.
Osney, Legat Otto flieht nach, 192.
Osric gr. Gloucester 17.
Ostanglien von Dänen bestürmt 231. K. 24, Eadmund Mart. gb. 65, † 65, 123, 159,. nach ihm kein König 231, Leiche geflüchtet in London 235, 241, geprüft von Leofstan 240 f., übertragen von Baldwin 273—80, Reliquien 257, Macht in O. 232 ff., Altar in Lucca 258. H. Aethelwin gr. Ramsey 20; Yarl Thurkill 237, reformirt S. Edmunds 237.
Bisthum 17, 18; B. Aecci und Baldwin weihen S. Osyth zur Nonne 159; Eadulf in Cambridge gb. war M. von S. Edmunds 233; Aelfwine reformirt S. Edmunds 127, 237, und schenkt Bischofstab 249; Stigand 128; Aegelmar 129; Herfast 129, Character 248, Streit mit S. Edmunds 248—57, † 75; s Norwich B.
Ostfor s. Worcester B.
Ostia s. Röm. Legaten.
Oswald gr. Pershore 18; Seite 125 d. i Aethelwold; s. Chichester B.; Northumbrien K.; Worcester B.; York Eb.
Oswiu s. Northumbrien K.
S. Osyth 118, 159.
Otto s. Deutschland K.; Röm. Legat.
Ovid 108, 271.
Oxford, Johann v., s. Norwich B.; Wilhelm v., s. Southwark Pr. Kaiserin Mathilde dort belagert 11, K. Johann dort 143 f.; Concil 189; Aufruhr gegen Legaten 192; Benedictinercapitel 195; Provisiones 197 f.
Oxfordshire 23.

Palladius von Rom nach Irland 35.
Pamplona, Karl d. Gr er., 38, 62, 121.
Pandulf s. Röm. Legat; Norwich B.
Pantheon 117.
Paris, Character 231; Pipin gekrönt 37, 61, 121; Leo III. dort 122; Dänen dort 231; K. Johann, bei Philipp II. dort 140 f.; Braose bei S. Victor bgrb. 149; Aymer von Winchester † 198.
B. Dionys 37, 109; Hugo s. Rouen Eb.
Parma B. Cadalus Gegenpapst 73.
Paschal s. Rom P.
Pastores, Ketzer 195.
Paulin s. York B.
Paulus diaconus 116, 121; aus Samosata 112; s. Constantinopel B.; Rom P.; Rouen Eb.
Pavia, Karl d Gr. er., 38, 62, 121.
Pelagius s. Rom P.
Pembroke G. Wilhelm † 188; Wilhelm (IV G) h. Heinrich III. Schw. 189, † 191, Richard † 191, Gilbert h. Schw. des K v. Schottland, Kreuzzug 192, † 193. Heersammlung gegen Irland dort 149.
Penda s. Mercien K.
Perche G. Gottfried † 183; Thomas † 188.
Pershore gegr. 18. A. Fortbricht 20: Wido Kampf gegen die Rebellen 22; Anselm 183.
Peter in Lucca erzählt S. Edmund's Wunder 259; s. Antiochien B.; Bretagne G.; Pomfret; Reading; Rievaux; Rom P.; Rouen Eb.
Peterborough Brand, Neubau 13; A. Turold, Mathias, Ernulf 13; Benedict 14.
Pevensey Wilhelm II. belagert, 92.
Philibert (von Jumièges) 118, Reliquien geflüchtet 40.
Philipp Apostel 108; Reliquie nach Winchester 191.
Philipp s. Constantinopel Kai; Deutschland K.; Durham B.; Frankreich K.; Rom Kai.
Phocas s. Constantinopel, Kai.
Pierleone s. Röm. Legaten.
Pipin s. Franken, Arnulfinger.
Plegmund s. Canterbury Eb.
Plinius 109.

Plympton regulirt 27, erhalt die Burgcapelle von Exeter 29;· Pr. Radulf 27, Gottfried gibt B. Wilhelm das Canonikerkleid 27, † 30.

Poitiers, B. Hilarius 112 f.

Poitou, G. Ebalus befreit Chartres 42; Richard I. s. England K. Arthur von Bretagne kämpft dort gegen Johann 141 f.; von Philipp II. er. 143; K. Johann dort 145, 184, 187; Heinrich III. dort 190.

Polycarp 110.

Pomfret, Peter prophezeit Johann's Sturz, gehängt 186 f.

Ponthieu, G. Veit schickt Harald (II.) gf. an H. Wilhelm 91; A. Werner von Rebais beraubt 260.

Pontigny, B. Mauger v. Worcester † dort 152, 170; Eb. Edmund v. Canterbury † dort 192, übertragen 194.

Pontius s. Cluny A.

Pontoise, A. Walter † 52.

Popa, Gm. Rollo's 67.

Portsmouth, Johann dort 140, 143 ff.; Heinrich III. dort 190, 193.

Prätextatus s. Rouen Eb.

Pratum Belli, Schl. 43.

Preston, Gilbert v., Richter 197.

Prez, des, Kirchhof geweiht 172.

Priscian; Prosper 115.

Provence, G. Raimund IV., seine T. h. Heinrich III. und Richard v. Cornwall 192 f.

Quincy s. Winchester G.

Radepont, v. Philipp II. belagert, 141.

Radulf s. Battle A., Canterbury Eb., Chichester B., Colchester, Down B., Fougères, Plympton Pr.

Raleigh, Wilhelm s. Norwich B.

Ramsbury B. (s. Sherborne), Aethelstan 19, Odo 20, Aelfric erhält Canterbury 70, s. Salisbury.

Ranulf s. Glanville; Flambard bei Uebertragung S. Edmunds 275. Höfling Wilhelm I. will nach Chichester, wird Mönch 265 f.

Ramsey gegr., A. Eadnoth 20; Aelfwine bezeugt S. Edmund's Freiheit 254.

Reading gegr. 10; Pr. Petrus ib.; Ä.; Hugo ib., erh. Rouen 11; Anscher; Eadward reformirt Leominster ib.; Hugo, Elias 183. Heinrich I. dort bgb. 79; Essex

besiegt 183; Concil 145, 168; Robert für Lincoln geweiht 192.

Rebais A. Werner Character, componirt in S. Edmunds, in Ponthieu beraubt 259 ff.

Reginald s. Cornhill; Reignoard s. Rouen Eb.; Reinald s. Bodmin Pr.

Reinfrid s. Rouen Eb.

Remigius (d. i. Stephan III., s. Rom P.) 37, 121; s. Lincoln B.; Rheims B.; Rouen Eb.

Rheims, B. Remigius tauft Chlodovech 115; Concil: Leo IX. 128; Eugen III. 81.

Richard S. Wilhelm d. Er. 24; S. Robert Kurzhoses † 75; S. Heinrich I. ertrinkt 14, 47, 52, 78, 94, 132.

— s. Burgund H.; Canterbury Eb.; Chester G.; Chichester B.; Clare; Çornwall G., Deutschland K.; Devon G.; Durham B.; England K.; London B.; Marsh; Marshal; S. Albans A.; Siward.

Richared s. Westgothen K.

Richborough, Richard I. landet zu, 7.

Rickmansworth geweiht 168.

Riculf Rebell gegen Wilhelm I. besiegt 43, 124; s. Rouen Eb.

Rievaux, Peter, Heinrich III. Schatzmeister 191, gestürzt ib.; Kreuzzug 195.

Robert Martyr 135; Lupus von den Wallisern gf. 151.

— s. Cantelupe; Canterbury Eb.; Courçon; Derby G.; Exeter B.; Fitz Hamon; Fitz Walter; Flandern G.; Francien H.; Gloucester G.; Hereford B.; Launceston Pr.; Leicester G.; Lincoln B.; London B.; Merton Pr.; Montfort; Mont S. Michel A.; Normandie H.; Northumberland G.; Rochester M.; Rouen Eb.; S. Edmunds A.; Salisbury B.; Tresgoz; Vipont; Waleran; Westminster Pr.

La Rochelle, Johann dort 145; von Frankreich er. 189.

Roches, Hugo des, s. Winchester Archidiac.; Peter des, s. ib. B.

Rochester, Bistum gegr. 16; Aethelred II. verwüstet, 70, 89; Wilhelm II. belagert, 92; Brände 49, 80, 95; Johann er., 187.

B. Justus 117; Gundulf schickt M. nach Colchester 160, † 76, 93; Ralf 76, 93, s. Canterbury Eb.; Ernulf 78; Johann 80, 95; Ascelin 81; Walter 49, 82; Gilbert beansprucht Vertretung Canterbury's gegen London 167, † (nicht Gillelm) 171; Benedict 187, weiht B. für London 189, † 190; Heinrich ib.

M. Robert erlebt ein Wunder S. Anselm's 303; Mönche nach Colchester 160, unter Ralf ib.; nach Christchurch 145.

Roger s. Bigot; Hereford G.; Lacy; Norfolk G.; Salisbury B.; Thurkilby; Winchester A.; ib. Archidiacon; York Eb.

Rohasia Gm. Eudo dapifer's bei Gründung Colchester's 159, † 162.

Rollo s. Normandie H.

Romanus s. Rom P.; Rouen Eb.

Rom. Kai. Augustus, Tiberius 107 f., Caligula 35, 108, Claudius er. Britannien ib., Nero u. s. w. 108, Theodosius 113, Honorius 113 f., Arcadius u. s. w. s. Constantinopel Kai., Karl d. Gr. s. Franken, Otto d. Gr. u. s. w. s. Deutschland K.

P. Petrus 35, 108; Linus u. s. w. 108 u. s. w. (Pius I. 35; Eleuther bekehrt Britannien 16, 35); Theodor I. 118; Martin I. u. s. w. 36 f., 118 ff.; (Gregor I. 117, Eb. Langton ihm verglichen 328; Vitalian sendet Theodor nach England 36). Gregor III. u. s. w. 37 ff., 61 ff., 120 ff.; Leo III. 39, 63 f., 122; Stephan V. u. s. w. 40 ff., 64/7, 122 f. (Leo IV., Marin I. u. Aelfred 41, 232); Romanus u. s. w. 67 ff., 87 ff., 124 ff. (Johann XII. krönt Otto I. 69; Johann XV. versöhnt England u. Normandie 89 [Fehler im Catalog S. 70 nach Marian]). Sylvester II. 44, 51, 126; Johann XVIII. 44; Benedict VIII. (gibt Aethelnoth d. Pall. 71) u. s. w. 45, 51, 71 ff., 90 f., 127 f., [Gregor VI. fehlt]. Benedict X. 73, 91, (Stigand's Pall. 4, 73); Nicolaus II. u. s. w. 26, 46, 51, 73 f., 91, 128 f.; Alexander II. gibt Lanfranc das Pall. 74, 129, 249 f., privilegirt S. Edmunds 249; [Cadalus 73, 129; Wibert 74;] Victor III. 52, 92; Urban II. 52, 74 f., 92 f., schickt Anselm's Pall. 75, Concil 26, 130; Paschal II. 47, 52, 75/8, 93 f., 131, gf. 10, 52, 93, schickt Ralf's Pallium 5; Gelas II. Calixt II. Honorius II. 47 f., 52 f., 78, 94, 131 f. (Calixt gibt Wilhelm das Pall. 78).

Innocenz II. 95, Concil 11; Coelestin II. 95, 132; Lucius II. 81; Eugenius III. 95 f., 53, 81 f., Concil 81; Anastas IV. 53, 82 f., 96.

Hadrian IV. 48, 53, 83, 96, 134; [Gegenp. Victor IV. 53, 96; Paschal III. 96;] Alexander III. 48, 53, 96, 134, Concil zu Tours 96, weiht Eb. Richard 49, 53, Friede mit Friedrich 53, Lateranconcil 49, 54, † 54, 97, 135.

Lucius III. 49, 54; Urban III. 54; Clemens III. 137; Coelestin III. 55.

Innocenz III. 55; Steuer 140, weiht Peter des Roches 184 und Langton 145, 168, 185, Engl. Interdict 185, krönt Otto IV. 169, 185, bekämpft ihn 149 f., bannt Johann 154 f., stachelt Frankreich gegen ihn 186, zürnt Eb. Langton 323 f., 326 f., Concil 187, † 188.

Honor IV. 188, besteuert Engl. Kirche 189, gibt Ablass für Canterbury-Pilger 329, † 190; Gregor IX., bekämpft Friedrich II. ib., mit den Römern versöhnt 192, besteuert die Engl. Kirche 190, 192, † 193; Coelestin IV. 193; Innocenz IV. Concil 194, entscheidet für Canterbury gegen London 195, privilegirt S. Swithins 196; Alexander IV. gibt Heinrich III. einen Klosterzehnten und Intestatenerbe ib., löst ihn vom Eid auf die Oxforder Provisionen 198, weiht Ademar von Winchester ib.

Nicolaus III. † 202; Martin IV. ib.

Stadt Rom versöhnt mit Gregor IX. 192; Englische Schule 232; Paulskirche Einsturz 39, 122.

s. Concilien in Rom. — Karlmann, Karl d. Gr. dort 38 f., 61 ff, 120 ff.; Aelfred 41; Cnut 72, 90; Engl. Eb. dort im 8/9. Jh. 62 ff.; Alfsi; Dunstan 69; Siric; Aelfric; Aelfeah 3; Aethelnoth 3, 71; Eadsi 3; Lanfranc, Thomas I. 74, 129, 249 f.; Anselm 4, 75; Wilhelm 5, 78; Richard 6; Langton gewählt 168 (geweiht falsch 185); zur Verantwortung beim Concil 323 f., 326 f.; Edmund 192. B. Peter v. Winchester geweiht 184, dort 192. Aus S. Edmunds dort: A. Baldwin 249 f., 257, Priester Eadric, Siward 259, Bauer Wulmar 272. Engländer dort 281.

Römer s. Britannien, Römer in.

Römische Legaten in England: Anselm 77; Alberich von Ostia 5, 11, 48; Heinrich von Blois s. Winchester B.; Eugen III. Legaten von Stephan vertrieben 81; Hugo Pierleone 183; Wilhelm Longchamp s. Ely B.; Johann v. Ferentino 145, 168, 184; Nuncii Pandulf u. Durand 150, 169, 186, P. empfängt Johann's Unterwerfung 186, s. Norwich B.; Nicolaus von Tusculum 187; Walo ib. bannt Ludwig VIII., krönt Heinrich III. 188, Pandulf's Legation endet 189; Otto Concil, Flucht aus Oxford, interdicirt Winchester, hindert Canterbury 192, von Friedrich II. gf. 193.

Romsey, Nonnen dorthin 20.

Rouen, Bischofscatalog Severus u. s. w. 112 bis Grippo 119; St. Hugo 37, 120 u. s. w. bis Robert, Sohn Richard I. 44 f.; Mauger 45; Mauril 45, † 26; Johann 26, Kampf in S. Ouen 46, 129, Concil ib.; Wilhelm 26, 46; Hugo aus Reading 11; Walter gibt Heinrich II. das Kreuz 164. Decan Johann s. Worcester B. Von den Normannen verwüstet 40, 123; Judenmord 47, Brand ib., 131.

S. Ouen, A. Hildebert † 44.

Mont S. Trinité, A. Elias von St. Anselm zu Rouen ordinirt, besucht Canterbury 313.

Rufinus 113.

Rupella s. Rochelle. de Rupibus s. des Roches. Rupis s. Andelys.

Rutupinum s. Richborough.

Sabar, Sébar s. Evreux B.

Sabinian s. Rom P.

Sachsen unter Karl d. Gr. 38, 62, 121; von den Ungarn verwüstet 42; Wunder des Kirchhoftanzes 89; s. Angelsachsen. Ludwig der Sachse er. Baiern 42. H. Heinrich der Löwe h. T. Heinrich II. 49; sein S. Heinrich in England 147.

Saher s. Winchester G.

Saladin, Friedrich I. Brief an, 136, Waffenstillstand mit Richard I. 54.

Salisbury, Hermann überträgt das Bistum dorthin 19; B. Osmund † 10; Roger 47, überträgt das Bistum 23; Hubert Walter Kreuzzug 165 s. Canterbury Eb.; Herbert † 188; Robert Bingham 190; Wilhelm, Aegidius Bridport 196.

Decan Richard s. Chichester B.; Robert s. Exeter B. Thesaurarius Edmund s. Canterbury Eb. G. Wilhelm (III. G.) bei Bovines gf. 187, † 190.

Samson, Hofgeistlicher Wilhelm I. 266, s. Worcester B.; s. S. Edmunds A.

Sancha Gm. Richard von Cornwall 193.

S. Aegidi (Giles) s. Winchester.

S. Albans gegr. 19, geweiht 131, Kirchhofsweihe 172; Vertrag mit Robert Fitz Walter, Weihen durch fremde Bischöfe 167 ff.; Exemption 170; Liber Additamentorum Annalium 328.

A. Richard † 78; Johann vollzieht bischöfl. Weihen 170, † 171; Wilhelm 171 f.

S. Andrews Eadmer übernimmt das Bistum, kehrt nach Canterbury zurück 311 f., schliesst Miracula Anselmi ab 317.

S. Austin's s. Canterbury.

S. Bennet s. Holm.

S. Bridgets s. London, Clerkenwell.

S. Cuthbert's Capelle in S. Albans 167.

S. Davids B. Thomas 194.

S. Denis, Balduin A. von S. Edmunds dorther 129, 245.

S. Edmunds s. Beodricsworth. Bau 127, 274, 150. Reform 21, 127, 237; Exemption 248 ff.; 276; Brände 133, 315 f.; Judenmord 136 f.; Thurmeinsturz 149; Steuer 155; Besitz s. Southwold, Stapleford, Warkton.
Verhältniss zu den Königen 255, Eadmund I. 125, Eadmund II. 235, Cnut 21, 236, Eadward III. 238—245, Harold II. 246, Wilhelm I. 249—257, Johann 139, 143, 146.
Wunder dort 231 ff.; an Courçon; (Ostanglien B.) Herfast; Osgod Clap; Rebais A.; Wulmar u. A.
A. Uvi 128, 237, von London geweiht 21, 256; Leofstan 128, 239, von Winchester geweiht 256, prüft Reliquien 240 ff., 271, † 129, 244.
Balduin 129, 244 ff., von Canterbury geweiht 256; Hofarzt 244 f., 247, 262, gegen Diöcesan 248 ff., in Rom 249 f., 257, in Lucca 257, Process vor Lanfranc 254, vor Wilhelm I. 255, Bau 274, Translation 130, 275 ff., Edmundsfeier 280, † 130.
Robert eingedrängt 130; Robert II. 131; Albold 131, 162; Anselm 131, 316; Ording, Hugo 133 ff.
Samson 134 f., Blüthe 150, vertreibt die Juden 136 f., empfängt Johann 139, † 150, 170; Hugo wird Mönch 141.
Pr. Johann de Cambridge, sein Buch über Miracula S. Edmundi 281.
Geistliche vor der Reform 233; Aelfgeth 239 f.; M. Aethelwin rettet die Reliquien nach London 235, weigert sich S. Aelfeah davon zu verkaufen 241, bei Leofstan's Reliquienschau 241, bei Osgod's Heilung 244; Präpositus Eadric Romreise 259; Goding 270, 272. Hermann Archidiaconus 231, sammelt Miracula 267, bei der Edmundsfeier 280; Siward in Lucca 259, Dorfpfarrer 272; M. Tolin ib.

S. Étienne s. Caen.

S. Evroul, M. Robert erhält S. Edmunds 131.
S. Giles s. Winchester.
S. Gregory's s. Canterbury.
S. Jago de Compostella, B. v. Winchester dort 189.
S. John's s. Colchester.
S. Irenäi in Lyon 310.
S. Leonhard's Altar in S. Albans 172.
S. Madeleine in Lyon 310.
S. Marie l'Eglise, Wilhelm, s. London B.
S. Martin's s. Canterbury.
S. Mary's s. Winchester; York.
S. Mildreds, Richard von, s. Southwark Pr.
S. Omer nimmt Ludwig (VIII.) auf 152, Wucherer dort 328.
S. Ouen s. Rouen.
S. Pancras s. Lewes.
S. Paul s. London; Rom.
S. Petroc s. Bodmin.
S. Riquier Marien-Crypta 261, Abt Gerwin verfolgt Räuber in Ponthieu 260.
S. Stephens s. Launceston.
S. Swithins s. Winchester.
S. Sylvester, ihm baut Karlmann eine Kirche 37, 61, 121.
S. Thomas s. London.
S. Trinité s. Rouen.
S. Valéry, Roger von, s. Winchester, Hyde A.
S. Victor s. Paris.
S. Werburgh's s. Chester.
Saracenen besiegt von Karl d. Gr. 62, und bei Tolosa 186.
Saragossa, Karl d. Gr. dort 38, 62.
Sarepte d. i. Soracte, Karlmann Mönch 37, 61, 121.
Sarratt geweiht 168.
Savary s. Mauléon.
Saxonum statt Jerusalem 189.
Scaccarium s. Exchequer.
Scalona d. i. Ascalon.
Schottland, K. Malcolm I. erhält Cumberland 88; Malcolm III. † 4, 75; Alexander I. gibt S. Andrews an Eadmer 311; David I. von Eb. Thurstan geschlagen 95; Wilhelm gibt K. Johann Geisseln 147, 185, erhält gegen Macwilliam's Aufstand engl. Hülfe 151, verh. zu Durham ib. Alexander II.

wird Ritter 150, 170, versöhnt mit Heinrich III. 193, seine Schw. Margarethe h. Gilbert Marshal 192. Alexander III. zu Woodstock 196, † 201.

Schwaben, H. Burchard † 42; Philipp s. Deutschland K.; seine T. h. Otto IV., † 152.

Scotenay, Walter de, hingerichtet 197.

Scotia = Irland 35; Scotus s. Marian.

Scutagium 143, 150,

Seffrid s. Chichester B.

Seine, Normannenzug 41, 65, 123.

Selsey, B. Wilfrid 17, 86 f.; Eadberht 18, 87; Eolla, Sigga, Beathfrid, Oswald, Eadbert, Wentun, Cinred 87; Beornege 88; Aethelgar s. Canterbury Eb.; Bistum nach Chichester 19, 92.

Senlis, Rollo h. des G. T. Popa wo s.

Sens, B. St. Wolfram 37, 120.

Sergius s. Rom P.

Serlo s. Gloucester A.

Sever s. Rouen B.; Röm. Kai. 110.

Severin s. Rom P.

Sexburh, Gm. Cenwealh's von Wessex 118, Äbtissin v. Ely, † 119.

Sexulf s. Lichfield B.

Shaftesbury 20; Nonnen dort 23; Cnut † dort 237.

Sherborne, B. Aldhelm 19; s. Ramsbury, Salisbury 23.

Sibton gegr. 163.

Sicilien auf der Engl. Kreuzfahrt 165; K. Friedrich II. 149 s. Deutschland K.

Sigebert, Chronist 113; s. Franken, Merowinger; Wessex K.

Sigga s. Selsey B.

Sigeher s. Essex K.

Sigila, Sigina d. i. Gisela.

Silverius s. Rom P.

Simeon s. Jerusalem B.

Simon s. Chichester B.; Exeter B.; Leicester G.

Simplicius s. Rom P.

Siric s. Canterbury Eb.

Sisinnius s. Rom P.

Sithrik von Northumbrien 88.

Siward, Richard, verfolgt die Familie B. Peters v. Winchester 191; s. Norwegen K.; S. Edmunds Pt.

Slaven von Karl d. Gr. besiegt 39, 122.

Snapes gegr. 163; Pr. Osbert erhält Colchester 164.

Snowdon, K. Johann am, 186.

Socrates Scholasticus 114.

Soissons, B. Wido Geissel für Louis IV. 44.

Somerset, Bistum s. Bath.

Sopwell, Nonnen dort geweiht 170.

Southampton von Nordmännern geplündert 40, 89.

Southwark s. London.

Southwold, Manor von S. Edmunds, von Courçon occupirt 268.

Spanien, Karl d. Gr. 38, 62, 121; Schl. bei Tolosa 186; Alfred von Sp. 253.

Spersore d. i. Pershore.

Stafford, Archidiacon Heinrich erhält Dublin 153.

Stapleford Abbot's, Johann verh. dort mit Otto IV. 146.

Stephan s. Canterbury Eb.; England K.; London B.; Rom P.; Winchester Märtyrer; York A.

Stigand s. Canterbury Eb., Chichester B.

Suffolk, Snapes in, 163.

Sussex, Bistum s. Selsey.

Swithun s. Winchester B.

Swen s. Dänemark K.

Sylvester s. Canterbury A.; Rom P.; Rouen Eb.

Symmachus s. Rom P.

Synoden s. Concilien.

Tassilo von Karl besiegt 38, 122.

Tatwin s. Canterbury Eb.

Taunton, Wilhelm von, für Winchester erw. s. B.

Tavistock gegr. 20.

Tenham, Eb. Hubert † dort 144.

Tertullian 110 f.

Tewkesbury, Etymologie 23; Mönche dorthin 23; Brand 183; Reichstag 140; K. Johann dort 144.

Themse trocken 47, 77, 94, 131, 161, gefroren 163.

Theobald s. Blois G.; Canterbury Eb.

Theodebert, Theoderich s. Franken, Merowinger.

Theodor s. Canterbury Eb.; Rom P.

Theodocus, nach ihm heisst Tewkesbury 23.

Theodosius s. Constantinopel; Rom Kai.

Theonus s. London Eb.

Theophilus s. Caesarea B.

Theophylact, Legat Hadrian I. 39. 122.

Thetford, Dänengeld dorthin gebracht 234; Herfast bewahrt dort den S. Edmunds genommenen Bischofstab 253; B. s. Ostanglien.

Theulf s. Worcester B.

Thomas s. Canterbury Eb.; Down B.; Norwich B.; S. Davids B.

Thanet, Ludwig (VIII.) landet auf, 187.

Thorneye, Dorneninsel, Westminster dort 17.

Thüringen, Ungarn in, 42; Landg. Heinrich Raspe Gegenkönig 194.

Thurkytel sammelt Dänengeld für Swen 234; Yarl s. Ostanglien.

Thurstan s. Glastonbury A.; York Eb.

Thusicano (Toscanella?) Eb.Langton exorcisirt dort 324.

Tinchebray, Schl. 26, 93.

Toscana, Otto IV. in, verh. mit Innocenz III. 150.

Totha s. Leicester B.

Toulouse, Heinrich II. Feldzug 48, 53, 96; Albigenser in, 148.

Tours, Concil 96; Eb. Bartholomäus gibt Richard (I.) das Kreuz 164; Wilhelm v. Winchester † dort 195.

Tresgoz, Gesandter an Otto IV. 152.

Trier, B. Maximin 112.

Trifels, Richard I. dort gf. 165.

Trogus Pompejus 107.

Turbe, Wilhelm s. Norwich B.

Turkilby, Roger, Richter † 198.

Turold von Lincoln, Reiserichter Wilhelm I. 253; s. Peterborough A.

Turolf dapifer Courçon's 269.

Tusculum B. s. Römische Legaten.

Tyrus, Eb. v., gibt Heinrich II. das Kreuz 164; Engl. Kreuzfahrer dort 165.

Uarillus d. i. Cyrill, s. Alexandrien B.

Ulixisbona d. i. Lissabon.

Ungarn in Deutschland 42; Eadmund, S. Eadmund II., † dort 24.

Urban s. Rom P.

Uvi s. S. Edmunds A.

Valence, Wilhelm von, nimmt das Kreuz 195; verbannt 197; B. Ademar v. Winchester dort bgb. 198.

Valentin s. Rom P. — Reliquie 94.

Valerius Maximus 108.

Val-ès-Dunes, Schl. 45, 51, 128.

Vandalen greifen Gallien an 115.

Vasconia s. Gascogne.

Vezelay im III. Kreuzzug 137.

Victor s. Rom P.

Victricius s. Rouen B.

Vienne, B. Mamertus 115.

Vigilius s. Rom P.

Vincy, Schl. 37.

Vipont, Robert de, belagert von Wallisern 152.

Vitalian s. Rom P.

Viterbo, Langton dort geweiht 145, 168.

Vitry, Jacob v., Prediger in Frankreich 328.

W- s. V-, Hw-.

Walchelin s. Winchester B.

Waleran, Robert, Reiserichter Heinrich III. 197.

Wales, Feldzüge Heinrich II. 48 f., 133 f.; Johann's 148 bis 152, 154, 169, 186; Heinrich III. 193 f., 197. F. Owen's Geisseln 49; Llewellyn aufständisch gegen Johann 151, hängt Braose 190.

Waltelmus s. Chartres B.

Walter s. Battle A.; Colchester A.; Cornhill; Gray; Pontoise A.; Rochester B.; Worcester B.

Walteri d. i. Fitz Walter.

Waltham, Samson, dort gewählt für S. Edmunds 135.

Waltheof hingerichtet 4, 9, 74, 92.

S. Wandrille 118 f.

Wanilo s. Rouen Eb.

Ware statt Newark 188.

— G. Marshal stirbt dort 193.

Wareham, Johann landet zu, 144.

Warelwast s. Exeter B.

Warkton an S. Edmunds 129.

Warrenne, Gräfin, erhält den Marschallsstab 194.

Waterford, B. Augustin weiht A. für S. Edmunds 135.

Watford geweiht 168.

Waverley, Process mit der Pfarre Dummer 199; A. Wilhelm, Hugo 200.

Wells, Bistum nach Bath 19; B. Aethelm 19, 124; Wulfhelm 124; Lyfing 71; Giso † 75.
Archidiacon Simon erhält Chichester 184; Archidiacon Hugo erh. Lincoln 169; Jocelin v., s. Bath B. Wengham, Heinrich erh. Siegel 196, s. Winchester B., London B.
Wentun d. i. Wiohthun s. Selsey B.
Werner s. Battle A.; Rebais A.
Wessex, Diöcesen 17, 19. K. Cerdic bis Ceadvalla 115—19; Ine's Vater gr. Abingdon 17; Cuthred, Sigbert 61, 121; Cynewlf 61, 63, 121; Beorhthric 63, 121; Egberht 64, 122; Monarch 231, s. England K. Aethelbald, Bruder Aelfred's, beherrscht Wessex 40; Cnut behält es für sich 237; s. G. Godwine, Harald (II.)
Westgothen 117.
Westminster gegr. 17; Bau Eadward III., der dort †, 245; Mathilde II. † zu, 23; Stephan und Mathilde III. dort geweiht 79 f.; Huldigung für Eustach 82; Heinrich (III.) Krönung 163; Johann's 139. Concilien 76, 136; Parlament 196. Pr. Robert 131, Hugo 133 werden Ä. von S. Edmunds.
Wherwell verbrannt 6; Kirchweihe 187; Äbtissin Euphemia † 197.
Whitchurch, K. Johann's Heer dort 169.
Whithern, Bistum, endet mit Eadred (Heathored) 19.
Wibert s. Rom Gegenp. Victor IV.
Wicht, Brittenkönig 17.
Wido s. Jerusalem K.; Pershore A.; Ponthieu G.; Soissons B.
Wilburh, T. Penda's von Mercien, 159.
Wilfrid gb. 86, aus York vertrieben, bekehrt Sussex 17; Selsey seine Kirche 18, 86.
Wilhelm, S. Heinrich I., ihm gehuldigt 77, ertrinkt 13, 23, 27, 47, 52, 78, 94, 132, 182.
Wilhelm s. Arundel G.; Butley Pr.; Cantelupe; Canterbury Eb.; Clare; Colchester; Cornhill; Ely B.; England K.; Essex G.; Eu; Exeter B.; Fécamp A.; Fitz Askitil; Fitz Osbert; Lincoln B.;

London B.; Normandie H.; Norwich B.; und Märtyrer; Rochester B.; Rouen Eb.; Salisbury G.; Valence; Waverley A.
Wilton 20.
Wiltshire 23, Bistum s. Ramsbury.
Winchcomb gegr. 19.
Winchester, Waltham nahe, 135, Thor 193. Dänische Plünderung 40; Cnut dort bgb. 237; von Harold I. besetzt 128; Eadward III. geweiht 72; Wilhelm I. Concil 21, urkundet 257; Brände, in Stephan's Kriegen 6, 11, 28, 81, 95; Concil 28; Vertrag mit Heinrich (II.) 48; Benedict für Peterborough erwählt 14; Heinrich (III.), Richard I. gekrönt 183, 55; Johann dort 145; im Kampfe Ludwig (VIII.) 188; Assisen 189 f., 192, 196 f.; Heinrich III. dort 190 f., 194, 197; Juden martern Stephan 191; Parlament 194, 197, Münzänderung 194; Wilhelm von Valence dort 197. Edward I. dämpft die Unruhen 200. Bistum 17, Rang auf Concilien 21; B. Birin 17, 86; Daniel 61; Swithun 65, 89, 182; Frithstan 124; Beornstan 20, 68; Aethelwold 20, 44, 70, 89, 125, Reform 88; Aelfeah 70, 89, erhält Canterbury 71, 126; Aelfsige, Aelfwine 72 weiht Abt für S. Edmunds 256; Stigand 74, 128. Walchelin 91, 74, Wilhelm II. Justiciar 275, überträgt S. Edmunds 276—9, † 10. Heinrich 79, 95, im Kampf für Stephan 6, 11, 28, Legat 28, bei ihm Exeter's Pontificalia deponirt 27, † 183. Richard weiht A. für S. Edmunds 135. Gottfried 164, † 168, 184. Peter des Roches 184, bannt Ludwig (VIII.) 188, weiht Novus Locus, pilgert nach Compostella, Synode 189, Kreuzzug 190, bevorzugt von Heinrich III., Zwist, in Dover angehalten, bannt Kirchenräuber 191, aus Rom zurück, † 192. Wilhelm 192, interdicirt Winchester, im Exil 193, in Gnaden bei Heinrich III., zum Lyo-

ner Concil 194, † 195. Aymer, erw., in Winchester, Zwist mit Canterbury 195, u. mit S. Swithins, nach Frankreich 196, in Rom consecrirt, † zu Paris 198. Heinrich erw., erhält London 197. Streitige Wahl: Wilhelm s. Middleton A. und Andreas s. S. Swithins Pr. 198.

Archidiaconus Roger † 184, Hugo † 196. — Bisch. Gericht, Process zwischen Waverley und Dummer dort 199.

S. Swithins reformirt 20, 69, 88; Reliquientranslationen 89; Thurmeinsturz 93; Johann dort absolvirt 171, 186; Walfischfang für, 192; von Legat Otto interdicirt 192; Schrein beschädigt 193.

Pr. Wilhelm mitrirt, Zwist mit Erw. Aymer 196, s. o. B.; Andreas s. o. B., dankt ab 197.

Newminster, Hyde 23, Kirchweihe 87, Reform, Privileg 69; Reliquien: Jodocus 87, Valentin 94, Grimbald 88; Kreuz verbrennt 6; nach Hyde 23, 93.

A. Grimbald † 67, 87; Walter † 194; Roger ib.

S. Mary's gegr. 19. S. Giles Brand 191.

M. Gerold (A. von Cranbourne) gr. Tewkesbury 23.

G. Saher Gesandter an Otto IV. 152, ruft Ludwig (VIII.) 187.

Windsor, Cnut's Reichstag 236; Balduin für S. Edmunds geweiht 245, 256, K. Johann dort 146, 148, 150; Braoses verhungern dort 149, 186.

Wittekind getauft 38, 62, 121.

Witto s. Rouen Eb.

Wodan, Ahn der Ags. K. 23.

S. Wolfram 37, 120.

Woodstock, H. Gottfried wird Ritter zu, 163; Wales huldigt K. Johann 148; Heinrich III. dort 196 f.

Wor s. Lichfield B. Aldwin.

Worcester, Hauptstadt der Hwic-cas 17; Brand 10, 23, 76, 93; K. Johann dort bgb. 188.

Bistum 17; B. Bosel, Ostfor, Ecgwin (gr. Evesham 18) 36, Dunstan, Oswald 125, Wulfstan I. s. York Eb., Brihteag 128, Wulfstan 21, 46, gibt Wido die Führung wider die Rebellen 22, bei der Gr. Tewkesbury's 23, † 47, übertragen 188; Samson an Wilhelm I. Hofe 266; Theulf 131, † 23; Simon 23; Balduin s. Canterbury Eb.; Johann II. 183; Mauger interdicirt England 146, 185; flieht 147, † 152, 170, 186; Walter I. 171, 187, s. York Eb.; Walter Cantilupe, Nicolaus 198.

Worcestershire 23.

Würzburg, Marian dort Pt. 73.

Wulfhelm s. Bath B.

Wulfred s. Canterbury Eb.

Wulfstan s. Worcester B.

Wulmar, Bauer v. S. Edmunds 270 ff.

Y- s. I-.

York, Kai. Severus 110; Sieg Harald II. 91; Brand 80, 95; K. Johann dort 149.

Bistum 17; Verhältniss zu Canterbury 21, 92.

Eb. Cadiocenus 158; Paulin 17; Oswald 20, 70, 88, 125, übertragen 126; Aldulf 126; Wulfstan II. 71, 90, 126 f.; Aelfric 127; Ealdred 73, 129; Thomas I. in Rom 249, krönt Heinrich I. 22, † 75; Gerhard 131; Thomas II. 77; Thurstan 94, gr. Hospital 80, besiegt Schottland 95, † 80; Roger 82, krönt Heinrich (III.) 14; Gottfried, Zwist mit K. Johann, verlässt England 146, † 186; Walter (s. Gray, Worcester) † 196. S. Mary's Brand 80, A. Stephan reformirt Colchester 160 ff.

Yrc s. Northumbrien, Yarl Erich.

Zacharias s. Rom P.

Zeno, Zeo s. Constantinopel, Kai. statt Leo 115.

Zephyrin s. Rom P.

Berichtigungen.

S. 15 Z. 12 v. u. Hwiccia (*statt:* Wight).

„ 18 N. 3 Hist. S. Petri Gloucestr. ed. Rolls I. p. 3.

„ 23 Z. 17 congregatio; Z. 3 v. u. p. (*statt* §).

„ 25 *Der letzte Satz zu streichen.*

„ 27 N. 7 *Streiche* Ostern *bis* April.

„ 29 N. 21 Ascalon (*statt* Spanien).

„ 37 Z. 12 Constantinus.

„ 42 „ 20 Walter nomine.

„ 44 „ 7 v. u. Ricardus.

„ 46 „ 9 v. u. Cadomi.

„ 50 N. 3 Chron.

„ 59 Z. 5 hier nur; Z. 17 Bemerkungen.

„ 62 N. k letzte.

„ 93 Z. 1 Ordinatio; Z. 6 v. u. abbatis.

„ 97 N. 1 1005 f. 164 (*statt* 1105).

„ 98 N. 6 *Mss. Brüssel* 7815, 7821.

„ 101 N. 13 Z. 3 *lies:* hatte und unter Leofstan als Greis zu ihrer *etc.*

S. 106 Z. 11 unter.

„ 107 „ 13 v. u. Vorzug.

„ 111 „ 5 „ „ Volusianus.

„ 116 „ 14 Paulus; Z. 15 Quinta.

„ 117 „ 10 v. u. Heraclius.

„ 120 „ 9 „ „ 728; Z. 8 v. u. claruit.

„ 124 „ 6 fugavit.

„ 130 „ 10 v. u. translatio.

„ 134 „ 22 archiepiscopo.

„ 176 „ 14 abbatibus. *Der folg. Satz zu streichen, da nur Luard's Druck, nicht sein MS. der Waverley-Annalen Vesp. A. XVI. priore liest.*

„ 189 „ 9 v. u. pleno *(sic cod.);* N. 49 (?) ist Luard's Erklärung.

„ 197 „ 9 ecclesie.

„ 205 N. 13 *streiche* dankte *bis* ab.

„ 245 Z. 14 N. 64 (*statt* 46).

„ 257 „ 15 presulis[36].

„ 281 N. 21 1389 (*statt* 1839).

„ 312 Z. 6 *aus* Philipp. I. 23

Nachträge.

Seite 9 Mit diesen Annalen von Reading sind vielleicht die von Margan, wie Hardy Descr. Cat. II, 472 sagt, sicher aber die Tewkesbury'schen verwandt.

„ 30 N. 1 Das Jahrbuch von Bèze Mon. Germaniae II, 248 [Garnier's Ausg. von 1876 war mir nicht zugänglich] bietet zu den Jahren 753, 876, 9, 81, 92, 904, 9, 11, 20, 51, 7, 961 denselben Stoff, der auch in die Normannischen Annalen floss; daher die schon von Pertz bemerkte theilweise Uebereinstimmung der genannten Notizen mit den Annales Divionenses et Colonienses; über letztere s. Pauli, Göttinger Nachrichten, 1878, 1.

„ 43 Z. 1 ist auf p. 124 als Normannisch nachgewiesen.

„ 61 N. 5 Ueber die Grabstätte der Eb. von Canterbury cf. Eadmer, V. Bregwini, Migne CLIX c. 755 B.

„ 63 u. ad 806, 64 o. ad a. 809 Diese Sonnenphänomene mit derselben Abbildung wörtlich gleich in den Annalen von Sens, Mon. Germ. I, 103. Freundl. Mitth. von Herrn E. Bishop.

Seite 75 N. 47 Lanfranc's Tod V. kal. Jun. auch V. Gundulfi, Migne
           CLIX, c. 825 D.

  „   86 N. 1 Wilfrid's Geburtsjahr auch Eadmer V. Wilfridi ib. c.
           713 D.

  „   97 N. 2. Die citirten Worte sind aus Malmesbury G. Reg. p. 186.

  „   100 N. 13. Marian-Florenz aus Bury S. Edmunds jetzt in Ox-
           ford: Bodley 297 s. XII., auf p. 73 kurze Abteigeschichte, da-
           runter die S. 257 N. 35 erwähnte Charte.

  „   230 Z. 12 v. u. vgl. Hardy III, Nr. 41.

  „   257 N. 35 Die echten Urkunden Alexander II. und Wilhelm I.
           für S. Edmund's vielleicht in Mss. Harley 76 und Cotton August
           II. 25.

  „   322 Z. 27 Mss. dieser Schr.: Corpus C. C. Cambr. 58, Balliol
           Oxf. 152.

Druck der Univ.-Buchdruckerei von E. A. Huth in Göttingen.

10

Ungedruckte

ANGLO - NORMANNISCHE

GESCHICHTSQUELLEN

HERAUSGEGEBEN

VON

F. LIEBERMANN.

STRASSBURG.

VERLAG VON KARL J. TRÜBNER.

LONDON: TRÜBNER & Co.

1879.

Lightning Source UK Ltd.
Milton Keynes UK
UKOW040020010212

186431UK00007B/49/P